轻松过关® 1

2021 年注册会计师考试
应试指导及全真模拟测试

公司战略与风险管理

（下册）

田　明　编著
东奥会计在线　组编

北京科学技术出版社

2021《轻一》豪华升级

加赠“全真模拟测试题”3套

纸质版 · 分开发送 · 包邮到家

单独邮寄 购正版《轻一》，加赠3套纸质版考前模拟卷，与《轻一》分开发送，在考前40-50天包邮到家，供您模拟自测，考前定心。

考前点押 名师融汇全年政策及行业新变化，在考前亲撰好题；考点覆盖精准全面，难度贴近真实考题，助您加深理解，卓效提分。

名师精解 配套“名师精解模拟班”：名师逐题精讲模拟卷1套，助您以题带点，复盘得分。

如何获得3套卷及配套课程?

3套模拟卷单独成册，与《轻一》分开发送，在考前40-50天包邮到家，请注意查收快递哦!

扫码下载“会计云课堂”App，扫描封面激活码，即可听「名师精解模拟班」。

目录

第二部分　考点精讲及同步训练

第三部分　跨章节主观题演练

第四章　战略实施

本章考情分析

本章属于次重点章。本章涉及的内容：①组织结构的构成要素；②纵向分工结构的基本类型、横向分工结构的基本类型及其基本协调机制；③组织结构与战略的关系；④组织的战略类型；⑤企业文化的类型、文化与绩效、战略稳定性与文化适应性；⑥战略失效与战略控制、战略控制方法；⑦战略管理中的权力与利益相关者；⑧公司战略与数字化技术。

本章考试的题型一般为客观题和简答题，但对本章一些基础知识的理解是解决综合题的必要前提，近 3 年平均分值为 11 分左右。2021 年需要重点关注以下内容可能会考主观题：横向分工结构的基本类型（职能制组织结构、事业部制组织结构和矩阵制组织结构）、战略失效的原因、数字化技术对公司战略的影响和数字化战略转型的主要方面。

2021 年教材主要变化

2021 年教材本章内容与 2020 年教材相比，主要变化：①第五节“信息技术在战略管理中的作用”改为“公司战略与数字化技术”，并对其内容进行重新编写；②调整了部分案例。

本章考点框架

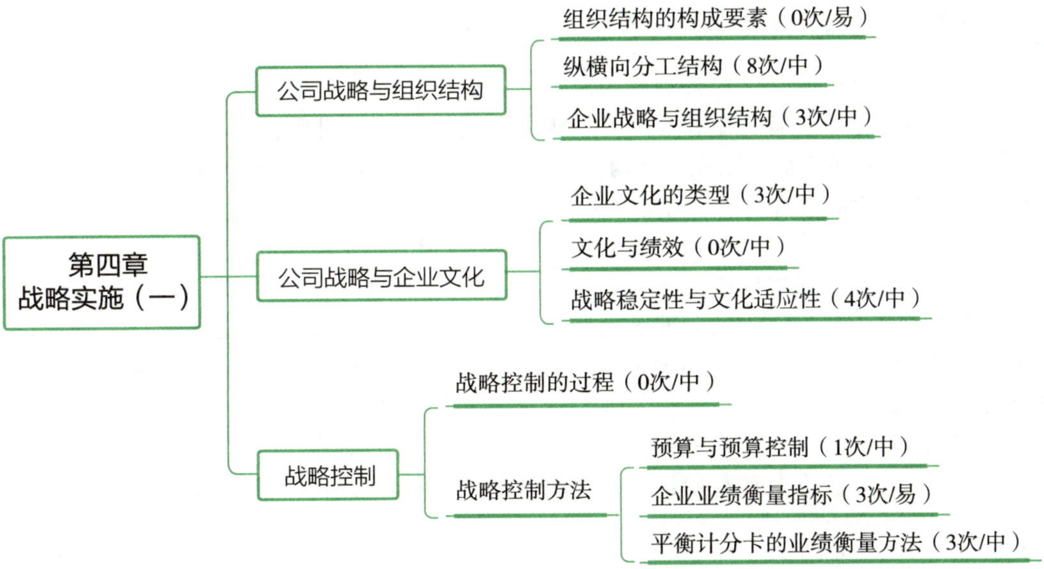

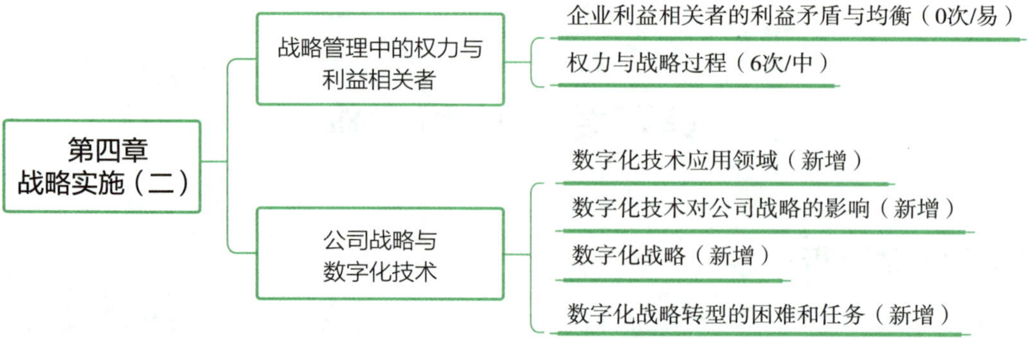

注：图中难代表难度高的知识点，中代表难度中等的知识点，易代表难度低的知识点；X次为考频指数，以近3年考题为统计依据。

本章重难点精讲

致勤勤恳恳的您：

恭喜您攻克前三章的难关，完成战略备考的大半。本章“纵横向分工组织结构”小有波澜却不足以掀起轩然大波，请您一定要稳住阵脚，在理解和记忆的基础上，做到灵活运用。遇到困难不要怕，扫一扫听课二维码，即可获得名师讲解的“爱心加油包”，风里雨里，小“码”一直在等您！

第一节　公司战略与组织结构

01 组织结构的构成要素（★）❶

组织结构是组织的全体成员为实现组织目标，在管理工作中进行分工协作，在职务范围、责任、权利等方面所形成的结构体系。组织结构的**基本构成要素是分工与整合**。

（一）分工

分工是指企业为创造价值而**对其人员和资源的分配方式**。对不同的人分配做不同的工作，将不同的人群划分成不同的部门，并确定其职责，就是分工。

1. 纵向分工

纵向分工是指从企业最高层扩展到最基层，明确谁向谁报告工作。它能够回答员工提出的这种问题：“我有问题时，去找谁”“我对谁负责”。纵向分工主要涉及**职权的分配**。

2. 横向分工

横向分工是企业资源的分配，公司所有的资源都在这条线上进行专业化分配，并保障业务部门能够获得支持。横向分工主要涉及**资源的分配**。

（二）整合

为了避免分工所带来的诸如部门间的脱

❶ 为方便您在学习中可以快速了解知识点的重要程度，本书中将知识点进行分类。★★★代表重要知识点，★★代表次重要知识点，★代表非重要知识点。

节、各行其是、部门利益冲突、横向协调难等问题，就需要通过整合把企业内部各部门、各环节进行必要地调整或重建，协调他们之间的关系，使各部门相互支持、相互配合，以实现企业的组织协同。

【相关链接】公司的组织结构就是一种职权的划分体系以及各部门的分工协作体系。组织结构需要根据公司的战略和战略目标，把公司管理要素配置在一定的方位上，确定其活动条件，规定其活动范围，形成相对稳定的科学的管理体系。

没有组织结构的公司将是一盘散沙，组织结构不合理会严重阻碍公司的正常运作，甚至导致公司经营的彻底失败。相反，适宜、高效的组织结构能够最大限度地释放公司的能量，更好发挥协同效应，达到“1+1>2”的合理运营状态。

很多公司正承受着组织结构不合理所带来的损失与困惑。公司内部信息传递效率降低、失真严重；公司做出的决策低效甚至错误；部门设置臃肿，部门间责任划分不清，导致工作中互相推诿、互相掣肘；公司内耗严重等。要清除这些公司病，只有通过组织结构设计和变革来实现。

能量小贴士	日日行，不怕千万里；常常做，不怕千万事

02 纵横向分工结构（★★）

（一）纵向分工结构

复习建议	考试题型	考察套路	关键词
理解并记忆集权与分权的优缺点内容	客观题型	阶梯式问法：先判断目标企业采用的组织结构类型或权力集中情况，再选出对应的优缺点	参见下面知识点讲解

纵向分工是指企业高层管理人员为了有效地贯彻执行企业的战略，选择适当的管理层次和正确的控制幅度，并说明连接企业各层管理人员、工作以及各项职能的关系。

1. 纵向分工结构的基本类型

类型	含义	优点	缺点
高长型组织结构	管理层次较多而控制幅度较窄的组织结构	有利于对下属部门和人员进行指导和控制	降低了企业对外部市场的迅速反应能力
扁平型组织结构	管理层次较少而控制幅度较宽的组织结构	增强了企业对外部市场的迅速反应能力	容易导致管理失控

2. 纵向分工结构组织内部的管理问题

（1）集权与分权。

在企业组织中，集权与分权各有不同的适用条件，应根据企业的具体情况而定。处理集权与分权的关系，既要防止“失控”，又不能“管死”，应遵循战略上的集权和战术上的分权以及因势而变的原则。

类型	含义	优点	缺点	适用情形
集权	高层管理者制定所有的决策，基层管理人员只负责执行高层管理者的指示。这种企业通常采取管理层次较多而控制幅度较窄的高长型组织结构	①易于协调各职能间的决策 ②易于对上下沟通的形式进行规范 ③由最高管理层统一决策，有利于规范下属部门的行动，促使企业整体目标的实现 ④有利于集中力量快速应对紧急危局 ⑤有助于实现规模经济 ⑥这种结构比较适用于由外部机构实施密切监控的企业（若采用分权，部门间各自为政，不利于协调企业内外部利益相关者的利益矛盾和冲突）	①不利于发展个性，高层管理者顾及不到下属部门的特殊性 ②由于信息传递时间长，可能会延误决策时机，缺乏灵活性与对市场的应变力 ③基层管理人员职业晋升空间有限	产品线数量有限且关系较为密切的企业
分权	按照一定的规则把权力分派给下级管理层，下级管理层在自己的职权范围内，有权自主地进行决策。这种企业通常采取管理层次较少而控制幅度较宽的扁平型组织结构	①有利于发挥下属的积极性和创造性 ②能为下属提供更多的职位晋升机会 ③适应外部环境的能力较强 ④信息沟通和传递速度比较快，信息失真程度比较低	①难以统一指挥和协调，有的下属部门因追求自身利益而忽视甚至损害公司的整体利益 ②容易出现部门之间各自为政的失控现象	产品线数量较多或多元化经营的企业

（2）中层管理人员人数。

企业在选择组织层次和指挥链时，要根据自己的实际情况。如果选择高长型组织结构，意味着要增加管理层次，需要配备较多的中层管理人员，导致管理成本增加；如果选择扁平型组织结构，意味着要减少管理层次，需要配备较少的中层管理人员，可以节约管理成本。

（3）信息传递。

企业管理层次越多，信息沟通和传递速度就会越慢，信息失真程度就会越高，同时也会增加管理成本。因此，企业在选择高长型组织结构时，应特别慎重。

（4）协调与激励。

扁平型组织结构中信息沟通更为容易，有利于建立以工作成就为导向的员工激励机制。同时，扁平型组织结构中管理层次较少，部门目标与企业目标之间的偏差缩小，使建立以企业目标为导向的员工激励机制成为可能。

经典题解

【真题1·多选题】创维公司是一家拥有3000多名员工的高科技企业，该公司的组织结构从上至下分为总经理、部门经理、一线管理人员和基层员工4个层次。根据组织纵向分工结构理论，创维公司采用的组织结构通常具有的特点有（　　）。（2020年）

A. 可以及时反映市场的变化

B. 容易造成管理的失控

C. 企业战略难以实施

D. 企业管理费用会大幅度增加

【解析】从管理实践来看，拥有3000名员工的企业平均的管理层次一般为7个层次。“创维公司是一家拥有3000多名员工的高科技企业，该公司的组织结构从上至下分为总经理、部门经理、一线管理人员和基层员工4个层次”表明该公司的组织结构属于扁平型结构。选项A、B属于扁平型结构的特点，选项C、D属于高长型结构的缺点。

【答案】AB

【例题2·多选题】我国东南沿海主营房地产开发的甲家族式企业实行集权化管理。下列关于该企业集权型决策的特点表述正确的有（　　）。

A. 不容易进行职能间的决策

B. 常规决策的时间过长

C. 危急情况下能够做出快速决策

D. 对级别较低的管理者而言，其职业发展有限

【解析】集权型决策下的企业高层管理人员拥有最重要的决策权力，因此易于控制与协调各职能间的决策，选项A错误。

【名师点题】“常规决策的时间过长”与“危急情况下能够做出快速决策”并不矛盾。前者是从集权型决策的管理层次较多这一方面体现出来的，管理层次多，常规事项要一级一级上报，导致决策时间过长；后者是因为集权型决策下的所有决策都是由高层管理者制定的，权力比较集中，危急情况下高层管理者可自主决定，所以能够做出快速决策。

【答案】BCD

【例题3·多选题】甲公司是一家房地产中介公司。近年来公司的效益急剧下降，市场竞争力下降，员工离职率增加。公司王总知道这是公司组织结构存在问题，于是他找来人力资源部经理李华，要求其在近期完成对公司组织结构的诊断、优化与再设计工作，并将出具的整改方案直接向领导汇报。李华在考虑公司纵向分工结构组织内部的管理问题时需要考虑的因素有（　　）。

A. 集权与分权

B. 中层管理人员人数

C. 信息传递

D. 协调与激励

【解析】纵向分工结构组织内部的管理问题：①集权与分权；②中层管理人员人数；③信息传递；④协调与激励。

【答案】ABCD

（二）横向分工结构

1. 横向分工组织结构的基本类型

复习建议	考试题型	考察套路	关键词
掌握八种横向分工结构类型的辨析，并记忆各自优缺点	客观题型	（1）直接判断案例中目标企业采用的组织结构类型 （2）阶梯式问法：先判断出目标企业采用的组织结构类型，再选出对应的优缺点	“小业主”；“设立职能部门”；“按产品划分”“按区域划分”；“每个事业部下有多条产品线”；“SBU”；“两维结构”“抽调人完成项目”；“控股”“独立法人”

8种基本类型：创业型组织结构、职能制组织结构、事业部制组织结构、M型企业组织结构（多部门结构）、战略业务单位组织结构（SBU）、矩阵制组织结构、H型结构（控股企业/控股集团组织结构）和国际化经营企业的组织结构。

（1）创业型组织结构。

含义	优点	缺点	适用范围
也称直线制组织结构，是一种最早的、最简单的组织结构。这种组织结构几乎等同于缺乏结构，从最高管理层到最低层实现直线垂直领导	结构比较简单，命令统一	它要求高层管理者通晓多种知识和技能，可以亲自处理各种业务。在业务比较复杂、企业规模比较大的情况下，把所有管理职能都集中到最高管理者一人身上，显然是难以胜任的	只适用于规模较小、生产技术比较简单的传统的创业型企业

（2）职能制组织结构。

含义	优点	缺点	适用范围
也称直线职能制组织结构，是一种按职能划分部门的组织结构。企业内部按职能（如生产、营销、研发等）划分成若干部门，各部门独立性很小，均由企业高层领导直接进行管理，即企业实行集中控制和统一指挥。企业高层管理人员由于专业知识不足而将部分指挥权授予职能部门，使他们在某一职能范围内行使指挥权	①通过把专业技术和研究方向接近的同类专家集中到同一个部门中，从事企业所有某一类型的活动，有助于实现规模经济 ②由于给每一位员工分配特定的、重复性的工作，有利于培养职能专家，同时也有利于提高工作效率 ③为各个职能部门赋予一定的责、权、利，便于董事会监控各个部门的绩效	①职能部门之间的协作和配合性较差 ②难以确定各项产品产生的盈亏 ③容易导致各职能部门各自为政，追求部门利益而损害企业的整体利益 ④等级层次以及集权化的决策制定机制缺乏对市场的应变力与灵活性	主要适用于中小型的、产品品种比较单一、生产技术发展较慢、外部环境比较稳定的企业

（3）事业部制组织结构。

事业部制组织结构实行“集中决策，分散经营”的方式，是一种高度集权下的分权管理体制。事业部制组织结构的战略决策和经营决策相分离。根据业务特点按产品、地区、顾客（市场）等设立半自主性的经营事业部，公司的战略决策和经营决策由不同的部门和人员负责，使高层领导从繁重的日常经营业务中解脱出来，集中精力致力于企业的战略决策，并监督、协调各事业部的活动和评价各部门的绩效。事业部不是独立的法人，但具有较大的经营自主权，实行独立核算、自负盈亏，是一个利润中心。

类型	含义	优点	缺点	适用范围
区域事业部制结构	以所处的地理区域为基础设立事业部	①能实现更好更快的地区决策 ②总部放手让区域人员处理相关事务，可以削减成本费用（如差旅费用和交通费用） ③能对该地区环境变化迅速做出反应	①管理成本的重复 ②区域管理人员只能满足本区域业务，可能支撑不了其他区域的事务，难以处理跨区域的大客户的事务	适用于具有若干生产线的企业，也适用于面临的市场环境复杂多变或所处地理位置分散的企业
产品/品牌事业部制结构	以产品的种类为基础设立事业部	①容易协调事业部内部的供、产、销活动 ②有助于企业实施产品差异化 ③易于出售或关闭经营不善的事业部	①各个事业部会为了争夺有限资源而产生摩擦 ②各个事业部之间会存在管理成本的重叠和浪费 ③若产品事业部数量较多，则难以协调 ④若产品事业部数量较多，事业部的高级管理层会缺乏整体观念（本位主义）	

【相关链接】事业部主要有三种划分方式：①按照产品来划分，如相当多的家电企业均采用了该种划分，分为空调事业部、冰箱事业部、洗衣机事业部、电视机事业部等；②按照区域来划分，如分为华南事业部、华中事业部、华北事业部；③按照客户来划分，如分为渠道事业部（针对代理商）、零售事业部（针对个人用户）。

区域事业部制组织结构图示如下：

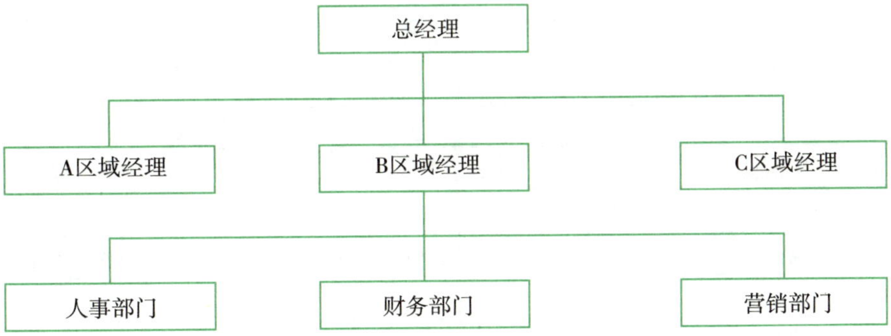

产品事业部制组织结构图示如下：

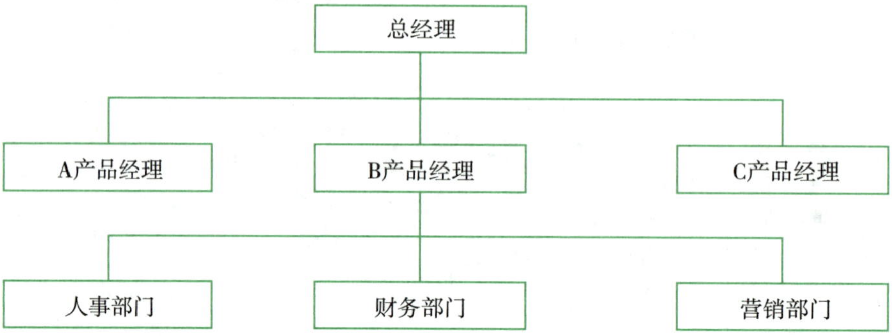

（4）M 型企业组织结构（多部门结构）。

含义	优点	缺点	适用范围
将企业划分成若干事业部，每一个事业部负责一个或多个产品线	①各事业部之间有比较、有竞争，由此可以增强企业活力，有利于企业的持续成长 ②总部高层可以摆脱日常事务的烦扰，集中精力考虑全局问题，同时总部员工的工作量会有所减轻 ③职权被分派到总部下面的每个事业部，并在每个事业部内部进行再次分配 ④事业部作为一个利润中心，便于进行绩效考评	①为事业部分配企业的管理成本比较困难并略带主观性 ②经常会在事业部之间滋生功能失调性的竞争和摩擦 ③确定内部转移价格可能会产生冲突	适用于具有若干生产线的企业，也适用于面临的市场环境复杂多变或所处地理位置分散的企业

M 型企业组织结构图示如下：

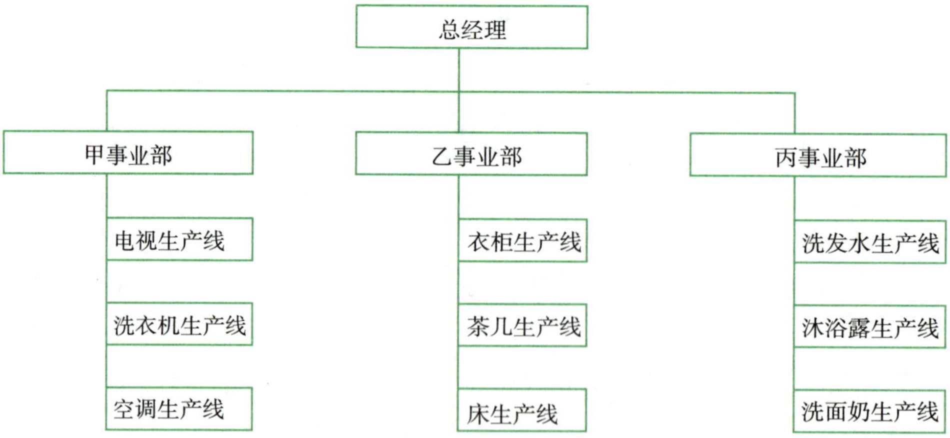

（5）战略业务单位组织结构（SBU）。

含义	优点	缺点	适用范围
也称超事业部制组织结构，是在事业部制组织结构的基础上，在企业最高管理层和各个事业部之间增加了一级管理机构——战略业务单位，负责管辖和协调所属各个事业部的活动，使领导方式在分权的基础上又适当的集中	①降低了企业总部的控制跨度，减轻了总部的工作负荷 ②减轻了总部的信息过度情况 ③使得具有类似使命的产品、区域、市场或客户的事业部之间能够更好地协调 ④战略业务单位作为一个利润中心和投资中心，便于进行绩效考评	①总部与事业部的关系变得更疏远 ②战略业务单位管理者为了取得更多的企业资源会引发竞争和摩擦，而这些竞争会变成功能性失调并会对企业的总体绩效产生不利影响	适用于从事多元化经营的大型企业和巨型企业

战略业务单位组织结构图示如下：

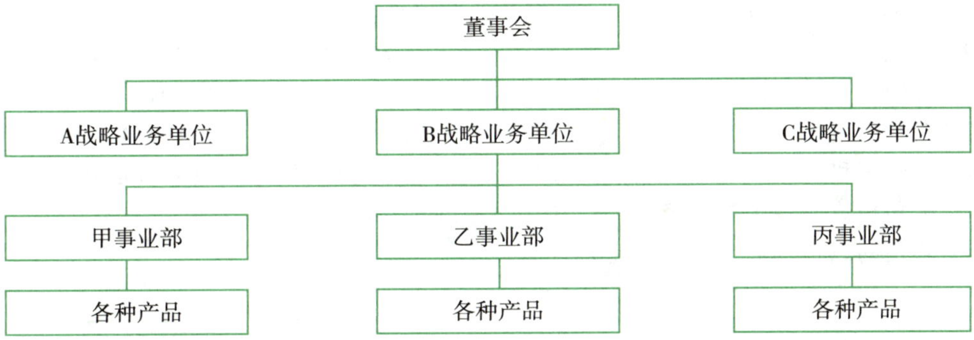

（6）矩阵制组织结构。

含义	优点	缺点	适用范围
既包含职能专业化又包含产品或项目专业化的二元组织结构。矩阵制组织结构是为了改进职能制组织结构横向联系差、缺乏弹性的缺点而形成的一种组织结构形式。该结构由纵、横两套管理系统叠加在一起组成一个矩阵，其中纵向系统一般是按照职能划分的指挥系统，横向系统一般是按产品、项目或服务组成的管理系统。例如，围绕某项专门任务成立跨职能部门的专门机构，组成一个专门的产品（项目）小组去从事新产品开发工作，在研究、设计、试验、制造各个不同阶段，由有关职能部门派人参加，力图做到条块结合，以协调有关部门的活动，保证任务的顺利完成	①由于从各职能部门抽调来的人员有信任感、荣誉感，使他们增加了责任感，激发了工作热情，促进了目标的实现 ②加强了不同部门之间的配合和信息交流，克服了职能制组织结构中各部门互相脱节、对产品和市场关注不足的现象 ③与产品主管和职能主管之间的联系更加直接，从而能够作出更有质量的决策 ④由于这种结构是根据项目组织的，任务清楚、目标明确，各方面有专长的人都是有备而来，从而在新的工作小组里，能更好地沟通、融合 ⑤双重权力使得企业具有多重定位，这样职能专家就不会只关注自身的业务范围	①由于项目组成员来自各个职能部门，当任务完成以后，仍要回到原部门，容易产生临时观念，在职能工作和项目工作之间产生冲突 ②人员受双重领导，出了问题，有时难以分清责任 ③容易引起职能部门经理和项目经理权力的冲突 ④协调所有的产品和职能会增加时间成本和财务成本，从而导致制定决策的时间过长	主要适用于复杂/动态环境以及因技术发展迅速和产品品种较多而具有创新性强、管理复杂的特点的企业

矩阵制组织结构图示如下：

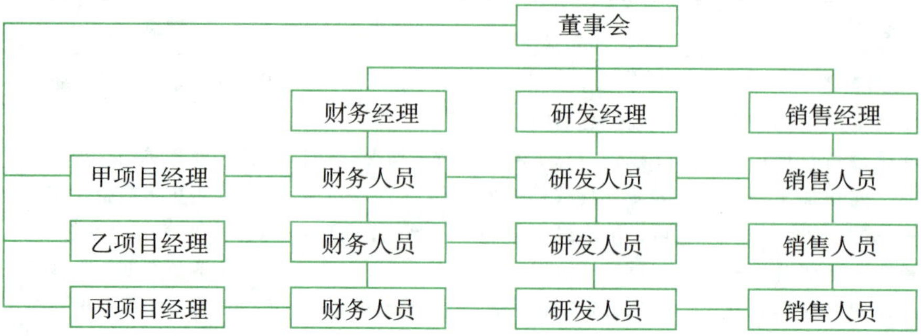

（7）H 型结构（控股企业/控股集团组织结构）。

企业内实行分权治理的一种结构形式。控股型结构是非相关多元化经营的企业经常使用的一种组织形式。由于经营业务的非相关或弱相关，大公司不对这些业务经营单位进行直接的管理和控制，而以持股控制代之。这样，大公司便成为一个控股公司，受其持股的企业不但对具体业务有经营自主权，而且保留了独立的法人地位。现代意义上的 H 型结构既可以实行分权管理，也可以实行集权管理。

（8）国际化经营企业的组织结构。

企业国际化经营的战略有四种基本类型，即国际战略、多国本土化战略、全球化战略与跨国战略，而这些战略所依托的组织结构如下图所示：

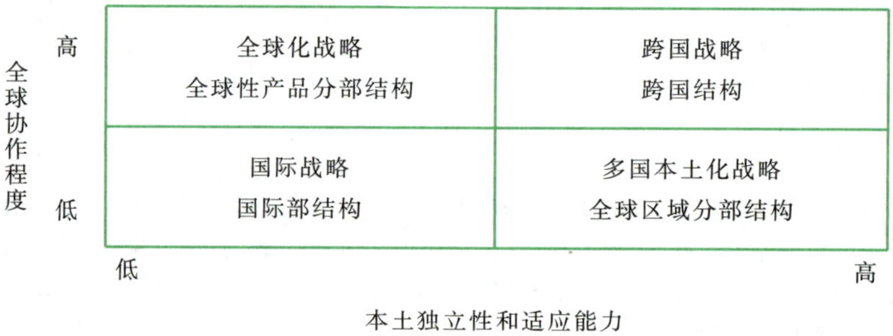

①国际部结构与国际战略相匹配。特点：其事业部的划分可以按区域划分，也可以按产品划分，甚至还可能按区域和产品的混合划分。

国际部结构图示如下：

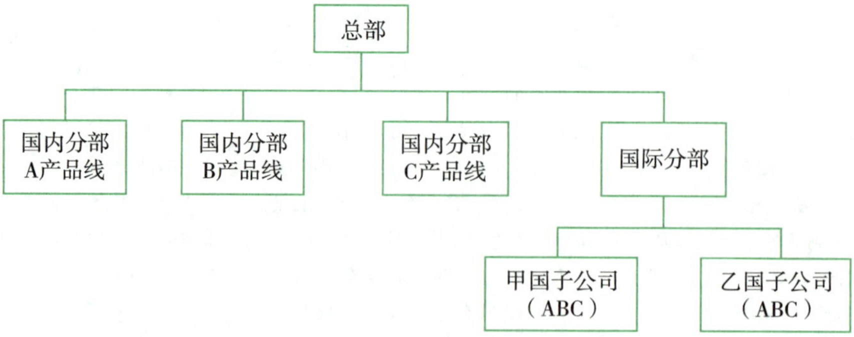

②全球区域分部结构与多国本土化战略相匹配。特点：分部的国家或地区经理有高度的自主权，本土适应能力高，但由于生产规模相对较小，生产成本通常比母公司高。

全球区域分部结构图示如下：

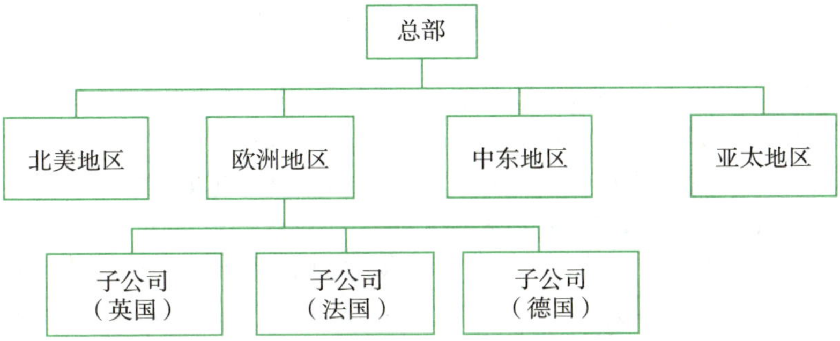

③全球性产品分部结构与全球化战略相匹配。特点：企业总部确定企业的总目标和经营战略，下属公司的生产属于总公司的一部分。容易把价值创造活动集中在关键地区，进而实现区位经济、经验曲线效应和规模经济效应，但下属公司的自主权较小，其对当地市场的反应能力受到限制。

全球性产品分部结构图示如下：

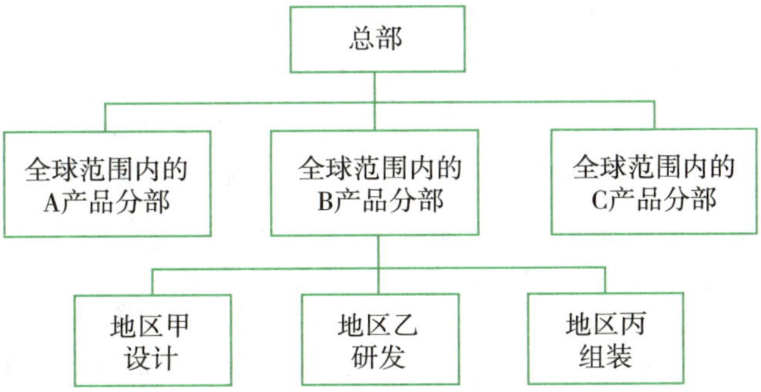

④跨国结构与跨国战略相匹配。特点：可以看作是一种矩阵结构，试图同时获得地区分部结构和产品分部结构的所有优势，目的是力求同时最大限度地提高效率、地区适应能力和组织学习能力。这种全球性产品—地区混合结构适用于那些产品多样化程度很高、地区分散化程度也很大的跨国公司。

跨国结构图示如下：

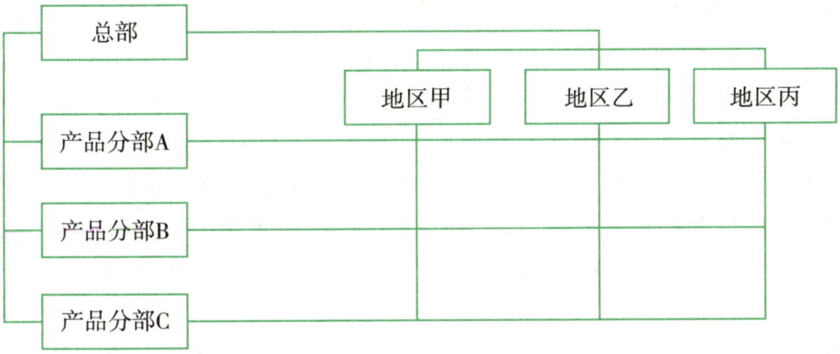

经典题解

【真题4·单选题】华通公司是一家铁路建造企业。该公司把施工单位划分为轨道、桥梁、涵洞等若干项目组，每个项目组都包括从事技术、采购、运输、生产等活动的人员；每个人员都受项目组主管和所属职能部门主管的双重领导。下列各项中，属于华通公司采用的组织结构的优点的是(　　)。(2020年)

A. 权力划分比较清晰

B. 实现了各个部门之间的协作

C. 容易协调管理者之间的关系

D. 职能专家更加关注自身的业务范围

【解析】“该公司把施工单位划分为轨道、桥梁、涵洞等若干项目组，每个项目组都包括从事技术、采购、运输、生产等活动的人员；每个人员都受项目组主管和所属职能部门主管的双重领导”表明华通公司采用的是矩阵制组织结构，选项B正确。

【答案】B

【真题5·单选题】升达公司是一家控股企业，下属有多个分别主营石油化工、物流、机械制造等业务的独立经营的子公司。升达公司不干预子公司的战略决策和业务活动，仅根据市场前景和子公司的经营状况做出对子公司增加或减少投资的决策。升达公司应采取的组织结构类型是(　　)。(2020年)

A. 事业部制组织结构

B. H型组织结构

C. 战略业务单位组织结构

D. M型组织结构

【解析】H型组织结构的下属子公司具有独立的法人资格。该组织结构下，母公司一般只是做一些宏观性的决断，不会对下属子公司的自主经营进行干涉。“升达公司不干预子公司的战略决策和业务活动，仅根据市场前景和子公司的经营状况做出对子公司增加或减少投资的决策”属于H型组织结构，选项B正确。

【答案】B

【例题6·单选题】顺阳制衣有限公司成立十多年来，生产和经营规模逐步扩大，服装的品种不断增加。为了提高工作效率并实现规模经济，该公司应采用的组织结构是(　　)。

A. M型组织结构

B. 事业部制组织结构

C. 创业型组织结构

D. 职能制组织结构

【解析】提高工作效率和实现规模经济属于职能制组织结构的优点。因此顺阳制衣有限公司应采用的组织结构是职能制组织结构，选项D正确。

【答案】D

【例题7·单选题】伊泰集团是以煤炭经营为主业，该板块下又延伸了铁路运输、煤制油两大产品线，以太阳能、生物制药、房地产开发、生态农业等非煤产业为互补的大型现代化能源企业。伊泰集团最适宜采用的组织结构是(　　)。

A. M型组织结构

B. 职能制组织结构

C. 矩阵制组织结构

D. 事业部制组织结构

【解析】伊泰集团是多元化的大型企业集团，适宜采用M型组织结构。M型组织结构一般适用于在具有较复杂的产品类别或较广泛的地区分布的企业中采用。

【答案】A

【例题8·单选题】王某个人创办了一间代驾服务社，每接到一笔业务，就临时雇请日间工作单位的非职业驾驶员，为一些晚间聚会人员提供泊车代驾服务。次日他会把酬劳存进临时雇请人员的银行卡里。由于业务日渐起色，王某想再找几个搭档，能多揽一些业务，同时建立适当的组织结构形式管理企业。适宜的组织结构形式是(　　)。

A. 创业型组织结构

B. 职能制组织结构

C. 事业部制组织结构

D. 矩阵制组织结构

【解析】 王某创办的代驾服务社属于规模较小、生产技术比较简单的小型企业，由创办人王某一人负责管理。王某亲自处理各种业务，还负责所有重要的经营决策。因此，适宜的组织结构形式是创业型组织结构，选项A正确。

【答案】 A

【例题9·多选题】 美的集团是一家在深交所上市的科技集团，有六大事业部，分别负责研发和生产消费电器业务、暖通空调业务、机器人及工业自动化系统业务、智能供应链、芯片业务和电梯业务。每个事业部都拥有多个产品线。公司总部对各个事业部统一进行资源配置。美的集团采取的组织结构类型的特点有(　　)。

A. 能够通过资本回报率等方法对事业部进行绩效考核

B. 集权化的决策机制放慢了反应速度

C. 职权分派到各个事业部，并在事业部内部进行再次分派

D. 为各事业部分配企业的管理成本比较困难

【解析】 "美的集团……有六大事业部……每个事业部都拥有多个产品线"表明其采取的组织结构类型属于M型企业组织结构。选项A、C、D属于M型企业组织结构的特点。

【答案】 ACD

【例题10·多选题】 美国通用电气公司曾经把它所经营的范围划分为49种，并设立了战略业务单位层级。与其他组织结构相比较，战略业务单位组织结构的优点有(　　)。

A. 降低了企业总部的控制跨度

B. 使企业总部与事业部和产品层的关系更密切

C. 使具有类似使命的产品、市场或技术的事业部之间能够更好地协调

D. 更易于监控每个战略业务单位的绩效

【解析】 战略业务单位组织结构在总部与事业部之间增加了战略业务单位管理机构，使企业总部与事业部和产品层的关系变得更疏远，选项B错误。

【名师点题】 战略业务单位组织结构下，总部只需要控制少数几个战略业务单位而无须控制多个事业部；各个事业部由战略业务单位进行管理，从而总部几乎无须在事业部之间分摊成本，因此更易于监控每个战略业务单位的绩效。

【答案】 ACD

【例题11·多选题】 甲集团是以肉类加工为主的大型食品集团，在全国18个省市建设了加工基地。集团旗下子公司有肉制品加工、生物工程、化工包装、物流、养殖、药业和软件等。2013年5月，甲集团以71亿美元收购全球最大生猪养殖企业美国乙食品公司的全部股份，使甲集团成为全球最大的肉类加工企业。为配合甲集团的总体战略实施，甲集团可以选择的组织结构类型有(　　)。

A. 事业部制组织结构

B. 职能制组织结构

C. M型企业组织结构

D. 控股集团组织结构

【解析】 甲集团涉及多个业务领域，实行多元化战略，可以采用事业部制组织结构、M型企业组织结构、战略业务单位组织结构和控股集团组织结构。职能制组织结构适用于单一业务企业，选项B错误。

【答案】 ACD

【例题12·多选题】 德州仪器是一家全球化半导体设计与制造企业，以开发、制造、销售半导体和计算机技术闻名于世。它在25个国家设有制造、设计和销售机构，在世界范围内行销标准化产品。德州仪器采用全球性产品分部结构，下列属于该组织结构特点的有(　　)。

A. 获得了更高的全球效率

B. 下属公司对母公司的依赖程度较高，战略自主权较小

C. 形成经验曲线和规模经济效益

D. 对当地市场的反应能力较差

【解析】全球化战略是向全世界的市场推销标准化的产品和服务，并在较有利的国家中集中地进行生产经营活动，由此形成经验曲线和规模经济效益，以获得高额利润。从国际化经营企业的组织结构来看，与全球化战略相配套的是全球性产品分部结构。采用全球性产品分部结构的优势是获得了更高的全球效率，劣势是下属公司对母公司的依赖程度较高，战略自主权较小，母公司与下属公司的互动缺乏创造力，从而导致子公司对当地市场的反应能力受到限制。

【答案】ABCD

2. 横向分工结构的基本协调机制

复习建议	考试题型	考察套路	关键词
理解六种基本协调机制的含义	客观题型	根据案例信息分析判断目标企业采用的协调机制类型	“协同调整”“听从掌权人”“明确过程”“明确成果”“经验、技术要求”“共同的认知”

协调机制就是建立在企业的分工与协调之上的制度。横向分工结构的基本协调机制有以下六种类型：

类型	阐释	通常适用情形
相互适应，自行调整	这是一种自我控制方式。组织成员直接通过非正式的、平等的沟通达到协调，相互之间不存在指挥与被指挥的关系，也没有来自外部的干预。在十分复杂的组织里，人员构成复杂，工作事务事先不能全部规范化，因而也采用这种协调机制，使组织成员边工作、边调整，互相适应、互相协调	最简单的组织结构（初创型微型企业）、矩阵制结构
直接指挥，直接控制	这是指组织的所有活动都按照一个人的决策和指令行事。这位负责人发布指示，监督工作。形象地讲，这种协调机制如人的大脑一样，同时协调两只手的活动	初创型小型企业
工作过程标准化	这是指组织通过预先制定的工作标准，来协调生产经营活动。在生产之前，企业向职工明确工作的内容，或对工作制定出操作规程及其规章制度，然后要求工作过程中所有活动都要按这些标准进行，以实现协调	职能制组织结构
工作成果标准化	这是指组织通过预先制定的工作成果标准，实现组织中各种活动的协调。这种协调只规定最终目标，不限定达到目标的途径、方法、手段和过程。如果工作流程复杂到不可控，那么制度的作用便不明显了，就只能通过对工作输出（工作结果）的控制来达到协调工作的目的	事业部制组织结构、M型企业组织结构、战略业务单位组织结构、H型结构、矩阵制组织结构

续表

类型	阐释	通常适用情形
技艺（知识）标准化	有些组织内的工作专业性强，工作过程和工作成果均无法标准化，那么组织只能通过将员工的技能标准化来实现工作协调的目的。这种协调机制主要是依靠组织成员在任职以前就接受了必要的、标准化的训练，成为具有标准化知识和技能的人才。在实际工作中，他们便可以根据自己的知识和技艺，相互配合与协调。如麻醉师和外科医生在给患者切除阑尾时，几乎不用交流，凭借其接受过的培训，就知道从对方手里接过什么器械，下一步进行什么操作	专业型企业
共同价值观	这是指组织成员或群体成员分享同一价值观念，实现全员的价值共享。“共同价值观”强调理想型的企业管理应该是“人本化”和“市场化”的有机结合。“人本化”是指企业对人的需求、价值实现和发展的一种态度和理念。这种态度和理念，驱使着企业要关心员工的报酬与工作环境、人际交往与自尊、精神需要与个人价值实现等。“市场化”是指企业对市场及竞争的一种态度和理念。这种态度和理念，驱使着企业要关注市场需求与发展变化，关注产品与服务创新，关注经营效率与效益等 鉴于内部条件和外部环境都是在不断变化的，因而，企业对内要及时调整，发挥创新精神、协同效果和整体优势；对外要灵活适应，快速行动	理想型企业、俱乐部等

经典题解

【真题 13 · 单选题】生产智能家电产品的凯威公司适应外部环境的不断变化，及时调整内部资源和组织结构，发挥协同效果和整体优势，激发员工的创新精神和使命感，对社会需求做出灵活、快速的反应。该公司采取的组织协调机制是(　　)。(2019 年)

A. 直接指挥，直接控制

B. 工作过程标准化

C. 共同价值观

D. 工作成果标准化

【解析】“及时调整内部资源和组织结构，发挥协同效果和整体优势，激发员工的创新精神和使命感，对社会需求做出灵活、快速的反应”体现了企业对内要及时调整，发挥创新精神、协同效果和整体优势；对外要灵活适应，快速行动，即共同价值观，选项 C 正确。

【答案】C

【真题 14 · 单选题】育英公司是一家英语培训机构，定位于高端培训。该公司实行纯英文教学，全部课程由外籍教师进行授课，另外配备一名中文教师担任助教，所有教师都须有 5 年以上的教学经验。育英公司培训活动中的组织协调机制是(　　)。(2017 年)

A. 技艺（知识）标准化

B. 工作过程标准化

C. 工作成果标准化

D. 相互适应，自行调整

【解析】“实行纯英文教学，全部课程由外籍教师进行授课，另外配备一名中文教师担任助教，所有教师都须有 5 年以上的教学经验”表明育英公司对其成员所应有的技艺、知识加以标准化，选项 A 正确。

【答案】A

【例题 15 · 单选题】甲公司是一家复印机生产企业。该公司在制定好自动生产流水线的标准以后，工人在生产过程中便根据这个标准进行生产和检验产品。一旦生产出现问题，管理人员便用这个标准来检查和调整。根据横向分工结构的基本协调机制的分类，该公司属于（ ）。

A. 相互适应，自行调整

B. 技艺（知识）标准化

C. 工作成果标准化

D. 工作过程标准化

【解析】“该公司在制定好自动生产流水线的标准以后，工人在生产过程中便根据这个标准进行生产和检验产品。一旦生产出现问题，管理人员便用这个标准来检查和调整”属于工作过程标准化，选项D正确。

【答案】 D

【例题16·单选题】 BJ控股公司拥有多家各自独立经营的子公司，这些子公司可以自主做出战略决策，是相对独立的投资中心。BJ控股公司主要运用投资报酬率和剩余收益评价考核各子公司的业绩。该控股公司采取的组织协调机制是（ ）。

A. 共同价值观

B. 工作过程标准化

C. 工作成果标准化

D. 相互适应，自行调整

【解析】“主要运用投资报酬率和剩余收益评价考核各子公司的业绩”体现了工作成果标准化，选项C正确。

【答案】 C

03 企业战略与组织结构（★★）

（一）组织结构与战略的关系

复习建议	考试题型	考察套路	关键词
理解并记忆“钱德勒的组织结构服从战略理论”的标题性内容	主观题型	分析案例中目标企业是如何体现该理论的	“战略前导”“结构滞后”

组织结构的功能在于分工和协调，是保证战略实施的必要手段。钱德勒在其经典著作《战略和结构》中，首次提出组织结构服从战略的理论，即钱德勒的两大命题。

钱德勒命题		阐释	启发
战略的前导性与结构的滞后性	战略前导性	指企业战略的变化快于组织结构的变化	在经济发展时，企业不可错过时机，要制定出与发展相适应的发展战略。一旦战略制定出来以后，要正确认识组织结构有一定反应滞后性的特性，不可操之过急。但是，组织结构反应滞后时间过长将会影响战略实施的效果，企业应努力缩短组织结构反应滞后的时间，使组织结构配合战略的实施
	结构滞后性	指企业组织结构的变化常常慢于战略的变化速度	
企业发展阶段与组织结构		企业在不同的发展阶段，应该采用不同的发展战略，并要求组织结构作出相应的调整	

（二）组织的战略类型

复习建议	考试题型	考察套路	关键词
掌握四种组织战略类型的辨析	客观题型	将关键词融入到案例中，据此选出目标企业采取的战略类型	参见下面“【提示】”

一个企业需要通过战略解决的基本问题有三类：

一是开创性问题，即企业如何管理市场份额。二是工程技术问题，即企业如何执行解决开创性问题的方案。三是行政管理问题，即企业应该如何设计组织架构以适应解决前两个问题的需要。

根据一个组织在解决以上三类问题时采用的思维方式和行为特点（战略倾向）的不同，可以将组织分为四种类型：防御型战略组织、开拓型战略组织、分析型战略组织和反应型战略组织。前三种战略组织都有与其市场和能力相适应的战略，而第四种战略组织却通常是一种失败的组织类型。

1. 防御型战略组织

作为成熟行业中的成熟企业，产品线较窄，高层不愿意积极探索熟知领域以外的机会。除非顾客有需要，否则高层不愿意就运作方法和企业的组织结构做出较大程度的调整。他们努力的方向主要是提高效率。

问题	阐释	措施	特点
开创性问题	如何保持稳定的市场份额	由于它在稳定的市场环境下良好高效运作，所以它具有谋求成本领先的优势。利用既有的标准化技术流程获得低成本，或者在谋求成本领先优势的同时在某一特定的领域内进行差异化经营	由于环境变化缓慢，它能够以长期规划为执行依据。组织效率较高但适应性差
工程技术问题	如何保证效率	试图创造出一种具有高度成本效率的核心技术和经久不衰的市场。在这类组织中，提高技术效率是组织成功的关键。在一般的防御型战略组织里通过纵向一体化战略往往能提高技术效率	
行政管理问题	为了保证效率，如何做到严格控制	采取“机械式”结构机制。即由生产与成本控制专家组成高层管理团队，重视成本和效率问题，建立分工精密的职能制组织结构，实行集中控制和正式沟通	

2. 开拓型战略组织

一种致力于发现和发掘新产品和新市场机会的企业组织，通常是该产业的标杆企业。它的核心技能是市场能力和研发能力，它可以拥有较多的技术类型和较长的产品线。

问题	阐释	措施	特点
开创性问题	如何在动态多变的环境中，寻找和开发新产品与新市场机会	必须具有一种从整体上把握环境变化的能力；通过产品开发和市场开发获得发展	开拓型组织虽然可以减少环境不确定性带来的风险，同时其多种技术可以迅速地适应市场需求的变化，但它要承担资源分散使用和低利润的风险。这种组织面临的最大挑战是如何提高组织的效率并合理地使用资源。组织效率较低但适应性强
工程技术问题	如何避免长期局限于单一的技术	通过开发机械化程度很低和例外性的多种技术及标准技术，以保持其创新性和适应性	
行政管理问题	如何协调经营活动与创新活动	采取“有机式”结构机制。这种机制包括由市场、研究开发方面的专家组成的高层管理团队，注重产出结果的粗放式计划、分散式控制以及横向和纵向的沟通	

3. 分析型战略组织

这是一类能够规避风险同时又能够提供创新产品和服务的企业组织。即在两种市场环境下有效运作的企业类型：一种是较稳定的环境，另一种是变化较快的环境。前者强调规范化和高效率运作，后者强调关注竞争对手的动态并迅速做出有利的调整。

问题	阐释	措施	特点
开创性问题	如何在保持现有市场份额的同时发现新的市场和产品机会	必须保持现有产品和服务的质量、水准和效能，与此同时要具有足够的灵活性来及时捕获新的商业机会。当市场稳定时，通过技术改进来保持低成本；当市场发生变化时，通过发展新产品和服务，来保持竞争力	分析型战略组织综合了防御型战略组织和开拓型战略组织的特点，是二者的结合体
工程技术问题	如何使得经营业务中稳定的部分更有效率，而变动的部分更为灵活	形成双重的技术核心。一部分技术与防御型组织的技术极为类似，另一部分则类似于开拓型组织	
行政管理问题	如何区分组织结构的各个方面，以适应既稳定又变动的经营业务，使两种经营业务达到平衡	业务平衡问题可以通过矩阵制组织结构来解决。矩阵制组织结构对各职能部门实行集约式计划和集权控制，而对产品开发小组或产品部门实行粗放式计划和分权控制	

4. 反应型战略组织

以上三种类型的组织虽然各自的形式不同，但都能适应外部环境的变化和市场的需求，并随着时间的推移，都会形成各自稳定的模式。而反应型战略组织对企业外部环境缺乏控制，它既缺乏适应外部竞争的能力，又缺乏有效的内部控制机能。它没有一个系统化的战略设计与组织规划。除非迫不得已，企业不会就外部环境的变化做出调整。因此，反应型战略组织是一种消极无效的组织形态。一般情况下，企业组织如果不是存在于经营垄断或被高度操纵的行业里，就不应采取反应型战略组织形式。

一个企业组织之所以成为反应型战略组织，主要有三个原因：

（1）决策层没有明确表达企业战略。

（2）管理层次中没有形成可适用于现有战略的组织结构。

（3）只注重保持现有的战略与结构的关系，忽视了外部环境条件的变化。

【提示】四种战略组织的区分

组织的战略类型	关键词	适用环境
防御型战略组织	低成本、提高技术效率、“机械式”结构	稳定的环境
开拓型战略组织	新产品和新市场、创新性和适应性、“有机式”结构	多变的环境
分析型战略组织	保留原有业务的同时追求新产品和新市场、矩阵制结构	—
反应型战略组织	既缺乏适应性，又缺乏内部控制	垄断经营、高度操控的环境

经典题解

【真题 17 · 单选题】圣元公司是一家智能家居用品制造商。该公司在技术开发和行政管理上具有很大的灵活性，由技术、营销等人员组成的项目组拥有产品开发的自主选择权。近年来该公司适应不断变化的市场需求，陆续开发出智能音箱、智能手环、智能电视、扫地机器人等产品。圣元公司组织结构的战略类型是（　　）。（2020 年）

A. 防御型战略组织

B. 分析型战略组织

C. 反应型战略组织

D. 开拓型战略组织

【解析】开拓型战略组织追求一种更为动态的环境，将其能力表现在探索和发现新产品和市场的机会上。“该公司在技术开发和行政管理上具有很大的灵活性……近年来该公司适应不断变化的市场需求，陆续开发出智能音箱、智能手环、智能电视、扫地机器人等产品”属于开拓型战略组织的特征，选项 D 正确。

【答案】D

【真题 18 · 单选题】华蓓公司是 Y 市一家生产婴幼儿用品的企业。多年来公司在 Y 市婴幼儿用品市场拥有稳定的市场占有率。为了巩固其竞争优势，华蓓公司运用竞争性定价阻止竞争对手进入其经营领域，并实施有利于保持高效率的“机械式”组织机制。华蓓公司所采取的组织的战略类型属于（　　）。（2019 年）

A. 防御型战略组织

B. 开拓型战略组织

C. 反应型战略组织

D. 分析型战略组织

【解析】“为了巩固其竞争优势，华蓓公司运用竞争性定价阻止竞争对手进入其经营领域，并实施有利于保持高效率的‘机械式’组织机制”表明华蓓公司所采取的是防御型战略组织，选项 A 正确。

【答案】A

【真题 19 · 单选题】风华公司的主营业务是生产、销售体育运动器材。从去年起，该公司在保留原有业务的同时寻找新的市场机会，开发出适合个人使用的运动健康体测仪并尝试性投放市场。该仪器可随时把使用者在运动中的有关生物指数进行显示并记录下来，从而帮助使用者了解自己的健康状况

并选择适当的运动方式。风华公司适宜采取的组织战略类型是(　　)。(2018年)

A. 开拓型战略组织

B. 防御型战略组织

C. 反应型战略组织

D. 分析型战略组织

【解析】“该公司在保留原有业务的同时寻找新的市场机会”表明风华公司适宜采取的组织战略类型是分析型战略组织，选项D正确。

【答案】 D

【例题20·单选题】 早在2000年年初，手机生产商N公司就已经开发出了全触屏手机。但面对手机市场日新月异的变化，N公司高级管理层始终沉浸在“世界第一”的荣耀中，过于关注耐用性，对环境变化和未来的经营行动犹豫不决。而此时消费者已经把目光转向了手机上网、互联互通、掌上娱乐功能，最终用户把票投给了其竞争对手P公司和A公司。N公司采取的组织战略类型是(　　)。

A. 开拓型战略组织

B. 防御型战略组织

C. 分析型战略组织

D. 反应型战略组织

【解析】“但面对手机市场日新月异的变化，N公司高级管理层始终沉浸在‘世界第一’的荣耀中，过于关注耐用性，对环境变化和未来的经营行动犹豫不决。而此时消费者已经把目光转向了手机上网、互联互通、掌上娱乐功能，最终用户把票投给了其竞争对手P公司和A公司”表明N公司采取的组织战略类型是反应型战略组织，选项D正确。

【答案】 D

第二节　公司战略与企业文化

本节视频详解
使用“会计云课堂”App/微信扫码听课

01 企业文化的类型（★★）

复习建议	考试题型	考察套路	关键词
理解并记忆四种文化类型的典型特征，记忆各自的适用情形	客观题型	将关键点融入案例中，据此选出目标企业对应的文化类型	“集权”；“规章制度”“等级”；“解决问题”“跨部门”；“依赖员工”

企业文化是指企业在生产经营实践中逐步形成的、为整体团队所认同并遵守的价值观、经营理念和企业精神，以及在此基础上形成的行为规范的总称。

企业文化类型从理论上分为四类：权力（Power）导向型、角色（Role）导向型、任务（Task）导向型和人员（People）导向型。

类型	阐释	适用情形	举例
权力导向型（铁腕型家长式文化）	也称集权式文化。该种文化偏重个人英雄主义，是建立在强人统治的基础之上。企业文化的宗旨是保证企业家的绝对个人权威，企业家就是原则，是一种“服从文化”。企业的领导方式很强势，有决断力，反应速度很快	通常存在于家族企业和一些初创企业中	20世纪90年代初的权力导向型文化成为温州家族企业的隐形杀手。有人这样评价温州“鞋王”——霸力皮鞋厂的老总王跃进。“这名字很像他的个性，很自信、有霸气”“他是一个事业心很强的人，但性格太主观了，完全要他自己说了算”“他的想法在很多人看来都不切实际，他太不相信别人了”“以血缘关系或者族人的价值观为核心的家族文化，在鞋企创业初期有过许多积极的意义”
角色导向型（埃菲尔铁塔式文化）	也称各司其职的文化。该种文化强调员工对企业的忠诚奉献，企业层级分明，强调规则至上，凡事皆有规章可循，重视正规化，行事态度谨慎保守，做好份内的事即可，回避改变。采用的组织结构往往是职能制组织结构	在稳定环境中，这类文化可能导致高效率，但是这类企业不太适合动荡的环境。此类文化最常见于国有企业和公务员机构	国内某知名房地产公司曾经对企业实行军事化管理，严格到部门领导要为下属的不当行为买单，如员工在工作时间未着正装，连同部门领导都会被扣钱。此外，该公司的调薪制度对员工什么时候具备涨薪资格、每次涨多少、该走怎样的程序都有非常明确的规定，哪怕涨幅超过制度规定的0.01%都无法执行下去，杜绝了打擦边球的可能。由此可见，该公司的文化类型属于角色导向型文化
任务导向型（导弹式文化）	也称目标导向型文化。在这种文化中，管理者关心的是不断地和成功地解决问题，对不同职能和活动的评估完全是依据它们对企业目标做出的贡献。采用的组织结构往往是矩阵制组织结构。专长是个人权力和职权的主要来源，并且决定一个人在给定情景中的相对权力	常见于新兴产业中的企业（特别是一些高科技企业）、公关公司、房地产经纪公司以及销售公司等。这类文化具有很强的适应性，个人能高度掌控自己份内的工作，在十分动荡或经常变化的环境中会很成功	索尼人始终不满足于现状，时时有“饥饿感”“紧迫感”伴随，这可谓索尼企业文化的特色。正因如此，他们能不断学习世界上比自己先进的东西，经过消化，创造出别人没有的东西，最终适应了市场，赢得了声誉

续表

类型	阐释	适用情形	举例
人员导向型（孵化器式文化）	也称以人为本的文化。人本文化实质上是从人的本性，如需求、发展、平衡出发，以关心和满足人性为基础，激发人的积极性、主动性、创造性的企业文化。组织帮助个人实现目标。组织存在的目的是作为孵化器，为成员自我表现和自我实现服务。人员导向型文化需要构建平等、和谐的人文氛围，要做到对内以全体员工为本，对外以顾客、用户为本，要提倡平等、公平、公正意识	常见于小型咨询公司，也可以是集体开业的医生、律师和俱乐部等	“蓝天救援队”是中国民间专业、独立的纯公益紧急救援机构，成立于2007年。“蓝天救援队”的入队誓词：“我志愿加入蓝天救援队，遵循人道、博爱、奉献的志愿精神，勤奋刻苦、努力训练、团结有爱、乐于助人，在各种危机面前竭尽所能地挽救生命”。队训：“少说多做，默默奉献，完善自我，善待他人”

经典题解

【真题21·单选题】格朗公司是一家从事环境艺术的企业。该公司的业务以创意为核心，员工根据个人的爱好、专长和成长需要，自主选择从事建筑设计、室内装潢、城市雕塑和壁画制作等工作，公司则为员工的工作需要提供必要的服务。格朗公司的企业文化类型是（　　）。（2020年）

A. 权力导向型

B. 任务导向型

C. 人员导向型

D. 角色导向型

【解析】在人员导向型文化下的企业存在的目的主要是为其成员的需要服务，企业是其员工的下属，企业的生存也依赖于员工。“员工根据个人的爱好、专长和成长需要，自主选择从事建筑设计、室内装潢、城市雕塑和壁画制作等工作，公司则为员工的工作需要提供必要的服务”属于人员导向型文化，选项C正确。

【答案】C

【真题22·单选题】新阜铁路公司为保障所辖铁路的安全与畅通，制定并实施一整套严格的工作规章和程序，要求所有员工忠于岗位职责，严守操作规程。该公司文化的类型属于（　　）。（2020年）

A. 权力导向型

B. 任务导向型

C. 角色导向型

D. 人员导向型

【解析】角色导向型企业尽可能追求理性和秩序。角色文化十分重视合法性、忠诚和责任。这类文化一般是围绕着限定的工作规章和程序建立起来的，分歧由规章和制度来解决。“制定并实施一整套严格的工作规章和程序，要求所有员工忠于岗位职责，严守操作规程”表明新阜铁路公司文化的类型属于角色导向型文化，选项C正确。

【答案】C

【例题23·单选题】甲公司是一家专注于高科技移动领域的互联网公司。公司没有森严的等级制度，强调员工平等，崇尚创新，在处理多样化的问题时，鼓励员工跨部门合作，在工作中发挥自己的专长和创意，努力打造客户需要的产品。甲公司的企业文化类型属于（　　）。

A. 角色导向型

B. 权力导向型

C. 任务导向型

D. 人员导向型

【解析】甲公司是一家高科技公司，“在处理多样化的问题时，鼓励员工跨部门合作，在工作中发挥自己的专长和创意”，这些都是任务导向型企业文化的特点，选项 C 正确。

【答案】C

【例题 24 · 单选题】奥玛公司是一家从事服装加工生产的家族企业。该公司创始人独断专行、事必躬亲，员工主动性差，一切按老板的指示行事。奥玛公司的企业文化类型属于（ ）。

A. 角色导向型

B. 权力导向型

C. 任务导向型

D. 人员导向型

【解析】“公司创始人独断专行、事必躬亲，员工主动性差，一切按老板的指示行事”表明奥玛公司文化的类型属于权力导向型，选项 B 正确。

【答案】B

02 文化与绩效（★★）

复习建议	考试题型	考察套路	关键词
理解并记忆关于“企业文化为企业创造价值的途径”和“企业文化成为维持竞争优势源泉的条件”中标题性内容	客观题型	将标题性内容的关键点融入到案例中，据此判断题干涉及的内容	（1）“简化处理”“补充控制”“促进合作” （2）“创造价值”“特有”“难模仿”

（一）企业文化为企业创造价值的途径

创造价值的途径	阐释
文化简化了信息处理	文化减少了企业内部对个人信息处理的要求，允许个人更好地把注意力集中于他们的本职工作
文化补充了正式控制	文化补充了正式的控制制度，减少了企业中监督个人的成本
文化促进合作并减少讨价还价成本	文化影响了企业中个人的偏好，使他们趋向于共同的目标，这就降低了企业中个人的谈判和讨价还价成本，并促进了更多协作行动的产生和发展

（二）文化、惯性和不良绩效

企业文化有助于促进组织绩效的提升，但是企业惯性的文化也会带来不良的绩效。

【相关链接】直到 1986 年，美国 IBM 公司还被认为是强有力的值得模仿的企业，它管理的深入性和公司文化得到了广泛称赞。然而，不到十年后，IBM 公司又因其惯性的文化而受到责难。IBM 公司并不是由于能力变化而失掉产业领导地位的，未能保持其优势的原因在于其惯性文化的影响，使该公司没有预测到产品变化的方向，并让竞争对手（特别是微软公司）在市场份额和网络外部性的基础上夺取了市场优势地位。

（三）企业文化成为维持竞争优势源泉的条件

1. 文化必须为企业创造价值
2. 公司文化必须是企业所特有的
3. 企业文化必须是很难被模仿的

03 战略稳定性与文化适应性（★★）

复习建议	考试题型	考察套路	关键词
理解掌握战略稳定性与文化适应性矩阵的横纵坐标的含义及对应的四种方式	客观题型	先判断案例中目标企业对应的横纵坐标情况，再据此选出正确做法	（1）组织要素的变化多/少：较大调整、重大改革；在原有基础上进行部分调整 （2）与现有文化的潜在一致性大/小：与现有文化保持一致、多数员工认同；大多数员工反对、原有文化抵制

战略的稳定性反映企业在实施一个新的战略时，企业的结构、技能、共同价值、生产作业程序等各种组织要素所发生的变化程度；文化的适应性反映企业所发生的变化与企业目前的文化相一致的程度。处理二者关系时可以用下面的矩阵表示：

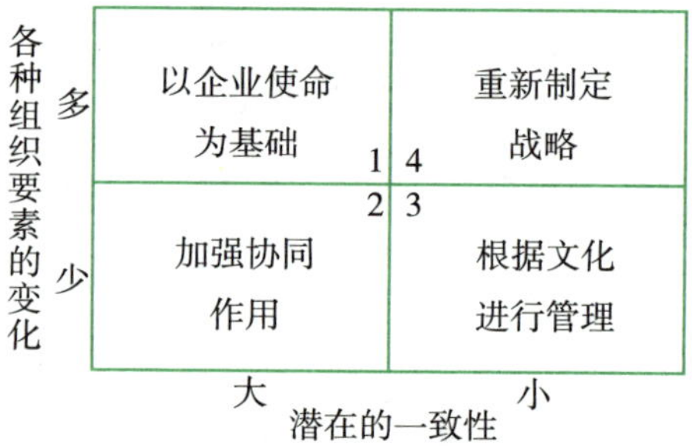

在矩阵中，纵轴表示企业战略的稳定性状况，横轴表示文化的适应性状况。

【相关链接】组织要素包括组织外部环境、组织内部环境、组织目的、管理主体（可以是人或机构，具有一定的管理能力，拥有相应的权威和责任来从事协调和控制活动）和管理客体（指被管理、协调和控制的对象）。

例如，李宁原是一家和众晋江品牌同档次的体育运动用品生产商，在2010年，李宁强行将主品牌推至一线，直面阿迪达斯、耐克，这是李宁公司第一次品牌升级中最大的战略“错位”。李宁原本的文化和国内众多品牌类似，一下子将企业战略改变，导致了文化的水土不服。在本案例中，“李宁强行将主品牌推至一线，直面阿迪达斯、耐克，这是李宁公司第一次品牌升级中最大的战略‘错位’”反映了组织要素（管理主体的决策）变化大，即组织变革属于革命性变革；“李宁原本的文化和国内众多品牌类似，一下子将企业战略改变，导致了文化的水土不服”反映了企业现有文化不适应变革。因此，应选择第四象限来管理变革。

战略稳定性与文化适应性

变革管理方式	特征	管理变革的措施
以企业使命为基础	组织要素变化大（变革属于革命性变革），现有文化支持变革	(1) 企业在进行重大变革时，必须考虑与企业基本使命的关系。在企业中，企业使命是企业文化的正式基础 (2) 发挥企业现有人员在战略变革中的作用。现有人员之间具有共同的价值观念和行为准则，可以保持企业在文化一致的条件下实施变革 (3) 在调整企业的奖励系统时，必须注意与企业组织目前的奖励行为保持一致 (4) 考虑进行与企业组织目前的文化相适应的变革，不要破坏企业已有的行为准则
加强协同作用	组织要素变化不大（变革属于渐进性变革），现有文化支持变革	(1) 利用目前的有利条件，巩固和加强企业文化 (2) 利用文化相对稳定的这一时机，根据企业文化的需求，解决企业生产经营中的问题
根据文化进行管理	组织要素变化不大（变革属于渐进性变革），现有文化抵制变革	当企业准备推行某种新的激励方式时，虽然这种方式与过去的激励方式相比，并没有根本性的变化，但是，某些利益相关者基于对自身利益的考虑，可能会反对实施新的方法。在这种情况下，企业可以根据经营的需要，在不影响企业总体文化一致性的前提下，对某种经营业务实行不同的文化管理
重新制定战略	组织要素变化大（变革属于革命性变革），现有文化抵制变革	在外部环境发生重大变化时，企业需要重新制定战略，同时创建适应新战略的企业文化 企业需要从四个方面采取管理行动： (1) 企业的高层管理人员要痛下决心进行变革，并向全体员工讲明变革的意义 (2) 为了形成新的文化，企业要招聘或从内部提拔一批与新文化相符的人员 (3) 改变奖励结构，将奖励的重点放在具有新文化意识的事业部或个人的身上，促进企业文化的转变 (4) 设法让管理人员和员工明确新文化所需要的行为，形成一定的规范，保证新战略的顺利实施

经典题解

【真题 25 · 单选题】 越达公司是合成橡胶、合成树脂等石化类产业的龙头企业。2017 年，该公司启动新的战略变革，将公司在原产业领域积累的高分子技术应用到光化学和有机合成化学领域，使业务内容扩大到半导体制造材料、显示器材料等领域，同时进行了广泛的组织结构调整。此次战略变革得到公司上下一致认同和支持。该公司处理企业战略稳定性与文化适应性的关系时应（　　）。（2020 年）

A. 以企业使命为基础

B. 根据文化进行管理

C. 重新制定战略

D. 加强协同作用

【解析】“进行了广泛的组织结构调整”表明组织要素变化多；“此次战略变革得到

公司上下一致认同和支持”表明文化潜在一致性大。因此，应以企业使命为基础来管理变革，选项A正确。

【答案】A

【真题26·单选题】家电制造商东岳公司于2015年并购了一家同类企业，在保留被并购企业原有组织的同时实行了新的绩效考核制度，结果遭到被并购企业大多数员工反对。本案例中，东岳公司在处理被并购企业战略稳定性与文化适应性关系时正确的做法是（　　）。（2018年）

A. 加强协调作用

B. 以企业使命为基础

C. 重新制定战略

D. 根据文化进行管理

【解析】“在保留被并购企业原有组织的同时实行了新的绩效考核制度，结果遭到被并购企业大多数员工反对”体现了组织要素变化少，且与现有文化潜在的一致性小，因此应该根据文化进行管理，选项D正确。

【答案】D

【例题27·单选题】格力电器于2019年频频跨界寻求外部突破。公司目前已经在物联网、人工智能、智慧家居、车用空调、芯片制造等领域展开重大战略布局。但这一变革受到企业现有惯性文化的抵制。根据战略稳定性和文化适应性矩阵的要求，该公司应该（　　）。

A. 以企业使命为基础

B. 加强协同作用

C. 重新制定战略

D. 根据文化进行管理

【解析】“频频跨界寻求外部突破。公司目前已经在物联网、人工智能、智慧家居、车用空调、芯片制造等领域展开重大战略布局”说明组织要素的变化较多；“这一变革受到企业现有惯性文化的抵制”说明变革与现有文化潜在一致性小。因此，应重新制定战略，选项C正确。

【答案】C

【例题28·单选题】LX集团作为全球电脑市场的领导企业，决定不再固守分销模式，引入直销模式与戴尔抗衡。LX集团新的营销模式调整为“直销+分销”的复合营销模式：对大客户拓展实行电话营销和客户营销（直销）模式，对于零售客户和中小企业客户，则加强渠道营销（分销）模式。对于多年合作的分销商们，LX集团CEO一再强调，“未来我们的渠道分销模式依然是我们IT产品销售的主力军，甚至可以说80%以上的销售都依然会依赖于我们的渠道分销模式”。这一变革得到企业固有文化的支持。根据战略稳定性和文化适应性矩阵的要求，该公司在实施上述新战略时应（　　）。

A. 加强协同作用

B. 以企业使命为基础

C. 重新制定战略

D. 根据文化进行管理

【解析】“未来我们的渠道分销模式依然是我们IT产品销售的主力军，甚至可以说80%以上的销售都依然会依赖于我们的渠道分销模式”说明组织要素的变化较少；“这一变革得到企业固有文化的支持”说明变革与现有文化潜在一致性较大。因此，应加强协同作用，选项A正确。

【答案】A

第三节 战略控制

本节视频详解
使用“会计云课堂” App/ 微信扫码听课

01 战略控制的过程（★★）

复习建议	考试题型	考察套路	关键词
重点掌握战略失效类型的辨析，理解记忆战略失效的原因	客观题型、主观题型	分析判断案例中目标企业体现的战略失效类型或原因	参见下表

（一）战略失效与战略控制

1. 战略失效与战略控制的概念

（1）战略失效。

战略失效的概念		指企业战略实施的结果偏离了预定的战略目标或战略管理的理想状态
导致战略失效的原因		①企业内部缺乏沟通；②战略实施过程中各种信息的传递和反馈受阻；③战略实施所需的资源条件与现实存在的资源条件之间出现较大缺口；④用人不当，主管人员、作业人员不称职或玩忽职守；⑤公司管理者决策错误，使战略目标本身存在严重缺陷或错误；⑥企业外部环境出现了较大变化，而现有战略一时难以适应等
战略失效的类型（按时间顺序）	早期失效	一项战略开始实施时，因为新战略还没有被员工理解和接受，或者实施者对新的环境、工作不适应，就有可能导致较高的早期失效率 关键词：开始实施时
	晚期失效	在新战略推行一段时间之后，理想条件与现实条件差距过大而导致的失效 关键词：实施一段时间后
	偶然失效	在战略的平稳实施阶段出现的一些意外情况导致战略失效。可能在开始实施时发生，也可能在实施一段时间后发生 关键词：意料之外

经典题解

【例题 29 · 单选题】 2018 年 12 月，小李在武汉市区黄金位置开了一家烧烤店。由于创新经营模式，小店开业不到 1 年就取得了不错的经营业绩。正在小李准备进一步扩大经营规模时，武汉一场流行性冠状病毒疾病袭来，使得小店经营陷入困境，最后不得不关闭了烧烤店。根据战略失效理论，小李创业没有取得成功属于（　　）。

A. 早期失效

B. 正常失效

C. 偶然失效

D. 晚期失效

【解析】“武汉一场流行性冠状病毒疾病袭来，使得小店经营陷入困境，最后不得不关闭了烧烤店”属于偶然失效，选项 C 正确。

【答案】 C

【例题 30 · 多选题】 甲集团以电脑软件起家，立志要做“中国的蓝色巨人”。在还远远没长成“巨人”的时候，就开始投资生物工程以及房地产。由于摊子太大，公司资金链出现了断裂，最终使公司发展陷入停顿。根据上述信息可以判断，该公司战略失效的主要原因有(　　)。

A. 企业内部缺乏沟通

B. 战略实施所需的资源条件与现实存在的资源条件之间出现较大缺口

C. 用人不当，主管人员、作业人员不称职或玩忽职守

D. 公司管理者决策错误

【解析】“在还远远没长成‘巨人’的时候，就开始投资生物工程以及房地产。由于摊子太大”表明公司管理者决策错误；“公司资金链出现了断裂”表明战略实施所需的资源条件与现实存在的资源条件之间出现较大缺口。因此，选项B、D正确。

【答案】BD

(2) 战略控制。

战略控制是指在战略的实施过程中，检查企业为达到目标所进行的各项活动的进展情况，评价企业战略实施后的企业绩效，把它与既定的战略目标和绩效标准相比较，发现战略差距，分析产生偏差的原因，并及时纠正偏差，使企业战略的实施更好地与企业当前所处的内外部环境、企业目标协调一致，进而使企业战略得以实现。

战略控制和预算控制的差异

项目	战略控制	预算控制
控制期间	期间比较长，从几年到十几年以上	期间通常为一年以下
控制方法	定性方法和定量方法	定量方法
控制重点	重点是内部和外部	重点是内部
纠正行为	不断纠正行为	通常在预算期结束之后纠正行为

经典题解

【例题31·单选题】下列关于战略控制与预算控制的表述，正确的是(　　)。

A. 战略控制的期限通常在一年以内

B. 预算控制通常在预算期结束后采取纠正行为

C. 预算控制采用定性与定量结合的方法

D. 战略控制的重点是企业内部

【解析】战略控制的期限通常比较长，从几年到十几年以上，预算控制的期限通常为一年以下，选项A错误。战略控制采用定性与定量结合的方法，预算控制采用定量方法，选项C错误。预算控制的重点是企业内部，战略控制的重点是内部和外部，选项D错误。

【答案】B

2. 战略性业绩计量

战略性业绩计量的特征：

(1) 重点关注长期的事项，对大多数企业而言可能是股东财富。

(2) 有助于识别战略成功的动因，如企业是如何长期创造股东价值的。

(3) 通过企业提高业绩来支持企业学习。

(4) 提供的奖励基础是基于战略性的事项而不仅仅是某年的业绩。

3. 战略控制和成功关键因素

识别成功关键因素的意义：

(1) 识别成功关键因素的过程可以提醒管理层关注那些需要控制的事项，并显示出次要的事项。

(2) 传统的预算控制可能使报告的成本与标准成本存在差异。而成功关键因素能够

转化为按照相同方式定期报告的关键性业绩指标。

（3）成功关键因素能够保证管理层定期收到有关企业的关键信息，以指导信息系统的发展。

（4）它们能够用于将组织的业绩进行内部对比或者与竞争对手比较。

（二）企业经营业绩的衡量

业绩衡量可能基于财务信息也可能基于非财务信息。

02 战略控制方法

（一）预算与预算控制（★★）

复习建议	考试题型	考察套路	关键词
重点掌握两种预算类型的辨析，记忆各自优缺点的内容	客观题型	阶梯式问法：先判断出目标企业采用的预算类型，再选出对应的优缺点	增量预算："实际业绩" 零基预算："未来需求""重新判断""新开设"

1. 预算的类型

增量预算 （Incremental budgeting）	指新的预算使用以前期间的预算或者以实际业绩作为基础来编制，在此基础上增加相应的内容
零基预算 （Zero-based budgeting）	指在每一个新的期间必须重新判断所有的费用。零基预算开始于"零基础"，需要分析企业中每个部门的需求和成本

2. 预算类型的优点比较

增量预算	①预算是稳定的，并且变化是循序渐进的；②经理能够在一个稳定的基础上经营他们的部门；③系统相对容易操作和理解；④遇到类似威胁的部门能够避免冲突；⑤容易实现协调预算
零基预算	①能够识别和去除不充分或者过时的行动；②能够促进更为有效的资源分配；③需要广泛的参与；④能够应对环境的变化；⑤鼓励管理层寻找替代方法

3. 预算类型的缺点比较

增量预算	①它假设经营活动以及工作方式都以相同的方式继续下去；②不能拥有启发新观点的动力；③没有降低成本的动力；④它鼓励将预算全部用光以便明年可以保持相同的预算；⑤它可能过期，并且不再和经营活动的层次或者执行工作的类型有关
零基预算	①它是一个复杂的、耗费时间的过程；②它可能强调短期利益而忽视长期目标；③管理团队可能缺乏必要的技能

经典题解

【例题32·多选题】德佳公司2020年实际销售费用为6500万元，占营业收入的20%，该公司预计2021年营业收入增加3000万元，于是就将2021年销售费用预算确定为

7100（6500+3000×20%）万元。德佳公司采用的预算编制方法的优点有（　　）。

A. 能够促进更为有效的资源分配

B. 系统相对容易操作和理解

C. 容易实现协调预算

D. 能够应对环境的变化

【解析】“德佳公司2020年实际销售费用为6500万元，占营业收入的20%，该公司预计2021年营业收入增加3000万元，于是就将2021年销售费用预算确定为7100（6500+3000×20%）万元”表明德佳公司采用的预算编制方法属于增量预算。选项A、D属于零基预算的优点，选项B、C属于增量预算的优点。

【答案】BC

【例题33·多选题】甲公司是国内一家大型农业生产资料集团，近年来致力于推进横向一体化战略和纵向一体化战略，以保持国内规模优势。甲公司对其各子公司实行预算管理，并通常使用增量预算方式进行战略控制，子公司预算需要经甲公司预算管理委员会批准后执行。2019年9月，甲公司在化肥市场低迷时期收购了乙化肥厂。收购后，甲公司更换了乙化肥厂的总经理和财务总监，并要求乙化肥厂根据未来需求编制预算。2019年11月，甲公司启动2020年度预算编审工作，乙化肥厂2020年预算编制类型的缺点有（　　）。

A. 不能拥有启发新观点的动力

B. 它可能强调短期利益而忽视长期目标

C. 管理团队可能缺乏必要的技能

D. 没有降低成本的动力

【解析】乙化肥厂属于甲公司全新的子公司，“要求乙化肥厂根据未来需求编制预算”表明乙化肥厂应编制零基预算。选项A、D属于增量预算的缺点，选项B、C属于零基预算的缺点。

【答案】BC

（二）企业业绩衡量指标（★）

复习建议	考试题型	考察套路	关键词
记忆使用比率进行绩效评价的主要原因和局限性内容	客观题型	在题干中引出几个比率指标，然后直接选出“采用比率进行绩效评价的主要原因或局限性”的教材原文	参见“财务衡量指标”的表格内容

1. 财务衡量指标

使用比率来进行绩效评价的主要原因	使用比率评价的局限性
①通过比较各个时期的相应比率可以很容易地发现这些比率的变动 ②相对于实物数量或货币价值的绝对数，比率作为相对数更易于理解 ③比率可以进行项目比较并有助于计量绩效 ④比率可以用作目标 ⑤比率提供了总结企业结果的途径，并在类似的企业之间进行横向比较	①可比信息的可获得性 ②历史信息的使用（数据存在时效性问题，评价侧重过去） ③比率不是一成不变的（评价标准存在动态性问题） ④需要仔细解读（数据存在完整性问题） ⑤被扭曲的结果（数据存在真实性问题） ⑥鼓励短期行为（比较短视，忽略长远发展） ⑦忽略战略目标（注重结果导向和短期业绩，忽略过程导向和长期业绩） ⑧无法控制无预算责任的员工

【提示】财务比率指标是指总结和评价企业财务状况和经营成果的相对数指标，中国《企业财务通则》中为企业规定的三种财务比率指标为：偿债能力指标，包括资产负债率、流动比率、速动比率；营运能力指标，包括应收账款周转率、存货周转率、总资产周转率；盈利能力指标，包括销售净利率、资产净利率、权益净利率等。

例如：流动比率=流动资产/流动负债×100%，一般情况下，流动比率越高，企业短期偿债能力越强，从债权人角度看，流动比率越高越好。

总资产周转率（周转次数）=营业收入/资产平均余额，一般情况下，总资产周转率越大，表明总资产周转速度越快，总资产的使用效率越高，则企业资产营运能力越强。

2. 非财务指标

非财务业绩计量是基于非财务信息的业绩计量方法，以监控非财务方面的活动。和传统的财务报告不同，非财务信息计量能够很快地提供给管理层，而且很容易计算和被非财务管理层理解并有效使用。

评价的角度	业绩计量
服务质量	投诉数量 客户等待时间
人力资源	员工周转率 旷工时间 每个员工的培训时间
市场营销效力	销量增长 每个销售人员的客户访问量 客户数量

【提示】员工周转率（员工流动率）=补充员工数量/该时间段内员工平均数量

其中：补充员工数量是指为补充离职人员所新雇佣的员工人数。

经典题解

【真题34·多选题】甲公司采用流动比率、资产负债率等财务指标进行绩效评价。下列各项中，属于甲公司上述做法的局限性的有（　　）。（2020年）

A. 鼓励短期行为

B. 忽视战略目标

C. 比率不可以用作目标

D. 难以进行项目比较

【解析】使用比率评价的局限性：①可比信息的可获得性；②历史信息的使用；③比率不是一成不变的；④需要仔细解读；⑤被扭曲的结果；⑥鼓励短期行为；⑦忽略战略目标；⑧无法控制无预算责任的员工。因此，选项A、B正确。

【答案】AB

【真题35·多选题】龙都钢铁公司每年都用投资报酬率、销售利润率、资产周转率等比率对经营绩效进行评价。下列各项中，属于该公司采用上述绩效评价指标的主要原因有（　　）。（2018年）

A. 相对于实物数量或货币价值的绝对值，比率更易于理解

B. 比率可以用作目标

C. 能够控制无预算责任的员工

D. 可以避免短期行为

【解析】使用比率来进行绩效评价的主

要原因：①通过比较各个时期的相应比率可以很容易地发现这些比率的变动；②相对于实物数量或货币价值的绝对数，比率更易于理解；③比率可以进行项目比较并有助于计量绩效；④比率可以用作目标；⑤比率提供了总结企业结果的途径，并在类似的企业之间进行比较。因此，选项A、B正确。

【答案】 AB

【例题36·多选题】 中航信公司每年都采用财务和非财务指标对经营业绩进行评价。下列属于非财务指标的有(　　)。

A. 员工周转率

B. 每个员工的培训时间

C. 客户等待时间

D. 应收账款周转率

【解析】 选项A、B属于反映人力资源方面的非财务指标；选项C属于反映服务质量方面的非财务指标；选项D属于反映营运能力方面的财务指标。

【答案】 ABC

（三）平衡计分卡的业绩衡量方法（★★）

复习建议	考试题型	考察套路	关键词
记忆四个角度的常见指标	客观题型	考查形式较为直接：通常会给出角度，选出对应指标；或给出几个指标，选出对应的角度	参见下表各指标

平衡计分卡是一种打破了传统的单一使用财务指标衡量业绩的全新的组织绩效管理方法。在财务指标的基础上加入了未来驱动因素，即客户因素、内部经营管理过程和员工的学习成长，在公司战略规划与执行管理方面发挥非常重要的作用。

【相关链接】 平衡计分卡蕴含的因果逻辑：苹果树。

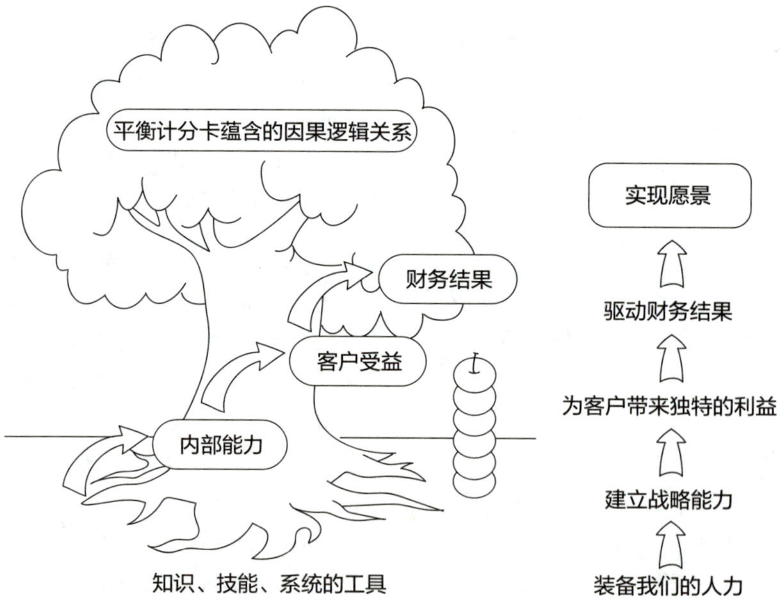

土壤：员工的能力、知识、系统、企业文化（肥沃的土壤才能生长出好庄稼）；

树干：内部运营的能力（树干输送营养）；

枝繁叶茂：客户受益；

结苹果：财务结果。

想要赚钱，就要让客户买单。首先要投资员工、提升能力和技能，用适当的工具和系统提高内部运营效率，才能给客户提供最好的产品和服务。让客户满意了，最后才能实现财务结果。它的主要目的是将企业的战略转化为具体的行动，以帮助企业创造可持续的竞争优势。

平衡计分卡平衡了短期与长期业绩、外部与内部业绩、财务与非财务业绩以及不同利益相关者等多个方面。因此，它能反映组织综合经营状况，使业绩评价趋于平衡和完善，有利于组织长期可持续发展。

财务角度	财务角度主要考核提供给股东的最终价值。常用的财务业绩指标主要有股东回报、利润预期、主要顾客的收益率（即从主要客户处获得的利润率）、销售增长率、投资回报率以及现金流等 【提示】主要顾客的收益率＝主要顾客带来的净利润/为主要顾客投入的总成本，反映了企业关键客户对企业利润的贡献程度。主要顾客的收益率高，说明为主要顾客投入较少的成本就可以获得较大的利润，企业盈利能力比较高，这有利于企业保持稳定的现金流和可持续增长，从而增加股东财富，因此该指标属于财务角度
顾客角度	顾客角度是指以客户的眼光来看待企业的经营活动。常用的顾客指标主要有目标市场的销售额（市场份额）、交货时间、客户保留率、新客户开发率（客户获取率）、客户满意度和盈利率等 【提示】①企业开发新顾客的能力是企业提高市场份额的关键。可用新客户开发率（客户获取率）来描述。新客户开发率（客户获取率）＝（本期客户数量-上期客户数量）/上期客户数量 ②盈利率是指客户获利率（即从客户处获得的利润率），可用单一客户获利率和整体顾客获利指数来描述。单一客户获利率＝单一客户净利润/单一客户总成本，整体顾客获利指数＝（所有顾客净利润/所有顾客成本）÷单一客户获利率最大值。整体顾客获利指数描述现有顾客获利平均水平与最大单一客户获利率的比率，比率越大代表营销努力集中于那些最能获利的客户，比率越小代表营销努力太过分散。由此可见，客户盈利率指标可以衡量企业在目标市场选择、目标客户开发、市场营销战略制定等方面的经营业绩，因此该指标属于顾客角度
内部流程角度	内部流程角度关注能提升企业经营管理水平的关键流程。研发流程：研发周期、研发成本；运营流程：采购、生产、设计、质量、良品率、合格率、效率等；售后服务流程：服务响应速度，解决问题时间等。常用的内部流程指标主要有在新工作中与顾客相处的时间、每个雇员的收入、收益率、交货时间、工程进度完成率等 【提示】每个雇员的收入是指每个员工实现的人均销售收入；收益率是指成本费用利润率，反映内部流程的投入产出效率
创新与学习角度	创新与学习角度是前述三个角度取得出色成果的基础。常用的创新与学习指标主要有新产品占销售的比例、雇员调查、主要员工保留率、员工能力评估和发展等 【提示】新产品占销售的比例是指新产品销售额占总销售额的比例；雇员调查主要包括员工满意度、员工流动率等；员工能力评估和发展主要包括员工培训次数、员工技术水准等

经典题解

【真题37·多选题】 东亚建筑公司采用平衡计分卡衡量公司业绩，并选取了利润预期、工程进度完成率、市场份额、工程交付时间等作为绩效衡量标准。该公司选取的上述指标涵盖的平衡计分卡角度有（　　）。（2019年）

A. 创新与学习角度

B. 财务角度

C. 顾客角度

D. 内部流程角度

【解析】 利润预期属于财务角度；工程进度完成率属于内部流程角度；市场份额属于顾客角度；工程交付时间（交货时间）属于顾客角度和内部流程角度。因此，选项B、C、D正确。

【名师点题】 针对工程交付时间（交货时间），从顾客角度看，即订单到交货所需的时间，作为顾客，肯定是希望交货时间越短越好；从内部流程角度看，即处理单个订单的时间，加快企业的交货时间，有利于树立企业声誉。

【答案】 BCD

【真题38·多选题】 研发、生产治疗糖尿病药品的仁康公司采用平衡计分卡进行绩效管理。下列各项中，属于该公司的平衡计分卡从内部流程角度包括的内容有（　　）。（2018年）

A. 药品研发人员和生产技术人员的保留率

B. 新药品占销售的比例

C. 每个员工的收入

D. 收益率

【解析】 选项A、B属于创新与学习角度；选项C、D属于内部流程角度。

【答案】 CD

第四节　战略管理中的权力与利益相关者

本节视频详解

使用“会计云课堂”App/微信扫码听课

01　企业利益相关者的利益矛盾与均衡（★）

复习建议	考试题型	考察套路	关键词
记忆各模型对应的是哪两者之间的矛盾	客观题型	（1）给出模型，判断是谁与谁之间的矛盾与均衡 （2）给出矛盾与均衡的描述，判断对应的模型	—

（一）投资者与经理人员的矛盾与均衡

鲍莫尔提出了“销售最大化”模型，马里斯提出了“增长最大化”模型，威廉姆森提出了“经理效用最大化”模型，也称“管理权限理论”，这些都对传统的利润最大化理论提出了挑战。这些模型被称之为“经理型厂商理论”，其共同点是强调经理为了追求个人效用最大化的目标，而有可能背离最大利润原则。“经理型厂商理论”将经理效用函数纳入企业的目标函数中，用多目标取代利润最大化的单一目标，在一定程度上揭示了股东与经理之间的矛盾，可以解释用简单的利润最大化假说解释不了的企业行为。

（二）企业员工与企业（股东或经理）之间的利益矛盾与均衡

员工追求工资收入最大化和工作稳定，而企业追求利润最大化，二者的矛盾与均衡可以通过列昂惕夫模型进行描述。

（三）企业利益与社会效益的矛盾与均衡

“社会效益”代表所有企业外部利益相关者的共同利益。企业外部利益相关者对企业的共同期望是企业应承担一系列社会责任。这些社会责任包括三个方面：①保证企业利益相关者的基本利益要求；②保护自然环境；③赞助和支持社会公益事业。

经典题解

【例题39·多选题】用来描述投资者与经理人员的利益矛盾与均衡的模型有（　　）。

A. 列昂惕夫模型

B. 威廉姆森的管理权限理论

C. 马里斯的“增长最大化”模型

D. 鲍莫尔的“销售最大化”模型

【解析】鲍莫尔的“销售最大化”模型、马里斯的“增长最大化”模型和威廉姆森的“经理效用最大化”模型，也称“管理权限理论”，均用来描述投资者与经理人员的利益矛盾与均衡。列昂惕夫模型是用来描述企业员工与企业（股东或经理）之间的利益矛盾与均衡。

【答案】BCD

02 权力与战略过程（★★）

复习建议	考试题型	考察套路	关键词
理解记忆5种权力来源的含义和教材举例；理解5种权力运用的典型特征	客观题型	（1）分析判断案例中权力的来源途径 （2）分析判断案例中某一利益相关者在处理利益矛盾时采取的行为模式	参见下面知识点讲解

权力是指个人或利益相关者能够采取（或者说服其他有关方面采取）某些行动的能力。权力不同于职权，它们主要有以下四点区别：第一，权力的影响力在各个方面；而职权沿着企业的管理层次方向自上而下。第二，受制权力的人不一定能够接受这种权力；而职权一般能够被下属接受。第三，权力来自各个方面；而职权包含在企业指定的职位或功能之内。第四，权力很难识别和标榜；而职权在企业的组织结构图上很容易确定。

（一）企业利益相关者的权力来源

权力的来源途径	含义	阐释及举例
对资源的控制与交换的权力	对资源的控制与交换的权力来源于对资源的所有权。能够向企业提供资源的利益相关者显然比其他成员拥有更多的话语权。这种权力的大小取决于他们所提供资源的稀缺程度和企业对这些资源的依赖程度	例如，在深圳一家电子产品制造企业，智能化生产线让原本需要8位工人的岗位减少到3位。企业负责人说，普通工人不愁了，但技术工人存在大量缺口。因此，智能制造的设计人才和应用端的人才获得了相对于普通工人更大的权力

续表

权力的来源途径		含义	阐释及举例
在管理层次中的地位	法定权	指依据在组织中的职位而具有的，它来源于组织的正式规定	法定权、奖励权和强制权主要取决于领导者在组织中的职位，属于职位权力，是外在性权力
	奖励权	属于法定权的引申，指领导者提供奖金、提薪、晋级、表扬等权力	
	强制权	属于法定权的引申，指领导者对其下属具有的强制其服从的权力	
个人的素质和影响	专家权	指由个人的特殊技能或某些专业知识而形成的权力	榜样权和专家权主要来自于领导者本身的因素，权力的大小取决于领导者的品格、知识、才能等个人素质，是内在性权力。榜样权与专家权不仅存在于正式组织之中，在非正式组织中也大量存在 例如，一位知名的外科医生在医院可以施加相当大的影响力，是因为虽然他没有高于他人的正式职权，但其他人都依赖于他的知识、技能和判断力。这就是专家权
	榜样权	指由个人的人格、品德、魅力、表率等而形成的权力	
参与或影响企业的战略决策与实施过程		参与或影响企业的战略决策与实施过程的利益相关者也会形成一定的权力	例如近年来，新能源汽车生产的上下游供应商在不断扩大且更加复杂化，包括智能软硬件、互联网公司等。为了与这些供应商建立长期的战略合作伙伴关系，提升新能源汽车制造企业整体供应链的灵活性与适应性，这些供应商也逐渐参与或影响新能源汽车制造企业的战略决策与实施过程
利益相关者集中或联合的程度		利益相关者的权力与他们自身的集中或联合程度有关	紧密团结起来的劳工对雇主而言具有更大的讨价还价能力

经典题解

【真题40·单选题】截至2015年秋，U国N航空公司与M航空公司合并已有5年，但原N公司和M公司机舱服务员的劳工合约仍未统一。为此，原N公司与M公司的机舱服务员在临近圣诞节期间，发起抗议行动，有效推动了该问题的解决。本案例中原N公司与M公司机舱服务员的权力来源于（　　）。（2018年）

A. 在管理层次中的地位

B. 个人的素质和影响

C. 参与或影响企业战略决策与实施过程

D. 利益相关者集中或联合的程度

【解析】“原N公司与M公司的机舱服务员在临近圣诞节期间，发起抗议行动，有效推动了该问题的解决”表明N公司与M公司机舱服务员的权力来源于利益相关者集中或联合的程度，选项D正确。

【答案】D

（二）在战略决策与实施过程中的权力运用

行为模式	阐释	举例	关键词
对抗	坚定行为和不合作行为的组合。目的在于使对方彻底就范，根本不考虑对方的要求，并坚信自己有能力实现所追求的目标	某企业管理层拟将该公司旗下的两家子公司合并以实现业务重组，这两家子公司的大部分员工面临工作环境改变甚至下岗的风险。这些员工联合起来进行了坚决的抗争，致使公司管理层放弃了上述决定。公司员工对待和处理这场冲突的策略是对抗	坚决的抗争
和解	不坚定行为与合作行为的组合。设法满足对方的要求，目的在于保持或改进现存的关系。和解模式通常表现为默认、妥协和迁就	2017 年，年仅 2 岁的男童因宜家马尔姆系列三屉柜倾倒丧命。男童父母次年起诉宜家，指控宜家明知这一系列抽屉柜和衣柜存在倾倒风险，且先前已导致多名儿童受伤甚至死亡，但是没有提醒消费者这些家具必须用零件固定在墙上才能使用。2019 年 12 月 18 日，宜家与该家庭达成了协议，宜家向男童父母赔偿 4600 万美元以结束长达 2 年的法律诉讼。宜家采取的策略属于和解	完全妥协让步
协作	坚定行为与合作行为的组合。既考虑满足自己的利益，也考虑对方的利益，使双方的利益都得到满足，即互惠互利、合作共赢	某中外合资经营企业合资双方就合资企业管理方式的选择产生了分歧，外资高管提倡采取“自由式”的管理方式，而中资高管提倡使用强权集中的管理方式。后来，合资双方本着坦诚相待、互相尊重、平等合作、互相理解、求同存异的原则，最终就合资企业管理方式取得了一致意见	积极合作
折中	中等程度的坚定行为和中等程度的合作行为的组合。通过各方利益相关者之间的讨价还价，相互作出让步，退而求其次，达成双方都能接受的协议。适用于冲突双方势均力敌的情形	亚通网络公司是一家中日合资企业。在日本工作加班加点司空见惯，而且没有报酬。亚通公司经常要求中国员工加班，而且没有报酬，为此引起中国员工的不满。后来，公司管理层与中国员工经过多次谈判，公司管理层愿意考虑员工的需求而尽可能减少加班，同时给予员工适当的加班补助，员工也愿意接受管理层的解决方案，不再坚持每小时 50 元加班费的诉求	双方部分妥协让步
规避	不坚定行为与不合作行为的组合。采取主动或被动的方式，以避免冲突	外媒报道，日本零售业巨头——全家，或将结束在华 15 年的运营生涯，关闭中国 2500 家门店。全家放弃中国市场的主要原因是合作伙伴——中国顶新食品公司的不配合，因此才会出现如今的局面。也就是说，中国的全家其实是一家合资企业，主要控股方就是中国顶新食品公司和日本全家，当初签订的合同明确约定了双方需要负责的版块。但是日本全家表示，顶新食品已经拖欠了他们两年的利润，另外自己和顶新食品的经营理念不同，因此选择早点分道扬镳。全家采取的策略属于规避	躲避、撤出

【易错易混点】“和解”和“规避”的辨析

行为模式	相同点	不同点
和解	放弃自身要求（态度不坚定）	满足对方要求（双方存在联系）
规避		撤离，不满足对方要求（双方不存在联系）

经典题解

【真题 41 · 单选题】国内电子消费产品制造商天奇公司发现其开发的新产品被其供应商大洋公司冒名仿造并销售，遂向对方提出抗议并准备诉诸法律，大洋公司随后表示立即停止侵权行为并向天奇公司赔付 2 亿元人民币。天奇公司处理与大洋公司的利益矛盾所采取的行为模式是(　　)。(2020 年)

A. 和解　　B. 折中

C. 对抗　　D. 规避

【解析】企业利益相关者运用对抗模式处理矛盾与冲突时，目的在于使对方彻底就范，根本不考虑对方的要求，并坚信自己有能力实现所追求的目标。“天奇公司发现其开发的新产品被其供应商大洋公司冒名仿造并销售，遂向对方提出抗议并准备诉诸法律，大洋公司随后表示立即停止侵权行为并向天奇公司赔付 2 亿元人民币”表明天奇公司处理与大洋公司的利益矛盾所采取的行为模式是对抗，选项 C 正确。

【答案】C

【真题 42 · 单选题】2015 年，大型冶金企业金通公司为获得稳定的原料来源，向某稀土开采企业提出以 20 亿元人民币并购该企业的要求，遭到后者拒绝。后来双方经多次谈判，最终达成以部分股权互换的方式结为战略联盟的协议。金通公司在战略决策与实施过程中的行为模式属于(　　)。(2019 年)

A. 对抗　　B. 和解

C. 折中　　D. 规避

【解析】通过各方利益相关者之间的讨价还价，相互作出让步，达成双方都能接受的协议，即为折中，选项 C 正确。

【答案】C

【例题 43 · 单选题】甲公司是一家跨国制药公司，其设立在中国的分公司拟将其生产的药品的销售价格提高 25%，因此被中国相关政府部门约谈，该部门拟以乱涨价为由对其进行处罚。后甲公司与该部门协商，双方最终未能达成一致，为此甲公司将其在中国的分公司的业务迁到东南亚 F 国。甲公司的此种行为模式为(　　)。

A. 和解　　B. 协作

C. 规避　　D. 折中

【解析】“甲公司将其在中国的分公司的业务迁到东南亚 F 国”，以避免冲突，没有采取和中国相关政府部门合作的行为，属于不坚定行为与不合作行为的组合，即规避，选项 C 正确。

【答案】C

第五节　公司战略与数字化技术

本节视频详解
使用“会计云课堂”App/ 微信扫码听课

复习建议	考试题型	考察套路	关键词
理解并记忆数字化技术对企业各个方面的影响	客观题型、主观题型	为 2021 年新增考点，考查较为灵活，需要全面复习	参见下面知识点讲解

01 数字化技术应用领域（★）

数字经济作为一种新的经济型态，是以云计算、大数据、人工智能、物联网、区块链、移动互联网等信息通信技术为载体，基于信息通信技术的创新与融合来驱动社会生产方式的改变和生产效率的提升。

数字化技术就是通过利用电子计算机软硬件、周边设备、协议、网络和通信技术，实现信息离散化表述、定量、感知、传递、存储、处理、控制、联网的集成技术。下表是其具体的应用领域介绍。

相关概念	阐释
大数据	大数据的主要特征为大量性、多样性、高速性、价值性 【提示】价值性是指海量数据中真正有价值的数据占比非常低，即价值密度低。
人工智能	人工智能是自然科学和社会科学的交叉学科，它企图了解智能的实质，并生产出一种新的能以人类智能相似的方式作出反应的智能机器，其应用领域包括专家系统、博弈、定理证明、自然语言理解、图像理解和机器人等
移动互联网	移动互联网是将移动通信与互联网结为一体，让用户在使用手机、平板电脑或其他无线终端设备时，通过速率较高的移动网络，在移动状态下（如在地铁、公交车等）随时随地访问互联网，从而获取信息，使用商务、娱乐等各种网络服务
云计算	“云”实质上就是一个网络，狭义上讲，云计算就是一种提供资源的网络，使用者可以按需随时获取“云”上的资源。此外，云计算主要包括基础设施级服务、平台级服务和软件级服务
物联网	物联网即“万物相连的互联网”，是在互联网基础上延伸和扩展的网络，它将各种信息传感设备与互联网结合起来形成一个巨大的网络，实现在任何时间、任何地点，人、机、物的互联互通
区块链	区块链是信息技术领域的术语。从本质上讲，它是一个分布式的共享账本和数据库，存储于其中的数据或信息，具有“去中心化”“不可篡改”“全程留痕”“可以追溯”“公开透明”“集体维护”等特征。基于这些特征，保证了区块链的“诚实”与“透明”，为区块链创造信任奠定了基础

经典题解

【真题44·单选题】瑞安保险公司依托医疗大数据智能化管理系统，将来自保险机构、医院和药房的诸如疾病发病率、治疗效果和医疗费用等方面的大数据及时进行“提纯”和整合，对潜在目标客户进行精细化管理，从而实现对健康保费的有效控制。本案例主要体现的大数据特征是（　　）。（2019年）

A. 大量性

B. 多样性

C. 价值性

D. 高速性

【解析】大数据的“价值性”特征是指大数据价值巨大，但价值密度低，即浪里淘沙，却又弥足珍贵。“瑞安保险公司依托医疗大数据智能化管理系统，将来自保险机构、医院和药房的诸如疾病发病率、治疗效果和医疗费用等方面的大数据及时进行‘提纯’和整合，对潜在目标客户进行精细化管理，从而实现对健康保费的有效控制”体现了大数据特征中的价值性，选项C正确。

【答案】C

02 数字化技术对公司战略的影响（★★）

（一）数字化技术对组织结构的影响

影响	阐释
组织结构向平台化转型	在数字经济时代，组织形态趋于柔性化、扁平化和网络化，并呈现出大平台、小前端的特征。未来的组织形态必须更敏捷地应对动态市场环境的变化，通过建立以流程驱动为基本特征的扁平化动态组织，围绕为用户创造价值，以跨部门的业务流程梳理与优化为切入点，从横向上逐步打通部门壁垒，彻底改造因部门分割而产生的流程中断、分散等状态
构建传统与数字的融合结构	数字化技术构建传统与数字的融合结构是现阶段的核心变革举措。一方面，融合结构中包含传统和新兴的两类人才、观念、技术、流程和传播渠道。在媒介融合战略的引导下，新兴的知识和理念在组织内部扩散，新生元素对传统元素会发挥强有力的引导和转化作用。另一方面，如果从促进传统要素转型的角度而言，融合结构只是一种过渡性的结构，而非最终的形式。原因在于通过新兴的知识、观念、技术的引导与洗礼，无法适应数字内容生产和分发的人员、介质等要素需要被清除，从而使组织转向更加纯粹地适宜网络端，尤其是移动端的形态
以新型组织结构为主要形式	①团队结构，是以团队作为协调组织活动的主要方式，团队成员在动机、价值取向和目标追求上具有高度的一致性，要求成员既是全才又是专才。团队具有高度的自主性，对大多数操作性工作负全部责任。信息技术使得团队之间的沟通和组织对团队的有效监督成为可能 ②虚拟组织，是组织扁平化在企业之间的形式，是当市场出现新机遇时，具有不同资源与优势的企业为了共同开拓市场，共同对付其他的竞争者而组织、建立在信息网络基础上的共享技术与信息，分担费用，联合开发的、互利的企业联盟体。虚拟企业运用网络来联系人员、资产和创意，不受传统组织边界或地理位置的限制，制造产品，提供服务。通过组建虚拟企业，企业可以突破自身能力的限制，追求一种完全靠自身资源或能力难以达到的目标。这种组织的优点在于灵活性强，有利于很快地重组社会的资源，以适应市场的需要

【相关链接】阿里巴巴“淘工厂”是一个连接淘宝商家与生产工厂的平台，其运作模式是寻找工厂的淘宝商家，将生产需求（如订单件数、工期等需求）发布在“淘工厂”网络平台，供方工厂也可以将其有能力接单的产品类型、剩余产量发布在该平台，供需双方双向选择合作方。

“淘工厂”分享模式主要解决了商家短时订单的制造需求。其中，一方面解决了商家找加工工厂难的问题，另一方面通过分享工厂闲置生产线的模式，也提升了工厂的生产效率。“淘工厂”自2013年上线以来，目前已有1.5万家工厂接入平台，4万多家淘宝店通过淘工厂平台找到了生产制造工厂。

能量小贴士　天下无难事，只怕有心人；天下无易事，只怕粗心人

（二）数字化技术对经营模式的影响

影响	阐释
互联网思维的影响	数字经济催生了互联网思维。互联网思维颠覆了我们对传统企业经营的固有认知，我们需要对传统企业的战略、业务、运营及管理等各个层面重新审视。依托数字技术，企业能以更好的产品和服务满足消费者的个性化需求，且价格更低、速度更快

续表

影响	阐释
多元化经营的影响	在数字技术的促进下，随着“互联网+流通”的快速发展，实体零售企业加快线上线下O2O全渠道布局，通过线上线下融合对全渠道范围零售要素（店铺、产品、服务、渠道、技术、营业模式、业态）进行重新整合，从而推动实体零售业态多元化发展
消费者参与的影响	借助大数据平台，消费者可以实现将历史数据和实时数据高度融合匹配，充分发挥主观能动性，为企业商业模式创新贡献个性化智慧。消费者的深度参与使得商业模式创新更加开放，更加科学，也更加有效

（三）数字化技术对产品和服务的影响

影响	阐释
个性化	数字化时代，消费者的需求发生了显著变化，个性化成为消费者需求的重要特征。消费者诉求已经由传统的价格、质量、实用等功能性诉求转向服务、社交、分享、沟通、参与等体验性诉求。数字化时代提供了高效便捷的数据获取和分析工具，企业可以在消费者“留痕”的平台（社交平台、购物平台和搜索平台）上将零散的信息收集、加工、处理，充分提取消费者的偏好信息，发现消费者的隐性需求和个性化需求。数字经济时代，互联网技术使得万物互联成为现实，消费者的信息获取能力大大增强，且参与成本变低、方式变多、难度变小，多样化、个性化需求表达成为可能，由此驱动企业产品理念向定制化、个性化和多样化转型
智能化	在以数字化为标志的新时代，产品的一个重要特征是智能化。通过大量的传感器、处理器、存储器等电子元器件，智能产品实现了对使用数据的实时抓取，这些数据被企业用于分析消费者的使用行为，或者用于智能产品的自主学习，以便为消费者提供更好的使用体验；而配套的操作系统和应用软件，使得消费者能够在购买到产品后，自行完成最后的定制环节，从而可以按照个性化需求控制和使用智能化产品
连接性	数字化环境下产品的另一重要特征是不断增强的连接性。通过智能产品之间的连接，将看似不相关的活动主体连接起来，能够创造出更多的商业机会。例如智能化可穿戴设备的一项基本功能是帮助消费者了解身体的各项指标。因此，医院、医保、药企、健康顾问等医疗机构都可以通过可穿戴设备，与消费者构建直接的连接，为其提供定制化的服务；运动、餐饮领域的企业也可以利用这种连接为消费者提供运动和饮食方面的建议

（四）数字化技术对业务流程的影响

传统的企业管理模式下的业务流程，非增值的环节比较多，信息传递较为缓慢，流程中各环节的关系混乱。特别是一个完整的业务流程被不同的职能部门分割开来，降低了流程的效率和效益。因此，企业只有对其流程进行改造与创新，才能在新的环境中得以生存与发展。

业务流程重组，简称重组，是通过对业务流程彻底地再设计而大幅度改善成本、质量、进度和服务效益，企业从而可以在市场上成为一名成功的竞争者的过程。

数字化信息系统的出现，推动了大量基于云端的协作工具和软件的出现。在服务重组的过程中，企业需要基于新型的服务平台，利用大数据分析、传感器以及人工智能技术，从丰富的内外各类信息资源中分析其潜在的价值，然后进行有目的的开发组织，把相对独立的信息等转化成为更为增值、多元化的服务模式，并升级各类用户的贡献力度，将原来重复的人工行为转化为半智能或全智能服务的形式。

03 数字化战略（★★）

（一）数字化战略的定义

数字化战略就是全面评估企业数字资产，制定持续改进计划并积极服务于企业业务增长目标的战略举措。

（二）数字化战略转型的主要方面

转型方面	阐释	转型内容及评价指标
技术变革	5G、工业互联网等新一代信息技术的发展促使企业对基础条件如网络、通信设备和原有系统等进行重构与变革，为企业的创新行为提供技术资源的支撑，加速企业产品与服务的创新，探索新的市场机遇	①数字化基础设施建设。数字化基础设施建设是企业进行数字化转型的基石。选取主干网与互联网接口带宽、主干网网络覆盖率和数据安全措施应用率作为数字化基础设施的主要评价指标 ②数字化研发。数字化研发是企业转型升级的主要动力，选取新产品产值率、R&D投入强度和员工人均专利数作为评价企业数字化研发的主要指标 ③数字化投入。数字化投入为推动企业数字化转型提供支持，选取数字化投入占比、数字化设备投入占比、数字化运维投入占比和数据安全投入占比作为数字化投入的评价指标
组织变革	消费需求日益个性化，迫使企业利用数字化技术变革组织结构，以增强对市场的反应速度。同时也需要员工之间加强直接沟通与信息获取，提高数字化技能与管理能力，进而拉动企业对数字化应用人才的需求	①组织架构。数字化转型为企业组织架构带来重要变革，选取数字化部门领导者地位和企业管理层级数量作为组织架构的评价指标 ②数字化人才。数字化人才是推动企业数字化转型的关键要素之一，选数字化人才比重、数字化技能员工覆盖率和初级数字化技能人才培训支出比作为数字化人才的评价指标
管理变革	企业通过数字化转型打通生产与管理全流程的数据链，促进业务流程变革、生产变革和财务变革，提高产品质量和生产效率	①业务数字化管理。业务数字化管理是企业数字化转型的重点之一，选取电子商务采购比率、数字化仓储物流设备占比、订单准时交付率以及数据可视化率作为业务管理的评价指标 ②生产数字化管理。数字化生产是企业数字化转型的关键，选取作业自动化编制及优化排程比例、与过程控制系统（PCS）或生产执行系统（MES）直接相连的数字化设备占比、数字化检测设备占比和在线设备管理与运维比例作为衡量企业数字化生产能力的指标 ③财务数字化管理。财务数字化管理为企业数字化转型提供保障，选取ERP系统覆盖率、资金周转率和库存资金占有率反映企业财务数字化管理指标 ④营销数字化管理。凭借多种数字化媒介，企业可以整合不同渠道为客户提供线上和线下全面的无缝式体验，打造全渠道营销的服务模式。通过大数据技术对海量客户信息进行挖掘和利用，将结果数据转化为改进营销方式的切入点，有利于企业实现精准营销。在数字化客户管理的基础上，通过大数据分析实现精准营销、内容营销、数字化的客户生命周期管理等

04 数字化战略转型的困难和任务（★★）

（一）公司数字化战略转型面临的困难

困难	阐释
网络安全问题	网络对公司数字化转型起着重要作用但也存在安全问题：数据在云化以后，数据集中化程度不高，造成数据安全性得不到保障，数据非法访问风险加剧
数据容量问题	公司数字化转型中数据飞速剧增，传统的普通计算机已经无法容纳海量的数据。与此同时，对后台运行、终端处理技术也提出了更高的要求
“数据孤岛”问题	开发时间与部门的差异，导致异构以及多个软硬件平台的信息系统同时运行，但这些系统数据相互独立、隔离，无法实现数据共享，由此产生了“数据孤岛”
核心数字技术问题	公司数字化转型面临成本较高、核心数字技术供给不足等问题，也缺乏有能力承担集战略咨询、架构设计、数据运营等关键任务于一体，且能够实施“总包”的第三方服务商

（二）公司数字化战略转型的主要任务

主要任务	阐释
构建数字化组织设计，转变经营管理模式	①制定数字化转型战略。由企业领导层亲自负责，制定企业级的数字化转型战略 ②建立数字企业架构。推动企业传统架构向新一代数字化企业架构转变 ③推动数字化组织变革。建立数字化组织变革领导小组，调整组织架构，建立适应数字化转型的组织体系
加强核心技术攻关，夯实技术基础	建立公司数字化技术管理体系，对互联网、移动互联网、大数据、人工智能、区块链、云计算等各类技术进行统筹管理，融合企业内外技术团队的能力，建立一个开放式的技术开发应用生态，推动各项技术在企业数字化转型中的实时响应、有力支撑、高效应用
打破“数据孤岛”，打造企业数字化生态体系	围绕实现数据、技术、流程、组织四要素和有关活动的统筹协调、协同创新管理和动态优化，建立适宜的标准规范和治理机制，打破“数据孤岛”。建立企业数字化生态体系和企业级数字生态服务平台，以开放共享的理念，连接企业客户和上下游合作伙伴、第三方服务商等各类主体，形成以企业价值创造为核心的全面开放、协同共生、共建共享的企业级数字化生态共同体
加快企业数字文化建设	建立企业数字化转型的文化氛围，让数字化转型深入人心，成为企业的主流文化
利用新兴技术，提升公司网络安全水平	在云计算、虚拟化和移动计算技术的应用下，利用支持架构和技术控制来进行安全监控，提供可用于增强服务质量和性能指标的数据

本章疑难问题解答

【问题1】如何理解职能制组织结构中“难以确定各项产品产生的盈亏”？

【解答】在完全成本法（注意：这里的完全成本属于广义的成本概念，不能等同于财务会计、成本管理中所讲的完全成本，还包括管理费用、销售费用等期间费用）下，产品成本中包括应分配的各职能支持部门（如研发部门、营销部门等）发生的间接成本，而这些职能支持部门的间接成本的分配难以做到科学合理。因此，在职能制组织结构下难以确定各项产品产生的盈亏。

【问题2】如何区分事业部制组织结构、M型企业组织结构和战略业务单位组织结构？

【解答】教材对M型企业组织结构做了过度的细分，从考试角度来讲可以这样理解：事业部制组织结构是多部门结构的基本形态，一般一个事业部负责一个产品大类或产品线；随着企业规模的扩大和产品线的增加，在事业部制组织结构的基础上衍生出M型企业组织结构，即每个事业部负责一个或多个产品线（扩大事业部的控制幅度）；随着企业规模的进一步扩张，业务更加多元化，在M型企业组织结构的基础上又衍生出战略业务单位组织结构，即在总部和事业部之间增加了一个管理层级，在分权的基础上又适当的集中。

【问题3】如何理解跨国结构？

【解答】跨国结构最具代表性的是全球性矩阵制组织结构。它赋予职能、地区和产品三个维度中的两维甚至三维同等的权力，对公司的全部业务进行纵横交叉甚至立体式的控制与管理，使得每个子公司都同时接受来自两个甚至三个部门的领导。该结构代表着跨国公司同时追求当地反应能力、全球规模经济、全球知识开发与传播等目标。ABB是从事电力和自动化技术业务的跨国公司，其组织按照两维结构设计，一维是按照地理区域在全球设立100多个不同国家的经理，负责所在国家和地区的产品和业务；另一维是按照产品（业务）专业化原则设立五大产品（业务）运营中心（电力产品部、电力系统部、离散自动化与运动控制部、低压产品部和过程自动化部），它们服务于全球客户需求。ABB大力推行一种两条指挥链的组织结构，使子公司同时接受所在国经理和所属产品（业务）经理的双重领导。这种组织结构有利于一个国家经理利用其它国家的技术。比如，一个领导ABB美国业务和离散自动化与运动控制部的经理，使用ABB瑞士公司开发的技术服务于美国公司的汽轮机制造，或者使用ABB欧洲地区的技术将在美国的核反应堆转换为沼气发电厂。ABB经营的核心是实现技术和产品的共享，优化内部资源配置，提高整体绩效。由上可见，ABB公司的组织结构属于跨国结构。

扫一扫 “码”上做题、看解析

本书历年经典试题均配备二维码，使用“会计云课堂”App 扫码，即可线上做题、看解析。

【“会计云课堂”App 下载二维码见封底页】

历年经典试题回顾

一、单项选择题

1. 国内大型制冷设备制造商西奥公司拟在欧洲 N 国建立生产基地并雇佣当地操作员工。当得知 N 国劳动者工资水平高且经常在工会支持下提出增加福利的要求后，西奥公司修改了投资和建设方案，所需操作员工全部由机器人代替。西奥公司在战略决策与实施过程中的行为方式是(　　)。(2020 年)

A. 对抗

B. 协作

C. 规避

D. 折中

2. 某市经营综合实体商城的四季公司决定今后 3 年实现在保持原有经营规模的同时，适当减少商品销售活动占用的面积，相应增加供顾客休闲、娱乐的空间，并对管理组织和人员做适当调整。公司的战略调整受到大多数员工的认同与支持。该公司在处理战略稳定性与文化适应性关系时应(　　)。(2020 年)

A. 以企业使命为基础

B. 加强协同作用

C. 重新制定战略

D. 根据文化进行管理

3. 图美公司是某出版社所属的一家印刷厂，该公司按照出版社提供的文稿、图片和质量要求从事印刷、装订工作。图美公司适宜采用的组织协调机制是(　　)。(2019 年)

A. 共同价值观

B. 相互适应，自行调整

C. 工作成果标准化

D. 技艺（知识）标准化

4. 志铭公司是一家小型咨询公司，有 20 多名员工。员工既负责从市场上承揽咨询项目，又根据自己的特长和爱好选择并完成咨询任务。公司为员工顺利开展工作提供必要的条件和服务。志铭公司企业文化的类型属于(　　)。(2018 年)

A. 人员导向型

B. 权力导向型

C. 任务导向型

D. 角色导向型

二、多项选择题

1. 美邦服装公司每年都采用投资回报率、销售利润率、资产周转率等比率指标对经营业绩进行评价。下列各项中，属于该公司采用的绩效评价指标的局限性的有(　　)。(2019 年)

A. 鼓励短期行为

B. 比率不是一成不变的

C. 比率不可以用作目标

D. 可比信息的可获得性较差

2. 以生产、销售多种石化产品为主业的东昌公司对本企业的经营活动和人员，按照北方区域和南方区域进行划分。公司总部负责计划、协调和安排资源，区域分部负责所在区域的所有经营活动、产品销售和客户维护。下列各项中，属于东昌公司组织

结构优点的有（ ）。（2019年）

A. 能实现更好更快的地区决策

B. 可以削减差旅和交通费用

C. 易于处理跨区域的大客户的事务

D. 可以避免管理成本的重复

3. 信达银行每年都依据实际业绩编制预算。2016年年底信达银行在某地开设了一家分行，该分行2017年预算编制类型的优点有（ ）。（2018年）

A. 能够促进更为有效的资源分配

B. 系统相对容易操作和理解

C. 容易实现协调预算

D. 能够应对环境的变化

4. 顺通公司是一家快递公司，2016年，顺通公司开始使用平衡计分卡衡量公司业绩，并选取了业务量增长率、交货时间、主要员工保留率、预期利润等指标作为业绩衡量指标。上述指标涵盖的角度有（ ）。（2017年）

A. 创新与学习角度　　B. 顾客角度

C. 内部流程角度　　D. 财务角度

历年经典试题回顾参考答案及解析

"扫码看解析"

使用"微信"或"会计云课堂"App扫码，即可线上对答案、看解析，错题随手收藏，及时巩固复习。

一、单项选择题

1. 【答案】C

解析：规避模式是不坚定行为与不合作行为的组合。以时机选择的早晚来区分，这种模式可分为两种情况：一种是当预期将要发生矛盾与冲突时，通过调整来躲避冲突；另一种情况是当矛盾与冲突实际发生时主动或被动撤出。"西奥公司拟在欧洲N国建立生产基地并雇佣当地操作员工。当得知N国劳动者工资水平高且经常在工会支持下提出增加福利的要求后，西奥公司修改了投资和建设方案，所需操作员工全部由机器人代替"表明西奥公司在战略决策与实施过程中的行为方式是规避（通过调整来躲避冲突），选项C正确。

2. 【答案】B

解析："在保持原有经营规模的同时，适当减少商品销售活动占用的面积，相应增加供顾客休闲、娱乐的空间，并对管理组织和人员做适当调整"表明各种组织要素变化少；"公司的战略调整受到大多数员工的认同与支持"表明文化潜在一致性较大。因此，应加强协同作用来管理变革，选项B正确。

3. 【答案】C

解析："按照出版社提供的文稿、图片和质量要求从事印刷、装订工作"体现了工作成果标准化，选项C正确。

4. 【答案】A

解析："志铭公司是一家小型咨询公司，有20多名员工。员工既负责从市场上承揽咨询项目，又根据自己的特长和爱好选择并完成咨询任务。公司为员工顺利开展工作提供必要的条件和服务"表明志铭公司企业文化的类型属于人员导向型，选项A正确。

二、多项选择题

1. 【答案】ABD

解析：美邦服装公司采用的是比率评价。比率可以用作目标，选项C错误。

2.【答案】AB

解析："按照北方区域和南方区域进行划分"体现的是区域事业部制组织结构，选项A、B属于区域事业部制组织结构的优点；而区域管理人员只能满足本区域业务，可能支撑不了其他区域的事务，难以处理跨区域业务的大客户的事务，选项C错误；如每个区域办事处都需要一个财务部门，则划分多个区域时会造成管理成本的重复，选项D错误。

3.【答案】AD

解析：因为该分行是2016年年底新开设的，所以该分行2017年预算编制类型属于零基预算。选项A、D属于零基预算的优点，选项B、C属于增量预算的优点。

4.【答案】ABCD

解析：主要员工保留率属于创新与学习角度，选项A正确；交货时间属于顾客角度和内部流程角度，选项B、C正确；业务量增长率、预期利润属于财务角度，选项D正确。

【名师点题】主要员工保留率高，说明企业的核心技术人员比较充裕，有利于企业创新，因此属于创新与学习角度。

同步强化练习题

一、单项选择题

1. 2019年9月，A市出租车拟将起步价提高30%达到13元/3公里，遭到消费者的抗议。经政府介入以及举行听证会，最终达成一致，在起步价提高1元的基础上，3公里后每公里单价由1.8元提高至2.1元。此种行为模式属于（ ）。（★★）*

A. 和解　　B. 协作

C. 折中　　D. 让步

2. 甲公司是一家集团企业，一直采用增量预算的方式进行管理。2020年下半年，该公司通过并购将一家肉联厂纳入公司旗下，并进行重组。在编制2021年预算时，为了促进更为有效的资源分配，甲公司要求该肉联厂根据未来的需求编制预算。根据上述信息判断，该肉联厂2021年应编制的预算类型是（ ）。（★★）

A. 零基预算

B. 增量预算

C. 滚动预算

D. 责任预算

3. ofo小黄车是一家领先的共享单车企业，自2015年启动以来，在创始人戴威的领导下，ofo小黄车稳居共享单车的头把交椅，成为了国家的名片。随着时间的发展，市场对ofo小黄车盈利能力的怀疑日渐加深，ofo小黄车的运营陷入困境。截至2018年年底，ofo小黄车已被多家法院认定为被执行人。根据战略失效理论，

---

* 本书中的题目通过标注不同星级体现不同难度。当本章三星级题目错误率超过70%、二星级题目错误率超过50%或一星级题目错误率超过25%，建议您有针对性地巩固"本章重难点精讲"中的相关知识点。

ofo小黄车最终陷入困境属于(　　)。(★★)

A. 早期失效　　B. 正常失效
C. 偶然失效　　D. 晚期失效

4. 王先生在20世纪八十年代创办了鹿城儿童玩具厂。该企业秉承以血缘关系或者族人的价值观为核心的家族文化，在玩具厂创业初期有过许多积极的意义。但后来王先生独断专行，盲目投资矿产，导致资金链条断裂，鹿城儿童玩具厂在2009年突然坍塌。根据上述信息可以判断，鹿城儿童玩具厂的企业文化类型属于(　　)。(★★)

A. 人员导向型
B. 任务导向型
C. 权力导向型
D. 角色导向型

5. 某建筑公司设有集团财务部、设计部、规划部、工程部、物资部、行政部这6个主要部门，当公司承接一个建设项目时由设计部、规划部、工程部、物资部、行政部各抽调人员组成项目小组进行项目开发和实施。该建筑公司所采取的组织结构为(　　)。(★★)

A. M型企业组织结构
B. 职能制组织结构
C. 矩阵制组织结构
D. 事业部制组织结构

6. 某公司管理层拟将该公司旗下的两家子公司合并以实现业务重组，这两家子公司的大部分员工面临工作环境改变甚至下岗的风险。这些员工联合起来进行了坚决的抗争，致使公司管理层放弃了上述决定。公司管理层对待和处理这场冲突的策略是(　　)。(★★)

A. 协作　　B. 折中
C. 和解　　D. 规避

7. 甲企业是一家处于成长期的健身公司，地处高校密集的大学城。公司实行会员制，顾客主要通过电话和网络预约方式来门店进行健身。甲企业决定采用平衡计分卡进行绩效管理，下列属于从顾客角度考虑的是(　　)。(★★)

A. 主要顾客的收益率
B. 顾客续卡率
C. 健身器材的维护
D. 主要员工保留率

8. GA足球俱乐部是国内最成功的足球俱乐部之一，在平时工作中，俱乐部非常强调球员的价值，并为球员提供最好的保障。GA足球俱乐部的企业文化类型属于(　　)。(★★)

A. 人员导向型
B. 任务导向型
C. 权力导向型
D. 角色导向型

9. 某控股公司拥有多家各自独立经营的子公司，这些子公司可以自主做出战略决策。该公司的横向分工结构应为(　　)。(★★)

A. M型企业组织结构
B. H型结构
C. 矩阵制组织结构
D. 战略业务单位组织结构

10. 甲公司是研发音乐耳塞的企业，其近期面向舞台表演者和音乐发烧友推出的3款“入耳型”音乐耳塞产品，虽然外形并不时尚，但凭借着先进的音频技术和舒适的屏蔽感觉，得到了客户的认可，甲公司决定不断完善3款产品的制造工艺技术，降低产品成本并提高产品质量，从而能够继续保持这一部分耳塞市场份额。甲公司宜采取的组织战略类型为(　　)。(★★)

A. 开拓型战略组织
B. 防御型战略组织
C. 反应型战略组织
D. 分析型战略组织

11. U国一家飞机制造公司，原有产品仅包括四种类型的直升机。四种直升机的差异化程度大，标准化程度低。在激烈的市场竞争下，这种生产方式不利于实现规模经济。为了赢得竞争优势，该公司决定大刀阔斧地对人员和部门进行调整组合。这样，通过内部调整，既有利于实现大批量生产，也能够满足市场的多样化需求。但这一变革受到企业惯性保守文化的强烈抵制。根据战略稳定性和文化适应性矩阵的要求，该公司正确的做法是(　　)。(★★★)

A. 以企业使命为基础

B. 加强协同作用

C. 重新制定战略

D. 根据文化进行管理

二、多项选择题

1. 企业在实施一个新战略时，组织的要素发生重大的变化，又多与企业现有的文化很不一致，或受到现有文化的抵制。为了处理这种重大的变革，企业可以从(　　)方面采取管理行动。(★★)

A. 企业的高层管理人员要痛下决心进行变革，并向全体员工讲明变革的意义

B. 巩固和加强企业文化

C. 将奖励的重点放在具有新文化意识的事业部或个人的身上

D. 设法让管理人员和员工明确新文化所需要的行为，形成一定的规范

2. 面对不明朗的经济环境，丁公司管理层年初在公司内各部门制定实施了开源节流的具体措施。为定期考察相关措施的绩效是否符合管理层的预期，及其在各部门的运作和顾客服务等方面是否与公司的战略目标相符，丁公司管理层可以采用的战略控制方法有(　　)。(★★)

A. SWOT分析

B. 预算控制

C. 平衡计分卡的业绩衡量方法

D. 情景分析法

3. 科技创新是企业发展的源动力，营销创新则是企业立足市场、棋行天下的锐利武器。格力电器营销模式常变常新，经历了市场和时间的严峻考验，它正焕发出越来越强大的生命力。创新的营销模式奠定了格力电器在行业内的领导地位，保证了格力不断跨越巅峰，从1995年开始，产销量、市场占有率、销售额连续10年居于行业前列。根据上述信息可以判断，格力电器采取的组织战略类型的特点包括(　　)。(★★)

A. 在不断求变当中可以减少环境动荡的影响

B. 技术和行政管理具有很大的灵活性

C. 常常采取“机械式”结构机制

D. 缺乏效率性，很难获得最大利润

4. 大福火锅店规定：10万元以下的开支，每个分店的店长就可以做主；普通的一线员工，拥有免单权，而且可以根据客人的需求，赠送水果盘。根据组织纵向分工结构集权与分权理论，大福火锅店这种组织方式的优点有(　　)。(★★)

A. 降低管理成本

B. 易于协调各职能间的决策

C. 提高企业对市场的反应能力

D. 能够对普通员工产生激励效应

5. 下列属于全球区域分部结构特点的有(　　)。(★★)

A. 使公司能够获得更高的当地反应能力和灵活性

B. 会加大生产和管理成本

C. 对其自治的子公司实施支配性的战略时会产生阻力和困难

D. 母公司与下属公司的互动缺乏创造力

6. 建龙集团对各子公司实行预算管理，并一直要求各子公司使用实际业绩为预算编制

基础。2020年年底，建龙集团完成了对黑龙江伊春西林钢铁100%股权的收购，并延续了西林钢铁的经营业务。建龙集团启动2021年度预算编审工作时，其子公司西林钢铁采用的预算编制方法的优点有(　　)。(★★)

A. 容易实现协调预算

B. 鼓励管理层寻找替代方法

C. 能够应对环境的变化

D. 系统相对容易操作和理解

7. 海底捞成立于1994年，是国内一家以经营川味火锅为主、融汇各地火锅特色为一体的大型直营餐饮品牌火锅店。为了提高企业竞争力，海底捞决定运用平衡计分卡衡量公司绩效，并选取了营业收入增长率、上菜速度、客户回头率、员工学习培训力度等作为绩效衡量指标。海底捞选取的绩效衡量指标涵盖的角度有(　　)。(★★)

A. 财务角度

B. 内部流程角度

C. 创新与学习角度

D. 顾客角度

8. 甲公司是一家纺织产品生产企业。该公司通过乙公司提供的云计算平台将企业近期收集的大量信息进行分析，并从中挑选出"新产品产值率、数字化人才比重、订单准时交付率"指标作为此次企业价值链活动优化的重要评价依据。依据数字化战略转型的主要方面，上述指标涉及的方面有(　　)。(★★)

A. 战略变革

B. 技术变革

C. 组织变革

D. 管理变革

三、简答题

1. 甲公司是一家机床生产企业，成立于1995年。甲公司的主营业务为机床制造及其相关配件生产。2003年7月，公司在深交所上市。2018年，公司销售收入增长了10倍。甲公司的发展主要涉及三次转折。

(1) 2006年，甲公司位于杭州的第一家旗舰店诞生。2010年，甲公司的旗舰店数量达到了50家，覆盖了全国主要区域性机床市场，强化了市场端机床及配件的快速交付能力。

(2) 2012年，甲公司开始着手于商业模式上的调整，在企业信息化建设上持续发力，逐步实施ERP项目，优化企业各项价值活动，从而高效地提供顾客满意的产品。并将低端业务外包，提高原有高端业务的市场份额，并推出多款新型高端数控机床。

(3) 2015年，万物互联的理念得到大多数企业的推崇。基于互联网技术的迅速发展，甲公司成功研制出A_1智能数控系统，并基于A_1智能数控系统，推出"A平台+云制造"智能网络，将设计、制造、服务、供应链、用户集成到云端，大大提高了企业的生产、研发、销售的效率，显著降低相关成本。该系统的推出，极大地推进了商业模式的创新。基于A_1系统，甲公司为供应链上的合作伙伴搭建了一个云平台，让商流、资金流和物流的交互均基于该平台，构建了开放的商业生态系统。消费者也可在此平台进行交流，对甲公司提出改进意见，极大提高了顾客对甲公司的满意程度。

要求：

(1) 依据战略创新的类型，简要分析甲公司三次转折所涉及的战略创新类型；

(2) 简要分析甲公司利用数字化技术对经营模式带来的影响。

2. 甲公司是一家手机制造商。2014年，甲公司决定通过乙公司互联网平台技术搭建以手机业务为中心的信息分享平台，以此来整合供应链、生产、销售、服务的各项数据。众多类型的企业发现其潜在优势后进驻该平台。在平台内，供应商可以及时了解下游企业的需求量，生产企业则可以根据销售数据对产品需求进行预测，及时调整产品结构。顾客也可以入驻该平台，在该平台提出自己的意见，生产企业便可以根据消费者的要求为其提供定制化的产品或服务。甲公司作为中心企业，为各个生产企业的产品提供技术支持，提升各个生产企业产品的智能化程度。

甲公司在此基础上提出"万物互联"的理念。通过技术手段，使得各种科技产品互通。以手机为中心的管控体系研发成功，通过手机即可控制大部分产品的使用。比如在进入房间之前，通过软件操控，提前将室内灯光以及空调开启等。该平台的发展为甲公司带来了更多的发展机遇，但也面临着一些问题。一方面，由于平台内企业和顾客数量越来越多，导致数据量暴增，如何储存并快速地对大量信息进行筛选、分析，成为目前甲公司亟待解决的难题。而且数据量暴增导致甲公司无法运用传统服务器来管理，需要借助云系统来管理，但是这种系统的安全性存在一定隐患。另一方面，由于甲公司的平台建设技术是由乙公司提供的，关键的核心技术并未掌握在甲公司手中，使用成本较高，且在某些方面无法满足平台内各企业的个性化需求，对甲公司的进一步发展有一定的制约作用。

如何妥善解决上述问题成为甲公司数字化转型的关键点。

要求：

（1）简要分析数字化技术对甲公司产品和服务的影响；

（2）简要分析甲公司在数字化战略转型中面临的困难。

同步强化练习题参考答案及解析

"扫码看解析"

使用"微信"或"会计云课堂"App扫码，即可线上对答案、看解析，错题随手收藏，及时巩固复习。

一、单项选择题

1.【答案】C

解析：由于出租车公司和消费者相互作出让步，达成了双方都能接受的协议，故为折中。

2.【答案】A

解析：编制预算最常用的方法有增量预算和零基预算。"为了促进更为有效的资源分配，甲公司要求该肉联厂根据未来的需求编制预算"表明在编制2021年预算时，该肉联厂应编制零基预算。

3.【答案】D

解析：ofo小黄车是在成功运营了较长一段时间之后，由于市场对其盈利能力的怀疑日渐加深，现实市场情况与其之前对市场的预测之间的差距越来越大，从而导致的战略失效。因此，属于晚期失效。

4.【答案】C

解析："该企业秉承以血缘关系或者族人的价值观为核心的家族文化""独断专行"表明鹿城儿童玩具厂的企业文化类型属于权力导向型文化。

5.【答案】C

解析：矩阵制组织结构在职能和产品或项目之间起到了联系的作用，员工拥有两个直接上级，其中一名上级负责产品或服务，而另一名负责职能活动。“当公司承接一个建设项目时由设计部、规划部、工程部、物资部、行政部各抽调人员组成项目小组进行项目开发和实施”表明该建筑公司所采取的组织结构为矩阵制组织结构，选项 C 正确。

6.【答案】C

解析：和解模式通常表现为默认和让步。“这些员工联合起来进行了坚决的抗争，致使公司管理层放弃了上述决定”说明该公司管理层对待和处理这场冲突的策略是和解，选项 C 正确。

7.【答案】B

解析：选项 A 属于财务角度；选项 B 属于顾客角度；选项 C 属于内部流程角度；选项 D 属于创新与学习角度。

8.【答案】A

解析：“俱乐部非常强调球员的价值，并为球员提供最好的保障”表明 GA 足球俱乐部的企业文化类型属于人员导向型文化。

9.【答案】B

解析：控股企业/控股集团组织结构（H 型结构）是一种多个法人实体集合的母子体制，母子之间主要靠产权纽带来连接。这种结构使各子公司保持了较大的独立性。因此，选项 B 正确。

10.【答案】B

解析：“甲公司决定不断完善 3 款产品的制造工艺技术，降低产品成本并提高产品质量，从而能够继续保持这一部分耳塞市场份额”表明甲公司所关注的开创性问题是保持稳定的市场份额，即甲公司采取的组织战略类型为防御型战略组织，选项 B 正确。

11.【答案】C

解析：“该公司决定大刀阔斧地对人员和部门进行调整组合”说明组织要素的变化较大；“这一变革受到企业惯性保守文化的强烈抵制”说明变革与现有文化潜在一致性较小。因此，应重新制定战略，选项 C 正确。

二、多项选择题

1.【答案】ACD

解析：企业在实施一个新战略时，组织的要素会发生重大的变化，又多与企业现有的文化很不一致，或受到现有文化的抵制。在这种情况下，企业首先要考察是否有必要推行这个新战略。如果没有必要，企业则需要考虑重新制定战略。反之，在企业外部环境发生重大变化，企业考虑到自身长远利益，必须实施不能迎合企业现有的文化的重大变革时，企业则必须进行文化管理，使企业文化也作出相应重大的变化。为了处理这种重大的变革，企业需要从四个方面采取管理行动：一是企业的高层管理人员要痛下决心进行变革，并向全体员工讲明变革的意义；二是为了形成新的文化，企业要招聘或从内部提拔一批与新文化相符的人员；三是改变奖励结构，将奖励的重点放在具有新文化意识的事业部或个人的身上，促进企业文化的转变；四是设法让管理人员和员工明确新文化所需要的行为，形成一定的规范，保证新战略的顺利实施。

2.【答案】BC

解析：战略控制方法包括预算控制、企业业绩衡量指标、平衡计分卡的业绩衡量方法和统计分析与专题报告，选项 B、C 正确。

3.【答案】ABD

解析：开拓型战略组织的开创性问题是如何在动态多变的环境中，寻找和开发新产品和新市场机会。格力电器采取的就是开拓型战略组织。开拓型战略组织要求它的技术和行政管理具有很大的灵活性，这类组织的结构应采取“有机的”机制。开拓型组织可以减少环境不确定性带来的风险，但同时其多种技术可以迅速地适应市场需求的变化，但它要承担资源分散使用和低利润的风险。这种组织面临的最大挑战是如何提高组织的效率并合理地使用资源。组织效率较低但适应性强是其主要特点。因此，选项A、B、D正确，选项C是防御型战略组织的特点。

4.【答案】ACD

解析：“10万元以下的开支，每个分店的店长就可以做主”表明大福火锅店实行的是分权型决策机制。分权型决策的优点：减少了信息沟通的障碍，提高了企业的反应能力，能够为决策提供更多的信息并对员工产生激励效应；在管理中，通过分权制可以减少管理层次，降低企业内部的管理成本。选项B属于集权型决策的优点。

5.【答案】ABC

解析：采用全球区域分部结构的优势是能够使公司获得更高的当地反应能力和灵活性，劣势是母公司对其自治的子公司实施支配性的战略时会产生阻力和困难，选项A、C正确。在不同的地区进行研究与开发、采购、营销和分配活动会加大生产和管理成本，选项B正确。母公司与下属公司的互动缺乏创造力属于全球性产品分部结构的缺点，选项D错误。

6.【答案】AD

解析：“建龙集团对各子公司实行预算管理，并一直要求各子公司使用实际业绩为预算编制基础”表明西林钢铁被建龙集团收购后应编制增量预算。选项A、D属于增量预算的优点，选项B、C属于零基预算的优点。

7.【答案】ABCD

解析：营业收入增长率属于财务角度；上菜速度属于内部流程角度和顾客角度；客户回头率属于顾客角度；员工学习培训力度属于创新与学习角度。

8.【答案】BCD

解析：新产品产值率属于技术变革中数字化研发的评价指标，选项B正确；数字化人才比重属于组织变革中数字化人才的评价指标，选项C正确；订单准时交付率属于管理变革中业务数字化管理的评价指标，选项D正确。

三、简答题

1.【答案】

（1）第一次转折：

流程创新。“2010年，甲公司的旗舰店数量达到了50家，覆盖了全国主要区域性机床市场，强化了市场端机床及配件的快速交付能力”。

第二次转折：

①范式创新。“甲公司开始着手于商业模式上的调整，在企业信息化建设上持续发力，逐步实施ERP项目，优化企业各项价值活动”。

②产品创新。“并将低端业务外包，提高原有高端业务的市场份额，并推出多款新型高端数控机床”。

第三次转折：

①范式创新。“2015年，万物互联的理念得到大多数企业的推崇。基于互联网技术的迅速发展，甲公司成功研制出A_1智能数控系统，并基于A_1智能数控系统，推出‘A平台+云制造’智能网络，将设计、制造、服务、供应链、用户集成到云端……该系统的推出，极大地推进了商业模式的创新”。

②流程创新。“2015年，万物互联的理念得到大多数企业的推崇。基于互联网技术的迅速发展，甲公司成功研制出A_1智能

数控系统，并基于 A_1 智能数控系统，推出‘A平台+云制造’智能网络，将设计、制造、服务、供应链、用户集成到云端，大大提高了企业的生产、研发、销售的效率，显著降低相关成本”。

（2）①互联网思维的影响。“2012年，甲公司开始着手于商业模式上的调整，在企业信息化建设上持续发力，逐步实施ERP项目，优化企业各项价值活动，从而高效地提供顾客满意的产品”“2015年，万物互联的理念得到大多数企业的推崇。基于互联网技术的迅速发展，甲公司成功研制出 A_1 智能数控系统，并基于 A_1 智能数控系统，推出‘A平台+云制造’智能网络……显著降低相关成本”。

②多元化经营的影响。“将设计、制造、服务、供应链、用户集成到云端，大大提高了企业的生产、研发、销售的效率，显著降低相关成本”“甲公司为供应链上的合作伙伴搭建了一个云平台，让商流、资金流和物流的交互均基于该平台，构建了开放的商业生态系统”。

③消费者参与的影响。“消费者也可在此平台进行交流，对甲公司提出改进意见，极大提高了顾客对甲公司的满意程度”。

2.【答案】

（1）①个性化。“生产企业则可以根据销售数据对产品需求进行预测，及时调整产品结构。顾客也可以入驻该平台，在该平台提出自己的意见，生产企业便可以根据消费者的要求为其提供定制化的产品或服务”。

②智能化。“甲公司作为中心企业，为各个生产企业的产品提供技术支持，提升各个生产企业产品的智能化程度”。

③连接性。“甲公司在此基础上提出‘万物互联’的理念。通过技术手段，使得各种科技产品互通。以手机为中心的管控体系研发成功，通过手机即可控制大部分产品的使用。比如在进入房间之前，通过软件操控，提前将室内灯光以及空调开启等”。

（2）①网络安全问题。“而且数据量暴增导致甲公司无法运用传统服务器来管理，需要借助云系统来管理，但是这种系统的安全性存在一定隐患”。

②数据容量问题。“由于平台内企业和顾客数量越来越多，导致数据量暴增，如何储存并快速地对大量信息进行筛选、分析，成为目前甲公司亟待解决的难题”。

③核心数字技术问题。“由于甲公司的平台建设技术是由乙公司提供的，关键的核心技术并未掌握在甲公司手中，使用成本较高，且在某些方面无法满足平台内各企业的个性化需求，对甲公司的进一步发展有一定的制约作用”。

第五章　公司治理

本章考情分析

本章属于次重点章。本章涉及的内容：①公司治理概述；②三大公司治理问题；③公司内部治理结构和外部治理机制；④公司治理的基础设施。

本章考试的题型一般为客观题和简答题，近3年平均分值为4分。“公司治理”这部分内容过去一直是作为相关章的一节内容，但2018年教材将该部分内容独立为一章，并进行了完善和补充，2019年及2020年教材内容进一步调整，由此可以看出此部分内容在考试中的重要性逐年上升。2021年需要重点关注以下内容可能会考主观题：三大公司治理问题、公司治理基础设施。

2021年教材主要变化

2021年教材本章内容与2020年教材相比，主要变化：①第二节“三大公司治理问题”修改了部分表述；②第四节“中介机构”删除了部分表述；③新增了1个案例。

本章考点框架

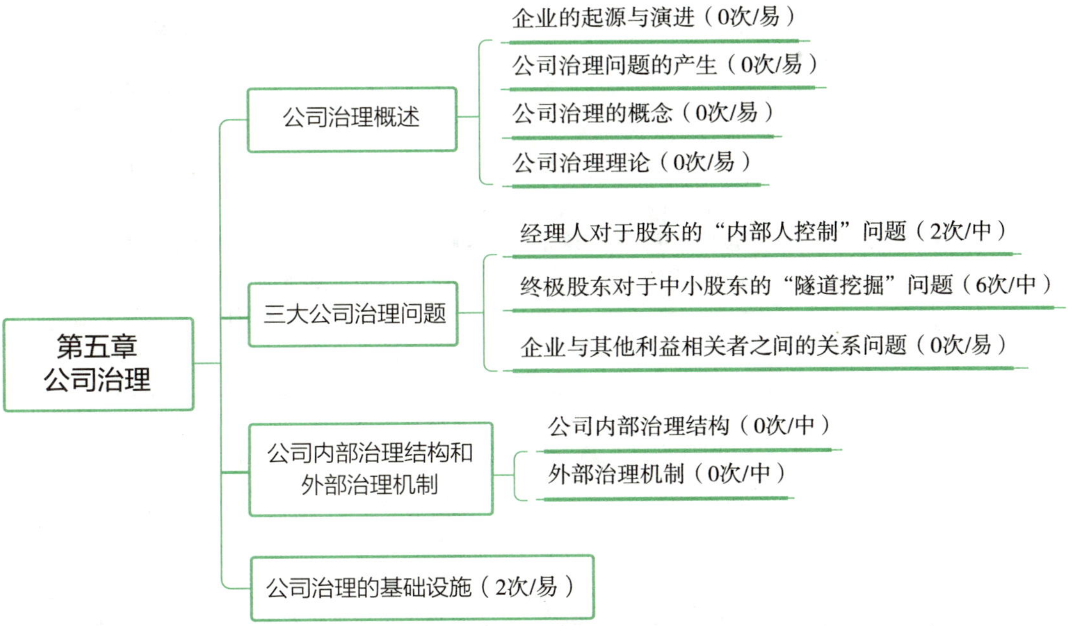

注：图中难代表难度高的知识点，中代表难度中等的知识点，易代表难度低的知识点；X次为考频指数，以近3年考题为统计依据。

本章重难点精讲

致锲而不舍的您：

本章内容轻薄，任务轻松，不需要“头悬梁，锥刺股”，只需抓住“公司治理”相关核心内容，加以适当记忆即可。有困难，找小奥，扫一扫“本章重难点精讲”中的二维码，快“码”加鞭，一往无前。

第一节　公司治理概述

本节视频详解
使用“会计云课堂” App/微信扫码听课

01 企业的起源与演进（★）[1]

复习建议	考试题型	考察套路	关键词
简单理解三种企业组织形式的含义和优缺点	客观题型	阶梯式问法：先判断出目标企业采用的组织形式，再选出对应的优缺点	参见下面知识点讲解

典型的企业组织形式有三种：业主制企业、合伙制企业以及公司制企业。

组织形式	特征	优点	缺点
业主制企业	不具有法人资格，对企业的债务承担无限责任	①企业注册简便，容易创立 ②经营比较灵活 ③业主更加关注预算和成本控制以降低经营风险	①难以在资本市场上筹集资本，从而无法进一步扩张 ②经营缺乏稳定性，受业主个人状况影响很大 ③业主的个体决策可能会影响到组织决策的质量 ④为规避风险，业主缺乏主动创新的动力，不利于新产业的发展

[1] 为方便您在学习中可以快速了解知识点的重要程度，本书中将知识点进行分类。★★★代表重要知识点，★★代表次重要知识点，★代表非重要知识点。

续表

组织形式	特征	优点	缺点
合伙制企业	不具有法人资格，对企业的债务承担无限责任	①扩大了资金来源，有助于企业扩大规模，部分缓解了业主制企业资金不足的问题 ②有利于整合发挥合伙人的资源优势，部分缓解了业主制企业人力资本不足的问题 ③合伙人共同经营企业、共担风险，在一定程度上分散了经营压力	①合伙人对企业债务承担无限责任，风险较大 ②合伙人之间缺乏有效的制约机制，监督履责困难 ③在决策中合伙人之间的分歧带来很高的协调成本，降低了决策效率 ④合伙人的退伙会影响企业的存续
公司制企业	具有法人资格，对企业的债务承担有限责任	①所有权的流动性强 ②有限债务责任 ③永续经营 ④易于融资	①组建公司的成本高 ②存在代理问题

02 公司治理问题的产生（★）

随着公司制企业的不断发展，现代公司呈现出股权结构分散化、所有权与经营权分离等典型特征，由此产生了公司治理问题。

在公司所有权与经营权分离的情况下，公司所有者与经营者之间利益不一致，经营者为了自身的利益，有可能损害股东的利益；同时，股权结构分散化使得公司的股东们无法在集体行动上达成一致，从而对公司经营者的监督弱化，也会使得股东和其他利益相关者的利益被经营者损害、掠夺的风险增加，经理人对于股东的“内部人控制”问题便产生了。后来，随着公司股权结构由分散转为集中，特别当资本市场缺乏对小股东利益的保护机制时，对公司经营活动具有控制力的大股东的行为就更加不容易被约束，他们可能以牺牲众多的中小股东利益为代价，通过追求自利目标而非提升公司价值目标来实现自身利益最大化，传统的所有者与经营者的代理矛盾也逐步转变为大股东与中小股东之间的矛盾，即导致了终极股东对于中小股东的“隧道挖掘”问题。

03 公司治理的概念（★）

项目	阐释
公司治理的定义	从公司治理的产生和发展来看，公司治理可以分为狭义的公司治理和广义的公司治理两个层次 狭义的公司治理是指所有者（主要是股东）对经营者的一种监督与制衡机制，即通过一种制度安排，来合理地界定和配置所有者与经营者之间的权力与责任关系。公司治理的目标是保证股东利益的最大化，防止经营者对所有者利益的背离，其是通过股东大会、董事会、监事会及经理层所构成的公司治理结构来实现的内部治理 广义的公司治理是指通过一整套包括正式或非正式的、内部或外部的制度来协调公司与所有利益相关者之间（股东、债权人、职工、潜在的投资者等）的利益关系，以保证公司决策的科学性、公正性，从而最终维护公司各方面的利益

续表

项目	阐释
公司治理结构	公司治理结构是指为实现资源配置的有效性，所有者（股东）对公司的经营管理和业绩改良等方面进行监督、激励、控制和协调的一整套制度安排，它反映了决定公司发展方向和业绩的各参与方之间的关系。典型的公司治理结构是由所有者、董事会和执行经理层等形成的一定的相互关系框架。根据国际惯例，规模较大的公司，其内部治理结构通常由股东会（股东大会）、董事会、经理层和监事会等组成，它们依据法律赋予的权力、责任、利益，相互分工，相互制衡
公司治理机制	公司治理机制主要指除企业内部的各种监督机制外的各项市场机制对公司多维度的监督与约束。公司治理机制主要有三大类，即权益机制、市场机制和管理机制

04 公司治理理论（★）

分类	阐释
委托代理理论	委托代理理论主要涉及企业资源的提供者与资源的使用者之间的契约关系。按照委托代理理论，资源的所有者是委托人，负责使用及控制这些资源的人是代理人。委托代理理论认为，当企业的经营者本身就是企业资源的所有者时，他们拥有企业全部的剩余索取权（对利润的要求权），经营者会努力地为他自己而工作，在这种环境下，就不存在什么代理问题。但是，当经营者不再是提供者，而只是使用者的时候，经营者就有一种动机去提高在职消费，自我放松并降低工作强度。显然，如果企业的经营者是一个理性经济人，此时他的行为与原先自己拥有企业全部股权时会有显著的差别。因此，公司治理的中心问题就是如何使代理人（经营者）履行对委托人（所有者）的忠诚义务和勤勉义务
资源依赖理论	资源依赖理论指出，企业是一个开放的系统，要靠内外部环境中的参与者提供的资源来作为其生存和发展的基础。企业对环境中的参与者提供的资源依赖程度越高，则参与者的权力就越大，企业的受限性也就越强。为了降低受限程度，企业也会采取对外并购、战略联盟等一系列的战略途径，减少由于依赖所导致的不确定性 在公司治理中，从资源依赖理论这一视角，强调企业治理参与者的选择、权力和影响程度源于企业对于这些参与者给企业带来资源的稀缺程度以及企业对这些资源的依赖程度，即认为企业选择利益相关者参与公司治理在于期望他们能够通过自身的资源来支持企业发展。因此，那些能帮助企业获得稀缺性资源的利益相关者往往能在企业中获得更多的话语权，即资源的稀缺程度和依赖状况决定企业内部的权力分配状况
利益相关者理论	利益相关者理论强调企业是各种要素投入的组合，是由不同要素提供者组成的一个系统。股东仅仅是资本的提供者，除此之外，经营者、债权人、公司员工都做出了专门化的特殊投资，他们提供的投资有许多是公司的专用资产，如专用性人力资本。利益相关者理论主张将利益相关者纳入到公司治理当中去，公司不应仅仅视为是由股东所有的投资组成的实物资产的集合，而应是向公司投入专用资产的所有当事人之间相互关系的制度安排。这些当事人中不仅包括股东，而且包括向公司投入专用技术的员工、供应商、客户等。因此，有效的公司治理结构应当能够向这些利益相关者提供与其利益关联程度相匹配的权力、责任和利益

能量小贴士	立身以立学为先；立学以读书为本

第二节　三大公司治理问题

本节视频详解
使用"会计云课堂"App/微信扫码听课

复习建议	考试题型	考察套路	关键词
重点掌握三大公司治理问题的辨析，理解并记忆"内部人控制"问题和"隧道挖掘"问题的具体表现形式和教材举例	客观题型、主观题型	分析判断案例中目标企业存在的公司治理问题类型或具体表现形式	参见下面知识点讲解

类型	含义	关键词	问题表现形式
第一类（代理型公司治理问题）	经营者的利益最大化目标与股东的财富最大化目标不同，这样就会造成经营者利用自己所掌握的信息以及资源为自己谋福利，而不是为了股东的利益而工作，甚至会做出损害股东利益的行为	股东⇌经理	经理人对于股东的"内部人控制"问题
第二类（剥夺型公司治理问题）	近年来，现代股份公司股权结构的一个显著特征是所有权与控制权集中于一个或少数大股东手中，公司管理层通常由大股东直接出任或直接指派，管理层与大股东的利益趋于一致。由于所有权集中使控股股东有可能也有能力通过各种手段侵害中小股东的利益，控股股东为取得控制权谋取私利而与中小股东之间产生利益冲突	控股股东⇌中小股东	终极股东对于中小股东的"隧道挖掘"问题
第三类	企业并不单纯是所有者的企业，而是所有其他利益相关者共同的企业。传统治理模式以股东利益最大化为核心目标，过度关注投资者利益而忽略了其他密切相关的利益群体	公司⇌除了股东和经营者之外的其他利益相关者	企业与其他利益相关者之间的关系问题

01　经理人对于股东的"内部人控制"问题（★★）

经理人对股东负有忠诚、勤勉的义务，然而由于委托代理问题和缺乏足够的监督，经理人在经营管理中通常会违背忠诚和勤勉义务，从而导致内部人控制问题产生。

分类	含义	主要表现
违背忠诚义务	忠诚义务：忠诚无私、真心诚意	①过高的在职消费 ②侵占资产，转移资产 ③工资、奖金等收入增长过快，侵占利润 ④会计信息作假、财务作假。例如，某上市公司多计提广告费；延迟确认收入；已完工工程项目不转为固定资产，本应资本化但费用化了，作为三种常见的虚减利润的工具，在该公司的会计核算中被一次又一次地使用 ⑤建设个人帝国 ⑥盲目过度投资，经营行为短期化
违背勤勉义务	勤勉义务：努力不懈、勤劳不懈（在其位，要谋其政）	①信息披露不完整、不及时 ②敷衍偷懒不作为 ③财务杠杆过度保守 ④经营过于稳健、缺乏创新

治理“内部人控制”问题的基本对策：

对策	阐释
完善公司治理体系，加大监督力度	在明确股东大会、董事会、监事会和经理层职责的基础上，使其运作流程更加规范，信息更加透明、公开。这既有利于监管企业的日常经营活动，也能为建立更好的经理人激励机制提供条件
强化监事会的监督职能，形成企业内部权力制衡体系	吸纳具有良好专业素质的外部人员担任独立董事，以此削弱监事会对董事会的依附，从而加强对企业经理人员的监督。监事会作为公司内部监督机构，应独立运作，强化其监督权的有效行使，这有助于形成内部不同利益集团间的监督制衡机制
加强内部审计工作	充分发挥内部审计的监督职能，完善企业内部约束机制
完善和加强公司的外部监督体系	使利益相关者参与到公司的监管中，再结合经济、行政、法律等手段，构建对企业经营者的外部监督机制

02 终极股东对于中小股东的“隧道挖掘” 问题（★★）

剥夺型公司治理问题主要是控制股东剥夺其他中小股东利益的行为，即“隧道挖掘”行为。

分类	表现	含义	具体表现
违背勤勉义务	滥用公司资源	指并非以占有公司资源为目的，但也未按照公司整体目标为行动导向的行为	控股股东不会为了股东共同利益而改善公司经营管理、进行战略决策和监督经理人不作为或乱作为 **【案例】**某上市公司控股股东对甲上市公司进行重组，自重组以来，公司资产负债率急剧增高，令人匪夷所思的是公司仍继续扩大规模，大手笔上项目，而且这些项目多数为市场竞争激烈的普通产品。中小股东不禁质疑：高负债下大举开展低效投资，意义何在

续表

<table>
<tr><th>分类</th><th colspan="2">表现</th><th>含义</th><th>具体表现</th></tr>
<tr><td rowspan="2">违背忠实义务</td><td rowspan="2">占用公司资源</td><td>直接占用资源</td><td>指终极股东直接从公司将利益输送给自己，这种行为在上市公司中经常出现</td><td>①直接借款、利用控制的上市子公司借款、代垫费用、代偿债务、代发工资、利用上市子公司为终极股东违规担保、虚假出资。预付账款也是终极股东及其他关联方占用公司资金的途径之一
【案例】上市公司新大洲，2018 年度向其实际控制人控制的企业共预付采购款 7.5 亿元，因部分预付账款不具有商业实质，形成期末非经营性资金占用 4.79 亿元
②终极股东占用上市子公司商标、品牌、专利等无形资产以及抢占上市子公司的商业机会等行为也属于直接的利益输送
【案例】张裕集团于 2009 年注册了爱斐堡、黄金冰谷等商标，上述商标由上市子公司张裕 A 在生产过程中创立，完全有条件由上市公司进行注册，但仍由控股股东张裕集团注册后特许给张裕 A 使用，并由张裕集团收取销售收入 2%的商标使用费，此举侵害了上市公司中小股东利益</td></tr>
<tr><td>关联性交易</td><td>分为商品服务交易活动、资产租用和交易活动、费用分摊活动</td><td>①商品服务交易活动。终极股东经常以高于市场的价格向上市子公司销售商品和提供服务，并以低于市场价格向上市子公司购买商品和服务，利用价格的“低进高出”来转移利润、进行利益输送
②资产租用和交易活动。资产租用和交易活动与商品服务交易活动很相似，仅仅是标的物不同。租用和交易的资产有房屋、土地使用权、机器设备、商标和专利等无形资产
③费用分摊活动。控股的终极股东常常利用费用分摊活动从上市子公司获取利益，进行“隧道挖掘”。另外，终极股东自己或者派人到上市子公司担任董事、监事和高管等职位后，将相关的高额薪酬、奖金、在职消费等费用分摊到上市子公司，这样终极股东就变相地从上市子公司进行了利益输送
【案例】Z 上市子公司人力资源部缴纳的劳动保险中包括控股股东及其关联公司人员的保险</td></tr>
<tr><td>违背忠实义务</td><td>占用公司资源</td><td>掠夺性财务活动</td><td>分为掠夺性融资、内幕交易、掠夺性资本运作和超额股利等</td><td>①掠夺性融资。一些上市公司控股股东通过财务作假骗取融资资格、虚假包装以及过度融资的行为，损害外部中小投资者利益。另外，利用上市子公司向终极股东低价定向增发股票也属于掠夺性融资行为
②内幕交易。终极股东经常利用信息优势，利用所知悉、尚未公开的可能影响证券市场价格的重大信息来进行内幕交易，谋取不当利益
【案例】甲公司的终极股东利用未公开的利好内幕信息提前低价购入上市公司股票，然后再高价出售并从中获利
③掠夺性资本运作。经常由上市子公司高价收购终极股东持有的其他公司股权，造成上市子公司的利益流向了终极股东
【案例】在近日终止的上市公司通策医疗 50.5 亿元收购海骏科技一案中，收购标的预估增值率高达 427.19%。标的资产与通策医疗受同一实际控制人控制，换言之，实际控制人计划以高价把自己的资产转入上市公司
④超额股利。以终极股东需求为导向的股利政策操纵也是一种“隧道挖掘”行为。实践中也有另外一种情况，上市公司多年不进行现金股利分配，使得中小股东无法获得剩余利润，与此相对应的是存在大股东高溢价转让控股权获利的事实。大股东将属于中小股东的剩余利润强制性留存于公司，最终成为大股东转让控股权时议价的筹码，这无疑损害了中小股东的权益</td></tr>
</table>

【相关链接 1】控股股东的控制权收益分为两部分：一部分为控制权共享收益，其主要表现为大股东改善公司经营管理和监督经理人所带来的公司价值提升，控制权共享收益由全体股东共享。另一部分为控制权私人收益，其主要表现为大股东获得控制权后，利用关联交易、内幕交易等形式为大股东获取其他股东无法享有的额外收益。基于以上分析可以看出，控制权共享收益主要涉及控股股东勤勉义务的履行，而控制权私人收益主要涉及控股股东忠实义务的履行。

【相关链接 2】一些高溢价收购暗藏“猫腻”，有向大股东进行利益输送的嫌疑。例如，在上市公司迪森股份以 7.35 亿元，溢价率为 488%收购迪森家锅 100%股权一案中，交易的对手 Devotion 是迪森股份的兄弟公司，两者同被一家控股股东和实际控制人所控制，交易一经公布，立刻引发了市场的广泛质疑。无论是以支付股份还是现金的方式，支付对价的都是上市公司，全体股东都是这个对价的承担者，高溢价收购大股东的自有资产，无异于通过损害中小股东的利益来满足大股东的个人需求。

中小股东的权益保护措施	阐释
累积投票制	累积投票制，即当股东应用累积投票制度行使表决权时，每一股份代表的表决权数不是一个，而是与待选人数相同，并且股东可以将与持股数目相对应的表决票数以任何集中组合方式投向所选择的对象。累积投票制度让小股东可以将其表决权集中投给自己的提名候选人，通过这种局部集中的投票方法，能够使小股东选出代表自己利益的人，从而对终极股东形成制衡，增强中小股东的话语权，提升中小股东权益的保护水平
建立有效的股东民事赔偿制度	公司股东滥用股东权利给公司或者其他股东造成损失的，应当依法承担赔偿责任
建立表决权排除制度	表决权排除制度也被称为表决权回避制度，是指当某一股东与股东大会讨论的决议事项有特别的利害关系时，该股东或其代理人均不得就其持有的股份行使表决权的制度
完善小股东的代理投票权	股东劝诱其他股东将表决权委托给自己代为行使，称为股东表决权征集 股东表决权代理制度可以给中小股东更多参与公司治理的机会
建立股东退出机制	当公司被终极股东控制时，为了降低中小股东的投资风险，降低其受终极股东剥夺的程度，当作为少数派的外部中小股东无法实现其诉求时，退出就成为中小股东降低风险的最后退路。股东退出机制，包括转股和退股两种方式

【易错易混点】掠夺性融资与掠夺性资本运作

项目	相同点	不同点	案例
掠夺性融资	涉及对象为股权	通过融资手段（发行）	甲公司在增发股票时，以 6 元每股的价格向 5 名控股股东发行 1000 万股票，而当时股票的市场价格是每股 10 元
掠夺性资本运作		股权交易手段（买卖）	甲公司以高价收购控股股东手里持有的乙公司的股权，乙公司盈利能力较差，面临破产

经典题解

【真题1·单选题】建安集团是一家上市公司，公开信息显示该公司2016年实现净利润3.8亿元。当年该公司股价波动区间为12~22元，市盈率波动区间为6~11倍，公司以每股5元的价格向控股股东定向增发1000万股。从掠夺性财务活动角度分析，建安集团的上述定向增发行为属于(　　)。(2020年)

A. 内幕交易

B. 超额股利

C. 掠夺性资本运作

D. 掠夺性融资

【解析】公司向终极股东低价定向增发股票属于掠夺性财务活动中的掠夺性融资。“当年该公司股价波动区间为12~22元……公司以每股5元的价格向控股股东定向增发1000万股”属于掠夺性融资，选项D正确。

【答案】D

【真题2·单选题】佳宝公司是一家上市公司，最近连续两年亏损，经营陷入困境。经审计发现，佳宝公司的重大决策权一直被控股股东控制，控股股东把佳宝公司当作“提款机”，占用佳宝公司的资金累计高达10亿元。佳宝公司存在的公司治理问题属于(　　)。(2019年)

A. 代理型公司治理问题

B. “内部人控制”问题

C. 剥夺型公司治理问题

D. 企业与其他利益相关者之间的关系问题

【解析】“控股股东把佳宝公司当作‘提款机’，占用佳宝公司的资金累计高达10亿元”体现的是终极股东对于中小股东的“隧道挖掘”问题，即剥夺型公司治理问题，选项C正确。

【答案】C

03 企业与其他利益相关者之间的关系问题（★）

当前，在公司的治理模式中过度强调股东利益最大化，而缺乏必要机制维护各利益相关者权益的现象十分普遍。在利益相关者对公司经营和公司治理的影响越来越明显的背景下，公司经营必须重视将利益相关者融入公司的治理模式中，让外部与公司利益相关的主体共同参与公司治理。

第三节　公司内部治理结构和外部治理机制

本节视频详解
使用“会计云课堂”App/微信扫码听课

能量小贴士　学贵有疑，小疑则小进，大疑则大进

01 公司内部治理结构（★★）

复习建议	考试题型	考察套路	关键词
理解并记忆机构投资者的特征及参与途径、董事义务的表现形式、四个专门委员会的主要职责	客观题型	直接考查教材原文	参见下表

公司内部治理结构，是指为实现公司最佳经营业绩，公司所有权与经营权基于信托责任而形成的相互制衡关系的结构性制度安排。

股东（大）会由全体股东组成，是公司内部的最高权力机构和最高决策机构。

董事会、监事会和经理层分别履行公司战略决策职能、监督职能和经营管理职能，在遵循职权相互制衡的前提下，客观、公正、专业地开展公司治理，对股东（大）会负责，以维护和争取公司实现最佳的经营业绩。

内部治理结构	要点	含义	阐释
股东大会	机构投资者	机构投资者是指用自有资金或者从分散的公众手中筹集的资金专门进行有价证券投资活动的法人机构，包括证券投资基金、社会保障基金、商业保险公司和各种投资公司等 机构投资者的特征： ①相对个人投资者而言，机构投资者具有显著的人才优势 ②机构投资者往往奉行稳健的价值投资理念，投资具有中长期投资价值的股票 ③相对个人投资者而言，机构投资者可以利用股东身份，更加可能参与上市公司的治理	机构投资者主要通过以下两种途径参与公司治理： ①“用脚投票”。“用脚投票”就是机构投资者作为投资人通过买入或卖出公司股票的行为。如果机构投资者认为一家公司的股价被低估，就会大量购买该公司的股票，从而给市场传递一个积极的信号，股价显著增长，使包括机构投资者在内的全体股东获取了投资回报。反之，如果机构投资者发现一家公司董事会或经理层存在各类委托代理问题时，就会大量抛售该公司股票，迫使董事会或经理层能够及时对股东等利益相关者的要求做出反应，从而使其行为受到市场的约束 ②“用手投票”。“用手投票”就是机构投资者通过董事会选举获取董事会席位，入驻董事会和出席股东大会，对公司投资、融资、人事、分配等重大问题议案进行表决或否决，主动参与公司的重要决策，直接对公司董事会和经理层的行为施加影响
董事会	董事义务	善管义务	①董事必须忠实于公司。“董事不得利用职权收受贿赂或者其他非法收入，不得侵占公司的财产”“不得擅自泄露公司秘密” ②董事必须维护公司资产。“不得将公司资金以其个人名义或者以其他个人名义开立账户存储”“不得挪用公司资金”“不得将公司资金借贷给他人或者以公司财产为他人提供担保” ③董事在董事会上有审慎行使决策权的义务
		竞业禁止义务	董事与公司间的竞业禁止义务。“董事不得未经股东大会同意，利用职务便利为自己或者他人谋取属于公司的商业机会，自营或者为他人经营与所任职公司同类的业务”

续表

内部治理结构	要点	含义	阐释
董事会	几个专门委员会	审计委员会	主要职责：①检查公司会计政策、财务状况和财务报告程序；②与公司外部审计机构进行交流；③对内部审计人员及其工作进行考核；④对公司的内部控制进行考核；⑤检查、监督公司存在或潜在的各种风险；⑥检查公司遵守法律、法规的情况
		薪酬与考核委员会	主要职责：①负责制定董事、监事与高级管理人员考核的标准，并进行考核；②负责制定、审查董事、监事、高级管理人员的薪酬政策与方案
		提名委员会	主要职责：①分析董事会构成情况，明确对董事的要求；②制定董事选择的标准和程序；③广泛搜寻合格的董事候选人；④对股东、监事会提名的董事候选人进行形式审核；⑤确定董事候选人，提交股东大会表决
		战略决策委员会	主要职责：①制定公司长期发展战略；②监督、核实公司重大投资决策等
监事会	监事会是由股东（大）会选举的监事以及由公司职工民主选举的监事组成的，对公司的业务活动进行监督和检查的常设机构		
经理层	经理人是公司日常经营管理和行政事务的负责人，由公司董事会聘任，在法律、法规及公司章程规定和董事会授权范围内，代表公司从事业务活动的高级管理人员		

经典题解

【例题3·单选题】奕瑞光电子的实际控制人曹红光是奕瑞光电子的创业元老兼董事长，同时也在TCL集团旗下医疗公司担任副董事长，两家公司有着竞争的关系，曹红光违反了董事的(　　)。

A. 善管义务

B. 竞业禁止义务

C. 信息披露义务

D. 职业审慎义务

【解析】因为曹红光任职的两家公司有着竞争关系，所以其违反了竞业禁止义务。

【答案】B

【例题4·多选题】申通地铁召开2018年第一次临时股东大会，同意设立战略决策委员会，并以90%的得票率通过《董事会下设战略决策委员会的议案》。战略决策委员会的主要职责包括(　　)。

A. 制定公司长期发展战略

B. 监督、核实公司重大投资决策

C. 制定董事、监事与高级管理人员考核的标准，并进行考核

D. 制定、审查董事、监事、高级管理人员的薪酬政策与方案

【解析】选项A、B属于战略决策委员会的主要职责；选项C、D属于薪酬与考核委员会的主要职责。

【答案】AB

02 外部治理机制（★★）

复习建议	考试题型	考察套路	关键词
重点掌握三类外部治理机制的辨析	客观题型、主观题型	分析判断案例中体现了哪几类外部治理机制对目标企业发挥了作用	“产品市场竞争激烈”“收购”“声誉”

从科学决策的角度看，公司内部治理结构不能解决公司治理的所有问题，更需要若干具体的超越结构的外部治理机制。而外部治理机制主要是指除企业内部的各种监控机制外，还包括各个市场机制对公司的监控和约束。

市场机制	阐释
产品市场	产品市场的竞争机制可以使产品生产者只有在取得更高投资效率的前提下才能在竞争中处于优势地位，又会使投资效率低于社会平均投资效率的企业产生亏损，从而形成被淘汰的压力。这种作用会使企业基于对经济利益的追求，不断采用新技术，加强管理，拓展市场，以提高劳动生产率，降低生产成本，优化产品结构。市场经济中企业经营活动的效果如何，取决于他们生产的产品在市场上的竞争力。只有经过产品市场机制的检验、在市场上能被社会所承认的产品，才是有效益的。这样，产品市场就成为企业经济活动效益的客观评价，从而使得企业的管理层面临更大的压力。产品市场竞争越激烈，经营者败德行为的空间就越小。另外，产品市场的竞争也可以为经营者的激励机制（如何激励经营者努力为企业创造价值，减少道德风险的一种机制）提供依据
资本市场	资本市场机制，也称外部接管机制，是指公司经营者如果经营管理不善，造成公司股价下跌，而被其他公司收购，导致公司控制权易手的一种治理机制。外部接管机制对经营者有着巨大的潜在约束力。外部接管机制对公司治理的作用主要表现在两个方面：一方面，由于资本市场的激烈竞争，任何公司若经营不好都有被收购的危险，公司的经理人员有“下岗”的职业风险。为了维护自己的利益，公司经理人员会较好地维护广大股东的利益。另一方面，外部接管机制的启动运作，可以通过替换不称职的经理人员，并对被收购的公司进行重组，从而使公司业绩得到改善。外部接管机制的存在，会在很大程度上约束经理人员的行为目标，使之不与公司价值最大化目标发生明显偏离。这种治理机制被认为是保护广大股东利益、约束管理层行为的一种有效的公司治理机制
经理人市场	经理人市场机制，也称声誉激励机制，是指为经营者提供较高的社会地位以及获得社会赞誉、同行好评的一种机制。声誉是决定经理人个人价值的重要因素，经理人如果工作不努力，其业绩就会不佳，声誉就会下降。只有声誉好，经理人未来才会获得一份更好的职位，获得更高的报酬

经典题解

【例题5·单选题】京东在2018年Q3季度活跃用户数首次出现下跌的公告公布后，公司的股价应声大跌导致企业出现并购危机。从外部治理的角度来看，这体现了（　　）对公司的监控和约束。

A. 资本市场　　B. 经理人市场　　C. 产品市场　　D. 期权市场

【解析】外部治理机制主要是指除企业内部的各种监控机制外，还包括各个市场机制（如产品市场、资本市场、经理人市场）对公司的监控和约束。股价的波动导致并购危机属于资本市场对公司的监控和约束，选项 A 正确。

【答案】A

第四节　公司治理的基础设施（★）

本节视频详解
使用“会计云课堂”App/微信扫码听课

复习建议	考试题型	考察套路	关键词
记忆公司治理基础设施的标题性内容并深刻理解各自的含义	客观题型、主观题型	分析判断案例中体现了哪几类公司治理的基础设施对目标企业发挥了作用	“信息披露”；“事务所”；“法律法规”；“证监局”“证券交易所”；“媒体”“专业人士”

影响公司治理效率的因素不仅包括公司内部治理结构和公司外部治理机制，还包括公司治理的基础设施。公司治理基础设施主要包括公司**信息披露制度**、评价公司财务信息和治理水平的信用**中介机构**、保护投资者利益的**法律法规**、**政府监管**以及**媒体和专业人士的舆论监督**等。

【相关链接】2020 年 1 月底，浑水公司发布沽空报告，指出瑞幸咖啡在经营数据上存在作假和欺诈行为。2020 年 4 月，在瑞幸咖啡发布的公告中，承认自己在 2019 年第二季度到第四季度期间存在伪造交易行为，涉及销售额大约 22 亿人民币（信息披露制度）。而且该财务造假事件在微博等网络平台上成为了热门话题（媒体和专业人士的舆论监督）。2020 年 5 月，财政部监督评价局（政府监管）派出现场检查组进驻瑞幸咖啡和安永（瑞幸咖啡财报的审计机构——中介机构），分别对瑞幸咖啡自成立以来的财务记录以及安永相关的审计底稿进行检查。

经典题解

【例题 6·多选题】2013 年 4 月 10 日，《京华时报》连续 27 天利用 67 个版面报道农夫山泉所采取的桶装水标准问题，最终导致农夫山泉桶装水在北京质监局的介入下停产。这体现了公司治理基础设施中的(　　)。

A. 信息披露制度

B. 中介机构

C. 政府监管

D. 媒体、专业人士的舆论监督

【解析】“在北京质监局的介入下停产”体现了政府监管，选项 C 正确；“《京华时报》连续 27 天利用 67 个版面报道农夫山泉所采取的桶装水标准问题”体现了媒体、专业人士的舆论监督，选项 D 正确。

【答案】CD

本章疑难问题解答

【问题】当前我国普遍存在的企业侵害其他利益相关者利益的主要表现有哪些？

【解答】从受侵害的相关利益主体作为划分依据，具体从消费者、员工、债权人以及政府四个角度，对当前我国普遍存在的企业侵害其他利益相关者利益的主要表现做以下总结。

角度	主要表现
消费者角度	企业趋于逐利的动机常常会将自身利益放在最重要的位置，而置消费者的利益于不顾，具体表现：在产品品质与广告宣传上欺骗、误导消费者。第一，企业力图尽可能降低成本以牟取暴利，不惜生产质量低劣、有毒有害的不合格产品。2018 年，“315 晚会”上曝光了服装企业的质量黑幕，尤其是童装生产企业，各种成分如纤维含量、甲醛含量均不达标。第二，企业常常会在广告中夸大其词，宣传与实际效果不一致的内容，甚至不守诚信，在实现了预定的销售目标后违背最初的广告承诺
员工角度	企业作为雇主，以支付报酬换取员工的劳动，然而，全年通勤、不定期加班的超负荷工作状态已成为如今城市白领的工作常态，不少青年才俊因长期处于高压状态而患病，甚至猝死。员工在身心俱疲的同时，还时刻面临失业的风险。近年来，互联网企业“暴力裁员”事件频发，2019 年某互联网技术公司裁掉患病老员工的报道引起了轩然大波，被裁员工通过社交媒体曝光了自己被公司逼迫、威胁、驱赶的惨痛经历。企业将员工简单粗暴地视为工作机器，缺少人性化关怀，未给予员工应有的尊重，使员工的合法权益得不到切实保障
债权人角度	企业对债权人负有到期按时足额还款的义务，但一些大企业，常凭借其在供应链中的优势地位，以大欺小，拖欠账款，给债权人的资金周转和经济运营带来严重的负面影响
政府角度	近年来，国家加大了环保监管力度，整改关停了众多污染严重的中小企业，环境质量得到了明显改善。但所谓“上有政策，下有对策”，企业在应对环保检查方面也相继出现了许多新的手段，形式主义现象肆虐猖獗。“矿山刷绿漆”“盆栽式复绿”等造假闹剧不时上演，通过人为、技术手段干预监测、应付检查

1006513

扫一扫　“码”上做题、看解析

本书历年经典试题均配备二维码，使用“会计云课堂”App 扫码，即可线上做题、看解析。

【“会计云课堂”App 下载二维码见封底页】

历年经典试题回顾

一、单项选择题

甲公司在 2017 年完成发行上市后的首次定增，以每股 1 元的价格向两名控股股东发行 5000 万股。当时该公司股价为每股 5 元。甲公司披露的 2017 年年报显示，当年有净利润 1.2 亿元，市盈率为 2.8 倍。从终极股东对于中小股东的“隧道挖掘”问题角度看，甲公司的上述做法属于掠夺性财务活动中的(　　)。(2019 年)

A. 内幕交易
B. 掠夺性融资
C. 直接占用资源
D. 超额股利

二、简答题

1. 太阳公司是 G 省一家于 2013 年发行股票并上市的公司，主营水泥及水泥制品的生产和销售。2018 年 5 月，某财经媒体深度报道了太阳公司存在的多种经营违规行为。该报道在微博等网络平台上成为热门话题后，G省证监局迅速反应，立案调查。

根据证监局的调查结果，太阳公司经营违规行为主要有以下几点：

（1）2016年9月，太阳公司与银行签署一笔担保合同，为大股东星科集团5000万元的贷款提供担保，承担连带保证责任。2016年11月，星科集团向龙辉公司借款2亿元，太阳公司为该笔借款提供担保，到期后星科集团没有偿还借款，龙辉公司向法院提起诉讼，法院做出判决，太阳公司作为该笔借款担保方，须和星科集团共同偿还债务本金和利息。这两笔担保均没有在2016年年报中进行信息披露。

（2）太阳公司从甲公司购进熟料等重要原材料，双方签订了长期供应合同，价格比市场价高40%。太阳公司还从乙公司以租赁的方式引入一台机器设备，租赁费用每年5000万元，同样的设备市场租赁价格为4000万元。经查，甲公司和乙公司均为星科集团全资控制的子公司。

（3）太阳公司在2017年年底向星科集团以每股6元价格定向增发1亿股，当时太阳公司股价为每股12元，相当于5折进行定向增发。

（4）太阳公司发布公告，拟购买丙公司100%股权。由于丙公司拥有物联网概念，太阳公司发布公告后10个交易日内，股价大涨70%。发布公告前几天，星科集团实际控制人刘某买入太阳公司股票100万股，在公告发布后卖出，获利600万元。经查，刘某买卖股票的时间都属于证监会认定的敏感期。

（5）2017年5月，太阳公司收购了大股东星科集团持有的丁公司的全部股权，收购价格为20亿元，而丁公司账目净资产为5000万元，盈利能力较差，业内专家质疑是超溢价收购。

（6）2016年太阳公司1.4亿元的销售费用未及时入账，造成2016年年度报告虚假记载。此外，与星科集团多笔资金往来事项并未披露和记账，导致太阳公司在2016年和2017年年报中存在信息不实、虚假记载的情况。而太阳公司上述年报经过注册会计师审计后，审计师都出具了标准无保留的审计意见。

证监局根据以上调查结果，依法对太阳公司及其大股东星科集团进行了行政处罚。

要求：

（1）依据“三大公司治理问题”，简要分析太阳公司存在的终极股东“隧道挖掘”的利益输送行为的主要表现；

（2）简要分析公司治理基础设施在本案例中发挥作用的情况。（2019年）

2. 万成公司成立于1984年，1988年进入房地产业，是目前国内最大的专业住宅开发企业。

万成公司的股权极其分散。截至2014年12月31日，其第一大股东华民公司持有万成公司14.97%的股份，而万成公司创始人王刚仅持有总股份的0.05%。华民公司一直给予万成公司管理层高度的信任，正如万成公司总经理所述，“华民公司是积极不干预管理的股东，是大股东的表率”。正因为如此，万成公司实际上是一个典型的内部人控制企业。万成公司在其高管团队的精心呵护下稳步实施其既定的战略，一步步做大做强，连续多次获得“国内最受尊敬企业”称号。

宝产系是宝产投资集团有限公司及其控制的公司。2015年7月以来，宝产系通过旗下的投资公司大举收购万成公司股份。截至2015年12月24日，宝产系共持有万成公司24.26%的股权，力图成为万成公司新的实际控制人。对此，万成公司高管团队反应强烈，不欢迎宝产系成为万成公司第一大股东，理由主要是宝产系素以擅长资本运作著称，长期以来商业信用不佳，一旦控股万成公司，一些投资公司、大金融机构以及商业评级机构便可能调低对万成公司的信用评级，万成公司则有可能沦为实际控制人掏空其他股东的工具。

由于华民公司拒绝增持万成公司股份，万成公司高管团队一度陷入控制权危机。后来广地集团的资本注入，暂时解除了万成公司高管团队的控制权危机。

要求：简要分析“经理人对于股东的‘内部人控制’问题”和“终极股东对于中小股东的‘隧道挖掘’问题”在万成公司中的表现。（2018年）

历年经典试题回顾参考答案及解析

“扫码看解析”

使用“微信”或“会计云课堂”App扫码，即可线上对答案、看解析，错题随手收藏，及时巩固复习。

一、单项选择题

【答案】B

解析：甲公司向控股股东低价定向增发股票的行为属于掠夺性融资行为，选项B正确。

二、简答题

1.【答案】

（1）太阳公司存在的终极股东“隧道挖掘”的利益输送行为的主要表现如下：

①直接占用资源。“2016年9月，太阳公司与银行签署一笔担保合同，为大股东星科集团5000万元的贷款提供担保，承担连带保证责任。2016年11月，星科集团向龙辉公司借款2亿元，太阳公司为该笔借款提供担保，到期后星科集团没有偿还借款，龙辉公司向法院提起诉讼，法院做出判决，太阳公司作为该笔借款担保方，须和星科集团共同偿还债务本金和利息”。

②关联性交易。“太阳公司从甲公司购进熟料等重要原材料，双方签订了长期供应合同，价格比市场价高40%。太阳公司还从乙公司以租赁的方式引入一台机器设备，租赁费用每年5000万元，同样的设备市场租赁价格为4000万元。经查，甲公司和乙公司均为星科集团全资控制的子公司”。

③掠夺性财务活动。

a. 掠夺性融资。“太阳公司在2017年年底向星科集团以每股6元价格定向增发1亿股，当时太阳公司股价为每股12元，相当于5折进行定向增发”。

b. 内幕交易。“太阳公司发布公告，拟购买丙公司100%股权。由于丙公司拥有物联网概念，太阳公司发布公告后10个交易日内，股价大涨70%。发布公告前几天，星科集团实际控制人刘某买入太阳公司股票100万股，在公告发布后卖出，获利600万元。经查，刘某买卖股票的时间都属于证监会认定的敏感期”。

c. 掠夺性资本运作。“2017年5月，太阳公司收购了大股东星科集团持有的丁公司的全部股权，收购价格为20亿元，而丁公司账目净资产为5000万元，盈利能力较差，业内专家质疑是超溢价收购”。

（2）公司治理基础设施发挥作用的情况如下：

①信息披露制度。“2016年9月，太阳公司与银行签署一笔担保合同，为大股东星科集团5000万元的贷款提供担保，承担连带保证责任。2016年11月，星科集团向龙辉公司借款2亿元，太阳公司为该笔

借款提供担保，到期后星科集团没有偿还借款，龙辉公司向法院提起诉讼，法院做出判决，太阳公司作为该笔借款担保方，须和星科集团共同偿还债务本金和利息。这两笔担保均没有在2016年年报中进行信息披露”“2016年太阳公司1.4亿元的销售费用未及时入账，造成2016年年度报告虚假记载。此外，与星科集团多笔资金往来事项并未披露和记账，导致太阳公司在2016年和2017年年报中存在信息不实、虚假记载的情况”。信息披露制度在案例中没有发挥应有的治理作用。

②中介机构。“2016年太阳公司1.4亿元的销售费用未及时入账，造成2016年年度报告虚假记载。此外，与星科集团多笔资金往来事项并未披露和记账，导致太阳公司在2016年和2017年年报中存在信息不实、虚假记载的情况。而太阳公司上述年报经过注册会计师审计后，审计师都出具了标准无保留的审计意见”。中介机构在案例中没有发挥应有的治理作用。

③政府监管。“2018年5月，某财经媒体深度报道了太阳公司存在的多种经营违规行为。该报道在微博等网络平台上成为热门话题后，G省证监局迅速反应，立案调查”。案例中政府监管发挥了应有的治理作用。

④媒体、专业人士的舆论监督。“2018年5月，某财经媒体深度报道了太阳公司存在的多种经营违规行为。该报道在微博等网络平台上成为热门话题”。案例中媒体、专业人士的舆论监督发挥了应有的治理作用。

2. 【答案】

两大公司治理问题在万成公司中的具体表现如下：

(1) 经理人对于股东的“内部人控制”问题。本案例中，在宝产系大举收购万成公司股份之前，大股东华民“是积极不干预管理的股东……万成公司实际上是一个典型的内部人控制企业。万成公司在其高管团队的精心呵护下稳步实施其既定的战略，一步步做大做强”说明尽管万成公司内部成员能够直接参与企业的战略决策，并掌握了大部分企业实际控制权，但是没有造成架空所有者的有效控制并以此来侵蚀外部人（股东）的合法权益的后果，因此不存在经理人对于股东的“内部人控制”问题。

(2) 终极股东对于中小股东的“隧道挖掘”问题。本案例中，在宝产系大举收购万成公司股份之前，“第一大股东华民公司持有万成公司14.97%的股份……华民公司一直给予万成公司管理层高度的信任……是积极不干预管理的股东”，因而，这一阶段万成公司不存在终极股东对于中小股东的“隧道挖掘”问题。然而，宝产系大举收购万成公司股份，力图成为万成公司新的实际控制人，“万成公司高管团队反应强烈，不欢迎宝产系成为万成公司第一大股东，理由主要是宝产系素以擅长资本运作著称，长期以来商业信用不佳，一旦控股万成公司，一些投资公司、大金融机构以及商业评级机构便可能调低对万成公司的信用评级，万成公司则有可能沦为实际控制人掏空其他股东的工具”说明万成公司认为宝产系成为万成公司第一大股东后，难免会出现终极股东对于中小股东的“隧道挖掘”问题。“后来广地集团的资本注入，暂时解除了万成公司高管团队的控制权危机”说明万成公司暂时避免了宝产系作为终极股东对于中小股东的“隧道挖掘”问题。

扫一扫　“码”上做题、看解析

本书同步强化练习题均配备二维码，使用“会计云课堂”App 扫码，即可线上做题、看解析。

【“会计云课堂”App 下载二维码见封底页】

同步强化练习题

一、单项选择题

1. 2020 年 1 月，美国对冲基金浑水指控瑞幸财务造假，遭到瑞幸否认，但在随后的 4 月份，瑞幸公告称通过自查发现公司首席运营官刘剑财务造假，牵涉约 22 亿元的虚假交易。消息一出，瑞幸盘中触发六次熔断，给股东们造成巨额损失。根据以上信息可以判断，瑞幸存在的公司治理问题是(　　)。(★★)*

A. 终极股东对于中小股东的“隧道挖掘”问题

B. 经理人对于股东的“内部人控制”问题

C. 剥夺型公司治理问题

D. 企业与其他利益相关者之间的关系问题

2. 2019 年年底，海康威视的两位董事因泄露大宗交易的内幕信息被立案调查，该公司的这两位董事违反了董事的(　　)。(★)

A. 忠实义务

B. 竞业禁止义务

C. 维护公司资产义务

D. 职业审慎义务

3. 2020 年 2 月，深交所向曾经的“消防第一股”天广中茂发出关注函，要求其说明子公司中茂园林及中茂生物为公司大股东邱茂国提供违规担保一事。这一违规行为未经股东大会审议，涉及资金 1 亿元，侵害了其他中小股东的利益。根据案例信息判断，天广中茂大股东侵占中小股东利益的方式是(　　)。(★★)

A. 直接占用资源　　B. 关联性交易

C. 掠夺性融资　　D. 内幕交易

4. 2020 年 11 月，在深交所创业板上市的浩丰科技拟收购其实控人持有的信远通公司的全部股权，收购价格高于信远通公司账面净资产的溢价率高达 1620.52%。信远通公司在 2018 年、2019 年连亏两年，2020 年上半年刚刚开始盈利，其中存在诸多蹊跷之处，业内专家质疑是超溢价收购。根据案例信息判断，浩丰科技大股东侵占中小股东利益的方式是(　　)。(★★)

A. 直接占用资源

B. 关联性交易

C. 掠夺性资本运作

D. 掠夺性融资

5. 2017 年 5 月 11 日至 2018 年 3 月 15 日期间，上市公司凯迪生态通过子公司松原凯迪绿色能源开发有限公司以项目工程款的名义向关联方中薪油武汉化工工程技术有限公司支付预付款 5.88 亿元，实际款项主要用于其大股东阳光凯迪新能源集团有限公司及其关联方偿还借款、购买三家格薪源股权、增持上市公司股份、偿还欠上市公司往来款以及其他日常经营。目前项目建设实际工程量 2660 万元，形成非经营性资金

---

* 本书中的题目通过标注不同星级体现不同难度。当本章三星级题目错误率超过 70%、二星级题目错误率超过 50%或一星级题目错误率超过 25%，建议您有针对性地巩固“本章重难点精讲”中的相关知识点。

占用5.614亿元。针对大股东占用上市公司资金的情况，湖北证监局责令凯迪生态立即做出改正。以上体现出该公司治理的主要问题是（　　）。（★★★）

A. “内部人控制”问题

B. “隧道挖掘”问题

C. 利益相关者问题

D. 关联方问题

6. 2019年4月，格力电器有意引入私募股权公司厚朴投资作为其新的机构投资者。新股东入驻董事会后，将对公司管理层进行改组，这将有望提升管理层股权激励和薪酬待遇，从而推动格力电器的运营能力和市场潜力的爆发。上述信息体现出机构投资者参与公司治理的途径是（　　）。（★★）

A. “用脚投票”　　B. “用手投票”

C. 市场干预　　D. 行政干预

7. 下列关于不同类型企业特点的说法中，不正确的是（　　）。（★★）

A. 当业主制企业出现资不抵债时，业主要用其全部资产来抵偿

B. 合伙制企业的合伙人对企业债务承担无限责任

C. 合伙制企业合伙人的退伙不会影响企业的生存和寿命

D. 公司制企业所有者与法人财产权的分离，使企业实现永续运行

8. 下列不属于审计委员会的职责范围的是（　　）。（★★）

A. 监督、核实公司重大投资决策

B. 对内部审计人员及其工作进行考核

C. 对公司的内部控制进行考核

D. 检查、监督公司存在或潜在的各种风险

二、多项选择题

1. 沃格股份是一家专业提供自动化智能装备的高科技企业。受全球经济不确定性的影响，沃格股份所在行业产品市场竞争激烈，对公司销售业务产生较大影响。为了应对外部挑战及维护自身在行业里的声誉，管理层决定加强内部管理以降低原材料的综合采购成本，完善组织架构体系以提高总体工作效率。从外部治理机制的角度来看，这体现了（　　）对公司的监控和约束。（★）

A. 资本市场　　B. 经理人市场

C. 产品市场　　D. 劳动力市场

2. 2018年有财经媒体质疑康美药业存在多种经营违规行为。该报道在微博等网络平台上成为热门话题后，中国证监会迅速反应，立案调查，并发现康美药业披露的2016~2018年财务报告存在重大虚假信息。2019年5月17日，中国证监会发布的调查报告坐实康美药业财务造假。康美药业2016年年报和2017年年报经过注册会计师审计后，出具的均是标准无保留意见。2018年年报给出的是保留意见。2019年5月21日，中诚信证评发布公告称，决定将康美药业的主体信用等级由AA+下调至A。根据上述信息，在本案例中涉及的公司治理基础设施有（　　）。（★★）

A. 信息披露制度

B. 政府监管

C. 中介机构

D. 媒体的舆论监督

3. 新大洲是一家在深圳证券交易所上市的公司。N公司为新大洲公司第一大股东控制下的企业。新大洲全资子公司H公司进口的冷冻牛肉大部分销售给N公司，N公司及其子公司又向新大洲的另一全资子公司B公司销售牛肉。B公司与N公司付款模式为先款后货。H公司卖给N公司的牛肉单价要比卖给第三方便宜接近20%，B公司向N公司平均采购价格比向第三方采购价格高出接近28%。2018年度因上述交易导致新大洲存在被N公司非经营性资金占用的情况，合计金额为4.77亿元，被中国证监会立案调查。上述终极股东对于中

小股东的“隧道挖掘”问题主要表现有（　　）。（★★）

A. 滥用公司资源

B. 直接占用资源

C. 掠夺性财务活动

D. 关联性交易

4. 2019年年报披露后，科创板上市公司金山办公同时获得基金、保险、社保等各类机构投资者重仓买入。关于机构投资者的特征，下列说法正确的有（　　）。（★）

A. 机构投资者具有显著的人才优势

B. 机构投资者往往奉行稳健的价值投资理念

C. 机构投资者投资具有中短期投资价值的股票

D. 机构投资者可以利用股东身份，更加可能参与上市公司的治理

5. 下列属于治理经理人对于股东的“内部人控制”问题的基本对策的有（　　）。（★★）

A. 在明确股东大会、董事会、监事会和经理层职责的基础上，使公司运作流程更加规范

B. 吸纳具有良好专业素质的外部人员担任独立董事

C. 使利益相关者参与到公司的监管中

D. 实行累积投票制

三、简答题

珠海银隆新能源有限公司以新能源产业为经营核心，是我国新能源产业大型现代化高新技术企业之一。2018年，珠海银隆自爆“家丑”，对外披露大股东银隆集团及银隆集团实控人魏银仓及前高管孙国华涉嫌侵占公司利益超10亿元。

珠海银隆在函件中表示，2018年3月份公司完成管理层变更，选举卢春泉担任董事长，聘请赖信华担任公司总经理，而孙国华不再担任公司董事长及总裁职务。4月份公司监事会亦发生变化。在新一任董事会、监事会及公司管理层履职过程中，发现公司与大股东之间存在频繁关联交易，部分交易存在异常与疑点。

珠海银隆表示，就新管理层履职过程中发现的部分交易存在异常和疑点，公司自2018年7月底委托了律师事务所及会计师事务所就公司与大股东银隆集团及实际控制人魏银仓、孙国华及关联公司之间的关联交易事项做了专项尽职调查和审计。报告显示，大股东通过关联交易侵占公司财产，损害公司利益，部分行为涉嫌构成刑事犯罪。

2018年5月份，珠海银隆在河北邯郸、成都的园区相继被爆多条生产线停工、大批员工出走，之前管理层盲目生产，造成的库存压力很重，直接引发了资金问题。7月份，南京银隆产业园由于和业主方的纠纷未平，被江苏省高级人民法院查封。这些园区项目的停滞直接影响了供应商、承建商的资金周转，也影响了当地政府的生产计划和发展规划。

由于珠海银隆大量的工厂停产导致珠海银隆的出货量大大减少，比亚迪等竞争者也都借此扩展市场，导致珠海银隆的市场占有率有所下滑。珠海银隆的众多投资者包括万达、中集等对于此次珠海银隆出现的问题都严重关切，并且将进一步考虑继续投资的必要性。孙国华作为珠海银隆的前高管侵吞银隆资产，其未来是否还能继续在职业经理人的舞台上工作将打了一个非常大的问号。

要求：

（1）简要分析珠海银隆公司存在的三大公司治理问题；

（2）从外部治理机制角度简要分析珠海银隆公司存在的公司治理问题。（★★）

四、综合题

1. 资料一

红星美凯龙的前身红星家具城创建于1991年，在很短的时间里，红星美凯龙便走上

了连锁化经营的道路。红星美凯龙的主营业务为家居装饰及家具商场的经营、管理和专业咨询服务。截至目前，红星美凯龙在全国各地陆续开了 214 个商场，规模已居全国首位。在进入家具市场之后，红星美凯龙战略性地在一线和二线城市开设多家自营商场，从商户获得持续的租赁及管理收入；同时，凭借多年的商场经营管理经验，公司以“红星美凯龙”品牌名称与合作方共同经营家居装饰及家具商场（委管商场），并收取合作方咨询费及管理费，这也成为了红星美凯龙业务收入的主要组成部分。红星美凯龙全资收购行业排名第三的吉盛伟邦，这将巩固红星美凯龙在家具自营商场方面的领先地位。尽管吉盛伟邦在全国只拥有六家直营商场，但这对红星美凯龙的业务也是非常重要的补充。本着互相尊重、互相支持的原则以及寻求和谐发展的目的，家居行业的两大巨头——总部在南方的红星美凯龙和总部在北方的居然之家联合宣布双方正式结成战略合作伙伴，以合作共赢的方式让企业做大做强。

红星美凯龙不仅在主营业务上大力发展，还进行着多元化的布局。这样不仅可以减轻与宜家等国外大品牌的竞争压力，还规避了产业发展风险。同时，多元化还为其创造了一个很大的内部资本市场，可以通过内部资金的调度在一定程度上解决企业进一步发展所需的资金问题。

红星美凯龙拥有的商城规模目前已经超过国内任何一家开发商运营商城的规模，但红星美凯龙的盈利能力，一定程度上是由其不断扩大规模获得的。在其原产业的发展陷入停滞时，希望通过多元化发展为企业提供新的发展机遇。红星美凯龙集团管理层期望充分利用和发挥自身在家居行业中的各种有形资源和良好的品牌声誉优势，进一步扩大公司的生存发展空间，但是多元化发展使得公司的资源分散，企业整体抗风险能力下降，在缺乏优势的电商产业中经营绩效不佳（例如，进入电商市场多年之后至今尚未取得盈利），而且其家居产业的发展也受到一定的牵制，并且电商产业与红星美凯龙的主营业务家具产业只存在着较弱的联系，并不能带动家居产业的发展。

资料二

红星美凯龙在公司发展的同时也在完善公司治理。红星美凯龙的一部分盈利来源于其子公司红星地产和红星商业，其开发的商业品牌“爱琴海”已经成为了著名的商业品牌。在红星地产方面，俊发地产前 CEO 赵彬已出任红星美凯龙房地产集团有限公司执行总裁，赵彬具有良好的工作履历，丰富的专业知识以及解决问题的思维，并在俊发地产任职超过 17 年。赵彬的加盟使红星地产由具有丰富经验的职业经理人来管理。与此同时，红星地产为赵彬开出了高额的年薪以及辅以一定的股权奖励。

在家具行业，红星美凯龙不仅需要和国内的厂商月星家居进行竞争，还需要和国外的宜家进行竞争，其竞争压力非常大，这就驱使着职业经理人更加努力工作，力求在与行业强力竞争对手的竞争中占据优势地位。在资本市场方面，若公司持续效益不佳，股票价格就会下跌，可能会有人试图通过收购来争夺公司的控制权。作为本土的产业巨头，职业经理人若是在红星美凯龙表现不佳，则必然会影响其职业生涯。

资料三

红星美凯龙将互联网与传统业务深度融合，推进“大数据+家居”的完美契合，实现公司业务的转型升级。负责苏宁电商平台搭建和运营的苏宁集团前副 COO 兼运营总部执行总裁李斌确认加入红星美凯龙并负责公司“互联网+”的战略任务，推进“大数据+家居”的实施。

红星美凯龙本身在全国的卖场数量庞大，而卖场其实就是大数据的集中地。每天通过与消费者的面对面接触，从整体上可以把控卖场消费者的人群类型、客流量、性别、年龄层分布、购买力。从细节上更可以将顾客购买家具的标准加以数据化，可以计算价格、质量、美观度等因素对于顾客购买行为的影响程度，据此调整自己的战略布局。红星美凯龙特别针对消费者行为数据展开信息技术分析，通过收集分析客流量、交易量等信息，一方面可以提升对于用户行为的科学分析能力，打造体验式的营销策略，从而与其他的家居卖场实现差异化；另一方面还能提高卖场整体的管理效率，从而节约成本。

面对这一新兴的产业，红星美凯龙也出现了一些问题：面对海量的数据，作为传统的家具卖场，公司并没有数据管理的经验，导致其并没有开发出更加先进的数据管理模式；公司办公文档数据80%存储在终端电脑，90%的桌面数据缺乏有效保护，公司员工离职或调岗导致数据无法追溯，甚至带有情绪的员工恶意删除数据。

要求：

（1）简要分析红星美凯龙开发家居自营商场的过程中所实施的发展战略的途径；

（2）简要分析红星美凯龙实施多元化战略的动因（多元化经营的优点）与风险；

（3）简要分析红星美凯龙的外部治理机制；

（4）简要分析红星美凯龙数字化战略转型面临的困难。（★★★）

2. **资料一**

近年来，国家大力支持体育产业的发展以及全民健身热度的不断升温为中国体育产业提供了广阔的市场容量，体育用品业作为体育产业发展的基础分支也因此实现快速发展。中国已成为世界上最大的体育用品基地，体育用品行业也逐步进入稳定增长的成熟期。数据显示，2013~2017 年我国体育用品行业收入和利润都在不断增长，五年年均复合增长率分别为 7.64%和 9.37%，增长十分迅速。

在众多体育品牌中，有主打高端的阿迪达斯、耐克和李宁等，也有主打中低端的迪卡侬、安踏和 361°等，其中主打高端的品牌通常有着非常高的研究开发能力。中低端品牌普遍研发能力低，一度还被市场认为是“山寨”品。相比较上述品牌，迪卡侬则是一个例外，迪卡侬有自身的工厂和品牌，在市郊建造超市式的购物广场，极大地降低了成本，因此迪卡侬在保持较低售价的同时保持着较高的研发能力。

目前我国的体育运动品牌还存在着以下问题：首先是我国的体育用品科技含量较低，还存在着“重生产、轻研发”的现象。其次，我国的体育品牌缺少长久秉持的体育文化，用户的黏性较低。最后，我国的体育市场发展水平较低，行业竞争不规范。

资料二

安踏（中国）有限公司是一家中外合资并且是国内最大的集生产制造与营销导向于一体的综合性体育用品企业，由安踏（福建）鞋业有限公司、安踏东方体育用品有限公司、安踏（香港）国际投资公司和安踏鞋业总厂等组成。集团公司的前身安踏（福建）鞋业有限公司创建于 1991 年，地处中国三大鞋都之首的福建晋江。秉持着“安心创业、脚踏实地”的经营理念，二十多年间成功发展为拥有员工 5000 余人，厂房面积达 12 万多平方米，年产运动鞋500 万双的全国性运动鞋生产企业。

2009 年是安踏国际化发展的元年。在 2009 年 8 月，安踏以 6 亿港元收购了百丽国际旗下运动品牌 Fila 在中国的专营权和商标使用权，负责在中国内地、香港和澳门推广及分销 Fila 中国商标的产品。此举也被看作安踏体育宣布进入全球市场的标志性动作。Fila 当时还不怎么知名，在中国市场依然亏损。除了这个品牌的潜力，人们还质疑安踏能否运营好这个 DNA 极其不同的中高端品牌。但现在回看，这可能是安踏最成功的策略之一。2015 年，安踏完成对英国户外休闲、登山运动品牌 Sprandi 的收购；2016 年，安踏与日本 Descente 以及 Itochu Corporation 子公司伊藤忠合资成立公司，三家公司按照 6∶3∶1 的出资比来占股。安踏体育在这次事件中出资 1.5 亿元，拿到了在中国内地独家经营带有 Descente 商标的产品设计以及销售业务的特权；2017 年，安踏收购 Kingkow 业务，并成立合资公司在中国经营 Kolon Sport 业务。在大举国际化的同时，安踏还发展了安踏 kids 等其他产品，丰富了产品链。在 2018 年，安踏完成了对 Amer Sport 集团的总值达到 46 亿欧元的收购。Amer Sport 只有不到 20% 的收入来自亚太市场，不到 6% 的收入来自中国市场，这样安踏能更好地分散中国市场的风险。安踏在中国国内市场是排名第一的国产品牌，利用安踏的这些资源能使 Amer Sport 更好地打入国内高端市场，Amer Sport 集团是全球知名的运动品牌集团，旗下有始祖鸟、Wilson 等众多一线品牌。安踏集团逐步将目光从大众市场转向中高端市场：安踏定位大众市场；Fila 定位中高端时尚运动市场，瞄准中高端客户；Descente 和始祖鸟是高端的户外运动品牌；Wilson 则关注网球市场。

从 2017 年的财务报表来看，安踏集团超过 95% 的营业收入来自国内，仅在东南亚、东欧及中东市场有少量分销业务，频繁并购使得安踏能在欧洲和北美市场上获得一定的成功。Amer Sport 的加入能减少安踏对中国市场的依赖。安踏年产 500 多万双运动鞋，由于产能过大，安踏急需开发一些市场从而利用自身闲置的产能。随着我国经济的发展，人们对高端运动产品的需求量也越来越大，反而中低端的体育产业市场逐渐陷入停滞。与此同时，安踏还有大量的闲置资金，安踏所持有现金及现金等价物为 69.32 亿元人民币，利用这些资金能更好地促进集团的发展。最重要的是安踏所收购或者结成战略联盟的企业都是国际上拥有较高技术储备的企业，使得安踏能获得大量的技术及管理经验。

资料三

在 2007 年上市前后安踏完成了家族企业的改造，引入了张涛（在万达和联想担任过高管）、郑捷（前锐步中国区总经理）、姚伟雄（前 Lacoste 中国行政总裁）这样的职业经理人。这些职业经理人或是有着丰富的资本市场工作经验，或是在国际运动品牌担任过高管，有着丰富的运动品牌管理经验，这样安踏就能在资本市场运作中游刃有余。

安踏在香港上市的招股价上限为 5.28 港元，总共募集 31.69 亿港元。这些经验丰富的职业经理人利用这些募集到的资金对安踏品牌进行了大规模的扩张。与此同时安踏投入 11 亿元在央视投放广告并且投入巨资强化研发能力。

在收购 Amer Sport 集团前夕，安踏在上交所获准发行 36 亿元人民币的"熊猫债"。这令它成为首批获准发行"熊猫债"的非金融民营企业之一。所谓"熊猫债"，是指境外机构在中国内地发行的以人民币计价的债券。通过专业人员的操作，使得安踏能在各资本市场之间游刃有余。

要求：

(1) 根据"研究开发能力""产品价格"两个战略特征，各分为"高""低"两个档次，以组合的形式对资料一中涉及的运动品牌进行战略群组划分；

(2) 依据发展中国家对外投资的动机，简要分析安踏集团采取国际化经营的主要动因；

(3) 运用市场营销战略中"产品组合策略类型"，简要分析安踏集团并购众多品牌所采取的产品组合策略；

(4) 简要分析安踏集团实施发展战略的主要途径；

（5）依据经理人员的含义，简要分析安踏集团是如何运用职业经理人制度。（★★★）

3. 资料一

公牛自1995年创立之初，迅速找到自身定位，立志“制造永不坏的插座”，产品推出之后，使得消费者感受到前所未有的使用体验，公牛集团自此开始秉持科技化、现代化的生产模式。1997年，公牛在行业内第一个获得国家长城认证，从此奠定了行业内好品质的品牌形象。1998年，公牛开发了行业内首个按钮式设计的开关插座，断电更方便、使用更安全。2001年，公牛经过市场和中国质检协会的认证，获得“全国质量稳定合格产品”的荣誉称号。2007年，公牛也是首个获得“中国驰名商标”的转换器品牌。2008年，公牛参与并制定新国标文件，首创新国标组合孔，并获得国家专利。2009年，公牛荣获了“2009年度中国企业营销创新单项奖，年度最佳渠道整合创新奖”。同年，更是建成了经过美国最具权威的安全试验和鉴定的机构——UL国际专业认证组织评定的高标准专业实验室。截至2009年，其已经获得国家专利155项。2010年，公牛全面整合，不仅专注产品的生产方面，更是将制度、管理规范化、系统化，这些富有前瞻力的举措使得公牛更加稳健地发展。2011年，携手明星甄子丹先生，推出了一系列的广告推广活动。2011年，随着科技发展节奏加快，人们的生活用电需求日益增加，公牛在行业内率先推出了更加高科技的插座产品。2012年，公牛插座系列更是连续两年成为消费者最信赖的品牌。至2013年，公牛已经累计获得了国家专利313项。2014年，公牛集团正式进军LED产业，秉承品质为先的一贯追求，以“爱眼”理念自主研发LED照明产品，形成包括爱眼LED阅读灯、灯带、球泡灯、筒射灯等在内的产品系列，为家装健康照明提供多样化选择。2016年，公牛又提出“数码精品战略”，从为家电产品服务向为数码产品服务进阶转型，推出了包括移动电源、抗折断数据线等一大批数码产品精品。在这一过程中，公牛依照从“核心业务”向相邻或相近产业链延伸的方式，将产品一步一步向更丰富更多样的方向拓展。这使公牛在保持主要业务稳定上升的同时，具备了更多的发展可能性。

公牛集团在全国各地有着较完善的销售网络。近年来公牛与经销商的关系也发生了本质上的变化。渠道开始变得扁平化、区域精细化，每个区域只设一级经销商，直接对接该区域零售门店的客户。同时，一个经销商一般只负责一个市或县。如此一来，便避免了一个经销商服务多个县市带来的资源和能力的分散，扁平化结构也能更快响应门店需求。对于线上渠道，公牛也在积极探索中。其与万科链家装饰、有住网、蘑菇装修等互联网家装企业达成战略合作。据悉，2017年的“双十一”，公牛以站内推广、短视频营销、KOL传播等方式，带来了大批潜在用户。

近年来国家对房地产行业进行调控，新房的供给量较最初有一定的减少，势必会影响公牛开关的销量。电工领域的竞争还随着众多跨界大品牌的介入而变得更激烈、更残酷，这些大品牌企业在行业和市场上拥有一定规模实力、品牌知名度、渠道市场等，跨界大品牌强势启动电工业务后，势必对电工企业形成更大的冲击，其市场份额或被进一步压缩。

资料二

2005年，公牛创新性地将快销品的销售方式运用到插座上，将制造业与服务业相融合，改“坐商”为“行商”。通过各地经销商对区域内的零售店进行分类统计，销售商把插座装进卡车里，各个网点铺货、一家一家派送，迅速打开了全国市场，把几十万家零售店的销量牢牢握在了自己手里。现在，公牛的销售渠道已遍布全国300多个城市，开拓出80多万个终端销售店铺，并成功将公牛产品销往美国、欧洲、东南亚、南亚、非洲等海外市场。借助渠道优势，公牛成长为一个家喻户晓的品牌。与此同时，公牛集团利用的是通用型原材料，通用型原材料均由国内厂家生产，进货和运输仓储等方面的成本都比较低；公牛还建立了专业服务团队，客服部均由经过培训的专业人员负责，服务网络较为完善，并承诺质保10年。在2004年，工厂正式迁入慈溪观海卫工业园，成功转型为规范化专业制造型的企业集团，这使公牛实现了规范化、规模化生产，更好地保障企业的发展。

2012年，公牛集团通过多年的市场调研，认为目前对装潢需求量较高的是年轻人，其对开关的美观要求很高，而且未来中国的家装潮流将重点集中于现代简约、欧式奢华、中式典雅、清新田园四种，因此公牛将眼光放到了少有人问津的装饰开关领域，并且震撼推出了第一代公牛装饰开关。作为墙壁开关行业一个全新的细分品类，公牛装饰开关特意针对四种主流家装风格进行相应设计，无疑会进一步贴合消费者个性化、风格化的家装需求，实现墙壁细节上的优雅动人。公牛集团决定将美化装饰和实用开关具有的两类互补性功能结合起来。公牛装饰开关是采用IMR技术，首次赋予墙壁开关不同的色彩与纹理而制成的装饰开关产品，将美观和实用两种功能结合。公牛装饰开关还独创“专利悬摆技术”，使开关能够连续开、关80000次，使用寿命超出国家标准一倍。相比较西门子等国外大品牌，公牛装饰开关价格有着明显的优势。

资料三

在同行业公司纷纷谋求资本运作的情况下，公牛作为老牌厂商却迟迟没有动静。直到2018年2月，公牛集团才最终确定了保荐机构国金证券，并向宁波证监局递交了IPO申请。2018年10月，公牛集团的招股书姗姗来迟。

根据信息披露和外界的分析，家族的关联交易、巨额募资的合理性以及变相降低管理费用等都是其阻碍IPO进程的因素。其中较为明显的是向“董监高”低息贷款从而降低管理费用。公牛集团曾经制定过一个员工购房借款管理制度，符合借款条件的员工可向公司申请购房借款，公司对各级别员工设定了借款最高限额，一般借款年限最长为6年，员工可以选择提前还款。据了解，符合借款条件的员工基本是“董监高”。在报告期内，共有5人向公司借款购房，这5人的身份分别是公牛集团的董事兼副总裁、监事、副总裁、董事兼副总裁兼董秘、职工监事。5人的借款额均为50万元，年利率为3.8%。而我国当前的房贷基准利率最低也在4.34%（6个月）以上，商业银行实际执行的房贷利率更高。公牛集团此举，无异于是给“董监高”的变相福利。在这种操作下，公牛集团向“董监高”支付的薪酬，还能否体现其真实的工资水平，就存在一定的疑问了。

要求：

（1）运用SWOT分析法对公牛集团进行分析；

（2）依据蓝海战略重建市场边界的基本法则（开创蓝海战略的路径），简要分析公牛集团如何在竞争激烈的家装开关领域，开创了新的生存与发展空间；

（3）从设计市场营销组合方面，简要分析公牛集团采取的营销策略；

（4）根据价值链的基本活动，简要分析公牛集团的优势；

（5）简要分析公牛集团采取的发展战略；

（6）依据“三大公司治理问题”，简要分析公牛集团在内部治理中存在的问题。（★★★）

同步强化练习题参考答案及解析

“扫码看解析”

使用“微信”或“会计云课堂”App扫码，即可线上对答案、看解析，错题随手收藏，及时巩固复习。

一、单项选择题

1.【答案】B

解析：经理人财务作假属于经理人对于股东的“内部人控制”问题中违背忠诚义务的表现，选项B正确。

2.【答案】A

解析：董事义务主要包括善管义务和竞业禁止义务。董事的善管义务要求董事必须忠实于公司，不得擅自泄露公司秘密。“两位董事因泄露大宗交易的内幕信息被立案调查”违反了善管义务中的忠实义务。

3.【答案】A

解析：终极股东对于中小股东的“隧道挖掘”问题中的直接占用资源指终极股东直接从公司将利益输送给自己。利用上市子公司为终极股东违规担保属于直接占用资源的具体表现之一，选项A正确。

4.【答案】C

解析：“浩丰科技拟收购其实控人持有的信远通公司的全部股权，收购价格高于信远通公司账面净资产的溢价率高达1620.52%。信远通公司在2018年、2019年连亏两年，2020年上半年刚刚开始盈利”体现的是浩丰科技大股东侵占中小股东利益的方式是掠夺性资本运作，选项C正确。

5.【答案】B

解析：当资本市场缺乏对小股东利益的保护机制时，对公司经营活动具有控制力的大股东就更加不容易被约束，他们可能以牺牲众多的中小股东利益为代价，通过追求自利目标而非公司价值目标来实现自身利益最大化，导致了终极股东对于中小股东的“隧道挖掘”问题。“实际款项主要用于其大股东阳光凯迪新能源集团有限公司及其关联方偿还借款、购买三家格薪源股权、增持上市公司股份、偿还欠上市公司往来款以及其他日常经营”体现出终极股东对中小股东的隧道挖掘问题。

6.【答案】B

解析：机构投资者主要通过以下两种途径参与公司治理：①“用脚投票”；②“用手投票”。“用手投票”就是机构投资者通过董事会选举获取董事会席位，入驻董事会和出席股东大会，对公司投资、融资、人事、分配等重大问题议案进行表决或否决，参与公司的重要决策，直接对公司董事会和经理层的行为施加影响。“新股东入驻董事会后，将对公司管理层进行改组，这将有望提升管理层股权激励和薪酬待遇，从而推动格力电器的运营能力和市场潜力的爆发”体现出机构投资者通过“用手投票”参与公司治理，选项B正确。

7.【答案】C

解析：合伙制企业合伙人的退伙会影响企业的生存和寿命，选项C错误。

8.【答案】A

解析：选项A属于战略决策委员会的主要职责；选项B、C、D属于审计委员会的主要职责。

二、多项选择题

1. 【答案】BC

解析： 外部治理机制主要是指除企业内部的各种监控机制外，还包括各个市场机制（如产品市场、资本市场、经理人市场）对公司的监控和约束。“沃格股份所在行业产品市场竞争激烈，对公司销售业务产生较大影响”体现的是产品市场的约束；“为了应对外部挑战及维护自身在行业里的声誉”体现的是经理人市场的约束。

2. 【答案】ABCD

解析： ①信息披露制度。“康美药业披露的2016~2018年财务报告存在重大虚假信息”。②中介机构。“康美药业2016年年报和2017年年报经过注册会计师审计后，出具的均是标准无保留意见。2018年年报给出的是保留意见”“中诚信证评发布公告称，决定将康美药业的主体信用等级由AA+下调至A”。③政府监管。“中国证监会迅速反应，立案调查”“中国证监会发布的调查报告坐实康美药业财务造假”。④媒体、专业人士的舆论监督。“2018年有财经媒体质疑康美药业存在多种经营违规行为。该报道在微博等网络平台上成为热门话题”。

3. 【答案】BD

解析：“B公司与N公司付款模式为先款后货……2018年度因上述交易导致新大洲存在被N公司非经营性资金占用的情况，合计金额为4.77亿元”属于直接占用资源，选项B正确；“H公司卖给N公司的牛肉单价要比卖给第三方便宜接近20%，B公司向N公司平均采购价格比向第三方采购价格高出接近28%”属于关联性交易，选项D正确。

4. 【答案】ABD

解析： 机构投资者投资具有中长期投资价值的股票，选项C错误。

5. 【答案】ABC

解析： 选项D属于治理终极股东对于中小股东的“隧道挖掘”问题的对策。

三、简答题

【答案】

(1) ①经理人对于股东的“内部人控制”问题。“前高管孙国华涉嫌侵占公司利益超10亿元”“之前管理层盲目生产，造成的库存压力很重，直接引发了资金问题”“孙国华作为珠海银隆的前高管侵吞银隆资产”。

②终极股东对于中小股东的“隧道挖掘”问题。“2018年，珠海银隆自爆‘家丑’，对外披露大股东银隆集团及银隆集团实控人魏银仓……涉嫌侵占公司利益超10亿元”“在新一任董事会、监事会及公司管理层履职过程中，发现公司与大股东之间存在频繁关联交易，部分交易存在异常与疑点”“大股东通过关联交易侵占公司财产，损害公司利益，部分行为涉嫌构成刑事犯罪”。

③企业与其他利益相关者之间的关系问题。“多条生产线停工、大批员工出走”“园区项目的停滞直接影响了供应商、承建商的资金周转，也影响了当地政府的生产计划和发展规划”。

(2) ①产品市场。“由于珠海银隆大量的工厂停产导致珠海银隆的出货量大大减少，比亚迪等竞争者也都借此扩展市场，导致珠海银隆的市场占有率有所下滑”。

②资本市场。“珠海银隆的众多投资者包括万达、中集等对于此次珠海银隆出现的问题都严重关切，并且将进一步考虑继续投资的必要性”。

③经理人市场。“孙国华作为珠海银隆的前高管侵吞银隆资产，其未来是否还能继续在职业经理人的舞台上工作将打了一个非常大的问号”。

四、 综合题

1. 【答案】

(1) ①外部发展（并购）。“红星美凯龙全资收购行业排名第三的吉盛伟邦，这将巩固红星美凯龙在家具自营商场方面的领先地位”。

②内部发展（新建）。“红星美凯龙在全国各地陆续开了 214 个商场，规模已居全国首位。在进入家具市场之后，红星美凯龙战略性地在一线和二线城市开设多家自营商场，从商户获得持续的租赁及管理收入”。

③战略联盟。“公司以‘红星美凯龙’品牌名称与合作方共同经营家居装饰及家具商场（委管商场），并收取合作方咨询费及管理费”“本着互相尊重、互相支持的原则以及寻求和谐发展的目的，家居行业的两大巨头——总部在南方的红星美凯龙和总部在北方的居然之家联合宣布双方正式结成战略合作伙伴，以合作共赢的方式让企业做大做强”。

(2) ①红星美凯龙采用多元化战略具有如下优点：

a. 分散风险。“这样不仅可以减轻与宜家等国外大品牌的竞争压力，还规避了产业发展风险”。

b. 获得资金或其他财务利益。“多元化还为其创造了一个很大的内部资本市场，可以通过内部资金的调度在一定程度上解决企业进一步发展所需的资金问题”。

c. 当企业在原产业无法增长时找到新的增长点。“在其原产业的发展陷入停滞时，希望通过多元化发展为企业提供新的发展机遇”。

d. 利用未被充分利用的资源。“红星美凯龙集团管理层期望充分利用和发挥自身在家居行业中的各种有形资源和良好的品牌声誉优势，进一步扩大公司的生存发展空间”。

e. 运用企业在某个产业或某个市场中的形象和声誉来进入另一个产业或市场，而在另一个产业或市场中要取得成功，企业形象和声誉是至关重要的。“红星美凯龙集团管理层期望充分利用和发挥自身在家居行业中的各种有形资源和良好的品牌声誉优势，进一步扩大公司的生存发展空间”。

②红星美凯龙实施多元化战略的风险：

a. 来自原有经营产业的风险。红星美凯龙集团由于“多元化发展使得公司的资源分散，企业整体抗风险能力下降，在缺乏优势的电商产业中经营绩效不佳……而且其家居产业的发展也受到一定的牵制”。

b. 产业进入风险。“进入电商市场多年之后至今尚未取得盈利”。

c. 内部经营整合风险。“电商产业与红星美凯龙的主营业务家具产业只存在着较弱的联系，并不能带动家居产业的发展”。

d. 市场整体风险。“多元化发展使得公司的资源分散，企业整体抗风险能力下降”。

(3) ①产品市场。“在家具行业，红星美凯龙不仅需要和国内的厂商月星家居进行竞争，还需要和国外的宜家进行竞争，其竞争压力非常大”。

②资本市场。“若公司持续效益不佳，股票价格就会下跌，可能会有人试图通过收购来争夺公司的控制权”。

③经理人市场。“在红星地产方面，俊发地产前 CEO 赵彬……由具有丰富经验的职业经理人来管理”“作为本土的产业巨头，职业经理人若是在红星美凯龙表现不佳，则必然会影响其职业生涯”。

(4) ①网络安全问题。“公司办公文档数据 80% 存储在终端电脑，90% 的桌面数据缺乏有效保护，公司员工离职或调岗导致数据无法追溯，甚至带有情绪的员工恶意删除数据”。

②数据容量问题。“面对海量的数据，作为传统的家具卖场，公司并没有数据管理的经验，导致其并没有开发出更加先进的数据管理模式”。

2. 【答案】

(1) 运用“研究开发能力”和“产品价格”两个维度，可以将案例中涉及的运动品牌分为以下几个战略群组：

“研究开发能力”高、“产品价格”高：阿迪达斯、耐克、李宁；

“研究开发能力”高、“产品价格”低：迪卡侬；

“研究开发能力”低、“产品价格”低：安踏、361°。

(2) 安踏集团采取国际化经营的动因：

①寻求市场。“从 2017 年的财务报表来看，安踏集团超过 95% 的营业收入来自国内，仅在东南亚、东欧及中东市场有少量分销业务，频繁并购使得安踏能在欧洲和北美市场上获得一定的成功”“由于产能过大，安踏急需开发一些市场从而利用自身闲置的产能”。

②寻求现成资产。“安踏所收购或者结成战略联盟的企业都是国际上拥有较高技术储备的企业，使得安踏能获得大量的技术及管理经验”。

(3) 安踏集团并购众多品牌的产品组合策略包括扩大产品组合和产品延伸中的向上延伸。

①扩大产品组合。“安踏定位大众市场；Fila 定位中高端时尚运动市场，瞄准中高端客户；Descente 和始祖鸟是高端的户外运动品牌；Wilson 则关注网球市场”。

②产品延伸中的向上延伸。“安踏集团逐步将目光从大众市场转向中高端市场”。

(4) 安踏集团实施发展战略的途径主要有外部发展（并购）、内部发展（新建）和战略联盟。

①外部发展（并购）。“在 2009 年 8 月，安踏以 6 亿港元收购了百丽国际旗下运动品牌 Fila 在中国的专营权和商标使用权，负责在中国内地、香港和澳门推广及分销 Fila 中国商标的产品。此举也被看作安踏体育宣布进入全球市场的标志性动作”“2015 年，安踏完成对英国户外休闲、登山运动品牌 Sprandi 的收购”“2017 年，安踏收购 Kingkow 业务”“在 2018 年，安踏完成了对 Amer Sport 集团的总值达到 46 亿欧元的收购”。

②内部发展（新建）。“在大举国际化的同时，安踏还发展了安踏 kids 等其他产品，丰富了产品链”。

③战略联盟。“2016 年，安踏与日本 Descente 以及 Itochu Corporation 子公司伊藤忠合资成立公司，三家公司按照 6∶3∶1 的出资比来占股。安踏体育在这次事件中出资 1.5 亿元，拿到了在中国内地独家经营带有 Descente 商标的产品设计以及销售业务的特权”“2017 年……成立合资公司在中国经营 Kolon Sport 业务”。

(5) 经理人是公司日常经营管理和行政事务的负责人，由公司董事会聘任，在法律、法规及公司章程规定和董事会授权范围内，代表公司从事业务活动的高级管理人员。“在 2007 年上市前后安踏完成了家族企业的改造，引入了张涛（在万达和联想担任过高管）、郑捷（前锐步中国区总经理）、姚伟雄（前 Lacoste 中国行政总裁）这样的职业经理人。这些职业经理人或是有着丰富的资本市场工作经验，或是在国际运动品牌担任过高管，有着丰富的运动品牌管理经验，这样安踏就能在资本市场运作中游刃有余”。

3. 【答案】

(1) ①S（优势）。“1997 年，公牛在行业内第一个获得国家长城认证，从此奠定了行业内好品质的品牌形象。1998 年，公牛开发了行业内首个按钮式设计的开关插座，断电更方便、使用更安全。2001 年，公牛经过市场和中国质检协会的认证，获得‘全国质量稳定合格产品’的荣誉称号。2007 年，公牛也是首个获得‘中国驰名商标’的转换器品牌。2008 年，公牛参与并制定新国标文件，首创新国标组合孔，并获得国家专利。2009 年，公牛荣获了‘2009年度中国企业营销创新单项奖，年度最佳渠道整合创新奖’。同年，更是建成了经过美国最具权威的安全试验和鉴定的机构——UL国际专业认证组织评定的高标准专业实验室。截至2009年，其已经获得国家专利155项”“2011年，随着科技发展节奏加快，人们的生活用电需求日益增加，公牛在行业内率先推出了更加高科技的插座产品。2012年，公牛插座系列更是连续两年成为消费者最信赖的品牌。至2013年，公牛已经累计获得了国家专利313项”“公牛集团在全国各地有着较完善的销售网络”“在2004年……这使公牛实现了规范化、规模化生产，更好地保障企业的发展”“公牛装饰开关是采用IMR技术，首次赋予墙壁开关不同的色彩与纹理而制成的装饰开关产品，将美观和实用两种功能结合。公牛装饰开关还独创‘专利悬摆技术’……相比较西门子等国外大品牌，公牛装饰开关价格有着明显的优势”。

②W（劣势）。“家族的关联交易、巨额募资的合理性以及变相降低管理费用等都是其阻碍IPO进程的因素”。

③O（机会）。“2011年，随着科技发展节奏加快，人们的生活用电需求日益增加”“目前对装潢需求量较高的是年轻人，其对开关的美观化要求很高”。

④T（威胁）。“近年来国家对房地产行业进行调控，新房的供给量较最初有一定的减少，势必会影响公牛开关的销量。电工领域的竞争还随着众多跨界大品牌的介入而变得更激烈、更残酷，这些大品牌企业在行业和市场上拥有一定规模实力、品牌知名度、渠道市场等，跨界大品牌强势启动电工业务后，势必对那些电工企业形成更大的冲击，其市场份额或被进一步压缩”。

（2）①放眼互补性产品或服务。“公牛集团决定将美化装饰和实用开关具有的两类互补性功能结合起来。公牛装饰开关是采用IMR技术，首次赋予墙壁开关不同的色彩与纹理而制成的装饰开关产品，将美观和实用两种功能结合”。

②重设客户的功能性或情感性诉求。“作为墙壁开关行业一个全新的细分品类，公牛装饰开关特意针对四种主流家装风格进行相应设计，无疑会进一步贴合消费者个性化、风格化的家装需求，实现墙壁细节上的优雅动人”。

③跨越时间参与塑造外部潮流。“未来中国的家装潮流将重点集中于现代简约、欧式奢华、中式典雅、清新田园四种，因此公牛将眼光放到了少有人问津的装饰开关领域，并且震撼推出了第一代公牛装饰开关”。

（3）从设计市场营销组合角度分析，公牛集团的营销策略：

①产品策略。“公牛装饰开关是采用IMR技术，首次赋予墙壁开关不同的色彩与纹理而制成的装饰开关产品”“公牛装饰开关还独创‘专利悬摆技术’，使开关能够连续开、关80000次，使用寿命超出国家标准一倍”。

②促销策略。“2011年，携手明星甄子丹先生，推出了一系列的广告推广活动”“据悉，2017年的‘双十一’，公牛以站内推广、短视频营销、KOL传播等方式，带来了大批潜在用户”。

③分销策略。“近年来公牛与经销商的关系也发生了本质上的变化。渠道开始变得扁平化、区域精细化，每个区域只设一级经销商，直接对接该区域零售门店的客户。同时，一个经销商一般只负责一个市或县。如此一来，便避免了一个经销商服务多个县市带来的资源和能力的分散，扁平化结构也能更快响应门店需求”“对于线上渠道，公牛也在积极探索中。其与万科链家装饰、有住网、蘑菇装修等互联网家装企业达成战略合作”“公牛的销售渠道已遍布全国300多个城市，开拓出80多万个终端销售店铺”。

④价格策略。“相比较西门子等国外大品牌，公牛装饰开关价格有着明显的优势”。

(4) 根据基本活动，公牛集团具备的优势条件：

①内部后勤。“通用型原材料均由国内厂家生产，进货和运输仓储等方面的成本都比较低”。

②生产经营。“在2004年，工厂正式迁入慈溪观海卫工业园，成功转型为规范化专业制造型的企业集团，这使公牛实现了规范化、规模化生产”。

③外部后勤。“销售商把插座装进卡车里，各个网点铺货、一家一家派送，迅速打开了全国市场，把几十万家零售店的销量牢牢握在了自己手里”。

④市场销售。“现在，公牛的销售渠道已遍布全国300多个城市，开拓出80多万个终端销售店铺，并成功将公牛产品销往美国、欧洲、东南亚、南亚、非洲等海外市场”。

⑤服务。“建立了专业服务团队，客服部均由经过培训的专业人员负责，服务网络较为完善，并承诺质保10年”。

(5) 公牛集团主要采取的是密集型战略和多元化战略。

①密集型战略中的市场渗透战略。“2011年，携手明星甄子丹先生，推出了一系列的广告推广活动”。

②密集型战略中的产品开发战略。“公牛装饰开关是采用IMR技术，首次赋予墙壁开关不同的色彩与纹理而制成的装饰开关产品”“公牛装饰开关还独创‘专利悬摆技术’，使开关能够连续开、关80000次，使用寿命超出国家标准一倍”。

③密集型战略中的市场开发战略。“公牛的销售渠道已遍布全国300多个城市，开拓出80多万个终端销售店铺，并成功将公牛产品销往美国、欧洲、东南亚、南亚、非洲等海外市场”。

④多元化战略。“2014年，公牛集团正式进军LED产业，秉承品质为先的一贯追求，以‘爱眼’理念自主研发LED照明产品，形成包括爱眼LED阅读灯、灯带、球泡灯、筒射灯等在内的产品系列，为家装健康照明提供多样化选择。2016年，公牛又提出‘数码精品战略’，从为家电产品服务向为数码产品服务进阶转型，推出了包括移动电源、抗折断数据线等一大批数码产品精品。在这一过程中，公牛依照从‘核心业务’向相邻或相近产业链延伸的方式，将产品一步一步向更丰富更多样的方向拓展。这使公牛在保持主要业务稳定上升的同时，具备了更多的发展可能性”。

(6) 公牛集团主要存在的公司治理问题为“内部人控制”问题。“公牛集团曾经制定过一个员工购房借款管理制度，符合借款条件的员工可向公司申请购房借款，公司对各级别员工设定了借款最高限额，一般借款年限最长为6年，员工可以选择提前还款。据了解，符合借款条件的员工基本是‘董监高’。在报告期内，共有5人向公司借款购房，这5人的身份分别是公牛集团的董事兼副总裁、监事、副总裁、董事兼副总裁兼董秘、职工监事。5人的借款额均为50万元，年利率为3.8%。而我国当前的房贷基准利率最低也在4.34%（6个月）以上，商业银行实际执行的房贷利率更高。公牛集团此举，无异于是给‘董监高’的变相福利。在这种操作下，公牛集团向‘董监高’支付的薪酬，还能否体现其真实的工资水平，就存在一定的疑问了”。

第六章 风险与风险管理

本章考情分析

本章属于重点章。本章重点掌握的内容：①企业面对的风险种类（包括从内部控制角度展开的主要运营风险和财务风险）；②风险管理基本流程；③风险管理体系；④风险管理技术与方法。

本章考试的题型一般为客观题、简答题和综合题，特别是“企业面对的风险种类”“从内部控制角度展开的主要运营风险”“从内部控制角度展开的主要财务风险”属于综合题经常考查的重点内容。本章近3年平均分值为18分。2021年需要重点关注以下内容可能会考主观题：企业面对的风险种类（包括从企业内部控制角度进行分析）和我国《企业内部控制基本规范》关于内部控制要素的要求。

2021年教材主要变化

2021年教材本章内容与2020年教材相比，主要变化：①第一节中增加了“风险的构成要素”和“风险管理的演进与新发展”的内容，并对“风险的概念”调整了部分表述；②将原第二节“风险管理的目标”移至第一节中，使第六章的五节内容变为四节内容；③第二节“风险管理基本流程”中的部分内容调整了表述；④第三节“风险管理体系”中的五点内容重新调整了编写顺序，并调整了部分表述；⑤第四节“风险管理技术与方法”中的部分内容调整了表述；⑥调整了部分案例。

本章考点框架

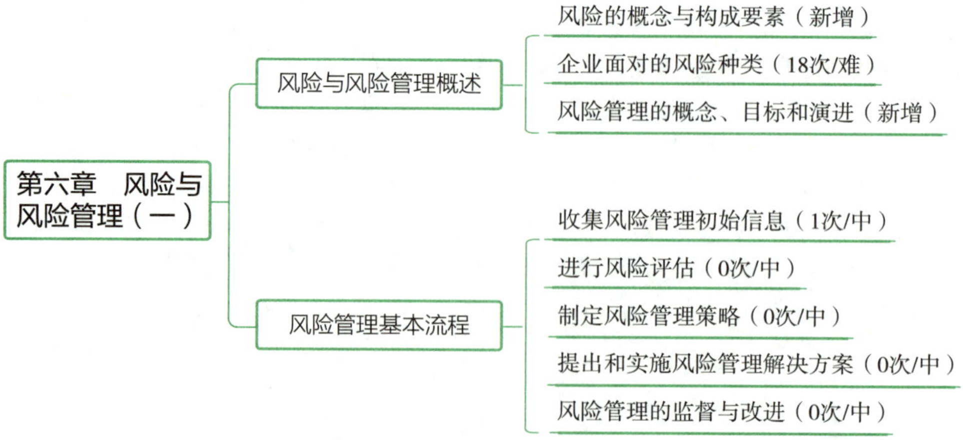

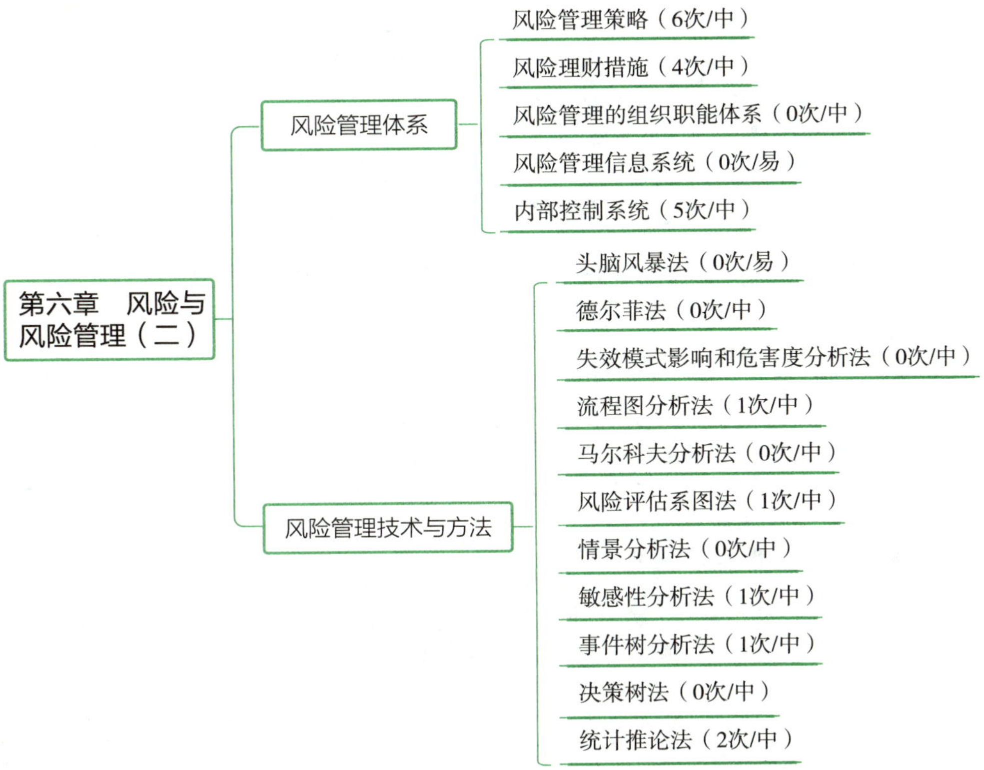

注：图中难代表难度高的知识点，中代表难度中等的知识点，易代表难度低的知识点；X 次为考频指数，以近 3 年考题为统计依据。

本章重难点精讲

致柳暗花明的您：

本章是战略备考路上的最后一道拦路虎，知识体系较为复杂，专业性强，理解起来有一定难度。不苦不累，备考无味。在最后的紧要关头，千万不要放弃，需咬紧牙关，逐个击破。我们在“本章重难点精讲”中设置了二维码，扫码听课，名师助您“码”到成功。

第一节　风险与风险管理概述

本节视频详解
使用“会计云课堂”App/微信扫码听课

01 风险的概念与构成要素（★）❶

（一）风险的概念

复习建议	考试题型	考察套路	关键词
记忆风险定义的具体阐释	客观题型	教材原文的直接考查	参见下表“阐释”

❶ 为方便您在学习中可以快速了解知识点的重要程度，本书中将知识点进行分类。★★★代表重要知识点，★★代表次重要知识点，★代表非重要知识点。

定义	阐释
未来的不确定性对企业实现其经营目标的影响	①企业风险与企业战略相关 ②风险是一系列可能发生的结果，不能简单地理解为最有可能的结果 ③风险既有客观性，又有主观性 ④风险往往与机遇并存

（摘自 2021 年注会全国统一考试辅导教材《公司战略与风险管理》，中国财经出版社）

（二）风险的构成要素

风险由风险因素、风险事件（事故）、损失三个基本要素构成。

能量小贴士	学在苦中求，艺在勤中练；不怕学问浅，就怕志气短

02 企业面对的风险种类（★★★）

企业面对的主要风险分为两大类：外部风险和内部风险。外部风险主要包括政治风险、法律风险与合规风险、社会文化风险、技术风险、市场风险；内部风险主要包括战略风险、运营风险、财务风险。

（一）外部风险

1. 政治风险（★★）

复习建议	考试题型	考察套路	关键词
理解记忆政治风险定义及表现形式	客观题型、主观题型	分析判断案例中目标企业是否面临政治风险或面临的政治风险属于何种表现	政府行为

政治风险是指完全或部分由政府官员行使权力和政府组织的行为而产生的不确定性。

主要表现	举例
限制投资领域	A 国政府出台法规，限制 B 国企业对 A 国的敏感技术领域进行投资
设置贸易壁垒	U 国政府制定政策，限制本国高新技术产品（包括半导体、计算机、芯片等）出口
外汇管制规定	C 国政府通过法令对外汇汇出境外进行限制
进口配额和关税	E 国政府对我国出口该国的相关产品征收高额进口关税
组织结构及要求最低持股比例	C 国政府要求合资企业中本土企业持股比例不低于 50%
限制向东道国的银行借款	W 国政府限制本国银行向外资企业提供贷款
没收资产	2017 年 4 月 20 日，通用汽车公司宣布，将关闭委内瑞拉的业务，委内瑞拉出于国家利益考虑，没收了其在该国的资产

经典题解

【例题 1·单选题】2018 年 5 月 28 日美国众议院通过一项法案，禁止美国政府和国防部与大华股份等电信、视频监控设备公司进行商业交易。在上述案例中，大华公司面临的风险是(　　)。

A. 战略风险

B. 技术风险

C. 政治风险

D. 社会文化风险

【解析】“美国众议院通过一项法案，禁止美国政府和国防部与大华股份等电信、视频监控设备公司进行商业交易”表明美国的政府行为使大华公司面临风险，故属于政治风险，选项 C 正确。

【答案】C

【例题 2·单选题】2019 年 2 月 21 日印度商工部发布公告称，对原产于或进口自中国的太阳能电池组件用 EVA 塑料片作出反倾销终裁：中国的涉案产品存在倾销行为，并对印度国内产业造成实质性损害，故建议对中国的涉案产品征收反倾销税，有效期为 5 年。向印度出口太阳能电池组件用 EVA 塑料片的国内 H 公司面临的风险是(　　)。

A. 战略风险

B. 市场风险

C. 政治风险

D. 社会文化风险

【解析】“印度商工部发布公告称，对原产于或进口自中国的太阳能电池组件用 EVA 塑料片作出反倾销终裁：中国的涉案产品存在倾销行为，并对印度国内产业造成实质性损害，故建议对中国的涉案产品征收反倾销税，有效期为 5 年”属于政治风险类别中的“设置贸易壁垒”，选项 C 正确。

【答案】C

【例题 3·单选题】近日，全球重要纺织大国土耳其发布官方声明称，因国内生产企业受到进口产品的冲击和损害，将对从全球进口的梭织面料提高进口关税，公布的产品包括棉、毛和化纤梭织面料。M 公司是向土耳其纺织企业出口梭织面料的国内最大的供应商，其面临的风险是(　　)。

A. 战略风险　　B. 技术风险

C. 政治风险　　D. 社会文化风险

【解析】“土耳其发布官方声明称，因国内生产企业受到进口产品的冲击和损害，将对从全球进口的梭织面料提高进口关税”属于政治风险类别中的“进口配额和关税”，选项 C 正确。

【答案】C

2. 法律风险与合规风险（★★）

复习建议	考试题型	考察套路	关键词
理解区分法律风险与合规风险	客观题型、主观题型	分析判断案例中目标企业是否面临法律风险和合规风险	违反法律法规、面临诉讼危机

项目	合规风险	法律风险
定义	指因违反法律或监管要求而受到制裁、遭受金融损失以及因未能遵守所有适用法律、法规、行为准则或相关标准而给企业信誉带来损失的可能性	指企业在经营过程中因自身经营行为的不规范或者外部法律环境发生重大变化而造成不利法律后果的可能性
基本目标	遵循、符合企业内外部的强制性规定和自愿性承诺。合规要求严格，对违规事件是零容忍，没有协商余地	通过对各种法律风险的有效管控帮助企业实现战略目标和经营目标，法律风险的管理策略有规避、承担、转换和控制等多种方式，企业采取何种管理策略需要在收益和风险之间权衡，并服从于企业的战略目标

续表

项目	合规风险	法律风险
责任后果	合规风险突出表现在监管机关的行政处罚、重大财产损失和声誉损失，如吊销营业执照、许可证；对高管个人责任的追究等	法律风险管理侧重于商事活动，主要是依据普适性的法律风险规定，如《民法典》等。与合规相比，外部监管关联性比较弱。法律风险侧重于行为人对民事赔偿责任的承担
案例	2015年9月至2016年9月，平安银行厦门分行凭企业虚假合同和提单办理转口贸易付汇业务。该行上述行为违反《外汇管理条例》第十二条。根据《外汇管理条例》第四十七条，被国家外汇管理局处以罚款280万元人民币	据北京高院和北京第一中院公布的法律文书，原告王某于2015年6月，用96.6万元在中国建设银行北京恩济支行购买了某证券投资基金，2018年3月28日赎回，本金亏损576481.95元。在当年（2018年），王某将恩济支行告上法庭，要求赔偿亏损本金，以及本金自购买该产品到赎回之间的利息。从一审、二审再到终审，判决结果都是银行是过错方，银行在销售产品过程中，没有履行适当性提示告知义务，故其赔偿原告王某损失的576481.95元及相应利息损失
联系	合规风险和法律风险两者既有重合，又各有侧重。例如，富华造纸厂未经批准擅自在淮河流域的一河流管理范围内设置排污口，向河流内排污，受到企业所在地县环保局的查处。该县环保局责令富华造纸厂纠正违法行为，并报经其上一级环境保护行政主管部门批准，对富华造纸厂处以4万元的罚款（体现合规风险）。同时，立强水产中心以富华造纸厂排污行为导致该水产中心鱼死亡为由，向当地法院提起诉讼。法院认定，富华造纸厂的排污行为与立强水产中心鱼死亡之间有因果关系，根据立强水产中心鱼死亡的数量及当时的市场价格，判决富华造纸厂赔偿立强水产中心20000元（体现法律风险）	

经典题解

【例题4·单选题】 2017年12月29日，财政部对ZXH会计师事务所审计J省G市建设投资发展有限公司的执业质量进行了专项检查。检查发现，ZXH会计师事务所在审计中未保持职业怀疑态度，未获取充分、适当的审计证据，出具了不恰当的审计意见。针对检查发现的问题，财政部依法下达了处理决定，要求ZXH会计师事务所限期进行整改，并对4名签字注册会计师予以警告的行政处罚。ZXH会计师事务所面临的风险是（　　）。

A. 技术风险

B. 市场风险

C. 政治风险

D. 法律与合规风险

【解析】“ZXH会计师事务所在审计中未保持职业怀疑态度，未获取充分、适当的审计证据，出具了不恰当的审计意见。针对检查发现的问题，财政部依法下达了处理决定，要求ZXH会计师事务所限期进行整改，并对4名签字注册会计师予以警告的行政处罚”体现了法律与合规风险，选项D正确。

【答案】 D

3. 社会文化风险（★★）

复习建议	考试题型	考察套路	关键词
理解并记忆社会文化风险的具体类别	客观题型、主观题型	分析判断案例中目标企业是否面临社会文化风险或面临何种类别的社会文化风险	参见下表

定义	类别
指文化这一不确定性因素给企业经营活动带来的影响	①跨国经营活动引发的文化风险 ②企业并购活动引发的文化风险 ③组织内部因素引发的文化风险

【相关链接】在印度，很多人信奉印度教，牛被印度教视为圣物。而初进印度市场的麦当劳在薯条的炸制过程中使用了牛油，引起了印度教人民的严重不满，使得麦当劳在印度市场遭遇了前所未有的危机（面临社会文化风险）。

经典题解

【例题5·单选题】在TCL与阿尔卡特合资的TA公司中有600名原阿尔卡特员工，但后来很多员工纷纷出走。其原因在于，阿尔卡特对员工的薪酬制度采取的是高底薪、低提成的制度，在这个制度下，原阿尔卡特员工已经习惯让公司承担风险，个人抗御风险能力和承受能力不强。而当TCL掌握TA的话语权后变革薪酬制度，采取的是低底薪、高提成的薪酬制度，就会让原阿尔卡特销售人员的压力陡然增加，薪酬风险加大，因不适应而选择出走。在上述案例中，TCL面临的风险是(　　)。

A. 社会文化风险

B. 技术风险

C. 政治风险

D. 法律和合规风险

【解析】在本案例中，TCL面临的是来自于不同文化背景下的价值观冲突，属于社会文化风险，选项A正确。

【答案】A

4. 技术风险（★★）

复习建议	考试题型	考察套路	关键词
理解技术风险定义，掌握三个阶段技术风险类别的辨析	客观题型、主观题型	分析判断案例中目标企业是否面临技术风险或面临何种类型的技术风险	围绕“技术项目”

（1）定义：从技术风险范围考察，技术风险的定义有广义和狭义之分。

范围	定义
广义	指与某一种新技术给某一行业或某些企业带来增长机会的同时，可能对另一行业或另一些企业形成巨大威胁。例如，晶体管的发明和生产严重危害了直头管行业；高性能塑料和陶瓷材料的研制和开发严重削弱了钢铁业的获利能力
狭义	指技术在创新过程中，由于技术本身复杂性和其他相关因素变化的不确定性而导致技术创新遭遇失败的可能性

（2）类别：从技术活动过程所处的不同阶段考察，技术风险可以划分为技术设计风险、技术研发风险和技术应用风险。

项目	设计阶段	研发阶段	应用阶段
各阶段面临的风险	由于技术方案或系统总体设计不合理致使技术及技术系统存在先天“缺陷”或创新能力不足，即技术缺乏先进性、可行性而引发的各种风险	由于外界环境变化的不确定性、技术研发项目本身的难度和复杂性、技术研发人员自身知识和能力的有限性（如任务分工不合理、管理水平低、研发投入不足、研发队伍不稳定、专业人才缺乏等）都可能导致技术的研发面临着失败的危险	由于技术成果在产品化、产业化的过程中（如市场对新技术的接受程度不高；他人的技术模仿行为；市场准入的技术门槛低、大量企业涌入导致竞争加剧；技术侵权盗版等）所带来的一系列不确定的负面影响或效应

经典题解

【真题6·单选题】惠通公司开发出一种用于少儿英语学习的智能机器人。该产品投放市场不久，便被其他公司仿制。从技术活动过程所处的不同阶段考察，惠通公司面临的技术风险属于（　　）。（2018年）

A. 技术选择风险

B. 技术设计风险

C. 技术应用风险

D. 技术研发风险

【解析】“该产品投放市场不久，便被其他公司仿制”表明该产品在投入市场后面临他人的技术模仿风险，属于技术风险中的技术应用风险，选项C正确。

【答案】C

【真题7·单选题】亚洲R国H公司推出了一个名为“东大机器人”的项目，该项目的目标是通过R国顶级学府J大学的入学考试。2013年以来，“东大机器人”每年都参加J大学的入学考试，但连续3年的得分均低于J大学的录取分数线。H公司于2016年11月正式宣布因项目过于复杂而最终放弃该项目。根据上述描述，H公司研发“东大机器人”项目面临的风险是（　　）。（2017年）

A. 战略风险　　B. 市场风险

C. 技术风险　　D. 产业风险

【解析】“H公司于2016年11月正式宣布因项目过于复杂而最终放弃该项目”表明H公司研发“东大机器人”项目面临的风险是技术风险，选项C正确。

【答案】C

5. 市场风险（★★★）

复习建议	考试题型	考察套路	关键词
理解并记忆市场风险的五种表现形式	客观题型、主观题型	分析判断案例中目标企业是否面临市场风险或面临的市场风险属于何种表现	参见下表

定义	依据《中央企业全面风险管理指引》，市场风险要考虑的方面
市场风险指企业所面对的外部市场的复杂性和变动性所带来的与经营相关的风险。市场因素的变化可能对企业正常经营活动产生直接或间接的影响，而企业经营活动能否盈利是影响企业能否持续成长、永续经营的重要因素	①产品或服务的价格及供需变化带来的风险 ②能源、原材料、配件等物资供应的充足性、稳定性和价格的变化带来的风险 ③主要客户、主要供应商的信用风险 ④税收政策和利率、汇率、股票价格指数的变化带来的风险 ⑤潜在进入者、竞争者、与替代品的竞争带来的风险

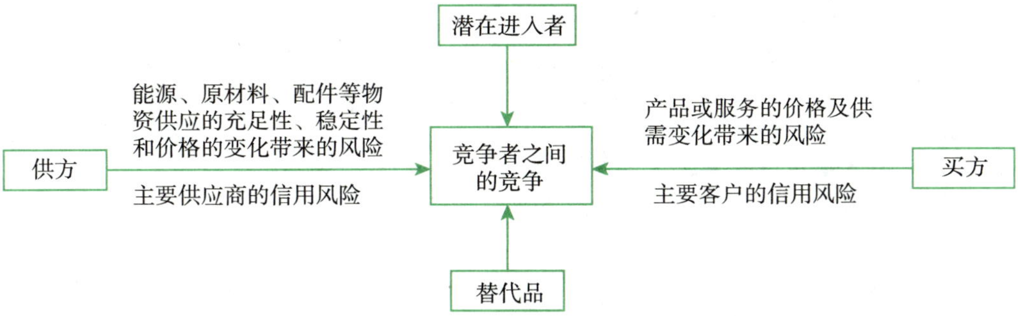

注：建议结合五种竞争力模型记忆，外加税收政策和利率、汇率、股票价格指数的变化带来的风险。

经典题解

【例题8·单选题】中国新能源汽车产销量已连续三年居世界首位。但蓬勃的发展势头中，也有暗礁潜藏。目前我国新能源汽车与传统燃油车相比没有明显的竞争优势，与国际上先进的新能源汽车相比也仍然有较大差距。基于以上分析，作为国内新能源汽车头部企业的B公司面临的风险是(　　)。

A. 战略风险

B. 市场风险

C. 政治风险

D. 财务风险

【解析】“目前我国新能源汽车与传统燃油车相比没有明显的竞争优势，与国际上先进的新能源汽车相比也仍然有较大差距”表明B公司面临潜在进入者、竞争者、与替代品的竞争带来的市场风险，选项B正确。

【答案】B

【例题9·单选题】2021年新年伊始，新能源汽车巨头特斯拉新款车型特斯拉Model Y正式向国内消费者亮相，同时，国产Model Y正式开卖。国产Model Y共推出长续航版和高性能版两款车型，其中长续航版起售价为33.99万元，较此前预售价48.8万元下调了14.81万元；高性能版起售价为36.99万元，较此前预售价53.5万元下调了16.51万元。网传Model Y的订单量在10多个小时内已经突破10万，Model Y的价格直接杀到了蔚来等众国产新能源汽车的价格区间。基于以上分析，对于国内造车新势力的蔚来面临的风险是(　　)。

A. 战略风险

B. 市场风险

C. 技术风险

D. 运营风险

【解析】“国产Model Y共推出长续航版和高性能版两款车型，其中长续航版起售价为33.99万元，较此前预售价48.8万元下调了14.81万元；高性能版起售价为36.99万元，较此前预售价53.5万元下调了16.51万元。网传Model Y的订单量在10多个小时内已经突破10万，Model Y的价格直接杀到了蔚来等众国产新能源汽车的价格区间”表明蔚来面临新进入者、竞争者的竞争带来的市场风险，选项B正确。

【答案】B

【例题10·多选题】甲公司是我国一家长期向M国出口照明产品的企业。2019年，M国对我国出口的照明产品大幅提高了关税。面对这种情况，甲公司在M国与当地企业组建了一家合资公司，生产销售照明产品。甲公司在M国组建合资公司规避的风险有(　　)。

A. 运营风险

B. 政治风险

C. 市场风险

D. 战略风险

【解析】“2019年，M国对我国出口的照明产品大幅提高了关税”表明甲公司向M国出口照明产品面临政治风险，选项B正确。税收风险是指由于税收政策变化使企业税后利润发生变化产生的风险，而这种风险属于市场风险，选项C正确。

【名师点题】首先，政府税收政策的变化属于政治风险。其次，如果税收政策的变化，影响到企业的成本费用（包括税金及附加）的变化，即企业利润的不确定性，同时应认定为市场风险。

【答案】BC

（二）内部风险

1. 战略风险（★★）

复习建议	考试题型	考察套路	关键词
理解并记忆三种战略风险的具体表现	客观题型、主观题型	分析判断案例中目标企业是否面临战略风险，或面临的战略风险的表现有哪些	参见下表

定义	依据我国《企业内部控制应用指引第2号——发展战略》，从企业制定与实施发展战略角度阐明战略风险的具体表现
指企业在战略管理过程中，由于内外部环境的复杂性和变动性以及主体对环境的认知能力和适应能力的有限性，而导致企业整体性损失和战略目标无法实现的可能性及损失	①缺乏明确的发展战略或发展战略实施不到位，可能导致企业盲目发展，难以形成竞争优势，丧失发展机遇和动力 ②发展战略过于激进，脱离企业实际能力或偏离主业，可能导致企业过度扩张，甚至经营失败 ③发展战略因主观原因频繁变动，可能导致资源浪费，甚至危及企业的生存和持续发展

经典题解

【真题11·单选题】甲公司曾是一家世界著名的照相机生产企业。近年来，面对各类新型照相设备的兴起，该公司业务转型迟缓，目前出现巨额亏损，频临破产。甲公司遭遇的风险属于（　　）。（2018年）

A. 财务风险　　B. 技术风险

C. 产业风险　　D. 战略风险

【解析】“近年来，面对各类新型照相设备的兴起，该公司业务转型迟缓，目前出现巨额亏损，频临破产”表明甲公司由于内外部环境的复杂性和变动性以及主体对环境的认知能力和适应能力的有限性，而导致企业整体性损失，属于战略风险，选项D正确。

【答案】D

【真题12·多选题】甲公司是一家钢铁生产企业。2015年上半年，甲公司把通过银行贷款取得的大部分技改项目基金投入股市。后来，由于政府宏观管理措施的出台和股市的暴跌，甲公司投入股市的资金无法收回。在上述案例中，甲公司面临的风险有（　　）。（2018年）

A. 战略风险

B. 技术风险

C. 政治风险

D. 法律和合规风险

【解析】“甲公司是一家钢铁生产企业。2015年上半年，甲公司把通过银行贷款取得的大部分技改项目基金投入股市”表明甲公司的发展战略偏离主业，面临战略风险，选项A正确。“由于政府宏观管理措施的出台和股市的暴跌，甲公司投入股市的资金无法收回”表明甲公司面临政治风险，选项C正确。“甲公司把通过银行贷款取得的大部分技改项目基金投入股市”表明甲公司面临法律和合规风险，选项D正确。

【答案】ACD

【真题 13·单选题】思达集团原是一家房地产企业。2016 年，思达集团以银行贷款为主要资金来源，开始大举并购一些发达国家的酒店和娱乐、体育健身等方面的业务。最近，思达集团由于收购规模过大，资金出现短缺。同时银行收紧了银根，不再向思达集团发放贷款。因此，思达集团被迫中止了收购活动，并为弥补资金漏洞出售了一些已购的业务。根据《企业内部控制应用指引第 2 号——发展战略》，思达集团在制定和实施发展战略方面存在的主要风险是（　　）。（2017 年）

A. 发展战略实施不到位

B. 发展战略过于激进，脱离企业实际能力或偏离主业

C. 发展战略因主观原因频繁变动

D. 缺乏明确的发展战略

【解析】“思达集团原是一家房地产企业……大举并购一些发达国家的酒店和娱乐、体育健身等方面的业务。最近，思达集团由于收购规模过大，资金出现短缺。同时银行收紧了银根，不再向思达集团发放贷款。因此，思达集团被迫中止了收购活动，并为弥补资金漏洞出售了一些已购的业务”表明思达集团发展战略过于激进，脱离企业实际能力或偏离主业，选项 B 正确。

【答案】B

【例题 14·多选题】近年来，信息与通信技术产业发展迅速且复杂多变，信息与通信技术产业云服务的商业模式正在飞速发展。华为在技术、商业、交易模式方面的不确定性大大增加，可能导致其战略目标无法实现。随着全球贸易增速放缓，发展本地经济就成为各国政策首选。随着华为业务持续增长，会面临更多更复杂的贸易壁垒方面的挑战。虽然华为已采取严格的信息安全措施全方位地保护知识产权，但不能完全防止其他厂商采用各种不正当手段使用华为的知识产权。在上述案例中，华为面临的风险有（　　）。

A. 战略风险

B. 技术风险

C. 政治风险

D. 社会文化风险

【解析】“华为在技术、商业、交易模式方面的不确定性大大增加，可能导致其战略目标无法实现”体现的是战略风险，选项 A 正确；“华为在技术……方面的不确定性大大增加”“虽然华为已采取严格的信息安全措施全方位地保护知识产权，但不能完全防止其他厂商采用各种不正当手段使用华为的知识产权”体现的是技术风险，选项 B 正确；“发展本地经济就成为各国政策首选。随着华为业务持续增长，会面临更多更复杂的贸易壁垒方面的挑战”体现的是政治风险，选项 C 正确。

【答案】ABC

2. 运营风险（★★★）

复习建议	考试题型	考察套路	关键词
理解并记忆运营风险的“老 8 点”与内部控制角度的具体表现	客观题型、主观题型	（1）考查“老 8 点”：分析判断案例中目标企业是否面临运营风险，或面临的运营风险的表现有哪些 （2）考查内控角度：直接给出第几号应用指引，分析案例中目标企业的具体表现	参见下表

（1）运营风险是指企业在运营过程中，由于内外部环境的复杂性和变动性以及主体对环境的认知能力和适应能力的有限性，而导致的运营失败或使运营活动达不到预期的目标的可能性及损失。

依据《中央企业全面风险管理指引》，运营风险要考虑的方面	举例
①企业产品结构、新产品研发方面可能引发的风险	环宇公司的主营业务是生产电视机这个龙头产品，后来兴建起与电视生产并无密切联系的空调器厂等5个工厂。结果，该公司盈少亏多，使电视机这一看家产品因资金、技术保障不力及新产品研究开发不足而被挤出市场
②企业新市场开发，市场营销策略（包括产品或服务定价与销售渠道，市场营销环境状况等）方面可能引发的风险	IBM的PC业务被联想并购后，公司的牌子换了，原有公司的客户，特别是欧美客户是否认可联想，是否相信联想的技术实力和服务能力，是否还会继续购买被联想并购的原IBM的产品，是联想潜在的运营风险
③企业组织效能、管理现状、企业文化，高、中层管理人员和重要业务流程中专业人员的知识结构、专业经验等方面可能引发的风险	联想并购IBM的PC业务后，能否将原来IBM的业务与联想的业务有效地进行整合，能否充分发挥各自的原有优势，并形成新的业务优势，同时由于IBM和联想原来是在不同的国际背景和文化背景下开展业务，现在合二为一，能否将不同的企业文化整合到一起，二者之间的文化在整合过程中是否会发生冲突，从而可能造成联想整体运行不畅等
④期货等衍生产品业务中发生失误带来的风险	某钢铁公司开展铁矿石期货套期保值业务，意图锁定铁矿石价格上涨的风险，结果由于操作失误做成了投机业务，反而加大了铁矿石价格波动的风险
⑤质量、安全、环保、信息安全等管理中发生失误导致的风险	2018年8月，全球晶圆代工龙头企业台积电在台湾北、中、南三处重要生产基地遭遇勒索软件攻击，导致全部生产线停摆
⑥因企业内、外部人员的道德风险或业务控制系统失灵导致的风险	民生银行北京分行航天桥支行行长张颖，自2013年以来，以高息为诱饵，诱骗被害人签订虚假的理财产品购买或转让协议，并将购买或受让虚假理财产品的钱款转入其控制的个人银行账户，骗取147名被害人共计27.46亿余元
⑦给企业造成损失的自然灾害等风险	2019年8月10日，超强台风“利奇马”在浙江省温岭市沿海登陆，当地不少工厂被迫停电停产，大量工厂厂区被淹、仓库货物浸水
⑧企业现有业务流程和信息系统操作运行情况的监管、运行评价及持续改进能力方面引发的风险	“有范”APP是美特斯邦威在成立20周年的时候重磅推出的一款电商产品。目的是想通过此举辐射更多的年轻用户，完成品牌从线下到线上的转型。然而“有范”团队的重心只在营销策略上，不够重视管理产品本身。虽然花费了5000万元连续冠名了两季热播综艺《奇葩说》，但也没能将其粉丝顺利转化为“有范”的用户。最后“有范”APP入不敷出，被迫停运

【易错易混点】“因企业内、外部人员的道德风险或业务控制系统失灵导致的风险”是指由于企业内外部人员的欺诈或内部控制缺陷导致意外损失的风险。这里的内部控制缺陷主要侧重运行缺陷。运行缺陷是指设计合理及有效的内部控制，但在运作上没有被正确地执行。包括不恰当的人员执行，未按设计的方式运行，如物资采购申请金额已超过其采购权限，却未向上级部门申请安排大宗物品采购（本身存在权限管理规定，却未在实际操作中妥善执行）。

“企业现有业务流程和信息系统操作运

行情况的监管、运行评价及持续改进能力方面引发的风险”是指对企业现有业务流程和信息系统进行监控和管理，及时掌握业务流程和信息系统配置的现状和存在的问题，反映流程和系统的可用性情况和健康状况，并采取措施以确保业务流程和信息系统可靠、高效、持续和安全地运行。例如，在当今高度国际化的社会分工背景下，华为的制造、物流及服务等业务都不可避免地依赖于第三方厂商或专业机构，他们的业务中断将直接或间接对华为的业务和运营结果造成不利影响。

【相关链接】铱星移动通信系统是美国摩托罗拉公司设计的一种全球性卫星移动通信系统，它通过使用卫星手持电话机，通过卫星可在地球上的任何地方拨出和接收电话讯号，耗资50亿美元却最终失败。摩托罗拉“铱星计划”失败的主要原因：

【材料1】铱星的管理决策架构使其根本不可能进行有效管理。董事会28个成员说的是多国语言，每次开会就像是出席一次小型联合国会议，人人必须带着耳塞，收听5种语言的同声翻译。

【点评】“铱星的管理决策架构使其根本不可能进行有效管理”反映运营风险中的企业组织效能、管理现状、企业文化，高、中层管理人员和重要业务流程中专业人员的知识结构、专业经验等方面可能引发的风险。

【材料2】公司的基本组织结构是一个联合体（合伙人结构），由世界15个地区性的“闸口”组成。所谓“闸口”是指地面上的信号传输系统，可以收发和传送铱星电话讯号。各地区“闸口”负责在本地区范围内行销铱星的电话和服务。铱星的市场运营架构无法建立起一支整体的销售队伍，设计完整的行销计划，建立各地区的分销渠道，形成统一有效的行销攻势，很多合伙人严重缺乏电讯业经验，比如委内瑞拉的投资者此前仅经营过奶制品业务。

铱星运营总部，不能过多地向地方“闸口”施压，因为“闸口”的主人都是董事会成员。在运营的过程中，铱星的行销计划受到了各地区闸口的质疑，因而也就难以指望获得很好的配合。

【点评】“铱星的市场运营架构无法建立起一支整体的销售队伍，设计完整的行销计划，建立各地区的分销渠道，形成统一有效的行销攻势”反映运营风险中的企业新市场开发，市场营销策略（包括产品或服务定价与销售渠道，市场营销环境状况等）方面可能引发的风险。“很多合伙人严重缺乏电讯业经验，比如委内瑞拉的投资者此前仅经营过奶制品业务”反映运营风险中的企业组织效能、管理现状、企业文化，高、中层管理人员和重要业务流程中专业人员的知识结构、专业经验等方面可能引发的风险。“铱星的市场运营架构无法建立起一支整体的销售队伍，设计完整的行销计划”“铱星运营总部，不能过多地向地方‘闸口’施压，因为‘闸口’的主人都是董事会成员。在运营的过程中，铱星的行销计划受到了各地区闸口的质疑，因而也就难以指望获得很好的配合”反映运营风险中的企业现有业务流程和信息系统操作运行情况的监管、运行评价及持续改进能力方面引发的风险。

【材料3】过去10年里，地面移动通信发展迅猛，夺走了铱星公司的目标市场，相对地面移动通信，尤其是移动电话领域，铱星计划已失去了市场机会。

【点评】“过去10年里，地面移动通信发展迅猛，夺走了铱星公司的目标市场”反映市场风险中的潜在进入者、竞争者、与替代品的竞争带来的风险。

【材料4】相对地面移动电话系统，铱星系统本身也存在许多不足，如手机个头笨重，运行不稳定，价格又昂贵，不能在室内和车内使用等。而整个世界通信系统的趋势却是手机越做越小，商家为了赚取通话费，甚至无偿赠送手机。

【点评】“相对地面移动电话系统，铱星系统本身也存在许多不足，如手机个头笨重，运行不稳定，价格又昂贵，不能在室内和车内使用等”反映技术风险中的技术设计风险。“而整个世界通信系统的趋势却是手机越做越小，商家为了赚取通话费，甚至无偿赠送手机”反映技术风险中的技术应用风险。

【材料5】摩托罗拉的企业文化可以说是永不言败的工程师精神，在实验室内，这种精神确实令人敬佩，但是在向市场推进，或当一系列问题发生的时候，却容易导致严重失误。

【点评】“摩托罗拉的企业文化可以说是永不言败的工程师精神，在实验室内，这种精神确实令人敬佩，但是在向市场推进，或当一系列问题发生的时候，却容易导致严重失误”反映了社会文化风险中的组织内部因素引发的文化风险，同时也反映运营风险中的企业组织效能、管理现状、企业文化，高、中层管理人员和重要业务流程中专业人员的知识结构、专业经验等方面可能引发的风险。

经典题解

【真题15·单选题】随着云计算技术的崛起，传统数据技术受到严峻挑战。此前引领世界数据库软件市场的J公司对环境变化反应迟钝，没有及时研究云计算技术。当公司意识到云技术是未来方向时，转型为时已晚。2018年，J公司营业收入基本零增长，净利润比前一年暴跌59%。J公司面对的主要风险是(　　)。(2019年)

A. 运营风险

B. 法律风险

C. 财务风险

D. 社会文化风险

【解析】“此前引领世界数据库软件市场的J公司对环境变化反应迟钝，没有及时研究云计算技术。当公司意识到云技术是未来方向时，转型为时已晚”体现的是运营风险中的企业组织效能、管理现状、企业文化，高、中层管理人员和重要业务流程中专业人员的知识结构、专业经验等方面可能引发的风险，选项A正确。

【答案】A

【真题16·单选题】有关研究机构证实，从事中成药生产的上市公司天康公司的主打产品含有对人体健康有害的成分。该研究结果被媒体披露后，天康公司的股价大跌，购买其产品的部分消费者和经销商纷纷要求退货，致使其经营陷入危机。上述案例中，天康公司面临的风险属于(　　)。(2018年)

A. 市场风险　　B. 运营风险

C. 财务风险　　D. 产业风险

【解析】“天康公司的主打产品含有对人体健康有害的成分。该研究结果被媒体披露后……购买其产品的部分消费者和经销商纷纷要求退货，致使其经营陷入危机”体现的是天康公司在质量、安全、环保、信息安全等管理中发生失误导致的风险，属于运营风险，选项B正确。

【答案】B

【真题17·多选题】平昌制冷设备公司在对某客户提供个性化定制产品服务时，因缺乏设计、制造经验，产品质量未达到客户的特殊需求，遭到该客户索赔。根据上述信息，平昌制冷设备公司遇到的风险类型有(　　)。(2018年改编)

A. 技术风险

B. 法律与合规风险

C. 市场风险

D. 运营风险

【解析】“缺乏设计、制造经验”属于技术风险，选项A正确；“遭到该客户索赔”属于法律与合规风险，选项B正确；“因缺乏设计、制造经验，产品质量未达到客户的特殊需求”属于运营风险，选项D正确。

【答案】ABD

【例题18·多选题】甲公司是一家大型基础设施承建企业，根据业务发展需要，甲公司需要在美国采购一套大型机械设备。管理层经过讨论确定了与此次设备采购相关的主要风险。下列各项与该设备采购相关的风险中，属于运营风险的有(　　)。

A. 采购部门可能由于不熟悉美国市场供应商的情况，无法在有限时间内寻找到最佳设备供应商

B. 该套设备由于采用了某项国防科技核心技术，可能受到美国政府的监控，甚至可能限制外国厂商购买

C. 财务人员可能由于疏忽发生错误的外汇套期操作指令

D. 该套设备资产专用性程度较高，供应商议价能力较强且价格处于不断上升中

【解析】 选项 A 属于运营风险（重要业务流程中专业人员的知识结构、专业经验等方面可能引发的风险）；选项 B 属于政治风险（可能受到美国政府的监控，甚至可能限制外国厂商购买）；选项 C 属于运营风险（期货等衍生产品业务中发生失误带来的风险）；选项 D 属于市场风险（能源、原材料、配件等物资供应的充足性、稳定性和价格的变化带来的风险）。

【答案】 AC

【例题 19 · 多选题】 华为目前整体资产处于健康状态，但也存在不少风险。其存在的主要风险有以下四方面：第一，存在低价竞争的现象，以前华为依靠低价竞争拿下了一些市场，但是这种低价模式肯定不会持续，未来低价策略会存在一定的风险；第二，过于激进的销售策略，公司以客户为中心，对于客户来讲是完美的，但是由于客户的信誉无法保障，签订合同后，客户是否会付款存在不确定性；第三，汇率方面的风险，由于没有足够的对冲，这可能是华为独有的风险；第四，研发投入的效果，公司在研发上的投入很多，但到底能产生多大价值是个未知数。上述案例中，华为面临的风险有(　　)。

A. 市场风险　　B. 运营风险

C. 政治风险　　D. 技术风险

【解析】 “存在低价竞争的现象”“由于客户的信誉无法保障，签订合同后，客户是否会付款存在不确定性”“汇率方面的风险”体现的是市场风险，选项 A 正确；“存在低价竞争的现象，以前华为依靠低价竞争拿下了一些市场，但是这种低价模式肯定不会持续，未来低价策略会存在一定的风险”“过于激进的销售策略”体现的是运营风险，选项 B 正确；“研发投入的效果，公司在研发上的投入很多，但到底能产生多大价值是个未知数”体现的是技术风险，选项 D 正确。

【答案】 ABD

（2）从内部控制角度展开的 14 个主要运营风险。

内部控制应用指引	主要风险表现
第 1 号——组织架构（★★）	①治理结构形同虚设，缺乏科学决策、良性运行机制和执行力，可能导致企业经营失败，难以实现发展战略 ②内部机构设计不科学，权责分配不合理，可能导致机构重叠、职能交叉或缺失、推诿扯皮，运行效率低下
第 3 号——人力资源（★）	①人力资源缺乏或过剩、结构不合理、开发机制不健全，可能导致企业发展战略难以实现 ②人力资源激励约束制度不合理、关键岗位人员管理不完善，可能导致人才流失、经营效率低下或关键技术、商业秘密和国家机密泄露 ③人力资源退出机制不当，可能导致法律诉讼或企业声誉受损

续表

内部控制应用指引	主要风险表现
第4号——社会责任（★）	①安全生产措施不到位，责任不落实，可能导致企业发生安全事故 ②产品质量低劣，侵害消费者利益，可能导致企业巨额赔偿、形象受损，甚至破产 ③环境保护投入不足，资源耗费大，造成环境污染或资源枯竭，可能导致企业巨额赔偿、缺乏发展后劲，甚至停业 ④促进就业和员工权益保护不够，可能导致员工积极性受挫，影响企业发展和社会稳定
第5号——企业文化（★★）	①缺乏积极向上的企业文化，可能导致员工丧失对企业的信心和认同感，企业缺乏凝聚力和竞争力 ②缺乏开拓创新、团队协作和风险意识，可能导致企业发展目标难以实现，影响可持续发展 ③缺乏诚实守信的经营理念，可能导致舞弊事件的发生，造成企业损失，影响企业信誉 ④忽视企业间的文化差异和理念冲突，可能导致并购重组失败
第7号——采购业务（★★）	①采购计划安排不合理，市场变化趋势预测不准确，造成库存短缺或积压，可能导致企业生产停滞或资源浪费 ②供应商选择不当，采购方式不合理，招投标或定价机制不科学，授权审批不规范，可能导致采购物资质次价高，出现舞弊或遭受欺诈 ③采购验收不规范，付款审核不严，可能导致采购物资、资金损失或信用受损
第8号——资产管理（★）	①存货积压或短缺，可能导致流动资金占用过量、存货价值贬损或生产中断 ②固定资产更新改造不够、使用效能低下、维护不当、产能过剩，可能导致企业缺乏竞争力、资产价值贬损、安全事故频发或资源浪费 ③无形资产缺乏核心技术、权属不清、技术落后、存在重大技术安全隐患，可能导致企业法律纠纷、缺乏可持续发展能力
第9号——销售业务（★★）	①销售政策和策略不当，市场预测不准确，销售渠道管理不当等，可能导致销售不畅、库存积压、经营难以为继 ②客户信用管理不到位，结算方式选择不当，账款回收不力等，可能导致销售款项不能收回或遭受欺诈 ③销售过程存在舞弊行为，可能导致企业利益受损
第10号——研究与开发（★★）	①研究项目未经科学论证或论证不充分，可能导致创新不足或资源浪费 ②研发人员配备不合理或研发过程管理不善，可能导致研发成本过高、舞弊或研发失败 ③研究成果转化应用不足、保护措施不力，可能导致企业利益受损

续表

内部控制应用指引	主要风险表现
第 11 号——工程项目（★）	①立项缺乏可行性研究或者可行性研究流于形式，决策不当，盲目上马，可能导致难以实现预期效益或项目失败 ②项目招标“暗箱”操作，存在商业贿赂，可能导致中标人实质上难以承担工程项目、中标价格失实及相关人员涉案 ③工程造价信息不对称，技术方案不落实，预算脱离实际，可能导致项目投资失控 ④工程物资质次价高，工程监理不到位，项目资金不落实，可能导致工程质量低劣，进度延迟或中断 ⑤竣工验收不规范，最终把关不严，可能导致工程交付使用后存在重大隐患
第 12 号——担保业务（★★）	①对担保申请人的资信状况调查不深，审批不严或越权审批，可能导致企业担保决策失误或遭受欺诈 ②对被担保人出现财务困难或经营陷入困境等状况监控不力，应对措施不当，可能导致企业承担法律责任 ③担保过程中存在舞弊行为，可能导致经办审批等相关人员涉案或企业利益受损
第 13 号——业务外包（★★）	①外包范围和价格确定不合理，承包方选择不当，可能导致企业遭受损失 ②业务外包监控不严、服务质量低劣，可能导致企业难以发挥业务外包的优势 ③业务外包存在商业贿赂等舞弊行为，可能导致企业相关人员涉案
第 16 号——合同管理（★）	①未订立合同、未经授权对外订立合同、合同对方主体资格未达要求、合同内容存在重大疏漏和欺诈，可能导致企业合法权益受到侵害 ②合同未全面履行或监控不当，可能导致企业诉讼失败、经济利益受损 ③合同纠纷处理不当，可能损害企业利益、信誉和形象
第 17 号——内部信息传递（★）	①内部报告系统缺失、功能不健全、内容不完整，可能影响生产经营有序运行 ②内部信息传递不通畅、不及时，可能导致决策失误、相关政策措施难以落实 ③内部信息传递中泄露商业秘密，可能削弱企业核心竞争力
第 18 号——信息系统（★）	①信息系统缺乏或规划不合理，可能造成信息孤岛或重复建设，导致企业经营管理效率低下 ②系统开发不符合内部控制要求，授权管理不当，可能导致无法利用信息技术实施有效控制 ③系统运行维护和安全措施不到位，可能导致信息泄露或毁损，系统无法正常运行

经典题解

【例题 20 · 单选题】 上市公司康美药业的大股东康美实业投资控股有限公司（下称康美实业），公司实控人是马兴田，任公司董事长兼总经理。其妻许冬瑾目前为康美药业的第七大股东，持股 1.97%，并任职公司副董事长兼副总经理。康美药业马兴田夫妇的一股独大使得公司缺乏科学决策、良性运行机制和执行力，导致公司步履维艰，难以实现发展战略。从内部控制角度来看，康美药业的运营风险主要来自于(　　)。

A. 组织架构

B. 人力资源

C. 资金活动

D. 财务报告

【解析】“康美药业马兴田夫妇的一股独大使得公司缺乏科学决策、良性运行机制和执行力，导致公司步履维艰，难以实现发展战略”表明康美药业的运营风险主要来自于组织架构方面带来的风险，选项A正确。

【答案】A

3. 财务风险（★★）

复习建议	考试题型	考察套路	关键词
理解财务风险的定义、理解并记忆内部控制角度的具体表现	客观题型、主观题型	①分析判断案例中目标企业是否面临财务风险 ②直接给出第几号应用指引，分析案例中目标企业的具体表现	参见下表

定义	财务风险考虑的主要方面
指企业在生产经营过程中，由于内外部环境的各种难以预料或无法控制的不确定性因素的作用，使企业在一定时期内所获取的财务收益与预期收益发生偏差的可能性	从企业财务管理的内容上来看，财务风险主要来自于： ①筹资管理 ②投资管理 ③营运资金管理 ④利润分配管理

从内部控制角度展开的3个主要财务风险。

内部控制应用指引	主要风险表现
第15号——全面预算（★）	①不编制预算或预算不健全，可能导致企业经营缺乏约束或盲目经营 ②预算目标不合理、编制不科学，可能导致企业资源浪费或发展战略难以实现 ③预算缺乏刚性、执行不力、考核不严，可能导致预算管理流于形式
第6号——资金活动（★★★）	①筹资决策不当，引发资本结构不合理或无效融资，可能导致企业筹资成本过高或债务危机 ②投资决策失误，引发盲目扩张或丧失发展机遇，可能导致资金链断裂或资金使用效益低下 ③资金调度不合理、营运不畅，可能导致企业陷入财务困境或资金冗余 ④资金活动管控不严，可能导致资金被挪用、侵占、抽逃或遭受欺诈
第14号——财务报告（★）	①编制财务报告违反会计法律法规和国家统一的会计准则制度，可能导致企业承担法律责任和声誉受损 ②提供虚假财务报告，误导财务报告使用者，造成决策失误，干扰市场秩序 ③不能有效利用财务报告，难以及时发现企业经营管理中存在的问题，可能导致企业财务和经营风险失控

【提示】从近年的考查趋势看，从内部控制角度展开的14个主要运营风险和3个主要财务风险呈现了全面考察的特点，均有可能被考到。因此，建议各位考生在掌握重点的同时应做到全面复习。

经典题解

【真题21·多选题】主营太阳能电池组件业务的日华公司上市后，通过股权融资、债券融资、银行借贷、信托融资、民间集资等各种手段融资近70亿元，在多个国家投资布局光伏全产业链，还大举投资房地产、汽车等项目。后来光伏产业国际市场需求急剧萎缩，致使公司出现大额亏损，深陷债务危机。本案例中，日华公司所面临的主要风险类型有（　　）。（2019年）

A. 战略风险

B. 政治风险

C. 社会文化风险

D. 财务风险

【解析】“在多个国家投资布局光伏全产业链，还大举投资房地产、汽车等项目”体现了发展战略过于激进，脱离企业实际能力或偏离主业，可能导致企业过度扩张，甚至经营失败，属于战略风险，选项A正确；“通过股权融资、债券融资、银行借贷、信托融资、民间集资等各种手段融资近70亿元”体现了筹资决策不当，引发资本结构不合理或无效融资，可能导致企业融资成本过高或债务危机，属于财务风险，选项D正确。

【答案】AD

【例题22·多选题】2020年11月，华晨集团发布公告，确认债务违约金额达65亿元，逾期利息达1.44亿元，陷入债务危机，正式申请破产重组。华晨集团旗下有中华、金杯、华颂三个自主品牌以及华晨宝马、华晨雷诺两个合资品牌，产品覆盖乘用车、商用车全领域。华晨集团长期经营管理不善，自主品牌一直处于亏损状态，负债率居高不下。本案例中，华晨集团所面临的主要风险类型有（　　）。

A. 战略风险

B. 市场风险

C. 运营风险

D. 财务风险

【解析】“华晨集团长期经营管理不善，自主品牌一直处于亏损状态”属于运营风险，选项C正确。“确认债务违约金额达65亿元，逾期利息达1.44亿元，陷入债务危机，正式申请破产重组”“负债率居高不下”属于财务风险，选项D正确。

【答案】CD

【例题23·多选题】2020年11月10日，永城煤电控股集团有限公司（以下简称“永煤控股”）发布公告称，因流动资金紧张，公司2020年度第三期超短期融资券“20永煤SCP003”未能按期足额偿付本息，已构成实质性违约，涉及本息金额共10.32亿元。永煤控股主营业务包括煤炭、化工、贸易、有色金属等领域，是国内领先的精品无烟煤生产龙头企业。从该公司财务报告可以看出，永煤控股主业煤炭盈利能力尚可，融资渠道畅通，但是母公司和关联方占款严重，公司资产负债率高达78%。依据《企业内部控制应用指引第6号——资金活动》，本案例中，永煤控股所面临的主要风险有（　　）。

A. 资金调度不合理、营运不畅，可能导致企业陷入财务困境

B. 投资决策失误，引发盲目扩张，可能导致资金链断裂

C. 资金活动管控不严，可能导致资金被挪用、侵占、抽逃或遭受欺诈

D. 筹资决策不当，引发资本结构不合理，可能导致企业债务危机

【解析】“因流动资金紧张，公司2020年度第三期超短期融资券‘20永煤SCP003’未能按期足额偿付本息，已构成实质性违约，涉及本息金额共10.32亿元”体现了资金调度不合理、营运不畅，可能导

致企业陷入财务困境，选项A正确；“母公司和关联方占款严重”体现了资金活动管控不严，可能导致资金被挪用、侵占、抽逃或遭受欺诈，选项C正确；“公司资产负债率高达78%”体现了筹资决策不当，引发资本结构不合理，可能导致企业债务危机，选项D正确。

【答案】ACD

03 风险管理的概念、目标和演进（★★）

复习建议	考试题型	考察套路	关键词
理解为主，重点记忆全面风险管理的特征	客观题型	（1）教材原文的直接考查 （2）分析判断案例中体现了何种全面风险管理的特征	参见下面知识点讲解

（一）风险管理的概念

1. 全面风险管理的定义与特征

定义	特征
指企业围绕总体经营目标，通过在企业管理的各个环节和经营过程中执行风险管理的基本流程，培育良好的风险管理文化，建立健全全面风险管理体系，包括风险管理策略、风险理财措施、风险管理的组织职能体系、风险管理信息系统和内部控制系统，从而为实现风险管理的总体目标提供合理保证的过程和方法	①战略性。尽管风险管理渗透到企业各项活动中，存在于企业管理者对企业的日常管理当中，但它主要运用于企业战略管理层面 ②全员化。企业全面风险管理是一个由企业治理层、管理层和所有员工参与、旨在把风险控制在风险容量以内，增进企业创造价值的过程 ③专业性。要求风险管理的专业人才实施专业化管理 ④二重性。风险预示着机会时，化风险为增进企业创造价值的机会。全面风险管理既要管理纯粹的风险，也要管理机会风险 ⑤系统性。全面风险管理必须拥有一套系统的、规范的方法

风险管理的新旧理念对比

项目	传统风险管理	全面风险管理
态度	被动地将风险管理作为成本中心	主动积极地将风险管理作为价值中心
目标	与企业战略联系不紧，目的是转移或避免风险	紧密联系企业战略，目的是寻求风险优化措施
方法	事后反应式的风险管理方法，即先检查和预防经营风险，然后采取应对措施	事前风险防范，事中风险预警和及时处理，事后风险报告、评估、备案及其他相应措施
注意焦点	专注于纯粹和灾害性风险	焦点在所有利益相关者的共同利益最大化上

2. 风险偏好与风险承受度

名称	概念	阐释
风险偏好	也称风险态度，是指组织或个人对风险所采取的态度，或者说是对重要的不确定性认知所选择的回应方式	风险偏好是一个企业运营风格的体现，受到企业利益相关各方价值取向和利益追求方式的影响和调节。风险偏好和风险承受度概念的提出基于企业风险管理理念的变化。传统风险管理理念认为风险只是灾难，被动地将风险管理作为成本中心；而全面风险管理的理念认为风险具有二重性，风险总是与机遇并存。企业风险管理要在机遇和风险中寻求平衡点，以实现企业价值最大化的目标
风险承受度	也称风险容忍度，是指组织或个人能够承担的风险限度，泛指对各方面风险的承受能力和水平	

（二）风险管理的目标（略）

（三）风险管理的演进与新发展（略）

经典题解

【真题24·单选题】永泽公司是一家餐饮公司。2010年，一场传染病的流行使餐饮业进入“寒冬”。该公司在进行风险评估后认为，这场传染病的流行将使消费者的健康饮食意识大大增强，于是组织员工迅速开发并推出系列健康菜品，使公司营业额逆势上升。永泽公司的上述做法体现的风险管理特征是（　　）。（2018年）

A. 专业性　　B. 战略性

C. 系统性　　D. 二重性

【解析】“这场传染病的流行将使消费者的健康饮食意识大大增强，于是组织员工迅速开发并推出系列健康菜品，使公司营业额逆势上升”说明当风险预示着机会时，永泽公司化风险为增进企业价值的机会，故体现了风险管理特征中的二重性，选项D正确。

【答案】D

第二节 风险管理基本流程

本节视频详解

使用“会计云课堂”App/微信扫码听课

风险管理基本流程包括以下主要工作：①收集风险管理初始信息；②进行风险评估；③制定风险管理策略；④提出和实施风险管理解决方案；⑤风险管理的监督与改进。

01 收集风险管理初始信息（★★）

复习建议	考试题型	考察套路	关键词
记忆在分析各类风险时应收集的重要信息	客观题型	教材原文的直接考查：给出风险类型，选出应收集的信息	参见下表

风险管理基本流程的第一步，要广泛地、持续不断地收集与本企业风险和风险管理相关的内部、外部初始信息，包括历史数据和未来预测。应把收集初始信息的职责分工落实到各有关

职能部门和业务单位。

（1）分析战略风险，企业应广泛收集国内外企业战略风险失控导致企业蒙受损失的案例，并至少收集与本企业相关的以下重要信息：

收集的重要信息	记忆技巧
国内外宏观经济政策和经济运行情况、企业所在产业的状况、国家产业政策	属于战略分析——外部环境分析中的PEST分析（政治和法律因素、经济因素）和产业环境分析
科技进步、技术创新的有关内容	属于战略分析——外部环境分析中的PEST分析（技术因素）
市场对该企业产品或服务的需求	属于战略分析——外部环境分析中的产业环境分析
与企业战略合作伙伴的关系，未来寻求战略合作伙伴的可能性	发展战略的实施途径——战略联盟
企业主要客户、供应商及竞争对手的有关情况	属于战略分析——外部环境分析中的产业环境分析（波特五种竞争力模型中的“三力”）
与主要竞争对手相比企业的实力与差距	属于战略分析——内部环境分析（相对于竞争对手，企业自身的优劣势）
企业发展战略和规划、投融资计划、年度经营目标、经营战略，以及编制这些战略、规划、计划、目标的有关依据	企业战略、目标及其制定依据
企业对外投融资过程中曾发生或易发生错误的业务流程或环节	企业对外投融资过程中存在的缺陷及主要风险

（2）分析市场风险，企业应广泛收集国内外企业忽视市场风险、缺乏应对措施导致企业蒙受损失的案例，并至少收集与本企业相关的以下重要信息：

收集的重要信息	记忆技巧
产品或服务的价格及供需变化	从销售角度分析价格及供需变化
能源、原材料、配件等物资供应的充足性、稳定性和价格变化	从采购角度分析价格及供需变化
主要客户、主要供应商的信用情况	从供销角度分析主要客户、主要供应商的信用状况
税收政策和利率、汇率、股票价格指数的变化	从税收政策和利率、汇率、股票价格指数的变化角度分析对企业成本、收益的影响
潜在竞争者、竞争者及其主要产品、替代品情况	从波特五力模型中的“三力”的角度分析对企业经营的影响

（3）分析运营风险，企业应至少收集与本企业、所在行业相关的以下信息：

收集的重要信息	记忆技巧
产品结构、新产品研发情况	营销策略——产品策略
新市场开发情况，市场营销策略包括产品或服务定价与销售渠道、市场营销环境状况	营销策略——定价策略、促销策略和分销策略
企业组织效能、管理现状、企业文化，高、中层管理人员和重要业务流程中专业人员的知识结构、专业经验	企业管理水平、企业文化和人力资源
期货等衍生产品业务中曾发生或易发生失误的流程和环节	为了对冲市场风险在衍生工具运用中易发生失误的流程或环节
质量、安全、环保、信息等管理中曾发生或易发生失误的业务流程或环节	影响企业正常营运的质量、安全、环保和信息等管理
因企业内、外部人员的道德风险致使企业遭受损失或业务控制系统失灵的情况	内外部欺诈及内控缺陷
给企业造成损失的自然灾害以及除上述有关情形之外的其他纯粹风险	影响企业正常营运活动的纯粹风险
对现有业务流程和信息系统操作运行情况的监管、运行评价及持续改进能力	企业业务流程和信息系统运行效率和效果的评价、完善和改进
企业风险管理的现状和能力	企业风险管理意识、风险管理组织职能体系等

经典题解

【真题 25 · 多选题】宝胜公司是一家全球性的手机生产企业。近年来公司在高速发展的同时，面临的风险也与日俱增。为了更好地分析面临的市场风险，宝胜公司应该至少收集的与该公司相关的重要信息有（　　）。(2019 年)

A. 全球汇率变动状况

B. 全球手机价值链生产供应状况

C. 各国手机的价格及供需变化

D. 各国对手机及其零部件进出口的政策导向

【解析】分析市场风险，企业应该至少收集与本企业相关的以下重要信息：①产品或服务的价格及供需变化（选项 C）；②能源、原材料、配件等物资供应的充足性、稳定性和价格变化（选项 B）；③主要客户、主要供应商的信用情况；④税收政策和利率、汇率、股票价格指数的变化（选项 A）；⑤潜在竞争者、竞争者及其主要产品、替代品情况。

【答案】ABC

【真题 26 · 多选题】分析企业运营风险，企业应至少收集与该企业、本行业相关的信息，其中包括（　　）。(2017 年)

A. 企业风险管理的现状和能力

B. 潜在竞争者、竞争者及其主要产品、替代品情况

C. 期货等衍生产品业务中曾发生或易发生失误的流程和环节

D. 新市场开发、市场营销策略

【解析】选项 A、C、D 属于分析企业运营风险应该收集的信息，选项 B 属于分析市场风险应该收集的信息。

【答案】ACD

02 进行风险评估（★★）

复习建议	考试题型	考察套路	关键词
理解并记忆风险评估中的主要观点	客观题型	教材原文的直接考查	参见下表

完成了风险管理初始信息收集之后，企业要对收集的风险管理初始信息和企业各项业务管理及重要业务流程进行风险评估。

风险评估	步骤	含义
风险评估的步骤	风险辨识	指查找企业各业务单元、各项重要经营活动及其重要业务流程中有无风险，有哪些风险
	风险分析	指对辨识出的风险及其特征进行明确的定义描述，分析和描述风险发生可能性的高低、风险发生的条件
	风险评价	指评估风险对企业实现目标的影响程度、风险的价值等
风险评估的方法及运用	进行风险辨识、分析和评价，应将**定性与定量方法相结合**。进行风险**定量评估**时，应统一制定各风险的**度量单位和风险度量模型**	
	风险评估应由企业组织有关职能部门和业务单位实施，也可聘请**有资质、信誉好、风险管理专业能力强**的中介机构协助实施	
	企业应对风险管理信息**实行动态管理**，**定期或不定期**实施风险辨识、分析和评价，以便对新的风险和原有风险的变化重新评估	

经典题解

【真题27·多选题】 下列各项关于风险评估的表述中，正确的有（　）。（2016年）

A. 风险评估包括风险辨识、风险分析和风险评价三个步骤

B. 风险定性评估时应统一制定各风险的度量单位和度量模型

C. 企业应当定期或不定期对新风险或原有风险的变化进行重新评估

D. 风险评估应当将定性方法和定量方法相结合

【解析】 进行风险定量评估时，应统一制定各风险的度量单位和风险度量模型，选项B错误。

【答案】 ACD

03 制定风险管理策略（★★）

复习建议	考试题型	考察套路	关键词
本知识点的详细内容在后面会展开讲解，此处理解其主要观点即可	客观题型	教材原文的直接考查	—

风险管理基本流程的第三步是制定风险管理策略。

风险管理策略的含义	风险管理策略的制定要求
指企业根据自身条件和外部环境，围绕企业发展战略，确定风险偏好、风险承受度、风险管理有效性标准，选择风险承担、风险规避、风险转移、风险转换、风险对冲、风险补偿、风险控制等适合的风险管理工具，并确定风险管理所需人力和财力资源的配置原则的总体策略	①企业在制定风险管理策略时，要根据风险的不同类型选择适宜的风险管理策略 ②制定风险管理策略的一个关键环节是企业应**根据不同业务特点统一确定风险偏好和风险承受度** ③在制定风险管理策略时，还应根据风险与收益相平衡的原则以及各风险在风险坐标图上的位置，进一步确定风险管理的优先顺序，明确风险管理成本的资金预算和控制风险的组织体系、人力资源、应对措施等总体安排

04 提出和实施风险管理解决方案（★★）

复习建议	考试题型	考察套路	关键词
理解为主	客观题型	教材原文的直接考查	参见下表

按照风险管理的基本流程，制定风险管理策略后的工作是制订实施风险管理解决方案，也就是执行前一阶段制定的风险管理策略，进一步落实风险管理工作。

风险管理解决方案	阐释
外部解决方案	外部解决方案一般指**外包**
内部解决方案	内部解决方案是指**风险管理体系的运转**

经典题解

【真题28·单选题】下列各项关于风险管理解决方案的表述，错误的是（　　）。（2017年）

A. 风险管理解决方案中的外部解决方案一般指外包

B. 风险管理解决方案应有风险解决的具体目标和风险管理工具等方面的内容

C. 落实风险管理解决方案必须认识到风险管理是企业价值创造的根本源泉

D. 风险管理解决方案中的内部解决方案一般指风险管理策略

【解析】风险管理解决方案中的内部解决方案是指风险管理体系的运转，选项D错误。

【答案】D

05 风险管理的监督与改进（★★）

复习建议	考试题型	考察套路	关键词
理解为主	客观题型	教材原文的直接考查	参见知识点讲解

风险管理基本流程的最后一个步骤是风险管理的监督与改进。企业应以重大风险、重大事件和重大决策、重要管理及业务流程为重点，对风险管理初始信息、风

险评估、风险管理策略、关键控制活动及风险管理解决方案的实施情况进行监督，采用压力测试、返回测试、穿行测试以及风险控制自我评估等方法对风险管理的有效性进行检验，根据情况变化和存在的缺陷及时加以改进。

（1）企业各有关职能部门和业务单位应定期对风险管理工作进行自查和检验，及时发现缺陷并改进，其检查、检验报告应及时报送企业风险管理职能部门。

（2）企业风险管理职能部门应定期对各部门和业务单位风险管理工作的实施情况和有效性进行检查和检验，要根据在制定风险策略时提出的有效性标准对风险管理策略进行评估，对跨部门和业务单位的风险管理解决方案进行评价，提出调整或改进建议，出具评价和建议报告，及时报送企业总经理或其委托分管风险管理工作的高级管理人员。

（3）企业内部审计部门应每年至少一次对包括风险管理职能部门在内的各有关部门和业务单位能否按照有关规定开展风险管理工作及其工作效果进行监督评价，监督评价报告应直接报送董事会或董事会下设的风险管理委员会和审计委员会。

（4）企业可聘请有资质、信誉好、风险管理专业能力强的中介机构对企业全面风险管理工作进行评价，出具风险管理评估和建议专项报告。

经典题解

【例题 29·多选题】某公司设置了内部审计部、风险管理部和审计委员会，制定了本企业的风险管理监督与改进措施。下列选项中，符合《中央企业全面风险管理指引》要求的有（　　）。

A. 各有关部门定期对风险管理工作进行自查和检验，及时发现缺陷并改进，将风险管理报告报送企业总经理

B. 外聘风险管理中介机构进行风险管理评价并出具报告

C. 风险管理部对跨部门和业务单位的风险管理解决方案进行评价，提出建议和出具报告，报送公司总经理

D. 内部审计部门每年至少一次对风险管理部门和各业务部门的风险管理工作及效果进行监督评价，评价报告直接报送审计委员会

【解析】企业各有关职能部门和业务单位应定期对风险管理工作进行自查和检验，及时发现缺陷并改进，其检查、检验报告应及时报送企业风险管理职能部门，选项 A 错误。企业可聘请有资质、信誉好、风险管理专业能力强的中介机构对企业全面风险管理工作进行评价，出具风险管理评估和建议专项报告，选项 B 正确。企业风险管理职能部门对跨部门和业务单位的风险管理解决方案进行评价，提出调整或改进建议，出具评价和建议报告，及时报送企业总经理或其委托分管风险管理工作的高级管理人员，选项 C 正确。企业内部审计部门应每年至少一次对包括风险管理职能部门在内的各有关部门和业务单位能否按照有关规定开展风险管理工作及其工作效果进行监督评价，监督评价报告应直接报送董事会或董事会下设的风险管理委员会和审计委员会，选项 D 正确。

【答案】BCD

第三节　风险管理体系

本节视频详解
使用“会计云课堂”App/ 微信扫码听课

企业风险管理体系包括五大体系：①风险管理策略；②风险理财措施；③风险管理的组织职能体系；④风险管理信息系统；⑤内部控制系统。

能量小贴士	常说口里顺，常做手不笨；最淡的墨水，也胜过最强的记性

01 风险管理策略（★★）

（一）风险管理策略的总体定位

（1）风险管理策略是根据企业经营战略制定的全面风险管理的总体策略。

（2）风险管理策略在整个风险管理体系中起着统领全局的作用。

（3）风险管理策略在企业战略管理过程中起着承上启下的作用，制定与企业战略保持一致的风险管理策略减少了企业战略失误的可能性。

（二）风险管理策略的工具

复习建议	考试题型	考察套路	关键词
掌握七种风险管理策略工具的辨析，理解并记忆其各自的特点	客观题型	（1）给出风险管理策略的工具，选出对应的正确表述 （2）分析判断案例中目标企业采用的风险管理策略的工具类型	参见下面知识点讲解

1. 风险承担

含义	适用情形	提示
也称风险自留，是指企业直接将风险损失摊入成本或费用，或冲减利润，从而承担风险带来的损失后果	（1）对未能辨识出的风险，企业只能采用风险承担 （2）对于辨识出的风险，企业也可能由于以下几种原因采用风险承担： ①缺乏能力进行主动管理 ②没有其他备选方案 ③从成本效益考虑，风险承担是最适宜的	对于企业的重大风险，一般不应采用风险承担

经典题解

【例题 30·单选题】大华公司新购置了一台价值 5 万元的机器设备。考虑到该机器设备发生故障需要大额维修费用的可能性比较小，因此，大华公司既没有向保险公司为该机器设备投保，也没有计提固定资产减值准备。从风险管理策略角度看，大华公司采取的策略是（　　）。

A. 风险规避

B. 风险转移

C. 风险承担

D. 风险补偿

【解析】“考虑到该机器设备发生故障需要大额维修费用的可能性比较小，因此，大华公司既没有向保险公司为该机器设备投保，也没有计提固定资产减值准备”说明大华公司既没有采取风险转移策略，也没有采取风险补偿策略，同时也没有将机器设备发生故障需要大额维修费用的风险规避掉，而是顺其自然，直接接受，因此大华公司采取的风险管理策略是风险承担，选项 C 正确。

【答案】C

2. 风险规避

含义	阐释	举例
指在考虑到某项活动存在风险损失的可能性较大时，采取主动放弃或加以改变，以避免因该项活动引起的相关风险	当风险潜在威胁的可能性极大，并会带来严重后果且损失无法转移又不能承受时，风险规避是一种最有效的风险管理方式。具体可通过修改目标、范围等方式来实行。具体方法有两种： ①放弃或终止某项活动的实施，即在尚未承担风险的情况下拒绝风险 ②在已承担风险的情况下通过改变某项活动的性质、工作地点、工艺流程等途径来避免未来经营活动中所承担的风险	2018年5月，美国特朗普政府宣布单边退出伊核协议，并在当年11月全面恢复针对伊朗的经济制裁。吉利公司在权衡利弊之后，为避免风险，放弃了2018年12月向伊朗出口1500台沃尔沃轿车的机会

经典题解

【真题31·单选题】庆云公司是国内一家研发、生产抗癌药品的企业。面对M国F公司生产的疗效和安全性更高的同类药品被越来越多的患者接受，庆云公司将业务转型为与F公司合作研发新一代抗癌药品，并销售F公司的产品，取得比转型前更好的经营业绩。庆云公司采取的风险管理策略是(　　)。(2020年)

A. 风险转移

B. 风险规避

C. 风险补偿

D. 风险转换

【解析】风险规避是指企业回避、停止或退出蕴含某一风险的商业活动或商业环境，避免成为风险的所有人。“面对M国F公司生产的疗效和安全性更高的同类药品被越来越多的患者接受，庆云公司将业务转型为与F公司合作研发新一代抗癌药品，并销售F公司的产品，取得比转型前更好的经营业绩”表明庆云公司采取的风险管理策略属于风险规避，选项B正确。

【答案】B

3. 风险转移

含义	特征	方式
企业采取某种方式将风险转嫁他人承担，对转移后的风险不再拥有所有权的一种风险应对策略	风险转移不会降低风险发生的可能性和可能的损失后果，只是从一方转移到另一方	①向保险公司投保 ②非保险型的风险转移。将风险可能导致的财务风险损失转移给非保险机构。如租赁经营、不附追索权的应收账款保理、商品房预售合同等 ③风险证券化。指保险公司利用资本市场，将自己的承保风险转移出去的一种策略

【相关链接】风险证券化

如发行巨灾债券，即通过发行收益与指定的巨灾损失相联结的债券，将保险公司或再保险公司的巨灾风险转移给资本市场上的债券投资者。一般地，根据巨灾债券合同，如果在约定期限内发生指定的巨灾，且损失超过事先约定的限额，则债券持有人就要损失或延期获得债券的部分或全部的本金或利息，而发行债券的保险机构则获得相应的资金，用于赔付超过限额的损失。当然了，如果指定的巨灾没有发生或者巨灾损失没有超过约定的限额，则债券投资者仍有权按照约定的利率收回本金和利息。

经典题解

【真题 32 · 多选题】星云公司制造手机所需要的部分零部件由奇象公司提供。星云公司为了防范和应对采购过程中可能出现的风险，与奇象公司签订了严格而规范的合同，其中一项规定是如果由于外界不可抗力因素造成奇象公司不能按时供货并给星云公司带来损失，只要损失额超过一定数量，那么超过的部分由奇象公司予以赔偿。在上述案例中，星云公司采取的风险管理工具有(　　)。(2017 年)

A. 风险规避　　B. 风险转移

C. 风险补偿　　D. 风险承担

【解析】“星云公司为了防范和应对采购过程中可能出现的风险，与奇象公司签订了严格而规范的合同，其中一项规定是如果由于外界不可抗力因素造成奇象公司不能按时供货并给星云公司带来损失，只要损失额超过一定数量，那么超过的部分由奇象公司予以赔偿”表明星云公司采取的风险管理工具有非保险型的风险转移（超过的部分由奇象公司予以赔偿）和风险承担（损失额未超过规定数量的部分由星云公司自己承担），选项 B、D 正确。

【答案】BD

【真题 33 · 单选题】R 国 W 公司于 2002 年发行了名为 Ploneer 的巨灾债券。该债券能够同时为北美飓风、欧洲风暴以及美国加利福尼亚和日本地震提供救灾资金保障。这种具有金融衍生品特性的债券，属于风险管理策略工具中的(　　)。(2016 年)

A. 风险补偿　　B. 风险转换

C. 风险转移　　D. 风险对冲

【解析】“R 国 W 公司于 2002 年发行了名为 Ploneer 的巨灾债券。该债券能够同时为北美飓风、欧洲风暴以及美国加利福尼亚和日本地震提供救灾资金保障”属于风险转移应对策略中的风险证券化，选项 C 正确。

【答案】C

4. 风险转换

含义	方式	特征	提示
企业通过战略调整等手段将企业面临的风险转换成另一个风险	战略调整和使用衍生产品	风险转换一般不会直接降低企业总的风险，其简单形式就是在减少某一风险的同时，增加另一风险。例如，企业为了多销售产品而放宽客户信用标准，这样企业就将产品销售不出去的风险，转换成了款项收不回来的风险	可以在低成本或者无成本的情况下达到目的

经典题解

【例题 34 · 单选题】我国北方种蒜大户老王过去一直是每年 3 月份种植大蒜，等到 7 月份大蒜收获时再到市场上销售，采取一手钱一手货的即期交易方式。但从播种到收获上市销售有四个月的时间，在此期间由于大蒜价格的波动，老王承担很高的价格下跌风险。现在老王改为在每年 3 月份播种大蒜的同时，提前以订立远期合同的方式把大蒜销售出去。老王采取的风险管理策略工具是(　　)。

A. 风险控制

B. 风险转移

C. 风险规避

D. 风险转换

【解析】老王原来“采取一手钱一手货的即期交易模式。但从播种到收获上市销售有四个月的时间，在此期间由于大蒜价格的波动，老王承担很高的价格下跌风险”，表明老王原来承担市场风险中的产品价格风险；“现在老王改为在每年 3 月份播种大蒜的同时，提前以订立远期合同的方式把大蒜销售出去”，表明老王现在主要承担市场风险中的信用风险（即交易对手由于大蒜价格下跌不履约的风险）。本案例中，老王运用衍生金融工具（远期合同）实现了风险转换，即不会直接降低市场总的风险，只是在减少市场风险中价格风险的同时，增加了市场风险中的信用风险。

【答案】D

5. 风险对冲

含义	方式	提示
采取各种手段，引入多个风险因素或承担多个风险，使得这些风险能够互相冲抵，也就是使这些风险的影响互相抵销	资产组合使用；多种外币结算的使用；战略上的多种经营；利用期货进行套期保值；利用不同行业的经济周期进行风险对冲	风险对冲不是针对单一风险，而是涉及风险组合。对于单一风险，只能采用风险规避、风险控制等其他工具

经典题解

【例题35·单选题】2020年4月10日，国内某铜贸易商，以7155美元/吨的价格与智利供货商签订了5000吨购货合同。由于从订货到装船运输再到国内港口的时间预计还要45天左右。于是，该贸易商于4月10日在英国伦敦期货市场卖出6月期铜合约200手，25吨/手，成交均价为7145美元/吨。到2020年5月25日，进口铜到港卸货完毕，该贸易商卖出5000吨铜现货，价格为7172美元/吨；同时在期货市场上买入200手6月期铜合约进行平仓，成交均价为7168美元/吨。该贸易商的这种做法属于(　　)。

A. 风险对冲

B. 风险规避

C. 风险转移

D. 风险转换

【解析】风险对冲是指采取各种手段，引入多个风险因素或承担多个风险，使得这些风险能够互相冲抵，也就是使这些风险的影响互相抵销。在金融资产风险管理中，对冲也包括使用衍生产品，如利用期货进行套期保值，选项A正确。

【答案】A

6. 风险补偿

含义	特征	方式
企业对风险可能造成的损失采取适当的措施进行补偿	风险补偿表现在企业主动承担风险，并采取措施以补偿可能的损失	①在交易价格上附加风险溢价，即通过提高风险回报的方式，获得承担风险的价格补偿。商业银行可以预先在金融资产定价中充分考虑到各种风险因素，如通过提高利率来获得合理的风险回报 ②风险事件发生后，企业可以通过应急资本以弥补事件损失造成的资金缺口。当意外损失发生后，企业无法依靠内部资金度过财务危机时，企业可以向银行寻求特别贷款或从其他渠道融资。由于风险事件的突发性和损失的不确定性，企业也可以在风险事件发生前，与银行达成一项应急资本协议，一旦风险事件发生，企业可以获得及时的贷款应急，并按协议约定条件还款 ③建立意外损失基金。企业预先提取以补偿风险事件所致损失的一种基金。这种方式通常处理那些可能引起较大损失，但这一损失又无法摊入经营成本的风险。例如，对大额应收账款计提坏账准备金 ④建立专业自保公司。专业自保公司是企业（母公司）自己设立的保险公司，旨在对本企业、附属企业以及其他企业的风险进行保险或再保险

经典题解

【例题36·单选题】大华公司是一家大型家电制造企业。2021年年初，该公司管理层做出以下决定：①将手中多余的资金1.2亿元投资于国家发行的三年期国债、某能源集团发行的三年期重点企业债券，以及业绩优良的公司股票。②预提1000万元准备金用于可能发生的异地员工劳动争议。③在公司园区内全面禁止吸烟。④针对公司固定资产加强投保，防止出现意外损失。根据上述信息可以判断，该公司以上决策中属于风险补偿策略的是（　　）。

A. ①　　B. ②

C. ③　　D. ④

【解析】风险补偿是指企业对风险可能造成的损失采取适当的措施进行补偿。①属于风险对冲；②属于风险补偿；③属于风险控制；④属于风险转移。因此，选项B正确。

【答案】B

7. 风险控制

含义	控制措施	适用情形
控制风险事件发生的动因、环境、条件等，来达到减轻风险事件发生带来的损失或降低风险事件发生概率的目的	①控制风险事件发生的概率。例如，室内使用不易燃地毯、山林中禁止吸烟等 ②控制风险事件发生带来的损失。例如，修建水坝防洪、设立质量检查防止次品出厂等	风险控制对象一般是可控风险，包括多数运营风险（如质量、安全和环境风险）以及合规风险

经典题解

【真题37·单选题】M国某地区位于地震频发地带，那里的居民具有较强的防震意识，住房普遍采用木制结构，抗震性能优越。不少家庭加装了地震时会自动关闭煤气的仪器，以防范地震带来的相关灾害。根据上述信息，该地区居民采取的风险管理策略工具是（　　）。（2018年）

A. 风险控制　　B. 风险转移

C. 风险规避　　D. 风险转换

【解析】“住房普遍采用木制结构，抗震性能优越。不少家庭加装了地震时会自动关闭煤气的仪器，以防范地震带来的相关灾害”，有利于减轻风险事件发生带来的损失。因此，该地区居民采取的风险管理策略工具是风险控制，选项A正确。

【答案】A

【例题38·单选题】博雅医院管理层认为电力局供电中断会对病人健康状况产生不利影响。管理层针对这一风险采用的管理策略是安装一个备用发电机。为使发电机在需要时能够正常运行，医院工程部门进行了日常维护，其维护日记由工程部门负责人每月审阅一次。根据上述信息，该医院采取的风险管理策略工具是（　　）。

A. 风险控制　　B. 风险转移

C. 风险规避　　D. 风险转换

【解析】“管理层针对这一风险采用的管理策略是安装一个备用发电机。为使发电机在需要时能够正常运行，医院工程部门进行了日常维护，其维护日记由工程部门负责人每月审阅一次”，有利于减轻风险事件发生带来的损失。因此，该医院采取的风险管理策略工具是风险控制，选项A正确。

【答案】A

【例题39·单选题】下列各项关于应对风险的措施中，属于风险转移的是（　　）。

A. 甲公司是一家稀有资源开发企业。按照国际惯例，甲公司每年向矿区所在地政府预付一定金额的塌陷补偿费

B. 乙公司是一家股票上市的商品零售企业。为了筹建更多商场，扩大市场占有率，乙公司要求母公司为其金额为5亿元的中长

期贷款提供担保

C. 丙公司是一家区域性奶制品生产企业。为了推广高端乳酸菌饮料产品，丙公司决定按照“买一送一”的策略对乳酸菌饮料新产品和传统水果味酸奶产品进行捆绑销售

D. 丁公司是一家规模较小的唱片制作企业。为了保护唱片版权，丁公司与某网络商场签订了合作协议，由该网络商场每年支付固定版权费用，商场会员即可无限次下载受到版权保护的丁公司制作的唱片音乐

【解析】 选项A、B属于风险补偿；选项C属于风险控制；选项D属于**风险转移**。

【名师点题】 解答本题的关键是理解选项A和选项B。“预付一定金额的塌陷补偿费”相当于计提风险准备金，属于风险补偿；“要求母公司为其金额为5亿元的中长期贷款提供担保”相当于应急资本，也属于风险补偿。

【答案】 D

【例题40·单选题】 甲公司是一家稀有矿产开发企业，正考虑在乙国进行开采。乙国政府曾迅速取得对外国资产的控制权并开征税赋，从而确保了政府能获取所有的收益。下列各项甲公司应对风险的措施中，属于风险转移的是(　　)。

A. 邀请乙国政府成为投资企业的共有人

B. 邀请当地矿业开采者参与和投资

C. 全球融资满足当地对资金的需求

D. 为资产投保

【解析】 选项A、B属于风险控制，选项C属于风险对冲，选项D属于风险转移。

【答案】 D

【例题41·多选题】 某集团管理层做出了风险应对措施决策。下列各项中，正确的包括(　　)。

A. 通过与国内某公司联合进行境外投资项目以控制投资风险

B. 在本国及其他国家和地区进行投资，以便缓解和分散集中投资的风险以对冲风险

C. 将原材料由海外进口改为国内采购，同时将外币结算改为本币结算，以规避汇率风险

D. 基于成本效益考虑，管理层认为不利事件发生的可能性低而且即使发生对企业影响也很小，决定接受风险

【解析】 选项A属于风险控制；选项B属于风险对冲；选项C属于风险规避；选项D属于风险承担。

【名师点题】 解答本题的关键是理解选项B。由于各个国家和地区的政治、法律、文化、市场等风险不同，“在本国及其他国家和地区进行投资，以便缓解和分散集中投资的风险以对冲风险”相当于通过构建风险组合来对冲风险。

【答案】 ABCD

【例题42·多选题】 甲公司是一家生产高档不锈钢表壳的企业，产品以出口为主，以美元为结算货币。公司管理层召开会议讨论如何管理汇率风险，与会人员提出不少对策。关于这些对策，下述表述正确的有(　　)。

A. 部门经理刘某提出“风险规避”策略：从国外进口相关的原材料，这样可以用外币支付采购货款，抵销部分人民币升值带来的影响

B. 财务部小王提出“风险转移”策略：干脆公司把目标客户从国外转移到国内，退出国外市场，这样就从根本上消除了汇率风险

C. 负责出口业务的副总张某提出“风险控制”策略：加强对汇率变动趋势的分析和研究，以减少汇率风险带来的损失

D. 业务员李某提出“风险对冲”策略：运用套期保值工具来控制汇率风险

【解析】 选项A属于“风险对冲”策略；选项B属于“风险规避”策略。

【答案】 CD

（三）确定风险偏好和风险承受度

一般来讲，**风险偏好和风险承受度是针对公司的重大风险制定的**，对企业的非重大风险的风险偏好和风险承受度不一定要十分

明确，甚至可以先不提出。企业的风险偏好依赖于企业风险评估的结果，由于企业的风险不断变化，企业需要持续进行风险评估，并调整自己的风险偏好。

重大风险的风险偏好是企业的重大决策，应由董事会决定。

（四）风险度量

复习建议	考试题型	考察套路	关键词
理解记忆各种风险度量方法的定义	客观题型	（1）教材原文的直接考查 （2）将风险度量方法的定义融入案例中，分析判断目标企业采用的风险度量方法	—

1. 关键在于量化

风险偏好可以只定性，但风险承受度一定要定量。

2. 风险度量方法

企业应该对所采取的风险度量方法取得共识，但不一定在整个企业使用唯一的风险度量方法，而应对不同的风险采取不同的度量方法。

一般来讲，度量风险的定量方法可以采用风险发生的可能性（概率）或风险发生造成的损失大小来度量。度量风险的定性方法可以采用直观方法。

常用的风险度量指标和方法		阐释
定量方法	最大可能损失	最大可能损失是指风险事件发生后可能造成的最大损失。即比较各方案下最坏情况发生时的最大损失额，选择最大可能损失方案并以此确定风险管理策略。一般在无法判断或无须判断发生概率的时候，可将最大可能损失作为风险的衡量方法
	概率值	概率值是指风险事件发生的概率或造成损失的概率
	期望值	计算并比较各种可选方案下的损失或收益的期望值(各事件发生的概率与该事件的影响相乘，再将这些乘积相加得到和)，选择最小或最大的损失或收益的期望值作为方案的决策依据
	波动性	方差或标准差是测算离散程度（波动程度）最重要、最常用的指标。对于单一方案来讲，方差或标准差越大，变量的波动程度就越大，风险就越大；方差或标准差越小，变量的波动程度就越小，风险就越小
	在险值	在险值（VaR），是指在正常的市场条件和给定的置信水平（概率）下，在给定的持有期间内，某一资产或资产组合预期可能发生的最大损失。例如，华兴公司在95%的概率下10天的VaR是10万美元，也就是说，在未来10天的时间范围内，华兴公司有95%的把握确保其发生的风险损失不会超过10万美元，即发生的风险损失超过10万美元的可能性只有5%
定性方法（直观方法）		直观方法指不依赖于概率统计结果的度量方法，即人们直观判断的方法，如专家意见法、层次分析法（AHP）等 当统计数据不足或需要度量结果包括人们的偏好时，可以使用直观的度量方法

经典题解

【真题43·单选题】厨具生产商佳乐公司为了分散经营风险，开展多元化经营，投资了一个环保项目。由于对该项目的前期调研不够充分，相关信息搜集不足，公司管理人员在分析项目运营风险时，无法判断风险发生的概率。在这种情况下，佳乐公司应采取的风险度量方法是(　　)。(2019年)

A. 期望值

B. 在险值

C. 最大可能损失

D. 概率值

【解析】企业一般在无法判断或无须判断发生概率的时候，可将最大可能损失作为风险的衡量方法，选项C正确。

【答案】C

【真题44·单选题】甲基金公司在对基金管理、受托资产管理、基金销售和咨询等业务活动进行风险度量时，首先对所有事件中每一事件发生的概率乘以该事件的影响，然后将这些乘积相加得到风险数值。甲基金公司采用的风险度量方法是(　　)。(2019年)

A. 概率值

B. 最大可能损失

C. 期望值

D. 在险值

【解析】期望值通常指的是数学期望，即以概率为权数的加权平均值，选项C正确。

【答案】C

【例题45·多选题】企业要有效地选择最佳和可行的风险管理策略。下列选项中，针对企业风险管理策略描述错误的有(　　)。

A. 风险转移可以在低成本或者无成本的情况下达到目的

B. 各方面相似的企业即使处于不同行业，其风险偏好也是相似的

C. 重大风险的风险偏好是企业的重大决策，应由总经理决定

D. 风险偏好和风险承受度只可定量

【解析】风险转换可以在低成本或者无成本的情况下达到目的，选项A错误；同一风险在不同行业风险偏好不同，选项B错误；重大风险的风险偏好是企业的重大决策，应由董事会决定，选项C错误；风险偏好可以只定性，但风险承受度一定要定量，选项D错误。

【答案】ABCD

(五) 风险管理有效性标准

风险管理有效性标准是指企业衡量风险管理是否有效的标准。**量化的企业风险管理有效性标准应与企业风险承受度有相同的度量基础**。

(六) 风险管理的资源配置

由于全面风险管理覆盖面广，资源的使用一般是多方面的、综合性的。企业应当统筹兼顾，**将资源用于需要优先管理的重大风险**。

(七) 确定风险管理的优先顺序

企业应根据风险与收益相平衡的原则以及各风险在风险坐标图上的位置，进一步确定风险管理的优先顺序，明确风险管理成本的资金预算和控制风险的组织体系、人力资源、应对措施等总体安排。

(八) 风险管理策略检查

企业应定期总结和分析已制定的风险管理策略的有效性和合理性，结合实际不断地修订和完善。其中，应重点检查依据风险偏好、风险承受度和风险控制预警线实施的结果是否有效，并提出定性或定量的有效性标准。

风险管理策略要随着企业经营状况的变化、经营战略的变化、外部环境的变化而调整。

02 风险理财措施（★★）

（一）风险理财的含义和特点

复习建议	考试题型	考察套路	关键词
围绕标注的关键词，理解并记忆风险理财的主要观点表述	客观题型	教材原文的直接考查	参见下面知识点讲解

含义	风险理财是用金融手段管理风险。风险理财是全面风险管理的重要组成部分
特点	①风险理财的手段既不改变风险事件发生的可能性，也不改变风险事件可能引起的直接损失程度 ②风险理财需要判断风险的定价，因此量化的标准较高，即不仅需要风险事件的可能性和损失的分布，更需要量化风险本身的价值 ③风险理财的应用范围一般不包括声誉等难以衡量价值的风险，也难以消除战略失误造成的损失 ④风险理财手段技术性强，许多风险理财工具本身具有比较复杂的风险特性，使用不当容易造成重大损失
选择风险理财策略的原则和要求	①要与公司整体风险管理策略一致 ②要采用与公司所面对风险的性质相匹配的风险理财手段 ③依据公司内外部环境选择适宜的风险理财工具 ④遵循风险管理成本与收益的平衡原则

经典题解

【例题46·多选题】瑞祥公司近年来实施全面风险管理，运用衍生产品等风险理财工具防范风险。下列关于风险理财的表述中，错误的有（　　）。

A. 风险理财可以有效降低风险事件可能引起的直接损失

B. 风险理财的应用范围一般不包括声誉等难以衡量价值的风险

C. 风险理财注重风险因素对现金流的影响

D. 风险理财只可针对不可控的风险

【解析】风险理财的手段既不改变风险事件发生的可能性，也不改变风险事件可能引起的直接损失程度，选项A错误。风险理财的应用范围一般不包括声誉等难以衡量价值的风险，也难以消除战略失误造成的损失，选项B正确。风险理财注重风险因素对现金流的影响，选项C正确。风险理财可以针对可控风险，也可以针对不可控风险，选项D错误。

【答案】AD

【相关链接】衍生产品是其价值决定于一种或多种基础资产或指数的金融合约。常用衍生产品包括远期合约、互换交易、期货、期权等。

金融衍生产品	概念	类型	特点
远期合约	指交易双方约定在未来的某一确定时间，以事先约定的价格买卖一定数量的某种金融资产的合约	远期利率协议、远期外汇合约、远期股票合约	远期合约到期往往会促成标的资产的交割。合约条件是由买卖双方协商确定的，通过场外交易（OTC）达成
互换交易	指对相同货币的债务和不同货币的债务通过金融中介进行互换的一种行为	利率互换、货币互换、商品互换、股权互换、信用互换、气候互换（碳互换）、期权互换等	—
期货合约	指由期货交易所统一制定的、规定在将来某一特定的时间和地点交割一定数量和质量商品的标准化合约	外汇期货、利率期货、股票指数期货、商品期货	在期货交易所买卖的标准化合约。期货交易中，期货合约往往会在到期日之前对冲平仓。期货价格是在期货交易所以公开竞价方式产生的
期权合约	是一种选择权，期权合约的买方向卖方支付权利金后，就获得这种权利，即拥有在一定时间内以一定的价格（执行价格）出售或购买某种资产的权利	①按赋予期权买方权利的不同，期权可分为看涨期权和看跌期权。看涨期权，是指在期权有效期内按执行价格买进一定数量标的物的权利；看跌期权，是指在期权有效期内按执行价格卖出一定数量标的物的权利 ②按执行时间的不同，期权主要可分为两种：欧式期权和美式期权。欧式期权，是指只有在合约到期日才被允许执行的期权；美式期权，是指可以在期权有效期内任何一个时点被执行的期权	期权的买方行使权利时，卖方必须按期权合约规定的内容履行义务。相反，买方可以放弃行使权利，此时买方只是损失权利金，同时，卖方则赚取权利金。总之，期权的买方拥有是否执行期权的权利，无执行的义务；而期权的卖方只有履行期权的义务，而无权利

（二）损失事件管理

复习建议	考试题型	考察套路	关键词
掌握损失事件管理方法的辨析，尤其是会计算风险资本与生存概率	客观题型	（1）分析判断案例中目标企业采用的损失事件管理方法 （2）阶梯式问法：先根据案例信息判断目标企业采用的损失事件管理方法，再选出对应的正确表述 （3）计算生存概率	参见下表

含义	指对可能给企业造成重大损失的风险事件进行事前、事后管理的方法
损失融资	损失事件融资分为预期损失融资和非预期损失融资。预期损失融资一般作为运营资本的一部分，而非预期损失融资则属于风险资本范畴
风险资本	风险资本是描述在一定的概率水平上，一定时间内（如一年），为了弥补企业的非预期性损失所需要的资本。风险资本是使一家公司破产的概率低于某一给定水平所需的资本，因此取决于公司的风险偏好。例如，一家公司每年最低运营资本是8亿元，但是有5%的可能性需要10.5亿元才能维持运营，有1%的可能性需要12亿元才能维持运营。也就是说，如果该公司风险资本为2.5（10.5-8）亿元，其生存概率为95%；如果该公司风险资本为4（12-8）亿元，其生存概率为99%
应急资本	应急资本又称或有资本和承诺资本，是指当企业发生了特定事件陷入财务困境后，可以根据事先的承诺合同，以债务或优先股等方式从外部市场获得企业所需要的资本。应急资本具有如下特点： ①应急资本的提供方并不承担特定事件发生的风险，而只是在风险事件发生并造成应急资本受让方损失后提供用于弥补损失、确保持续经营的资本 ②应急资本与保险不同，应急资本不涉及风险的转移，是企业风险补偿策略的一种方式 ③应急资本是一个在一定条件下的融资选择权，应急资本受让方可以不使用这个权利 ④应急资本可以为应急资本受让方提供持续经营的保证
保险	保险是风险转移的传统手段。可保风险是纯粹风险，机会风险不可保
专业自保	专业自保公司是那些由其母公司拥有的，主要业务对象即被保险人为其母公司的保险公司。专业自保属于风险补偿方式 ①优点：降低运营成本；改善公司现金流；保障项目更多；公平的费率等级；保障的稳定性；直接进行再保险；提高服务水平；减少规章的限制；国外课税扣除和流通转移 ②缺点：提高内部管理成本；增加资本投入；损失储备金不足；减少其他保险的可得性

经典题解

【真题47·单选题】甲公司每年最低运营资本是5000万元，有10%的可能性维持运营需要5800万元；有5%的可能性维持运营需要6200万元。若甲公司风险资本为1000万元，则该公司的生存概率为（　　）。（2020年）

A. 10%

B. 90%~95%

C. 95%以上

D. 90%

【解析】当甲公司风险资本为800万元时，其生存概率是90%；当甲公司风险资本为1200万元时，其生存概率是95%。因此，当甲公司风险资本为1000万元时，其生存概率为90%~95%，选项B正确。

【答案】B

【真题48·多选题】2017年年初，甲公司与乙银行签订一份协议，约定甲公司一旦发生特定事件引起财务危机时，有权从乙银行取得500万贷款来应对风险。在协议中，双方明确了甲公司归还贷款的期限以及获得贷款应当支付的利息和费用。针对甲公司采取的措施，下列各项中表述正确的有（　　）。（2018年改编）

A. 甲公司采取的风险理财策略为其可持续经营提供了保证

B. 甲公司采取的风险理财策略不涉及风险补偿

C. 乙银行向甲公司提供贷款不承担甲公

司发生特定事件的风险

D. 甲公司采取的风险理财策略是一个在一定条件下的融资选择权

【解析】“甲公司与乙银行签订一份协议，约定甲公司一旦发生特定事件引起财务危机时，有权从乙银行取得500万贷款来应对风险。在协议中，双方明确了甲公司归还贷款的期限以及获得贷款应当支付的利息和费用”表明甲公司采取的风险理财措施是应急资本（运用的风险管理策略工具是风险补偿）。因此，选项A、C、D正确，选项B错误。

【答案】ACD

【真题49·单选题】宏远海运公司为了加强对损失事件的管理成立了一家附属机构，这家附属机构的职责是用母公司提供的资金建立损失储备金，并为母公司提供保险。宏远海运公司管理损失事件的方法属于（　　）。(2017年)

A. 损失融资

B. 风险资本

C. 保险

D. 专业自保

【解析】“宏远海运公司为了加强对损失事件的管理成立了一家附属机构，这家附属机构的职责是用母公司提供的资金建立损失储备金，并为母公司提供保险”表明宏远海运公司管理损失事件的方法属于专业自保，选项D正确。

【答案】D

【真题50·单选题】下列各项关于金融衍生产品的说法中，正确的是（　　）。(2017年)

A. 远期合约价格不能预先确定

B. 期货价格不是通过公开竞价达成的

C. 欧式期权只能在到期日执行

D. 远期合约是标准化合约

【解析】远期合约是指合约双方同意在未来日期按照事先约定的价格交换金融资产的合约，选项A错误；期货价格通过公开竞价达成，选项B错误；远期合约是非标准化合约，选项D错误。

【答案】C

【真题51·单选题】宏远海运公司为加强对风险损失事件的管理，与甲银行签订协议，规定在一定期间内，如果宏远海运公司由于台风等自然灾害遭受重大损失，可从甲银行取得贷款，并为此按约定的时间向甲银行缴纳权力费。宏远海运公司管理损失事件的方法称为（　　）。(2015年)

A. 专业自保

B. 应急资本

C. 风险补偿合约

D. 损失融资

【解析】应急资本是一个金融合约，规定在某一个时间段内、某个特定事件发生的情况下公司有权从应急资本提供方募集股本或贷款（资产负债表上的其他实收资本项目），并为此按时间向资本提供方缴纳费用。所谓特定事件可称为触发事件。选项B正确。

【答案】B

（三）期货、期权业务

复习建议	考试题型	考察套路	关键词
理解期货、期权业务的原理	客观题型	判断目标企业采用的业务类型以及选出对应的正确表述	参见下面知识点讲解

业务	业务类型	含义	功能
期货	套期保值	指为配合现货市场上的交易，而在期货市场上做与现货市场商品相同或相近但交易部位相反的买卖行为，以便将现货市场价格波动的风险在期货市场上得到抵销	对冲价格波动的风险。结果是降低了风险
	投机	指单纯的买卖期货合约	为了获得期货合约价格波动的投机差价。结果是增加了风险
期权	套期保值	指为配合现货市场上的交易，而在期权市场上买卖期权合约，以便将现货市场上价格波动的风险在期权市场上得到抵销	对冲价格波动的风险。结果是降低了风险
	投机	指单纯的买卖期权合约	为了获得期权合约价格波动的投机差价。结果是增加了风险

【提示1】现货价格和期货价格。基于现货市场和期货市场两个不同类型的市场，在某个时点标的物的现货价格与期货价格往往会有差异，“基差”的概念用来表示标的物的现货价格与所用合约的期货价格之差。基差在期货合约到期日为零，在此之前可正可负。一般而言，离到期日越近，基差就越小。

【提示2】期货套期保值的原理：期货的套期保值交易之所以有利于回避价格风险，其基本原理就在于某一特定商品的期货价格和现货价格受相同的经济因素影响和制约。

【相关链接1】期货套期保值

（1）空头（卖出）期货套期保值（在构建套期保值时，在期货市场上卖出期货合约）。如果某公司要在未来某时出售某种资产，则可以现在在期货市场卖出期货合约来对冲风险。如果到期日资产价格下降，现货市场出售资产亏了，但在期货合约到期日前买入期货合约进行对冲平仓而获利，盈亏相抵，损失减少。如果到期日资产价格上升，现货市场出售获利（相对于当初合约约定的价格），但在期货合约到期日前买入期货合约进行对冲平仓而亏损，盈亏相抵，收益减少。

空头套期保值

项目	现货市场	期货市场
7月	某贸易公司与客户签订5个月后到期的远期合同，承诺12月份购买200吨铜，铜的现货市场价格（合同价格）为7000美元/吨［注：签订远期合同，属于现货市场行为，即7月份现货市场是购买行为］	在期货交易所卖出12月份到期的期铜200吨，每吨期铜价格为7020美元［注：7月份同一时点构建投资组合时，期货市场是卖出行为］
12月	现货市场（即期交易市场）每吨铜的价格下跌到6800美元［注：到期收到客户交付的标的物，支付货款1400000美元，钱货两清，然后按市场价格6800美元/吨卖出200吨标的物］	当月期铜价格接近现货价格（即期交易价格），为每吨6830美元。按此价格买入期铜200吨，平仓（对冲）期货合约
结果	每吨亏损200美元	每吨盈利190美元

（2）多头（买入）期货套期保值（在构建套期保值时，在期货市场上买入期货合约）。如果某公司要在未来某时买入某种资产，则可以现在在期货市场买入期货合约来对冲风险。如果到期日资产价格上升，现货市场购买资产亏了，但在期货合约到期日前卖出期货合约进行对冲平仓而获利，盈亏相抵，损失减少。如果到期日资产价格下降，现货市场购买获利（相对于当初合约约定的价格），但在期货合约到期日前卖出期货合约进行对冲平仓而亏损，盈亏相抵，收益减少。

多头套期保值

项目	现货市场	期货市场
7月	某贸易公司与客户签订5个月后到期的远期合同，承诺12月份出售200吨铜给客户，铜的现货市场价格（合同价格）为7000美元/吨［注：签订远期合同，属于现货市场行为，即7月份现货市场是出售行为］	在期货交易所买入12月份到期的期铜200吨，每吨期铜价格为7020美元［注：7月份同一时点构建投资组合时，期货市场是买入行为］
12月	现货市场（即期交易市场）每吨铜的价格上涨到7200美元［到期按现货价格7200美元/吨买入200吨铜交付客户，收取客户货款1400000美元，钱货两清］	当月期铜价格接近现货价格（即期交易价格），为每吨7210美元。按此价格卖出期铜200吨，平仓（对冲）期货合约
结果	每吨亏损200美元	每吨盈利190美元

【相关链接2】期货投机

期货投机是指基于对市场价格走势的预期，为了盈利在期货市场上进行的买卖行为。

例如，目前期铜价格为7020美元/吨，某贸易公司判断5个月后铜的价格会大跌，因此该公司现在在期货市场卖出期铜200吨，假设5个月后，期铜的价格果真下跌到每吨6830美元，买入期铜200吨，平仓期货合约，盈利190美元/吨，共计盈利38000美元。但如果5个月后期铜的价格上涨到每吨7200美元，买入期铜200吨，平仓期货合约，亏损180美元/吨，共计亏损36000美元。

【相关链接3】期权套期保值

期权可以作为对冲风险的工具起到类似保险的作用。例如，某投资者现在持有甲上市公司股票10000股，持股成本为10美元/股，计划6个月后出售。为了降低该股票价格6个月后下跌带来的损失，现在在期权市场上以1000美元的价格购进1份以甲公司股票为标的物的6个月看跌期权，1份看跌期权的数量为10000股，每股执行价格为9.9美元。假设6个月后甲公司股票价格下跌到9.2美元/股，现货市场按此价格出售10000股，每股损失0.8美元，共计损失8000美元；6个月后期权市场投资者行权，期权投资共计盈利6000美元［10000×（9.9－9.2）－1000］，弥补现货投资损失，套期保值的结果是现货市场出售股票仅损失了2000美元。

【相关链接4】期权投机

期权也可以作为投机的工具，但风险更大。

例如，某贸易公司判断6个月后原油的价格会大涨，因此该公司现在在期权市场以2000美元的价格购进1份6个月到期的原油看涨期权合约，1份原油看涨期权合约的数量为1000桶，每桶执行价格为92美元。假设6个月后原油市场价格为97美元/桶，投资者行权，期权投资共计盈利3000美元［1000×（97－92）－2000］；但如果6个月后原油市场价格为 89 美元/桶，投资者不会行权，期权投资损失 2000 美元。

经典题解

【例题 52 · 单选题】甲企业是一家大型纺织企业，主要的生产原材料为棉花。甲企业预计未来棉花价格将持续上涨。为了降低已经承接的纺织品订单的生产成本上涨风险，甲企业决定以套期保值的方式规避棉花现货风险。下列选项中，不符合套期保值特征的是(　　)。

A. 甲企业从事棉花套期保值的目的是通过降低棉花价格变动风险而获利

B. 甲企业棉花期货合约开仓时的价格反映了市场参与者对棉花的远期预期价格

C. 甲企业持有的棉花期货合约对应的“基差”反映了棉花现货和棉花期货的价格差异，该差异在期货合约到期日之前，既可以为正，也可以为负

D. 甲企业为套期保值所持有的棉花期货合约可以在到期日之前卖出平仓或者到期交割

【解析】套期保值的目的是降低风险，而投机的目的是承担额外的风险以盈利，选项 A 错误。期货合约开仓时的价格反映了市场参与者对标的物的远期预期价格，选项 B 正确。期货合约对应的“基差”表示标的物的现货价格与所用合约的期货价格之差。基差在期货合约到期日为零，在此之前可正可负。一般而言，离到期日越近，基差就越小，选项 C 正确。为套期保值所持有的期货合约可以在到期日之前卖出平仓或者到期交割，但绝大多数期货合约不会在到期日用标的物进行交割而选择平仓，选项 D 正确。

【答案】A

【例题 53 · 单选题】2020 年 4 月 18 日，某投资者持有在美国纽约上市的甲公司股票 10000 股，此时甲公司股价为每股 30 美元。该投资者认为甲公司股价在未来 3 个月内可能下跌，而 3 个月期限的看跌期权行权价为 27 美元/股，2020 年 4 月 18 日看跌期权的价格为 100 美元/手，100 股/手。如果该投资者 2020 年 4 月 18 日购买 100 手看跌期权，7 月份甲公司股价下跌至 22 美元，那么该投资者的损益是(　　)。

A. 损失 40000 美元

B. 损失 70000 美元

C. 获利 70000 美元

D. 获利 40000 美元

【解析】看跌期权的净损益 = 100×100×（27−22）−100×100 = 40000（美元）。该投资者持有股票的损益为（22−30）×10000 = −80000（美元）。因此该套期保值的净损益为亏损 40000 美元（−80000 + 40000 = −40000）。

【答案】A

【例题 54 · 单选题】3 月份，某投机者认为丙公司股价在未来 3 个月内可能下跌。此时，丙公司股价为每股 30 美元；而 3 个月期限的看跌期权行权价为 23 美元，目前售价为每份 2 美元。如果该投机者 3 月份投入 30000 美元购买看跌期权，6 月份丙公司股价下跌至 21 美元，那么其损益是(　　)。

A. 损失 30000 美元

B. 损失 5000 美元

C. 没有任何损益

D. 获利 30000 美元

【解析】投资者投入 30000 美元购买看跌期权，可以购买 30000/2 = 15000（份）。由于股价低于执行价格，看跌期权到期日价值 = 15000×（23−21）= 30000（美元），该项投资净损益 = 30000−30000 = 0（美元）。

【答案】C

03 风险管理的组织职能体系（★★）

复习建议	考试题型	考察套路	关键词
记忆各组成部分的主要职责	客观题型、主观题型	教材原文的直接考查	参见下面知识点讲解

企业风险管理组织职能体系，主要包括规范的公司法人治理结构、风险管理委员会、风险管理职能部门、审计委员会、企业其他职能部门及各业务单位。

（一）规范的公司法人治理结构

企业应建立健全规范的公司法人治理结构，股东（大）会、董事会、监事会、经理层依法履行职责，形成高效运转、有效制衡的监督约束机制。

董事会就全面风险管理工作的有效性对股东（大）会负责。董事会在全面风险管理方面主要履行以下职责：

（1）审议并向股东（大）会提交企业全面风险管理年度工作报告。

（2）确定企业风险管理总体目标、风险偏好、风险承受度，批准风险管理策略和重大风险管理解决方案。

（3）了解和掌握企业面临的各项重大风险及其风险管理现状，做出有效控制风险的决策。

（4）批准重大决策、重大风险、重大事件和重要业务流程的判断标准或判断机制。

（5）批准重大决策的风险评估报告。

（6）批准内部审计部门提交的风险管理监督评价审计报告。

（7）批准风险管理组织机构设置及其职责方案。

（8）批准风险管理措施，纠正和处理任何组织或个人超越风险管理制度做出的风险性决定的行为。

（9）督导企业风险管理文化的培育。

（10）批准或决定全面风险管理的其他重大事项。

（二）风险管理委员会

具备条件的企业，董事会可下设风险管理委员会。该委员会成员中需有熟悉企业重要管理及业务流程的董事，以及具备风险管理监管知识或经验、具有一定法律知识的董事。

风险管理委员会对董事会负责，主要履行以下职责：

（1）提交全面风险管理年度报告。

（2）审议风险管理策略和重大风险管理解决方案。

（3）审议重大决策、重大风险、重大事件和重要业务流程的判断标准或判断机制，以及重大决策的风险评估报告。

（4）审议内部审计部门提交的风险管理监督评价审计综合报告。

（5）审议风险管理组织机构设置及其职责方案。

（6）办理董事会授权的有关全面风险管理的其他事项。

企业总经理对全面风险管理工作的有效性向董事会负责。总经理或总经理委托的高级管理人员负责主持全面风险管理的日常工作，负责组织拟订企业风险管理组织机构设置及其职责方案。

（三）风险管理职能部门

企业应设立专职部门或确定相关职能部门履行全面风险管理的职责。该部门对总经理或其委托的高级管理人员负责，主要履行以下职责：

（1）研究提出全面风险管理工作报告。

（2）研究提出跨职能部门的重大决策、重大风险、重大事件和重要业务流程的判断标准或判断机制。

（3）研究提出跨职能部门的重大决策风险评估报告。

（4）研究提出风险管理策略和跨职能部门的重大风险管理解决方案，并负责该方案的组织实施和对该风险的日常监控。

（5）负责对全面风险管理有效性的评估，研究提出全面风险管理的改进方案。

（6）负责组织建立风险管理信息系统。

（7）负责组织协调全面风险管理日常工作。

（8）负责指导、监督有关职能部门、各业务单位以及全资、控股子企业开展全面风险管理工作。

（9）办理风险管理的其他有关工作。

（四）审计委员会

企业应在董事会下设立审计委员会，企业内部审计部门对审计委员会负责。内部审计部门在风险管理方面，主要负责研究提出全面风险管理监督评价体系，制定监督评价相关制度，开展监督与评价，出具监督评价审计报告。

1. 审计委员会履行职责的方式

审计委员会应每年至少举行三次会议，并于审计周期的主要日期举行。审计委员会应每年至少与外聘及内部审计师会面一次，讨论与审计相关的事宜，但无须管理层出席。审计委员会成员之间的不同意见如无法内部调解，应提请董事会解决。

此外，审计委员会应每年对其权限及其有效性进行复核，并就必要的人员变更向董事会报告。管理层对审计委员会有告知义务，并应主动提供信息，而不应等待审计委员会索取。

2. 审计委员会与合规

审计委员会的主要活动之一是核查对外报告合规的情况。审计委员会一般有责任确保企业履行对外报告合规的义务。审计委员会应结合企业财务报表的编制情况，对重大的财务报告事项和判断进行复核。

3. 审计委员会与内部审计

确保充分且有效的内部控制是审计委员会的义务，其中包括负责监督内部审计部门的工作。审计委员会应监察和评估内部审计职能在企业整体风险管理系统中的角色和有效性。它批准对内部审计主管的任命和解聘，并确保内部审计部门能直接与董事长或董事会主席接触。审计委员会复核及评估年度内部审计工作计划。

经典题解

【例题 55 · 单选题】 博远公司是一家上市公司，其在董事会下设有风险管理委员会。下列各项中，属于风险管理委员会职责的是（　　）。

A. 督导企业风险管理文化的培育

B. 组织协调全面风险管理日常工作

C. 批准重大决策的风险评估报告

D. 审议风险管理策略和重大风险管理解决方案

【解析】 选项 A、C 属于董事会的职责；选项 B 属于风险管理职能部门的职责。

【答案】 D

04 风险管理信息系统（★）

复习建议	考试题型	考察套路	关键词
理解并记忆风险管理信息系统的主要观点	客观题型	教材原文的直接考查	参见下表

企业风险管理信息系统的要求：

涵盖范围要求	企业应将信息技术应用于风险管理的各项工作，建立涵盖风险管理基本流程和内部控制系统各环节的风险管理信息系统
数据要求	企业应采取措施确保向风险管理信息系统输入的业务数据和风险量化值的一致性、准确性、及时性、可用性和完整性。对输入信息系统的数据，未经批准，不得更改
功能要求	风险管理信息系统应能够进行对各种风险的计量和定量分析、定量测试；能够实时反映风险矩阵和排序频谱、重大风险和重要业务流程的监控状态；能够对超过风险预警上限的重大风险实施信息报警；能够满足风险管理内部信息报告制度和企业对外信息披露管理制度的要求
信息的集成与共享要求	风险管理信息系统应实现信息在各职能部门、业务单位之间的集成与共享，既能满足单项业务风险管理的要求，也能满足企业整体和跨职能部门、业务单位的风险管理综合要求
完善和改进要求	企业应确保风险管理信息系统的稳定运行和安全，并根据实际需要不断进行改进、完善或更新
规划与实施要求	已建立或基本建立管理信息系统的企业，应补充、调整、更新已有的管理流程和管理程序，建立完善的风险管理信息系统；尚未建立管理信息系统的企业，应将风险管理与企业各项管理业务流程、管理软件统一规划、统一设计、统一实施、同步运行

经典题解

【真题 56 · 多选题】下列关于风险管理信息系统功能的表述中，正确的有(　　)。(2014 年)

A. 实时反映风险矩阵和排序频谱、重大风险和重要业务流程的监控状态

B. 能够对各种风险进行计量和定量分析

C. 实现风险相关信息与企业外部利益相关者的共享

D. 对超过风险预警上限的重大风险实施信息预警

【解析】风险管理信息系统应能够进行对各种风险的计量和定量分析、定量测试；能够实时反映风险矩阵和排序频谱、重大风险和重要业务流程的监控状态；能够对超过风险预警上限的重大风险实施信息报警；能够满足风险管理内部信息报告制度和企业对外信息披露管理制度的要求。风险管理信息系统应实现信息在各职能部门、业务单位之间的集成与共享，既能满足单项业务风险管理的要求，也能满足企业整体和跨职能部门、业务单位的风险管理综合要求。因此，选项 A、B、D 正确。

【答案】ABD

05　内部控制系统（★★）

复习建议	考试题型	考察套路	关键词
记忆我国内部控制五要素的具体要求	客观题型	（1）给出要素名称，选出对应的正确表述 （2）将教材原文案例化，选出体现的要素	参见下面知识点讲解

（一）控制环境

含义	我国《企业内部控制基本规范》关于内部环境要素的具体要求	概括
控制环境包括治理职能和管理职能，以及治理层和管理层对内部控制及其重要性的态度、认识和措施。控制环境设定了内部控制的基调，影响员工对内部控制的认识和态度。良好的控制环境是实施有效内部控制的基础	（1）建立规范的公司治理结构和议事规则，明确决策、执行、监督等方面的职责权限，形成科学有效的职责分工和制衡机制 （2）董事会负责内部控制的建立健全和有效实施。监事会对董事会建立与实施内部控制进行监督。经理层负责组织领导企业内部控制的日常运行 （3）企业应当在董事会下设立审计委员会。审计委员会负责审查企业内部控制，监督内部控制的有效实施和内部控制自我评价情况，协调内部控制审计及其他相关事宜等 （4）企业应当结合业务特点和内部控制要求设置内部机构，明确职责权限，将权利与责任落实到各责任单位。企业应当通过编制内部管理手册，使全体员工掌握内部机构设置、岗位职责、业务流程等情况，明确权责分配，正确行使职权 （5）企业应当加强内部审计工作，保证内部审计机构设置、人员配备和工作的独立性。内部审计机构应当结合内部审计监督，对内部控制的有效性进行监督检查。内部审计机构对监督检查中发现的内部控制缺陷，应当按照企业内部审计工作程序进行报告；对监督检查中发现的内部控制重大缺陷，有权直接向董事会及其审计委员会、监事会报告 （6）企业应当制定和实施有利于企业可持续发展的人力资源政策 （7）企业应当将职业道德修养和专业胜任能力作为选拔和聘用员工的重要标准，切实加强员工培训和继续教育，不断提升员工素质 （8）企业应当加强文化建设，培育积极向上的价值观和社会责任感 （9）企业应当加强法制教育，增强董事、监事、经理及其他高级管理人员和员工的法制观念，严格依法决策、依法办事、依法监督，建立健全法律顾问制度和重大法律纠纷案件备案制度	（1）组织结构（治理层结构、内部机构设置、职权与责任的分配） （2）内部审计监督（内部审计机构对内部控制的有效性进行监督检查） （3）人力资源政策与实务（职业道德修养和专业胜任能力） （4）企业文化（对诚信和道德价值观念的沟通与落实） （5）法制教育

经典题解

【真题 57 · 多选题】甲公司为加强风险管理制定并实施了下列内部控制制度，其中符合我国《企业内部控制基本规范》关于内部环境要素要求的有（　　）。（2020 年）

A. 董事会负责内部控制的建立健全和有效实施

B. 在董事会下设立审计委员会

C. 制定和实施有利于企业可持续发展的人力资源政策

D. 编制内部管理手册，使高级管理人员掌握内部机构设置、岗位职责、业务流程等情况

【解析】根据内部环境要素的要求可知，企业应当通过编制内部管理手册，使全体员工掌握内部机构设置、岗位职责、业务流程等情况，但选项 D 说的是“高级管理人员”而非“全体员工”。因此，选项 D 错误。

【答案】ABC

【真题 58 · 单选题】众城银行是一家股份制商业银行。自成立以来，该银行坚持将职业道德修养和专业胜任能力作为选拔和聘

用员工的重要标准，切实加强员工培训和继续教育，不断提升员工素质，保证了该银行规范高效运营。根据我国《企业内部控制基本规范》，众城银行的上述做法涉及的内部控制要素是（　　）。（2018年）

A. 控制环境　　B. 控制活动

C. 风险评估　　D. 信息与沟通

【解析】“该银行坚持将职业道德修养和专业胜任能力作为选拔和聘用员工的重要标准，切实加强员工培训和继续教育，不断提升员工素质”属于我国《企业内部控制基本规范》关于内部环境要素的要求，选项A正确。

【答案】A

【真题59·单选题】凌云公司近年来不断加强企业内部控制体系建设，在董事会下设立了审计委员会。审计委员会负责审查企业内部控制，监督内部控制的有效实施和内部控制自我评价情况，协调内部控制审计及其他相关事宜。根据COSO《内部控制框架》，凌云公司的上述做法属于内部控制要素中的（　　）。（2017年）

A. 风险评估　　B. 控制活动

C. 监控　　D. 控制环境

【解析】企业应当在董事会下设立审计委员会。审计委员会负责审查企业内部控制，监督内部控制的有效实施和内部控制自我评价情况，协调内部控制审计及其他相关事宜等。根据COSO《内部控制框架》，该公司的做法属于控制环境的范畴，选项D正确。

【答案】D

（二）风险评估

含义	我国《企业内部控制基本规范》关于风险评估要素的具体要求	概括
指识别、分析相关风险以实现既定目标，从而形成风险管理的基础	（1）企业应当根据设定的控制目标，全面系统持续地收集相关信息，结合实际情况，及时进行风险评估 （2）准确识别与实现控制目标相关的内部风险和外部风险，确定相应的风险承受度 （3）企业应当采用定性与定量相结合的方法，按照风险发生的可能性及其影响程度等，对识别的风险进行分析和排序，确定关注重点和优先控制的风险 （4）企业应当根据风险分析的结果，结合风险承受度，权衡风险与收益，确定风险应对策略 （5）企业应当综合运用风险规避、风险降低、风险分担和风险承受等风险应对策略，实现对风险的有效控制 （6）企业应当结合不同发展阶段和业务拓展情况，持续收集与风险变化相关的信息，进行风险识别和风险分析，及时调整风险应对策略	（1）风险识别（识别内外部风险，确定风险承受度） （2）风险分析（采用定性与定量相结合的方法进行风险分析） （3）风险应对策略选择 （4）风险管理信息实行动态管理

经典题解

【真题60·多选题】隆盛信托投资公司自成立以来，结合业务特点和内部控制要求设置内部机构，明确职责权限，将权力和责任落实到责任单位，同时综合运用风险规避、风险降低、风险分担和风险承受等风险应对策略，实现对风险的有效控制。根据我国《企业内部控制基本规范》，该公司的上述做法涉及的内部控制要素有（　　）。（2018年）

A. 风险评估

B. 控制环境

C. 信息与沟通

D. 控制活动

【解析】“综合运用风险规避、风险降低、风险分担和风险承受等风险应对策略，实现对风险的有效控制”属于风险评估，选项A正确；“结合业务特点和内部控制要求设置内部机构，明确职责权限，将权力和责任落实到责任单位”属于控制环境，选项B正确。

【答案】AB

（三）控制活动

含义	我国《企业内部控制基本规范》关于控制活动要素的具体要求	概括
指那些有助于管理层决策顺利实施的政策和程序	（1）企业应当结合风险评估结果，通过手工控制与自动控制、预防性控制与发现性控制相结合的方法，运用相应的控制措施，将风险控制在可承受度之内。**控制措施**一般包括不相容职务分离控制、授权审批控制、会计系统控制、财产保护控制、预算控制、运营分析控制和绩效考评控制等 （2）企业应当建立**重大风险预警机制**和突发事件**应急处理机制，明确风险预警标准**	（1）**7项控制措施**（一般包括不相容职务分离控制、授权审批控制、会计系统控制、财产保护控制、预算控制、运营分析控制和绩效考评控制） （2）建立重大风险预警机制和突发事件**应急处理机制**

经典题解

【真题61·单选题】随着全面风险管理意识的加强，甲公司的股东要求管理层建立重大风险预警机制，明确风险预警标准，对可能发生的重大风险事件，制定应急方案，明确相关责任人和处理流程、程序和政策，确保重大风险事件得到及时、稳妥的处理。甲公司股东的要求所针对的内部控制要素是（　　）。（2015年）

A. 控制活动

B. 内部监督

C. 信息与沟通

D. 风险评估

【解析】“建立重大风险预警机制，明确风险预警标准，对可能发生的重大风险事件，制定应急方案，明确相关责任人和处理流程、程序和政策，确保重大风险事件得到及时、稳妥的处理”属于我国《企业内部控制基本规范》关于控制活动要素的要求，选项A正确。

【答案】A

【例题62·多选题】企业的下列各项活动中，属于内部控制活动的有（　　）。

A. 办公楼设立门禁系统

B. 人力资源部门安排员工年度考核评价

C. 员工如请事假，需向部门经理申请及获得批准

D. 为一投资项目编制预算

【解析】“办公楼设立门禁系统”属于控制活动中的**财产保护控制**，选项A正确。“人力资源部门安排员工年度考核评价”属于控制活动中的**绩效考评控制**（当然也属于内部环境中的人力资源，这本不矛盾，因为内部控制的五要素是可以交叉的），选项B正确。“员工如请事假，需向部门经理申请及获得批准”属于控制活动中的**授权审批控制**，选项C正确。“为一投资项目编制预算”属于控制活动中的**预算控制**，选项D正确。

【答案】ABCD

（四）信息与沟通

含义	我国《企业内部控制基本规范》关于信息与沟通要素的具体要求	概括
信息系统不仅处理内部产生的信息，还包括与企业经营决策和对外报告相关的外部事件、行为和条件等。员工必须有向上传递重要信息的途径。同时，与外部诸如客户、供应商、管理当局和股东之间也需要有效的沟通	（1）企业应当建立信息与沟通制度 （2）企业应当对收集的各种内部信息和外部信息进行合理筛选、核对、整合，提高信息的有用性 （3）企业应当将内部控制相关信息在企业内部各管理级次、责任单位、业务环节之间以及企业与外部投资者、债权人、客户、供应商、中介机构和监管部门等有关方面之间进行沟通和反馈。信息沟通过程中发现的问题，应当及时报告并加以解决。重要信息应当及时传递给董事会、监事会和经理层 （4）企业应当利用信息技术促进信息的集成与共享，充分发挥信息技术在信息与沟通中的作用 （5）企业应当建立反舞弊机制 （6）企业应当建立举报投诉制度和举报人保护制度	（1）内部控制相关信息应在企业内外部等有关方面之间进行沟通和反馈 （2）信息系统运维管理 （3）建立反舞弊机制 （4）建立举报投诉制度和举报人保护制度

经典题解

【真题63·多选题】甲公司在加强风险管理过程中采取了下列做法，其中符合我国《企业内部控制基本规范》关于信息与沟通要素要求的有（　　）。（2020年）

A. 加强法制教育，建立健全法律顾问制度和重大法律纠纷案件备案制度

B. 建立举报投诉制度和举报人保护制度

C. 建立重大风险预警机制和突发事件应急处理机制

D. 建立反舞弊机制，坚持惩防并举、重在预防的原则

【解析】选项A属于内部环境要素的要求；选项B和选项D属于信息与沟通要素的要求；选项C属于控制活动要素的要求。

【答案】BD

【例题64·单选题】2007年12月以来，A集团陆续接到消费者关于婴幼儿食用其奶粉出现疾患的投诉。经企业检验，2008年6月份已发现奶粉中非蛋白氮含量异常，后确定其产品中含有三聚氰胺，但直到8月2日，A集团才向当地政府提交报告。在2007年12月至2008年8月2日的8个月中，A集团未向当地政府和有关部门报告，也未积极采取补救措施。由于报告不及时，导致事态进一步扩大。根据上述信息，A集团存在内控缺陷的内部控制要素是（　　）。

A. 控制活动

B. 内部监督

C. 信息与沟通

D. 内部环境

【解析】“2007年12月以来，A集团陆续接到消费者关于婴幼儿食用其奶粉出现疾患的投诉……但直到8月2日，A集团才向当地政府提交报告。在2007年12月至2008年8月2日的8个月中，A集团未向当地政府和有关部门报告，也未积极采取补救措施。由于报告不及时，导致事态进一步扩大”表明A集团在信息沟通过程中发现的问题，没有及时报告并加以解决，在信息与沟通要素存在内控缺陷。

【答案】C

（五）监控

含义	我国《企业内部控制基本规范》关于内部监督要素的具体要求	概括
内部控制系统需要被监控，即对该系统的有效性进行评估的全过程	（1）企业应当制定内部控制监督制度，明确内部审计机构（经授权的其他监督机构）和其他内部机构在内部监督中的职责权限，规范内部监督的程序、方法和要求 （2）企业应当制定内部控制缺陷认定标准，对监督过程中发现的内部控制缺陷，应当分析缺陷的性质和产生的原因，提出整改方案，采取适当的形式及时向董事会、监事会或者经理层报告 （3）企业应当结合内部监督情况，定期对内部控制的有效性进行自我评价，出具内部控制自我评价报告 （4）企业应当以书面或者其他适当的形式，妥善保存内部控制建立与实施过程中的相关记录或者资料，确保内部控制建立与实施过程的可验证性	（1）制定内部控制缺陷认定标准 （2）对内部控制的有效性进行自我评价

经典题解

【真题65·单选题】下列各项中，属于内部监督要素的是（　　）。（2016年改编）

A. 企业实施全面预算管理制度

B. 企业制定内部控制缺陷认定标准

C. 企业根据设立的控制目标，及时进行风险评估

D. 董事会下设立审计委员会

【解析】选项A属于控制活动要素；选项B属于内部监督要素；选项C属于风险评估要素；选项D属于内部环境要素。

【答案】B

第四节　风险管理技术与方法

本节视频详解

使用“会计云课堂”App/微信扫码听课

复习建议	考试题型	考察套路	关键词
掌握11种风险管理技术与方法的辨析、理解并记忆各自的优缺点	客观题型	（1）分析判断案例中目标企业采用了何种风险管理技术与方法 （2）阶梯式问法：先判断出案例中目标企业采用的风险管理技术与方法，再选出对应的相关表述	参见下面知识点讲解

01　头脑风暴法（★）

含义	适用范围	优点	局限性
是通过小型会议的组织形式，诱发集体智慧，相互启发灵感，最终产生创造性思维的一种风险管理技术与方法	适用于在风险识别阶段充分发挥专家意见，对风险进行定性分析	（1）激发了专家想象力，有助于发现新的风险和全新的解决方案 （2）主要的利益相关者参与其中，有助于进行全面沟通 （3）速度较快并易于开展	（1）参与者可能缺乏必要的知识或技术 （2）头脑风暴法的实施过程和参与者提出的意见容易分散，较难保证全面性 （3）集体讨论时可能出现特殊情况，导致某些有重要观点的人保持沉默而其他人成为讨论的主角 （4）实施成本和对参与者的素质要求较高

02 德尔菲法（★★）

含义	适用范围	优点	局限性
又称专家意见法，德尔菲法采用匿名发表意见的方式，即专家之间不得互相讨论，不发生横向联系，只能与调查人员发生关系，通过多轮调查专家对问卷所提问题的看法，反复征询、归纳、修改，最后汇总成专家基本一致的看法	适用于在风险识别阶段专家取得一致性意见基础上，对风险进行定性分析	(1) 因为观点是匿名的，所以专家更有可能表达出那些不受欢迎的观点 (2) 所有观点都有相同的权重，避免重要人物的观点占据主导地位 (3) 专家不必聚集在某个地方，实施比较方便 (4) 专家最终形成的意见具有广泛的代表性	(1) 权威人士的意见难免影响他人的意见 (2) 有些专家可能碍于情面，不愿意发表与其他人不同的意见 (3) 有的专家可能出于自尊心而不愿意修改自己原来的意见 (4) 过程比较复杂，花费时间较长（主要缺点）

【提示】关于德尔菲法局限性表述中的（1）、（2）、（3）属于教材的观点，本书的理解是这三点应该属于头脑风暴法的局限性，但出于应试考虑，我们将其按照教材的观点去处理。

03 失效模式影响和危害度分析法（★★）

含义	适用范围	优点	局限性
引起系统整体故障、零部件所发生的故障和系统之间存在一定的因果关系。失效模式影响和危害度分析法正是从这种关系出发，通过对系统各部件的每一种可能潜在的故障模式进行逐一分析，找出所有潜在的失效模式，并分析其可能的后果，从而预先采取必要的措施，以提高系统可靠性的一种活动。失效模式影响和危害度分析法是“事前的预防措施”	适用于对失效模式、影响及危害进行定性或定量分析	(1) 适用广泛 (2) 识别组件失效模式及其原因和对系统的影响，同时用可读性较强的形式表达出来 (3) 能够在设计初期发现问题，节省无谓的设备改造开支 (4) 识别单个失效模式以适合系统安全的需要	(1) 只能识别单个失效模式，无法同时识别多个失效模式 (2) 一般耗时较长且开支较大

04 流程图分析法（★★）

含义	适用范围	优点	局限性
是对流程的每一阶段、每一环节逐一进行调查分析，从中发现潜在的风险，找出导致风险发生的因素，分析风险产生后可能造成的损失以及对整个组织可能造成的不利影响	适用于对企业生产或经营中的风险及其成因进行定性分析	清晰明了，易于操作，且组织规模越大，流程越复杂，流程图分析法就越能体现出优越性	绘制流程图必须具有较高的专业素质，因此该方法的使用效果依赖于专业人员的水平

05 马尔科夫分析法（★★）

含义	适用范围	优点	局限性
又称马尔科夫转移矩阵法，是通过分析随机变量的现时变化情况来预测这些变量未来变化情况的一种预测方法，是一种时间序列分析方法	对复杂系统中的不确定事件及其状态改变进行定量分析方法	能够计算出具有维修能力和多重降级状态的系统的概率	（1）假设状态变化的概率是固定的 （2）所有事项在统计上都具有独立性，因此未来的状态独立于一切过去的状态 （3）需要了解状态变化的各种概率 （4）有关矩阵运算的知识比较复杂，非专业人士很难看懂

06 风险评估系图法（★★）

含义	适用范围	优点	局限性
也称风险矩阵图，是指按照风险发生的可能性和风险发生后果的严重程度，将风险绘制在矩阵图中，展示风险及其重要性等级的风险管理方法	适用于对风险进行初步的定性分析	为企业确定各项风险重要性等级提供了依据，直观明了	（1）需要对风险重要性等级标准、风险发生可能性、后果严重程度等做出主观判断，可能影响使用的准确性 （2）如需要进一步探求风险原因，则采用该方法过于简单，缺乏经验证明和数据支持

07 情景分析法（★★）

含义	适用范围	优点	局限性
又称前景描述法，是假定某种现象或某种趋势将持续到未来的前提下，对预测对象可能出现的情况或引起的后果做出预测的方法。通常用来对预测对象的未来发展做出种种设想或预计，是一种直观的预测方法	适用于对企业面临的风险进行定性和定量分析	对于未来变化不大的情况能够给出比较精确的模拟结果	（1）在存在较大不确定性的情况下，模拟有些情景可能不够现实 （2）对数据的有效性以及分析师和决策者开发现实情境的能力有很高的要求 （3）将情景分析法作为一种决策工具，所用情景可能缺乏充分的基础，数据可能具有随机性

08 敏感性分析法（★★）

含义	适用范围	优点	局限性
指从众多不确定性因素中找出对项目经济效益指标有重要影响的敏感性因素，并分析、测算其对项目经济效益指标的影响程度和敏感性程度，进而判断项目承受风险能力的一种不确定性分析方法	适用于不确定性因素对项目经济效益的指标产生的影响进行定量分析	（1）为决策提供有价值的参考信息 （2）清晰地为风险分析指明方向 （3）帮助企业制定紧急预案	（1）所需要的数据经常缺乏，无法提供可靠的参数变化 （2）这种分析尚不能确定各种不确定性因素发生一定幅度变动的概率，因而其分析结论的准确性就会受到一定的影响

09 事件树分析法（★★）

含义	适用范围	优点	局限性
是一种按故障发展的时间顺序由初始事件开始推论可能的互斥性后果，从而进行危险源辨识的方法	适用于具有多种环节的故障发生以后，对各种可能后果进行定性和定量分析	（1）以清晰的图形显示了经过分析的初始事项之后的潜在情景，以及缓解系统或功能成败产生的影响 （2）它能说明时机、依赖性以及很烦琐的多米诺效应 （3）它生动地体现事件的顺序	（1）一切潜在的初始事件都要进行识别，这可能需要使用其他分析方法，但总有可能错过一些重要的初始事件 （2）事件树只分析了某个系统的成功及故障状况，很难将延迟成功或恢复事项纳入其中 （3）任何路径都取决于路径上以前分支点处发生的事件。因此，要分析各可能路径上的众多从属因素。然而，人们可能会忽视某些从属因素。如果不认真处理这些从属因素，就会导致风险评估过于乐观

10 决策树法（★★）

含义	适用范围	优点	局限性
利用概率论的原理，运用一种树形图作为分析工具。其基本原理是用决策节点（通常用矩形框来表示）代表决策问题，从决策节点引出的分枝叫方案分枝，用方案分枝代表可供选择的方案。机会节点（通常用圆圈来表示）代表每个方案的选择机会，从机会节点引出的分枝叫概率分枝，用概率分枝代表每个方案可能出现的各种结果，经过对各个方案在各种结果条件下期望损益值的计算比较，为决策者提供决策依据	适用于对不确定性投资方案期望收益的定量分析	（1）具有层次分明、逻辑清晰的特点，能够使决策者有步骤地进行决策 （2）能够计算到达一种情形的最优路径	（1）大的决策树可能过于复杂，不容易与他人交流 （2）为了能够用树形图表示，可能有过于简化环境的倾向

11 统计推论法（★★）

类型	含义	适用范围	优点	局限性
前推	是从历史的经验和数据出发，向前推测未来事件可能发生的概率及其后果	适用于各种风险的定性和定量分析	（1）在数据充足可靠的情况下简单易行 （2）结果准确率高	（1）由于历史事件的前提和环境已发生了变化，不一定适用于今天或未来 （2）没有考虑事件的因果关系，使推论结果可能产生较大偏差
后推	是把未知的想象事件及后果和某一已知事件及后果的联系来推断该未知事件的风险。也就是将未来事件归算到有数据可查的、造成这一事件的一些起始事件上，在时间序列上表现为由前向后推算			
旁推	是利用类似项目的数据进行外推，利用某一项目的历史记录对新的类似建设项目可能遇到的风险进行评估和分析			

【相关链接】假设某公司营销部李某本周会请假一天，那么查看其考勤历史发现，李某往往在一些固定日期或业务应酬之后出现请假现象，再查看日期及工作日志之后发现，本周不在李某请假的固定日期之内，而本周三有一个业务谈判及应酬安排，因而推断李某极可能于本周四请假。此时“本周李某请假”是一个未知的假想事件，如果判断成立，那么必然有请假的诱因，即是否在请假的固定时间内，是否有业务应酬，而这些原因就是造成李某请假的起始事件。假设本周既不在其请假的固定日期之内，工作日志上也没有业务应酬的计划，那么其请假的原因就只能是小比例的突发事件，从而基本可以判断李某本周不会请假。

【提示】关于风险管理技术与方法的定性分析和定量分析的总结

定性分析	（1）头脑风暴法
	（2）德尔菲法
	（3）流程图分析法
	（4）风险评估系图法
定量分析	（1）马尔科夫分析法
	（2）敏感性分析法
	（3）决策树法
定性和定量分析	（1）失效模式影响和危害度分析法
	（2）情景分析法
	（3）事件树分析法
	（4）统计推论法

经典题解

【真题66·单选题】科环公司计划在某市兴建一座垃圾处理场，并对占用土地的价格、垃圾处理收入和建设周期等不可控因素的变化对该垃圾处理场内部收益率的影响进行了分析。科环公司采取的风险管理方法是(　　)。(2019年)

A. 马尔科夫分析法

B. 失效模式影响和危害度分析法

C. 情景分析法

D. 敏感性分析法

【解析】敏感性分析法是针对潜在的风险，研究项目的各种不确定因素变化至一定幅度时，计算其主要经济指标的变化率及敏感程度的一种方法。“科环公司……对占用土地的价格、垃圾处理收入和建设周期等不可控因素的变化对该垃圾处理场内部收益率的影响进行了分析”表明科环公司采取的是敏感性分析法，选项D正确。

【答案】D

【真题67·单选题】甲公司是一家白酒生产企业。为了进一步提高产品质量，甲公司通过图表形式将白酒生产按顺序划分为多个模块，并对各个模块逐一进行详细调查，识别出每个模块各种潜在的风险因素或风险事件，从而使公司决策者获得清晰直观的印象。根据上述信息，下列各项中，对甲公司采取的风险管理办法的描述错误的是(　　)。(2018年)

A. 该方法的使用效果依赖于专业人员的水平

B. 该方法的优点是简单明了易于操作

C. 该方法可以对企业生产或经营中的风险及其成因进行定性分析

D. 该方法适用于组织规模较小、流程较简单的业务风险分析

【解析】“甲公司通过图表形式将白酒生产按顺序划分为多个模块，并对各个模块逐一进行详细调查，识别出每个模块各种潜在的风险因素或风险事件，从而使公司决策者获得清晰直观的印象”表明甲公司采取的风险管理技术与方法是流程图分析法。流程图分析法适用于对企业生产或经营中的风险及其成因进行定性分析。流程图分析法的优点是清晰明了，易于操作，且组织规模越大，流程越复杂，流程图分析法就越能体现出优越性。局限性是该方法的使用效果依赖于专业人员的水平。因此，选项D错误。

【答案】D

【真题68·单选题】中海路桥建设公司最近承接了一项跨海大桥建设项目。该公司根据以前完成的一个类似项目的相关数据，并结合环境的变化，对新项目进行风险评估和分析。中海路桥建设公司采用的风险管理办法是统计推论法中的(　　)。(2018年)

A. 正推法

B. 前推法

C. 后推法

D. 旁推法

【解析】旁推法就是利用类似项目的数据进行外推，利用某一项目的历史记录对新的类似建设项目可能遇到的风险进行评估和分析，当然这需要充分考虑新环境的各种变化，选项D正确。

【答案】D

【真题69·多选题】东风林场为了加强对火灾风险的防控工作，组织有关人员深入分析了由于自然或人为因素引发火灾、场内消防系统工作、火警和灭火直升机出动等不确定事件下产生各种后果的频率。下列各项中，属于该林场采用的风险管理方法优点的有(　　)。(2018年)

A. 生动地体现事件的顺序

B. 不会遗漏重要的初始事件

C. 能够将延迟成功或恢复事件纳入其中

D. 能说明时机、依赖性和多米诺效应

【解析】“东风林场……深入分析了由于自然或人为因素引发火灾、场内消防系统工作、火警和灭火直升机出动等不确定事件

下产生各种后果的频率”表明东风林场采用的风险管理方法是事件树分析法，选项A、D正确。

【答案】 AD

【真题70·单选题】 面对未来国内外经济形势不确定因素增加的局面，鑫华基金公司按照较好、一般、较差三种假设条件，对公司未来可能遇到的不确定因素及其对公司收入和利润的影响做出定性和定量分析。鑫华基金公司使用的风险管理技术与方法是(　　)。(2017年)

A. 情景分析法

B. 敏感性分析法

C. 统计推论法

D. 马尔科夫分析法

【解析】 情景分析法在识别和分析那些反映诸如最佳情景、最差情景及期望情景的多种情景时，可用来识别在特定环境下可能发生的事件及其后果，以及每种情景出现的可能性。情景分析法适用于对企业面临的风险进行定性和定量分析。因此，选项A正确。

【答案】 A

【真题71·单选题】 通达路桥公司拟在某省兴建一座大桥。这项工程将面临诸多不确定因素，如工程总投资、银行贷款、过桥费收入等。公司为了预测这项工程所产生的效益并防范可能发生的风险，组织相关人员分析了上述每一个因素的变化对该项目内部收益率的影响。通达路桥公司所采用的风险管理方法是(　　)。(2017年)

A. 敏感性分析法

B. 马尔科夫分析法

C. 风险评估分析法

D. 情景分析法

【解析】 敏感性分析法是针对潜在的风险，研究项目的各种不确定因素变化至一定幅度时，计算其主要经济指标的变化率及敏感程度的一种方法。“这项工程将面临诸多不确定因素……相关人员分析了上述每一个因素的变化对该项目内部收益率的影响”表明通达路桥公司所采用的风险管理方法是敏感性分析法，选项A正确。

【答案】 A

【真题72·单选题】 为了适应市场需求，甲公司决定投资扩大手机生产规模。市场预测表明：该产品销路好的概率为0.6，销路差的概率为0.4。据此，公司计算出多个备选方案，并根据在产品销路不确定情况下净现值的期望值，选择出最优方案。根据上述信息，甲公司采用的风险管理技术与方法是(　　)。(2017年)

A. 流程图分析法　　B. 事件树分析法

C. 敏感性分析法　　D. 决策树分析法

【解析】 决策树法是一种用树形图来描述各方案在未来收益的计算、比较以及选择的方法，其决策是以期望值为标准进行的，选项D正确。

【答案】 D

【真题73·单选题】 甲公司是一家化工企业，每年都对设备进行检修。甲公司在对设备故障风险进行分析时，先将设备运行情况划分为几种情景状态，然后用随机转移矩阵描述这几种状态之间的转移，最后用计算机程序计算出每种状态发生的概率。甲公司采用的这种风险管理方法是(　　)。(2016年)

A. 事件树分析法

B. 马尔科夫分析法

C. 失效模式影响和危害度分析法

D. 情景分析法

【解析】 马尔科夫分析法通常用于对那些存在多种状态（包括各种降级使用状态）的可维修复杂系统进行分析。该方法主要围绕“状态”这个概念展开，而随机转移概率矩阵可用来描述状态间的转移，以计算各种输出结果，选项B正确。

【名师点题】 “先将设备运行情况划分为几种情景状态”很容易想到情景分析法，但关键词是“用随机转移矩阵描述这几种状态之间的转移”，因此属于马尔科夫分析法。

【答案】 B

【例题74·单选题】乙公司为一家专营空中物流货运的航空公司，现正为可能开发的中东航线进行风险评估。以下是所制定的风险评估系图。

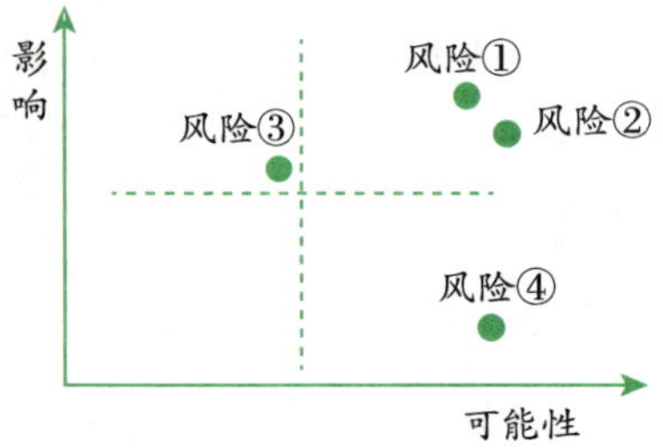

在风险管理的基本原则下，乙公司应将注意力集中应对的风险包括(　　)。

A. 风险①和风险②

B. 风险①、风险②和风险③

C. 风险①、风险②和风险④

D. 风险①、风险②、风险③和风险④

【解析】风险①和风险②属于风险发生的可能性和影响都比较大的风险，因此，乙公司应将注意力集中应对该类风险，选项A正确。

【答案】A

【例题75·多选题】乙公司是一家国内知名的互联网企业。乙公司去年以来推出了多款新的互联网金融产品，为了消除部分客户对其产品风险的质疑，乙公司组织了来自学术界、企业界以及政府相关职能部门的专家，通过电子信箱发送问卷的调查方式征询专家对公司产品风险的意见。下列各项对乙公司采用的风险管理技术与方法的表述中，正确的有(　　)。

A. 这种方法中权威人士的意见难免影响他人的意见

B. 这种方法速度较快，容易开展

C. 这种方法让主要利益相关者参与其中，有助于进行全面沟通

D. 这种方法更有可能表达出那些不受欢迎的观点

【解析】根据题干描述，乙公司采用的风险管理技术与方法是德尔菲法，选项A、D正确。选项B、C是头脑风暴法的优点。

【答案】AD

本章疑难问题解答

【问题1】压力测试、返回测试和穿行测试的区分。

【解答】(1)压力测试是指将整个金融机构或资产组合置于某一特定的(主观想象的)极端市场情况下，如假设利率骤升100个基本点，某一货币突然贬值30%，股价暴跌20%等异常的市场变化，然后测试该金融机构或资产组合在这些关键市场变量突变的压力下的表现状况，看是否能经受得起这种市场的突变。换句话讲，压力测试就是增加日常工作量，看看企业的风险管理是否有效，能否承受高压力。

(2)返回测试是将历史数据输入到风险管理模型或内控流程中，把结果与实际值进行对比，以检验其有效性的方法。

(3)穿行测试是在正常运行条件下，将初始数据输入内控流程，穿越全流程和所有关键环节，把运行结果与实际要求对比，以发现内控流程缺陷的方法。换句话讲，穿行测试就是从头到尾跟踪一项业务，看企业风险管理是否在每一关键控制点发挥了作用。

【问题2】“外包某项对工人健康安全风险较高的工作”属于风险规避的原因。

【解答】“外包某项对工人健康安全风险较高的工作”，企业这样做是想把影响工人健康安全的某一项工作完全甩掉，这样工人的健康安全就不会受到该项工作的影响了，即把该项工作对工人健康安全威胁的风险彻底规避掉。因此，“外包某项对工人健康安全风险较高的工作”属于风险规避。

【问题 3】风险承担与风险补偿的区分。

【解答】

项目	区分点	举例
风险承担	当有风险存在时，采取**接受**的态度	产品加工厂的流水线所生产的产品有一定的残品率，从成本效益角度考虑，企业对于生产残次品的风险采取接受的态度 **态度：接受**
风险补偿	当有风险存在时，采取**接受**的态度，并采取措施以**补偿**可能发生的损失	为了应付可能发生的灾害事件，公司与银行签订应急资本协议，规定在灾害发生时，由银行提供资本以保证公司的持续经营 **态度：接受+补偿措施**

【问题 4】风险规避与风险控制的区分。

【解答】

项目	区分点	举例
风险规避	使风险发生的可能性为零	甲公司为了避免汇率风险而退出国外市场
风险控制	通过某些手段降低风险发生的概率或减少造成的损失，不能消除风险发生的可能性	乙贸易公司加强对汇率变动趋势的分析和研究，以**减少汇率风险带来的损失**

【问题 5】风险转移和风险转换的区分。

【解答】

项目	区分点	举例
风险转移	风险类型不变；风险承担者改变 甲公司（A 风险）→乙公司（A 风险）	丁运输公司与保险公司签订协议，规定当货物在运输过程中发生自然灾害和意外事故造成的经济损失由保险公司承担。而丁运输公司需要向保险公司支付保险费 丁公司（货损风险）→保险公司（货损风险）
风险转换	风险类型改变；风险承担者不变 甲公司（A 风险）→甲公司（B 风险）	丙公司为了多销售产品，而放宽客户信用标准 丙公司（滞销风险）→丙公司（回款风险）

【问题 6】对纯粹风险和机会风险的理解。

【解答】纯粹风险：只有损失，而无获利可能的风险。这种风险可能造成的结果只有两种：①没有损失；②造成损失。例如，自然灾害、人的生老病死等。与纯粹风险相对应的是机会风险。

机会风险，也称投机风险。这种风险可能造成的结果有三种：①收益；②没有损失；③损失。例如，购买股票。

将风险划分为纯粹风险和机会风险是以风险造成的结果为依据对风险的一种分类。纯粹风险具有可保性，机会风险不具有可保性。保险公司承保纯粹风险，不承保机会风险。

【问题 7】事件树分析法与决策树法的区分。

【解答】

风险管理技术与方法	相同点	不同点		
		适用情况	方式	结果
事件树分析法	树状图，涉及概率	故障发生后	概率相乘	不同后果的可能性
决策树法		项目风险管理和决策	概率×各自决策方案期望值	选择最高期望值

历年经典试题回顾

一、单项选择题

1. 桐城钢铁公司需要的铁矿石购自 U 国的山谷矿山公司，后者曾多次在前者急需大量铁矿石时大幅提高产品价格，使前者遭受很大损失。后来桐城钢铁公司买下山谷矿山公司 51%的股权并获得定价权。下列各项中，属于桐城钢铁公司采用的风险管理策略的是(　　)。(2020 年)

A. 风险规避　　B. 风险控制

C. 风险补偿　　D. 风险转移

2. 为了对可能给企业造成重大损失的风险事件进行有效管理，南方石油公司成立了自己的专属保险公司，为母公司提供保险，并由母公司筹集总计 10 亿元的保险费，建立损失储备金。下列各项中，属于南方石油公司采用的上述损失事件管理办法的优点的是(　　)。(2020 年)

A. 降低内部管理成本

B. 改善公司现金流

C. 增加了其他保险的可得性

D. 损失储备金充足

3. 甲公司每年最低运营资本是 10 亿元，但是有 5%的可能性需要 12 亿元维持运营。该公司筹集了 12 亿元，将其生存概率提高到 95%。甲公司管理损失事件的方法是(　　)。(2019 年)

A. 风险资本　　B. 损失融资

C. 保险　　D. 专业自保

4. 甲公司在实施全面风险管理过程中，注重加强法制教育，增强董事、监事、经理及其他高级管理人员和员工的法制观念，严格依法决策、依法办事、依法监督。甲公司的上述做法所涉及的内部控制要素是(　　)。(2019 年)

A. 控制环境　　B. 风险评估

C. 监控　　D. 控制活动

5. 甲公司在实施风险管理过程中，对由人为操作和自然因素引起的各种风险对企业影响的大小和发生的可能性进行分析，为确定企业风险的优先次序提供分析框架。该公司采取的上述风险管理方法属于(　　)。(2019 年)

A. 决策树法

B. 马尔科夫分析法

C. 流程图分析法

D. 风险评估系图法

6. 中科公司是国内一家著名的印刷机制造商。面对G国先进印刷机在中国的市场占有率迅速提高，中科公司将业务转型为给G国印刷机的用户提供零配件和维修保养服务，取得比业务转型前更高的收益率。从风险管理策略角度看，中科公司采取的策略是（　　）。（2019年）

A. 风险规避　　B. 风险转换

C. 风险转移　　D. 风险补偿

7. 甲公司每年维持经营所需的最低资本为1000万元，但是有4%的可能性需要1500万元才能维持经营。该公司为了保证96%的生存概率所需的风险准备金是（　　）。（2019年）

A. 500万元　　B. 1500万元

C. 2500万元　　D. 1000万元

8. 甲公司是一家大型商场。开业以来，公司积累了丰富的销售数据。公司战略部门每年都会对这些数据进行收集整理，据此推算出未来年度企业的销售风险。根据上述信息，甲公司采用的风险管理方法是（　　）。（2017年）

A. 后推法　　B. 前推法

C. 逆推法　　D. 正推法

9. 我国某纺织生产企业甲公司向欧洲H国出口“双羊”牌高档羊绒被，其英文商标名为“Goats”。该产品虽然质量上乘，但在H国一直销路不佳。甲公司进行详细调查后发现，在H国，“Goats”除了有山羊的意思以外，还有其他的贬义，一些消费者因此产生不好的联想，影响了产品的销售。这个案例表明，企业跨国营销可能面临（　　）。（2016年）

A. 市场风险　　B. 环境风险

C. 文化风险　　D. 品牌风险

10. 甲公司是一家计划向移动互联网领域转型的大型传统媒体企业。为了更好地了解企业转型中存在的风险因素，甲公司聘请了20位相关领域的专家，根据甲公司面临的内外部环境，针对六个方面的风险因素，反复征询每个专家的意见，直到每一个专家不再改变自己的意见、达成共识为止。该公司采取的这种风险管理方法是（　　）。（2016年）

A. 德尔菲法　　B. 情景分析法

C. 因素分析法　　D. 头脑风暴法

二、多项选择题

1. 甲公司是一家从事手机研发和制造的高科技企业。2015年，甲公司将手机的制造外包给乙公司。此后，市场上发生多起甲公司的手机电池爆炸事件，给用户造成人身和财产损失的事故，公司也因此面临诉讼危机。甲公司详细调查后发现，乙公司提供的手机电池质量不合格，存在很大的安全隐患。甲公司将手机的制造外包给乙公司后面临的风险有（　　）。（2016年改编）

A. 法律风险　　B. 运营风险

C. 市场风险　　D. 技术风险

2. 下列各项关于企业全面风险管理的表述中，正确的有（　　）。（2016年改编）

A. 企业全面风险管理是增进企业价值的过程

B. 企业全面风险管理旨在把风险控制在风险容量以内

C. 企业全面风险管理的参与者由管理层和全体员工组成

D. 企业全面风险管理既要管理纯粹的风险，也要管理机会风险

3. 下列各项中，属于《企业内部控制基本规范》对内部环境要素要求的有（　　）。（2016年）

A. 企业应当建立举报投诉制度和举报人保护制度

B. 企业应当建立重大风险预警机制和突发事件应急处理机制

C. 企业应当制定和实施有利于企业可持续发展的人力资源政策

D. 企业应当加强内部审计工作

三、 简答题

1. “达达出行”创建于2012年。经过几年的发展，“达达出行”从一个出租车打车软件平台，成长为涵盖出租车、专车、快车、顺风车、代驾及大巴等多项业务的一站式出行平台。

“达达出行”的顺风车业务定位于“共享出行”，旨在进一步释放闲置车辆的利用效率。为了调动广大车主和乘客参与的积极性，“达达出行”有意突出了其社交属性，“就像咖啡馆、酒吧一样，私家车也能成为一个半公开、半私密的社交空间”。然而，这一思路给达达顺风车业务带来灾难性的后果。

2018年5月和8月，达达顺风车连续两次发生了女乘客被车主杀害事件，引发社会舆论轩然大波。有关政府部门在第一时间约谈“达达出行”，责令全面整改。在“达达出行”承诺给予被害者巨额赔偿后，国内一家主流报刊发文评论，“生命安全是人类最基本的需求，网络平台不能把资本思维凌驾于公共利益之上”。随后“达达出行”发布公告，自8月27日起下线全国顺风车业务，进行内部整改。之后，达达顺风车开展了多项整改措施。

(1) 调整产品定位和属性。坚决摒弃社交思路，回归顺风车“顺路”属性。达达顺风车永久下线用户真实头像、性别等个人信息展示；限制车主接单次数，确保无法挑单；去掉非行程相关的评价标签，防止隐私泄露等。

(2) 完善安全管理控制体系。达达顺风车安全管理优化了226项功能，聚焦真正顺路、真实身份核实以及全程的安全防护。

(3) 改善激励机制与约束机制，打造友善出行环境。达达顺风车将原有的“信任值”升级为“行为分”，更有效地引导车主和乘客双方在平台上的“好行为”。同时，达达顺风车为用户每次行程免费提供最高120万元/人保额的驾乘人员意外险。

下线整改一年多后，2019年11月20日上午9：00达达顺风车终于开启试运营。

要求：

(1) 简要分析“达达出行”在2018年所面临的法律与合规风险；

(2) 简要分析“达达出行”实施收缩战略的原因和方式。(2020年)

2. 水泉公司成立于1992年，是国内知名度最高的果汁品牌之一。经过多年的发展，2007年水泉公司成功上市。

2005年，水泉公司公开招标寻求合作，T国最大的食品生产企业宏丰公司立即回应，希望能够与水泉公司共同打造东南亚最大的食品帝国。2005年3月，水泉公司与宏丰公司签约组建合资公司。水泉公司以果汁业务资产入股，占95%。宏丰公司注资3030万美元，占剩余5%。然而，T国政府4个月后出台的政策规定，T国企业在中国内地投资不能超过资本净值的40%，宏丰公司累计在中国的投资，已接近40%的上限。双方签约4个月以后，合作夭折。2008年，U国乐大公司宣布拟收购水泉公司全部股权。为配合乐大的收购，水泉公司砍掉了历时16年建立起的销售体系，并同时开始大规模布局上游。然而，因收购不符合中国反垄断法的相关规定，水泉与乐大的合作被有关部门紧急叫停。

这项没有完成的收购案，成为水泉公司命运的转折点。此后的几年，尽管公司创始人、控股股东刘杰竭尽全力试图挽救水泉公司的命运，但水泉公司还是不可逆转地陷入了持续的困境。

2017 年 8 月 15 日至 2018 年 3 月 29 日，水泉公司向其 B 市子公司提供 42.82 亿短期贷款，以便该子公司应付临时营运资金需要及还债。但是，这件事没得到董事会批准，也没有签订协议，更没有对外披露。由于涉嫌违反上市规则中关于关联交易申报、股东批准及信息披露的条款，水泉公司自 2018 年 4 月 3 日起正式停牌。

除此之外，2019 年 12 月初，公司创始人、控股股东刘杰还因为未按期向合作方履行给付义务，收到了限制消费令，被司法机关列入失信被执行人名单。

要求：

（1）简要分析水泉公司在 2005 年和 2008 年所遭遇的政治风险；

（2）简要分析水泉公司 2017～2019 年所面对的法律风险与合规风险；

（3）简要分析公司治理的基础设施在水泉公司治理中所发挥的作用。（2020 年）

3. 主营单晶硅、多晶硅太阳能电池产品研发和生产的益强公司于 2003 年成立。这是一家由董事长兼总经理李自一手创办并控制的家族式企业。

2010 年 11 月益强公司挂牌上市。在资本市场获得大额融资的同时，益强公司开始了激进的扩张之路。从横向看，为了扩大市场份额，益强公司在欧美多个国家投资或设立子公司；从纵向看，益强公司布局光伏全产业链，实施纵向一体化发展战略，由产业中游的组件生产，延伸至上游的硅料和下游的电站领域。益强公司还大举投资房地产、炼油、水处理和 LED 显示屏等项目。

为了支持其扩张战略，益强公司多方融资。公司上市仅几个月便启动第二轮融资计划——发行债券，凭借建设海外电站的愿景，通过了管理部门的审批，发行 10 亿元的“益强债”，票面利率为 8.98%，在当年新发债券中利率最高。自 2011 年 2 月起，李自及其女儿李丽陆续以所持股份作抵押，通过信托融资约 9.7 亿元，同时益强公司大举向银行借债。李自还发起利率高达 15%的民间集资。这样，益强公司在上市后三年内，通过各种手段融资近 70 亿元。

受 2008 年美国次贷危机和 2011 年欧债危机影响，欧美国家和地区纷纷大幅削减甚至取消光伏补贴，光伏产品国际市场需求急剧萎缩。随后欧盟对中国光伏产品发起“反倾销、反补贴”调查，光伏企业出口遭受重创。而全行业的非理性发展已经导致产能严重过剩，市场供大于求，企业间开始以价格战展开恶性竞争，利润急速下降，甚至亏损。

在这种情况下，益强公司仍执着于多方融资扩大产能，致使产品滞销库存积压。同时，在海外大量投资电站致使公司的应收账款急速增加。欧盟经济低迷，海外客户还款能力下降，欧元汇率下跌。存货跌价损失、汇兑损失、坏账准备的计提使严重依赖海外市场的益强公司出现大额亏损。公司把融资筹措的大量短期资金投放于回款周期很长的电站项目，投资回报期和债务偿付期的错配使公司的短期还款压力巨大，偿债能力逐年恶化。2010 年公司的流动比率为 3.165，到了 2013 年只有 0.546。公司资金只投不收的模式使现金流很快枯竭。2012 年和 2013 年多家银行因贷款逾期、供应商因货款清偿事项向益强公司提起诉讼，公司部分银行账户被冻结，深陷债务危机。益强公司由于资金链断裂，无法在原定付息日支付公司债券利息 8980 万元，成为国内债券市场上第一家违约公司，在资本市场上掀起轩然大波，打破了公募债券刚性兑付的神话。

2014 年 5 月益强公司因上市后连续三年亏损被 ST 处理，暂停上市。仅仅三年多的时间，益强公司就从一家市值百亿元的上市公司深陷债务违约危机导致破产重组。

要求：

（1）简要分析益强公司上市后所面对的市

场风险；

（2）简要分析益强公司上市后所存在的战略风险；

（3）依据《企业内部控制应用指引第6号——资金活动》，简要分析益强公司资金活动中存在的主要风险。（2019年）

4. 1988年，U国跨国公司P公司以每瓶价格19元的洗发水叩开了C国日化用品市场的大门，并顺势占领了C国高端消费市场的高地。之后，P公司又进入C国日化用品低端市场，依靠规模化、标准化，迅速行销全国，市场份额一度达到47%，洗护发产品更是超过50%，市场上耳熟能详的日化用品品牌，几乎全是P公司旗下的产品。进入21世纪，随着C国经济的迅猛发展，中产阶级崛起，追求品质、个性化成为时代潮流。面对市场需求的变化，C国日化用品市场的竞争日趋激烈，威胁P公司的霸主地位。

日化用品行业其他几家国际知名品牌企业都开足马力开发C国市场。例如，2011年H国A公司首次将其旗下的高端品牌主打产品草药护肤雪花霜引入C国，火速完成在C国一线城市各高端商场的铺货，大大分流与该产品定位相同的P公司旗下S品牌产品的市场份额。以往受到P公司挤压排斥的C国日化用品本土品牌，纷纷开发具有本土特色的产品，狙击P公司。众多品牌一拥而上，在消费者选择多样化的新形势下，P公司的产品不再那么不可替代。C国本土品牌的优势还在需求量增长更快的三至六线城市渠道布局中体现出来。本土品牌与个体或连锁的日化商店已有多年合作的积累，这种人情构建的渠道排他性很强。

面对消费者需求的巨大变化和市场日趋激烈的竞争，P公司的反应却很迟钝。

P公司管理层认为C国的中产阶级是一群"节俭的中产阶级"，因而在C国市场开发高品质、个性化的新产品严重滞后。例如，P公司是世界上第一家生产合成的洗衣粉的企业，然而第一个将洗衣液带入C国市场的却是名不见经传的C国本土品牌L洗衣液。P公司总部认为，从U国消费者的消费习惯看，从使用洗衣粉过渡到使用洗衣液用了近30年时间，C国这一过程至少也需要20年。在P公司链条过长、结构过于精密、近于僵化的决策系统指挥下，P公司在洗衣液这个本该属于自己的C国市场迟到了4年。

在广告营销方面，P公司也未能将其在国外市场的成功经验移植到C国市场。尽管长期以来，P公司的广告在C国各大主流卫视的屏幕上保持着较高的出镜率，但P公司近年来除了常规的电视广告投放外，很少出现让人印象深刻的广告设计。

随着互联网时代到来，尤其是移动互联网的飞速发展，C国消费渠道迎来巨变，线上消费渠道占据主流地位。而P公司在C国大量的线下布局，不仅不再是优势，反而成了累赘，利益干扰成了P公司线上布局的阻力。

P公司发布的财务报告显示，截至2018年3月31日的9个月时间内，P公司净利润同比下滑40%；营业收入也自2012年达到800亿美元之后，增长陷入停滞，2017年营业收入仅为651亿美元。

要求：

（1）简要分析P公司近年来在C国所面临的市场风险；

（2）简要分析P公司近年来在C国所面临的运营风险。（2018年）

5. 四水集团是一家专门从事基础设施研发与建造、房地产开发及进出口业务的公司，1996年11月21日在证券交易所正式挂牌上市。2014年8月8日，四水集团收到证监局《行政监管措施决定书》，四水集团一系列违规问题被披露出来。

（1）未按规定披露重大关联交易。四水集团监事刘某同时担任F公司的董事长、法定代表人；刘某的配偶李某担任 H 贸易公司的董事、总经理、法定代表人。2012 年度，四水集团与 F 公司关联交易总金额 6712 万元，与 H 贸易公司的关联交易总金额 87306 万元；2013 年度，四水集团与 H 贸易公司的关联交易总金额为 215395 万元。这些关联交易均超过 3000 万元且超过四水集团最近一期经审计净资产的 5%。根据证监会的规定，这些交易属于应当在年报中披露的重大关联交易。但是，四水集团均未在这两年的年度报告中披露上述重大关联交易。

(2) 违规在关联公司间进行频繁的资金拆借，非法占用上市公司资金。四水集团无视证监会关于禁止上市公司之间资金相互拆借的有关规定，2012 年 4 月至 2014 年 8 月，向关联公司 H 贸易公司、F 公司拆借和垫付资金 6 笔，共 27250 万元。

(3) 通过派发高额工资等方式变相占用上市公司非经营性资金。四水集团近年来效益很不佳，连续多年没有分红，公司股价也一直处于低迷状态。然而，2011 ~ 2013 年，包括董事长在内的公司高管人数分别为 17 名、19 名和 16 名，合计从公司领走 1317 万元、1436 万元和 1447 万元薪酬，均超过同期四水集团归属于母公司股东的净利润水平。

(4) 连续多年向公司董事、监事和高级管理人员提供购房借款。截至 2013 年 12 月 31 日，四水集团向公司董事、监事和高级管理人员提供购房借款金额达到 610 万元。上述行为违反了《公司法》关于"公司不得直接或通过子公司向董事、监事、高级管理人员提供借款"的相关规定。

(5) 利用上市公司信用为关联公司进行大量违规担保。四水集团 2011 ~ 2014 年为公司高管所属的公司提供担保的金额分别为 0.91 亿元、5.2 亿元、5.6 亿元、7.7 亿元。公司管理层将四水集团当作融资工具，为自己所属公司解决资金需求。一旦这些巨额贷款到期无法偿还，四水集团就必须承担起还款的责任。

四水集团管理层频繁的违规行为，导致四水集团的发展陷入举步维艰的地步。公司 2011 ~ 2014 年的经营状况不佳，扣除非经常性损益后的净利润出现连续大额亏损的状况。公司连续多年资产负债率高达 70% 以上，且流动资产和流动负债相差无几，财务风险很大。四水集团的每股收益连续多年走低，远低于上市公司平均水平，反映四水集团股东的获利水平很低。

要求：

(1) 依据"三大公司治理问题"，简要分析四水集团存在的公司治理问题的类型与主要表现；

(2) 依据《企业内部控制应用指引第 6 号——资金活动》，简要分析四水集团资金活动存在的主要风险。(2018 年)

四、 综合题

1. 资料一

2005 年，王浩在大学就读时将自己毕业论文的题目定为"直升机自主悬停技术"，终于在 2006 年 1 月成功做出了第一台样品，并在航拍爱好者中广受好评。

王浩开始了自主创业，他同两位一起做实验课题的伙伴，共同创立了天志公司，主营业务围绕航模飞控，致力于为航模飞行器提供精确的姿态感知和控制系统。经过不懈的努力，2008 年，第一个较为成熟的直升机飞行系统 XP3.1 在天志公司问世，中国的直升机自主悬停技术在天志公司取得突破性的进展。

由于直升机自主悬停技术在民用市场十分稀缺，天志公司的技术很快就获得了业界认可，一个单品在当时卖到了 20 万元的售价。但是潜在的危机也随之而来。航拍爱好者购买了天志直升机后，相机还要另外购买，使用比较麻烦，而且产品价格过高，天志公司的新技术很难迅速推广。

天志公司开始了相机飞机一体化的研发设

计，终于在2012年，天志精灵PH1横空出世，高度的集成一体化很快就获得了第一批消费者的认可，引爆了整个无人机领域的使用需求。随着生产技术的不断成熟，产品价格日趋下降，天志公司从此走上无人机领域的巅峰。截至2018年年底，天志公司在全球无人机领域占据了74%的份额，牢牢锁定无人机市场的霸主地位。

资料二

天志公司的无人机产品和技术使得更多的人获得了认识世界的全新视角，让人们从地面的二维平面上升到三维空间去观察思考，其产品和技术也因此点燃了更多领域的创新。影视航拍、农业、能源、电力、测绘、安防等产业与无人机产业深度融合，天志公司的无人机技术成为这些产业创新所依赖的“基础设施”。在这一过程中，天志公司与各产业中的专业人员密切合作，优势互补，开辟了一个又一个新的发展空间。例如，天志公司推出第一代精灵无人机时，电网的工程师、第三方开发者和天志公司的研发人员一起，解决了许多技术问题，在2017年推出了能够执行电力巡逻任务的经纬M200系列无人机平台。又如，在农业植保领域，天志公司研发制造出用来进行农业植保作业的无人机。结合软件、地面站、RTK差分定位和人工智能，来实现自动化的精准喷洒。再如，天志公司与U国一家航空公司合作，使用便携式无人机进行民航客机的检修。

在全球范围内，已有越来越多的用户使用天志公司的产品和解决方案。全球有约10万名无人机技术开发者通过天志公司的平台完成各种各样的开发项目，有些项目远远超出了人们想象，伴随而至的是对天志公司技术深化及制造管理提出新的任务和要求。由于天志公司技术和管理的不断深化和创新，竞争对手不易模仿，更难以超越。

资料三

然而，天志公司这只迅猛成长的无人机独角兽，近年来却不得不面对内部暴露出的诸多问题。

天志公司2019年1月18日的内部反腐公告称，在2018年由于公司供应链贪腐造成平均采购价格超过合理水平20%以上，保守估计造成超过10亿元人民币损失。在公司运作的各个领域（采购、财务、研发设计、工厂制造、行政管理以及销售）均出现了舞弊行为，可见这次串通勾结行为范围极广，危害程度极大。该公告披露涉贪采购人员和研发人员采用的主要手法：

(1) 让供应商报底价，然后伙同供应商往上加价，加价部分双方按比例分成；

(2) 利用手中权力，以技术规格要求为由指定供应商或故意以技术不达标把正常供应商踢出局，让可以给回扣的供应商进短名单，长期拿回扣；

(3) 以降价为借口，淘汰正常供应商，让可以给回扣的供应商进短名单并做成独家垄断，然后涨价，双方分成；

(4) 利用内部信息和手中权力与供应商串通收买验货人员，对品质不合格的物料不进行验证，导致质次价高的物料长期独家供应；

(5) 内外勾结，搞皮包公司，利用手中权力以皮包公司接单，转手把单分给工厂，中间差价分成。

不仅如此，2017年一名安全研究员在天志公司的网络安全方面发现了一个非常严重的漏洞。这个漏洞会导致天志公司的所有旧密钥毫无用处，从而可能造成天志公司服务器上的用户信息、飞行日志等私密信息能够被下载。尽管天志公司之后采取了合理的保密措施，但该次事件依然给天志公司造成116.4万元的经济损失。

业内人士分析，天志公司内部接连出现如此严重的问题，是由于以下几个原因。

(1) 公司治理结构相对混乱。天志公司领导层面对业务的迅速扩张，将注意力集中在极力扩大经营规模、追求足够的市场份额和企业利润，而忽略组织内部治理，致使腐败、泄密等问题频繁产生。

(2) 缺乏内部信息的披露。作为一家非上市的民营企业，天志公司没有对外披露重大事项的要求和压力，导致公司内部治理缺乏良性运行和监督机制，在信息不对称的情况下，舞弊、泄密等问题极易产生。

(3) "重结果，轻人才"的管理模式。公司创始人兼 CEO 王浩搞技术出身，对产品至上有着独特情怀，赛马机制一直是团队竞争发展的管理模式。产品在开发时由两个团队分头去做，谁的产品好就用谁的，产品未被选用的团队会被公司淘汰。这一管理模式带来诸多问题，如研发过程中两个团队恶性竞争、人才流失严重、被选用的团队为防以后被淘汰而滋生腐败动机等。"重结果，轻人才"的文化氛围大大地降低了员工的归属感，难以形成凝聚力、向心力，离职员工对天志公司负面评价很多。

天志公司管理层已经认识解决公司内部问题的重要性和紧迫性，强化公司内部治理、打击职务腐败正在天志公司全面展开。

要求：

(1) 简要分析天志公司所创建的无人机新兴产业内部结构的共同特征，以及天志公司在无人机新兴产业中的战略选择；

(2) 运用识别企业核心能力 3 个关键性测试，简要分析天志公司在无人机产业是否具备核心能力；

(3) 简要分析天志公司研发的类型、动力来源、研究定位，并从安索夫矩阵角度，分析天志公司研发的战略作用；

(4) 依据蓝海战略重建市场边界的基本法则（开创蓝海战略的途径），简要分析天志公司如何开辟一个又一个新的发展空间；

(5) 简要分析天志公司存在的运营风险；

(6) 依据《企业内部控制应用指引第 1 号——组织架构》，简要分析天志公司需关注的组织架构的主要风险；

(7) 依据《企业内部控制应用指引第 3 号——人力资源》，简要分析天志公司需关注的人力资源的主要风险；

(8) 依据《企业内部控制应用指引第 7 号——采购业务》，简要分析天志公司需关注的采购业务的主要风险。（2020 年）

2. 资料一

2003 年，在个人音响领域经营多年的张煌创立了力益公司，进军国内需求旺盛的 MP3 播放器市场，推出力益公司的开山之作 MX 系列。力益公司创立之初就推崇"小而美"的策略，致力于开发优质的 MP3 产品。张煌对于上市产品的审核标准十分苛刻，多款开发的产品因"不够完美"被否定。力益公司对产品品质的严格把控受到市场认同，其产品成为国产 MP3 高品质的代表，也因此拥有了大量忠实用户，并创造了国内 MP3 历史上多个"第一"。2006 年，力益公司的 MP3 播放器在国际市场已经是一个很出名的品牌，风格活泼、时尚的产品远销欧美日韩等数十个国家，进一步巩固了力益公司在国内 MP3 市场的领导地位。

2006 年年初，国内 MP3 产业还正处于繁荣时期，张煌却看到了全球 MP3 产业的衰势，开始着手战略转型。进入 2007 年，国内 MP3 市场盛极而衰。此时，力益公司破釜沉舟地放弃了国内 MP3 市场领头羊的地位，转向互联网智能手机的研发。

2007 年，力益公司开始在智能手机领域投入全部的精力，致力开发高端智能手机。2009 年 2 月 18 日，国内第一款大屏幕全触屏智能机力益 M8 正式上市。凭靠着"国产智能手机先驱者"的名号，2009 年，力益 M8 站稳了国产智能手机的领先地位。

2010 年到 2014 年，力益公司延续着做 MP3 产品时的策略，崇尚"小而美"，不追求扩大市场份额，专注制造精品。力益公司的智能手机新品种在不断创新中脱颖而出。与产品开发同步，力益公司强化营销体系建设，在实施多重营销策划方案的同时，不断扩展专卖店和维修中心。2013年力益公司国内专卖店数量超过1000家，维修中心数量突破100家。力益公司内部采取员工股票和期权激励制度，吸引和鼓励更多人才致力于公司的技术和产品创新。

资料二

随着通信网络技术的发展，智能手机行业迎来了巨大的机遇。自2009年开始，各大手机厂商纷纷发力智能手机，疯抢市场份额。

2009年到2013年，在国内智能手机发展的初期，智能手机的销量与国内三大电信运营商密切相关。凭借与三大电信运营商良好的合作关系，“中旺”“华夏”“盟进”“联展”（简称“中华盟联”）四大厂商的手机常常与电信运营商套餐绑定，迅速占据了大部分市场份额。

2013年到2016年，在“中华盟联”统治市场的后期，“OO”“VV”“XM”等手机厂商开始异军突起。他们凭借出色的营销渠道网络和庞大的广告投放，不断从线下和线上掠取智能手机市场份额。与此同时，一些传统电信运营商手机厂商也开始谋求转变，如华夏公司对线下与线上都非常重视，在维持自身传统优势的同时，在营销上充分借鉴“OO”“XM”等友商成功的销售策略，“华夏”成为“中华盟联”中唯一转型成功的公司。

然而，“力益”这个国产智能手机的先驱者却迷失了方向。公司实施“小而美”策略，既没有在前期抓住与三大电信运营商合作的机遇，也没有在后期强化营销扩大市场份额。公司一年只开发上市两部精品手机，广告投入与渠道建设也停滞不前。力益公司逐渐失去市场份额，成为一个小众品牌。

在规模经济显著且已进入成熟期的产业中，产品差异逐渐变小，投资者和供应链都开始拒绝“小而美”。小众厂商如果无法拿出很好的企划方案，很难说服投资方。而新一轮的手机技术竞争，大量投入，才能够做高端产品，消费者也情愿为高端产品买单。供应链对于销量甚少的小众厂商，态度难免“势利”，因为体量大、销量预期稳定的公司，才是供应商的大客户。此外，在产品定价上，小厂商也非常被动。

资料三

2014年，力益公司全年手机销量不到400万台。而彼时的“学徒”、现在的竞争对手“XM”公司全年手机销量则超过6000万台，成为国内第一。在严峻的市场形势下，2014年年底张煌重新出山，担任力益公司董事长。力益公司启动了新一轮战略转型。

（1）调整发展理念，摒弃“小而美”，启动“大而全”。力益公司接受了两家大公司的投资总计6.5亿美元，确立了大力提高市场份额的战略目标。

（2）实施机海战术，全面扩大产品线。2015年全年，力益公司发布了6款手机，覆盖了高中低三种不同档次和价格的产品线。

（3）对内理清管理职责，对外加大营销力度。配合公司战略调整，力益公司重新设计内部的管理职责，提高管理效率。同时，运用新的投资，扩张线下门店，广告、公关宣传等营销手段在线上线下全面展开。

2015年力益公司全年手机出货量超过2000万台，比2014年提升了近5倍。

然而，自2016年起，力益公司再次遭受重创。主要原因是由于专业经验不足与评价体系不完善，力益手机大量使用了“LFK”的手机芯片。“LFK”芯片用料廉价，CPU核心技术落后，与竞争对手“GT”芯片相比差距明显。力益公司巨资开发的PR6系列和PR7系列，由于“内芯”这一致命缺陷，市场并不买账。2018

年力益手机全年销量仅405万台，市场占比仅有0.1%，形势异常严峻。

2018年年底，在公司生死存亡关头，张煌又一次重新调整企业战略：确立了新的品牌口号“追求不止，只因热爱”；改用“GT”芯片；跟进全面屏技术；提升产能等一系列问题。营销策略上，线上启用新的意见领袖，在各大平台上投放广告，不断制造热门话题。线下大力投入整合专卖店；积极开展地铁、车站等地推广活动。多方发力作用下，力益手机一定程度上挽回了前几年的销售颓势。2019年公司新产品16x发布仅半个月，销量就超过10万台，进入热销机型TOP8，16x有可能成为力益手机的“续命之作”。

业界人士认为，在激烈的市场竞争和孱弱的底子下，力益公司依旧面临严峻考验。要想绝境求生，公司不仅需要继续强化产品的投入与创新，进一步优化营销策略也是重要的着力点。

要求：

(1) 从差异化战略实施条件（资源能力）角度，简要分析力益公司开发高端MP3和高端智能手机成功的原因；

(2) 依据资料一，简要分析力益公司对高端MP3和高端智能手机的研发类型、动力来源、研发定位；

(3) 运用“与电信运营商密切程度”和“营销力度”两个战略特征，各分为“高”“低”两个档次，将智能手机生产厂商“中旺”“华夏”“盟进”“联展”“OO”“VV”“XM”“力益”进行战略群组划分；

(4) 依据集中化竞争战略的风险，简要分析力益公司在2010年到2014年实施“小而美”策略失败的原因；

(5) 简要分析2009~2014年与2015年以后，力益手机市场营销组合的变化；

(6) 简要分析2013年以后力益手机所面临的运营风险。(2020年改编)

3. 资料一

1994年，电表行业的巨头升达公司进军空调行业。由于当时国内空调还属于少数人的奢侈品，升达公司与业内其他公司一样，产品定位于比较高档的空调。因为升达空调没有品牌优势，产品价格又与竞争对手不相上下，所以升达空调在规模上一直没有多大突破，年产量不到60万台。

经过几年的努力，升达公司生存下来。1999年之后，升达公司意识到，国内空调从少数人的奢侈品转为大众消费品的时机已经来临，市场需要大量老百姓买得起、用得起的“民牌”空调。处于弱势地位的升达公司找到了挑战竞争对手、壮大自身的法宝——以价格制胜。

经过缜密的策划之后，2002年4月，面对百余名记者，升达公司突然抛出《空调成本白皮书》，文中指出，一台1.5匹的冷暖型空调的生产成本为1378元，加上销售费用370元、商家利润80元、厂家利润52元，市场零售价应该是1880元。而当时市场上同为1.5匹的其他空调价格大多在2800元到3800元之间。

升达公司在公布空调成本的同时，将其空调产品全线降价，平均降幅达20%。升达公司得罪了同行，却赢得无数的消费者。2003年，升达空调销量达到了250万台，进入国内前三强，比2002年高出近100万台。升达公司发动的价格战也使整个空调行业的产品价格节节下滑，市场均价从2002年的2500元降到2003年的2000元。

升达公司在空调制造业发动价格战并非鲁莽之举，而是以其自身优势为底气的。

首先，在升达公司家乡N市，做空调配件的企业很多，整个空调产业链已经成型，升达公司通过整合这些企业，产品零部件自制率达到90%，与同类企业一般不超过50%的自制率相比，在零部件成本、生产率、设备利用率、规模经济等方面都具备整机制造成本优势。以空调的关键元器件冷凝器和蒸发器为例，其成本在空调总成本中一般占80%以上，而升达公司自2000年建立分厂以来，该种元器件的成本就下降至原来外购时的3/5左右，而且质量更好。

其次，公司在2001年引进全球最先进的信息化管理工具ERP，配合内部各个部门严格的承包制的实施，对提高企业效率和降低运营成本起到了极大的作用。

第三，在采购环节，升达公司同时采用自制和外购两条路线，当自制的质量和价格有优势时，采用自制；当自制明显不如外购有竞争力时，就毫不犹豫地采用外购，甚至关掉自制部门。升达公司借鉴国外企业“全球论质比价采购”的模式，其加工蒸发器和冷凝器的自动生成设备购自J国；保证镀层10年不脱皮泛锈的瓦格纳喷涂设备是引进D国的；制造空调塑壳的ABS粉料来自H国；机身上的所有接插件购自M国。这些设备和原料共有的特点是品质在全球范围内相对较好，价格最低。

最后，以年轻人为主体的人员结构和灵活的民营企业机制是升达公司成本优势的又一源泉。升达公司是新办的企业，没有下岗职工和离退休人员的负担；升达公司发挥其灵活的民营企业机制，实施全方位的承包责任制，激发了各级人员的积极性、主动性和创造性，对于提高企业效率和降低运营成本发挥了重要作用。

资料二

然而，质疑甚至批评之声一直伴随着升达公司：“升达公司的‘价格屠夫’策略是不是在自断创新之路?”“升达公司低价营销得到了规模优势，但牺牲了品牌优势。”近年来随着国内消费升级与产品更新换代，大众的空调消费需求开始从“功能型”向“品质型”转变。升达公司日益认识到启动新的战略转型的必要性与紧迫性。

早在2012年，升达公司就敏锐察觉到互联网发展的大趋势，积极与电商平台合作，在整体布局上确定了互联网、智能化发展战略。

为了避开与国内空调行业优势品牌的正面较量，升达公司将目标客户聚焦在新一代网络消费群体，充分依托电商平台，用18~35岁年轻消费者熟悉的代言人和沟通方式，建立起年轻化、时尚化的品牌形象，打造了“倾国倾城”“淑女窈窕”等情感化的明星产品，吸引了一批有时尚要求、重情感又注重性价比的年轻人群。这样的选择让升达公司的产品品质与创新力不断提升，从而实现了跨越式的增长。

在随后的2013年，升达公司开始进行企业产品升级，累计投入超过30亿元用于技术创新、效率提升。先后推出二级供应链管理、引进全球领先检测设备、吸纳超过50%的硕博人才组成创新研究团队，从根本上把控产品品质。2017年，升达公司智能工厂落成投产，以更加标准化、高周转率的技术实力，实现产品品质的又一次提升；在J国建立研发中心，实现智能化产品占比超80%；筹建多个智能制造基地累计投资超过150亿元，为实现空调产业全智能一体化做好准备。

资料三

2017年下半年以来，升达公司意识到，虽然电商存量市场很大，但增长速度开始下降，线上流量红利在下滑。面对市场环境新的变化，升达公司采用了两个新的战略举措。

一是与国内著名电商普天组建联合团队，打通商家与平台的供应链，全面提升电商渠道供应链效率。升达公司和普天旗下天鸟、乐淘融合的智慧供应链系统销售预测准确率达到70%。升达空调原来的电商渠道供应链SOP（标准操作程序）分为18个节点，操作共需33个小时，新的系统上线以后优化为6个节点，操作只需1个多小时，大大提升了供应链效率。

二是抓住国内电商平台纷纷下沉开店的机遇，向基层市场渗透，逐步熟悉终端零售商渠道。升达公司放弃了向经销商层层压货、完成销售任务后给予返利的销售模式，而是采用“互联网直卖”方式，只发展一层终端零售商，产品订货起点定为 8 台。这样做的好处是投资少，不压货。目前升达公司拥有 1.5 万多家终端零售商，这些终端零售商通过手机 APP 直接下单，升达公司接单后通过各区域的仓储中心调配，由第三方物流送货到店。升达公司已建成社会化的售后服务网点 7500 个，覆盖国内 98%的县市。终端零售商或用户通过云平台寻找所在地的升达公司售后服务人员，由他们抢单帮助安装、维修。在“互联网直卖”模式下，终端零售商不管卖多少台产品，每一台的利润都是固定的，不和总销量挂钩。这不仅有利于市场价格体系的稳定，也克服了传统模式下渠道库存严重、层层加价、经销商资金周转慢、利润不稳定等弊端。

2018 年 11 月，升达公司与以线下销售为主的长宁家电零售公司合作，共创智慧零售新模式。升达公司作为长宁家电品牌主力军，通过长宁零售公司快速开启渠道下沉绿色通道，从线上渠道转移至线下渠道，在运营上借助长宁零售公司在市场上的口碑和服务，形成很强的品牌竞争力。

2018 年 12 月，升达公司召开新闻发布会，宣布启动“双轮战略”规划，从以前“通过厂家直供的方式真正让利于经销商，打造至真至诚的利益共同体”，进一步延伸到“以升达公司主导产业为基础搭建 O2O（Online TO Offline，线上到线下）平台，为更多中小企业服务，全面赋能线下经销商”。“双轮战略”的实施，将进一步实现线上线下融合、深耕零售发展的模式。

2018 年，升达空调总销售量达到 1500 万台，在国内排名第三；在电商平台上，升达是销量最大的空调品牌。升达公司致力于推动模式创新、技术革新、品质升级，已然成为国内家电行业的佼佼者、互联网时代空调智能化的“领头羊”。

要求：

（1）从市场情况与资源能力两个方面，简要分析从 2002 年开始升达公司实施成本领先战略的条件；

（2）简要分析升达公司在 1999 年之后、2012 年之后、2017 年之后所意识到的市场风险；

（3）依据资料二，简要分析作为跟跑者的升达公司在与国内强大竞争对手竞争时所体现的蓝海战略特征（红海战略和蓝海战略的关键性差异）；简要分析升达公司在竞争激烈的空调市场开辟新的生存与发展空间的途径（蓝海战略重建市场边界的基本法则）；

（4）依据企业价值链两类活动，简要分析升达公司的主要竞争优势；

（5）简要分析升达公司与普天公司、长宁公司结成战略联盟的动因；

（6）依据市场营销组合四个要素，简要分析升达公司在其三次战略转型进程中市场营销组合策略的变化。（2019 年改编）

4. **资料一**

1984 年，国内最大的汽车零部件供应商万欣公司与 U 国 L 公司签订了每年贴牌生产 20 万套万向节的合作协议，开展代工生产 OEM 业务。1994 年，万欣 U 国公司在 U 国注册成立，万欣公司正式进入 U 国汽车零部件市场。

虽然有为 U 国客户代工生产的经历，但是作为中国第一个走进 U 国的汽车零部件企业，万欣 U 国公司来自新兴市场的低端形象很难得到 U 国企业和消费者的认同。万欣 U 国公司在注册时就被当地同行奚落“你们还不如养马有前途”；公司向 U 国企业出售经检验没问题的油脂时却以质量不合格为由屡遭退货；公司向客户提供自己擅长的低价供货方案，客户根本不买账；公司尝试向 U 国 K 公司推销产品时，业务员连门都进不去，只能在传达室谈业务；公司初次收购 U 国当地企业并调整员工假期遭到工会强烈反对，工会声称“即使倒闭也不会让中国企业兼并”。接踵而来的歧视和挫败让万欣U国公司意识到自己不能凭借母公司在国内资源能力的优势获得认可，要在U国生存必须适应U国规则，并彻底融入U国的经济和社会文化体系。

万欣U国公司将“瞄着U国主流社会”的本地化改造作为首要任务，不再沿用母国总部的管理理念和方法。万欣U国公司聘请U国人为首席运营官和首席财务官，在内部建立起一套符合U国国情的运营体系，重新设计了一整套规范的工作程序。在用人方面，万欣U国公司打破从国内大量派人的老框框，从当地招聘人才，按当地标准付薪。这一系列本地化举措使万欣U国公司弱化了中国企业的形象，满足了U国市场对一家普通汽车零部件企业的基本期望。此外，万欣U国公司在与客户交往中的表现也一步步获得认可，例如在市场出现波动时，一家积压了大量库存的客户向万欣U国公司求助，尽管当时公司自身经营也有困难，但还是立即收回了库存并换新货给客户。后来这家客户主动搭桥，使一家知名企业成为万欣U国公司的大客户。

万欣U国公司在U国逐步立稳脚跟后，开始收购一些品牌价值高但经营不善的公司。1999年万欣U国公司收购L公司，这笔收购使它取代L公司成为世界上拥有最多万向节专利的公司。2000年万欣U国公司收购T公司，从而成为U国最大的汽车轮毂加工装配基地和供应商。2001年万欣U国公司又收购U国零售商A公司，获得了A公司的汽车制动器技术与品牌、U国连锁维修店和采购渠道。万欣U国公司非常注重规避跨国并购可能带来的风险，例如在收购L公司时，为了绕开工会的制约，万欣U国公司联手当地企业一起收购；在收购T公司时，万欣U国公司不仅没有解雇富余员工，还扩建厂房并招收新员工，帮助T公司渡过难关。

万欣U国公司在与当地客户的积极互动中彰显自己的信誉和能力，让外界逐渐了解并默许这家零部件企业的发展壮大。

资料二

2003年万欣U国公司正式成为主机厂的一级供应商，同年收购K公司，该公司是翼型万向节传动轴的发明者和全球最大的一级供应商；2005年万欣U国公司收购U国F汽车公司的一级供应商S公司和轴承企业G公司。一系列成功的收购进一步为万欣U国公司的信誉和形象加码。

2008年全球金融危机爆发，汽车产业是受影响最大的产业之一，U国三大汽车公司都陷入困境。原本现金流耐受力就较差的U国企业在危机冲击下纷纷倒下，众多供应商走向破产。而谨慎的资金管控措施让万欣U国公司在金融危机中保持良好的经营状况。此前万欣U国公司成功地帮助一些危机企业扭转局面在业内积累了不错的声誉，危机爆发后很多企业主动找到万欣U国公司希望能够被其收购。万欣U国公司曾经在竞购H公司时败于一家私募基金公司，而在金融危机的冲击下这家基金公司被迫清盘，H公司的管理层主动沟通希望被万欣U国公司收购。

金融危机中万欣U国公司找到了进一步发展的突破口。万欣U国公司意识到金融危机前公司要尽可能适应和服从外部环境的要求，危机后公司则应当发挥自身优势，朝更有利的方向施加影响。

万欣U国公司运用自身和总部独有的优势整合内外部资源，帮助很多危机中的U国企业渡过难关，并做出“即使公司有困难，仍然保证一不裁员、二不减薪、三不减福利”的承诺。

DR公司是一家汽车电子感应器公司，在金融危机中不得不出售。出售前公司所有者联系了万欣U国公司收购过的公司，了解到这些公司被收购后得到万欣U国公司及其总部很好的资源整合，因此拒绝另外

4家竞标收购者而决定出售给万欣U国公司。2007年U国AI公司被万欣U国公司并购后其大股东评价“万欣的并购会让现代化的U国汽车工业企业变得更加赚钱”。2008年U国F汽车公司旗下的M工厂因严重亏损被迫剥离。万欣U国公司收购M工厂后对其生产经营方式进行全面改造。在并购H公司后停掉了该公司的一些生产线，将设备运到万欣公司中国公司进行生产，H公司主要负责组装、技术开发、测试、售后服务和物流，以发挥各自优势。在收购U国T-D公司后，万欣U国公司通过对T-D公司和中国总部进行优势和资源的对接，把等速驱动轴打造为继万向节之后又一个世界老大产品。2009年万欣U国公司收购U国DS汽车转向轴业务后，为十分不景气的U国汽车业挽救约150个工作岗位。一系列的并购及其之后的资源整合，不仅拯救了被并购公司，也让他们认识到万欣公司的强大实力与中国国内完备的产业配套能力。

同时，万欣U国公司收购一级供应商，通过财务支持帮助它们渡过难关，为3500位U国人保住了工作，也让万欣U国公司生产的零部件得以在U国三分之一的汽车上使用。

资料三

新能源汽车的问世对传统汽车制造业带来严峻的挑战。在全球环境保护的压力下，万欣公司也开始向新能源汽车领域挺进。但是由于起步晚、缺少高端技术研发人员和营销人员，万欣公司的电动车零部件核心技术远远落后于国内外的领先企业，也缺少整合供应链的资源和能力，更没有早期进入者所具有的经验曲线等成本优势。为了克服公司进入新能源汽车领域的诸多障碍，2012年年底，万欣U国公司协助集团总部参与竞购深陷破产危机的U国AB公司。

AB公司是U国一家研制和生产锂离子能量存储设备的厂商，曾被U国政府和市场寄予厚望。竞购期间U国诸多政府官员与行业专家强烈反对将AB公司卖给万欣公司，他们认为AB公司是U国重点企业且部分业务和军方有直接关联，被万欣公司收购会威胁U国国家安全。为了减少万欣公司在U国受到的政治压力，万欣公司向国内备案以获得国家的背书，增加谈判筹码；万欣公司始终承诺整体收购，并维持其2000多名员工的工作岗位，这与其他8个竞标者只对AB公司的部分业务感兴趣不同；更关键的是，万欣公司只收购AB公司的民用业务，绝对避开涉及军方的业务。万欣公司的收购方案展现了愿意承担社会责任的企业形象，得到了AB公司首席执行官的高度认可，妥善化解了来自外界的压力。

对AB公司的收购完成之后，万欣U国公司代替总部开始直接接管万欣公司在U国的新能源汽车业务。2013年公司聘请U国人R先生管理AB公司，要求他在不影响研发的前提下不断削减开支。R先生削减医疗福利，取消了免费食物和卡布奇诺咖啡机等待遇。在甩债务、拓业务、削福利这三板斧之后，AB公司终于扭转了亏损，开始步入正轨。之后，万欣公司继续向AB公司提供培养核心业务必要的财务支持，推动AB公司进入汽车电动化、电网储能及其他全球性市场，包括进入中国市场。

2013年10月万欣公司将其所有的电池制造业务交给AB公司承担，这成为双方建立互信的重要里程碑。万欣公司还开放了AB公司的实验室并建立“AB创业技术项目”，与20多家电池公司开展联合研发。万欣公司通过收购AB公司获得了世界顶尖的电池技术，与全球主流客户建立了业务联系，在新能源电池领域也更具号召力。

2014年年初，经过多轮角逐，U国批准了万欣U国公司对FS电动汽车公司的收购，标志着万欣公司全面进入新能源汽车整车制造产业。在收购FS公司期间，万欣U国公司同样遭到非议，被指责“偷窃U国技术”。然而 FS 公司所在州州长和议员对万欣 U 国公司表示支持：“万欣 U 国公司在 U 国 20 多年，形象一直比较靠谱”。并购后，万欣 U 国公司履行承诺，将 FS 公司的工厂从欧洲 F 国搬回 U 国，复产后创造了 300 多个工作岗位。

2015 年 11 月，FS 公司宣布与 D 国 BM 公司结成重要合作伙伴关系，万欣 U 国公司认为这一合作不仅将技术和资本绑在一起，而且将名誉与品牌绑在一起。万欣 U 国公司又一次向 U 国新能源市场展现自身实力，也让评价者认可其在新业务中的行为和战略。

要求：

（1）简要分析万欣 U 国公司成立之初所面对的社会文化风险；

（2）简要分析万欣公司国际化经营进入 U 国市场的主要动因；

（3）简要分析万欣 U 国公司在 U 国采用并购战略的动机与所规避的主要风险；

（4）依据新兴市场的企业战略，简要分析万欣 U 国公司协同总部是如何在 U 国实施“抗衡者”战略的；

（5）依据企业资源能力的价值链分析理论，简要分析金融危机后，万欣 U 国公司协同总部是如何整合资源能力，重新构筑被并购企业的竞争优势的；

（6）简要分析万欣公司进入新能源汽车新兴产业所面对的发展障碍；

（7）依据《企业内部控制应用指引第 4 号——社会责任》，简要分析万欣公司与万欣 U 国公司进入新能源汽车领域是如何规避履行社会责任风险的。（2019 年改编）

5. **资料一**

2010 年 4 月，由 6 名工程师、2 名设计师组成的联合团队创建的科通科技公司正式成立。公司成立之初，公司 CEO 刘毅与股东们就有一个想法：要做一款设计好、品质高、价格便宜的智能手机。

2010 年的手机市场，还是国际品牌的天下，功能机仍是主体，智能手机的价格至少在 3000~4000 元。虽然也有一些国产品牌手机，但大多数是低质低价的山寨机。为了开发物美价廉的智能手机，科通公司首先运用互联网工具，让用户参与到手机硬件的设计、研发之中，通过用户的反馈意见，了解市场的最新需求。而此前其他公司的研发模式都是封闭的，动辄一两年，开发者以为做到了最好，但其实未必是用户喜欢的，而且一两年时间过去，市场很可能已经变化。其次，坚持做顶级配置，真材实料，高性能，高体验，强调超用户预期的最强性价比。第三，以品牌和口碑积累粉丝，靠口口相传，节省大量广告费用。第四，开创了官网直销预订购买的发售方式，不必通过中间商，产品可以直接送到消费者手上，省去了实体店铺的各种费用和中间的渠道费用。

2011 年 8 月 16 日，科通公司发布了第一款“为发烧而生”的科通手机。这款号称顶级配置的手机定价只有 1999 元，几乎是同配置手机价格的一半。科通手机 2012 年实现销售量 719 万部。2014 年二季度，科通手机占据国内智能手机市场的第一名，科通公司在全球也成为第三大手机厂商。

短短 5 年时间，科通公司的估值增长 180 倍，高达 460 亿美元。科通成为国内乃至全球成长最迅猛的企业，一度是全球估值最高的初创企业。刘毅总结科通公司成功的秘诀是“用互联网思维做消费电子，这是科通在过去 5 年取得成绩的理论基础”。在刘毅看来，“互联网思维”体现在两个关键点上：一是用户体验，利用互联网接近用户，了解他们的感受和需求；二是效率，利用互联网技术提高企业的运行效率，使优质的产品以高性价比的形式出现，做到“感动人心、价格厚道”。

科通的成功模式成为各行各业观摩学习的范本，大量企业开始对标科通，声称要用科通模式颠覆自己所在行业。“做 XX 行业的科通”，成为众多企业的口号。

资料二

然而，在2015年，迅猛增长的科通遇到了前所未有的危机。一方面，销量越来越大就意味着要与数百个零部件供应商建立良好高效的合作协同关系，不能有丝毫闪失。而科通的供货不足、发货缓慢被指为“饥饿营销”，开始颇受质疑。另一方面，竞争对手越来越多、越来越强大。H公司推出的互联网手机品牌R手机成为科通手机强劲的对手，O公司和V公司也借助强大的线下渠道开始崛起。芯片供应商G公司的一脚急刹车成为导火线。在经历了5年的超高速增长后，2015年下半年，科通公司放缓了飞速前进的脚步。由于市场日趋饱和，整个智能手机行业的增速下滑，虽然科通手机2015年7000万部的销量依然是国内出货量最高的手机，但刘毅在年初喊出的8000万部销量的目标没能实现。

科通手机销量下滑的趋势并没有止住。2016年，科通手机首次跌出全球出货量前五；在国内市场，科通手机也从第一跌到了第五，季度出货量跌幅一度超过40%，全年出货量暴跌36%。而这一年，以线下渠道为主的O公司和V公司成为手机行业的新星，其手机出货量不仅增幅超过100%，而且双双超过科通公司进入全球前五、国内前三。

因为增速放缓，一直被顶礼膜拜的科通模式在这一年开始遭遇前所未有的质疑。科通公司似乎自己也乱了节奏，在渠道、品牌和产品等方面都出现了不少问题。

科通公司认识到过于迅猛的发展背后还有很多基础没有夯实，亟待主动减速、积极补课。2016年，科通公司内部开始进行架构和模式多维调整。

(1) 刘毅亲自负责科通手机供应链管理。前供应链负责人转任首席科学家，负责手机前沿技术研究。这意味着科通公司从组织架构上加大对供应链的管理力度。

(2) 开启“新零售”战略。所谓新零售就是指通过线上线下互动融合的运营方式，将电商的经验和优势发挥到实体零售中。让消费者既能享用线下看得见摸得着的良好体验，又能获取电商一样的低价格。截至2018年3月10日，全国范围内已有330个实体店“科通之家”，覆盖186座城市。

(3) 早年一直坚持口碑营销从未请过代言人的科通公司在2016年开始改变策略，先后邀请几位明星作为代言人，赢得不少新老客户。

2017年科通公司开始重新恢复高速增长。2017年第二季度，科通手机的出货量环比增长70%，达2316万部，开创了科通手机季度出货量的新纪录。2017年第四季度，在其他全球前五名的智能手机厂商出货量全部负增长的情况下，科通手机出货量增长96.9%。

资料三

2014年，刘毅开始意识到“智能硬件”和“万物互联（Internet of Things，IoT）”可能是比智能手机更大的发展机遇。于是，科通公司开启了科通生态链计划，运用科通公司已经积累的大量资金，准备在5年内投资100家创业公司，在这些公司复制科通模式。

科通公司抽出20名工程师，让他们从产品的角度看待拟投资的创业公司，通过与创业公司团队的沟通，了解这家公司的未来走向。科通生态链团队不仅做投资，而且是一个孵化器，从ID、外观、结构、硬件、软件、云服务、供应链、采购、品牌等诸多方面给予创业公司全方位的支持。这些创业公司有一大半是科通生态链团队从零开始孵化的。但是，科通公司并没有控股任何一家科通生态链公司，所有的公司都是独立的。这样有利于在统一的价值观和目标下，生态链企业各自发挥技术创新优势，同时降低科通公司整体内部协调成本，规避经营风险。

科通生态链的投资主要围绕以下5大方

向：①手机周边，如手机的耳机、移动电源、蓝牙音箱；②智能可穿戴设备，如科通手环、智能手表；③传统白电的智能化，如净水器、净化器；④极客酷玩类产品，如平衡车、3D打印机；⑤生活方式类，如科通插线板。

2016年，科通生态链宣布使用全新的麦家品牌，除了手机、电视、路由器等继续使用科通品牌，科通生态链的其他产品都将成为“麦家”成员。2016年，科通生态链企业的总营业收入超过了150亿元。至2018年5月，科通已经投资了90多家生态链企业，涉足上百个行业。在移动电源、空气净化器、可穿戴设备、平衡车等许多新兴产品领域，麦家的多个产品已经做到全球数量第一。科通生态链公司也出现多个独角兽（指那些估值达到10亿美元以上的初创企业）。

由于科通品牌给人们高性价比的印象已经根深蒂固，不少人认为科通生态链企业的产品无法盈利。但实际上，科通生态链企业已经有多家实现盈利。这是因为科通公司利用其规模经济带来的全球资源优势帮助这些生态链企业提高效率。科通公司运用其全球供应链优势能够让生态链上的小公司瞬间拥有几百亿供应链提供的能力。

科通公司还建成了全球最大消费类IoT平台，连接超过1亿台智能设备。通过这种独特的战略联盟模式，科通公司投资和带动了更多志同道合的创业者，围绕手机业务构建起手机配件、智能硬件、生活消费产品三层产品矩阵；科通公司也从一家手机公司过渡到一个涵盖众多消费电子产品、软硬件和内容全覆盖的互联网企业。

2018年4月，科通公司成功上市。

要求：

（1）简要分析科通公司从初创时期到上市之前公司宗旨的变化；

（2）依据“战略钟”理论，简要分析科通智能手机与科通生态链产品所采用的竞争战略类型；

（3）针对“科通的成功模式成为各行各业观摩学习的范本”，依据核心能力评价理论，简要分析本案例中向科通公司学习的企业进行基准分析的基准类型；

（4）简要分析科通公司在2015年面临的市场风险；

（5）简要分析科通公司2016年所采用的收缩战略（撤退战略）的主要方式；

（6）简要分析科通生态链所采用的发展战略的类型及其优点、途径及该途径的动因；

（7）简要分析科通公司的企业能力。**（2018年改编）**

6. 资料一

上个世纪80年代初，在乡镇企业做水表玻璃的李国耀先生，通过一次偶然的机会了解到国内汽车玻璃全部依赖进口，价高难买，一个创业者和企业家的责任感油然而生。1987年光祖公司正式成立。

30年来，光祖公司以“为C国人做一片属于自己的玻璃”为使命，围绕着人品、产品、品质、品味“四品一体”的经营理念，专注汽车玻璃、专注客户价值、专注质量经营，致力于将C国人这片玻璃做到极致。

随着国内汽车产业的迅猛增长，光祖玻璃逐渐被全球知名品牌汽车企业认同，光祖公司产品需求日益增大。公司在国内十几个地区建立了现代化的生产基地。之后，作为全球化程度很高的产业——汽车制造的零部件供应商，光祖公司开启了进军国际市场的航程。

1991年9月，光祖公司开始向北美J国T公司出口汽车玻璃，将其业务拓展至北美的汽车配件市场。

1994年年底，光祖公司在北美U国成立了L玻璃工业公司，主营光祖公司汽车玻璃在北美的销售业务。

2001年，世界玻璃巨头U国P公司对C国维修用汽车前挡风玻璃发起倾销诉讼，

U国商务部展开对C国维修用汽车前挡风玻璃的反倾销调查。同年3月，光祖公司作为20多家被调查企业中唯一的上市公司，收到U国国际贸易委员会的反倾销调查问卷。如果被判定倾销，企业需要缴纳高额的罚款，这会让一个正常经营的企业陷入困境。光祖公司认为自己并没有接受国家补贴，更没有低价倾销，聘请U国律师，提供国际会计师事务所审计的财务报表，积极应诉。2004年10月，光祖公司取得历时三年多的反倾销案胜诉，成为C国汽车玻璃企业中唯一出口U国无须缴纳反倾销税的企业。

通过这一事件，光祖公司认识到，作为一个新兴市场国家实力相对弱小的企业，急于扩大市场份额会让发达国家实力强大的企业产生危机感，因而会遭遇发达国家企业致命的挤压。因此，光祖公司要在世界汽车产业市场寻求一席之地，必须学会当好汽车集团的“配角”。光祖公司不做大而全的公司，而是专注于汽车玻璃的高科技产品。光祖公司在应诉过程中，运用公关与市场策略，与发起倾销诉讼的世界玻璃巨头U国P公司化敌为友，后来双方还建立了契约式战略联盟关系，互补对方在欧美和亚洲市场的不足。

资料二

2008年全球金融危机之后，光祖公司加快了国际化经营“走出去”的步伐。

2008年的金融危机给汽车玻璃行业格局带来了巨大的变化，国际同行因为原有的大批量生产模式和个性化、小批量的消费需求相悖，导致成本高涨。而且，汽车玻璃业务只是汽车制造集团多元化业务的一块，因而被边缘化。由于光祖公司始终专注做汽车玻璃，打造了核心竞争力，逐步赢得更多汽车厂商的信赖。

2011年6月，应发达国家D国Z汽车公司等合作伙伴之邀，光祖公司挺进R国，在该国投资2亿美元设厂，设计产能为年供应300万套汽车安全玻璃。2013年9月，项目一期100万套汽车玻璃顺利投产。光祖公司成为R国汽车市场主要玻璃供应商。

2014年，光祖公司又启动U国项目，总投资6亿美元，这是C国汽车零部件企业在U国最大的投资项目。该项目建成后将形成450万套汽车玻璃+400万片汽车配件的生产能力，成为全球最大的汽车玻璃单体厂房。项目一期已于2015年年底投产，国际品牌整车客户的订单络绎不绝。

2016年，光祖公司在继续完成U国项目二期建设、建立研发中心的同时，又在D国建立玻璃包边工厂。届时，光祖公司在全球已拥有四大设计中心。以此为依托构建全球制造基地，光祖公司将实现全球客户需求与供应的即时对接、互联互通，进一步做大做强。

稳扎稳打的全球化布局，支撑光祖公司获得在全球的资源优势和规模经济优势，攀登上更高的起点。过去，海外市场收入占比不到一成，如今已有三分之一的收入来自海外市场。

资料三

长期以来，全球汽车玻璃市场被国外三大汽车玻璃制造商高度垄断，三家巨头连同其在世界各地的合资公司，共同占据了全球60%左右的市场份额。对比世界先进水平，C国玻璃产业快速发展的过程中，长期积累的矛盾和问题日益凸显，产品结构不合理、低端产品产能过剩，高端市场的汽车玻璃技术严重短缺。更为严峻的是，国外跨国公司在汽车玻璃制造的新材料及应用技术上不断推陈出新，如此状况下要想直接购买技术或是仿造产品绝非现实。

光祖公司认识到，在全球汽车玻璃市场激烈的竞争中，C国企业要想寻求新的发展，必须大力推行“高附加值功能化汽车玻璃智能工厂”建设，研发汽车玻璃新材料、新产品，突破材料、工艺、装备、检测试验等关键技术，带动上游材料、软件集成、装备各产业链技术升级。就整车而言，除提升安全性和舒适性之外，对玻璃节能环保、智能驾驶、功能集成方面提出更高要求。

近几年，光祖公司联合高校和科研单位，成立“产学研用一体化”四方创新联合体，建立长效合作机制，共同策划和实施光祖公司智能制造新模式。光祖公司技术创新硕果累累。光祖镀膜前挡玻璃技术打破了国际巨头的垄断。机械加工设备实现自主研发生产，且基本达到国际先进装备水平。这些设备填补了一系列国内空白，解决了批量、成本、光学等矛盾，实现了汽车玻璃规模化生产及出口业务的快速增长，成为 U 国知名汽车品牌的全球优秀供应商。

在工业 4. 0 方兴未艾之际，光祖公司敏锐地把握机遇，乘势而上，从“制造”迈向“智造”。通过自动化和信息化不断融合，搭建数字化的链接通道，打通市场调研、研发、生产、管控、供给、销售等各个环节，实现定制化产品以销定产、自动化制造、智能化运营。

如今，光祖公司结合信息技术和自动化的生产工厂，已经走在全球同行业前列。“多品种、小批量”的柔性生产方式，不仅有效保证了品质和效率，而且降低了生产成本。高度柔性的生产方式可以在同一条生产线上，实现数十种不同汽车玻璃的生产。普通复杂度的玻璃品类切换通常只需 1 小时，一个车间一年可以生产上万种不同的汽车玻璃。从下订单开始，客户定购 2000 片汽车玻璃最快仅需一天时间即可生产出来。不仅如此，生产线上的每一件产品的每一道加工工序都被电脑记录信息，在生产流程中形成了完整的可追溯体系。

在提升制造柔性化、智能化和高效率的同时，光祖公司还力求让自己遍布全球各地的工厂更加紧密地连网，与客户和供应商无缝的信息化对接也在积极推进。以往光祖公司仅仅为客户提供一片片的汽车玻璃，而现在提供的是包括各种安装配件的汽车玻璃总成，甚至安装服务都由光祖公司负责。光祖公司的汽车玻璃制造与上下游产业链正在形成“你中有我、我中有你”的新格局。

要求：

（1）简要分析光祖公司 30 年来所选择的发展战略的主要类型及其适用条件；

（2）简要说明光祖公司国际化经营进入国际市场所采用的模式；

（3）简要分析 2001 年光祖公司所面临的政治风险与市场风险；

（4）简要分析光祖公司研发的类型与定位。（2018 年改编）

7. 资料一

广源天药集团是一家专门生产医药产品，并且拥有独一无二的国家级保密配方和百年老字号品牌的医药企业。其核心产品广源天药在治疗出血、消炎等方面有非常好的疗效，在国内外享有很高声誉。

广源天药集团最初生产销售的粉剂产品，产品结构较为单一。随着人们生活水平逐渐提高，医药企业竞争日趋激烈，消费者对医药产品功能的要求也日益多样化。广源天药集团顺应时代发展对药品剂型、便捷性、准确性等多方面的需求，从 1975 年开始，在广源天药秘方原有剂型的基础上研制出系列新剂型、新品种，历经 30 多年时间，逐步开发构建了广源天药完整、庞大的产品群。如主打止血消炎的广源天药膏、广源天药酊，用于外伤止痛的广源天药气雾剂，具有止血功效的创可贴等。同时，广源天药深入挖掘创新以天然植物为原料的民族药物，成功研发出具有地方特色的新产品，如脑脉通口服液、宫血宁胶囊等。广源天药集团坚持稳老扶新，循序渐进地优化产品群结构，将自身独特的技术优势与多变的市场需求相结合，不断开发出新的高品质药品，赢得了消费者的信赖。

广源天药新产品开发最具代表性的产品是广源天药创可贴。2000年，创可贴市场占领者国际品牌BD创可贴仅仅是一种卫生消毒材料，没有对伤口的止血和愈合的功效。而广源天药产品的药性具有很强的止血和愈合功效。如果将广源天药产品的药性与创可贴的功效结合起来，可与其他创可贴形成功能性差异。但是当时广源天药不具备生产透皮方面的技术，为了快速推出此类产品，广源天药选择暂时不进行自主研发，与国外创可贴企业合作，广源天药提供创可贴的敷料部分，国外企业负责成品生产。2001年3月广源天药投资成立专业透皮研究部门，主要对创可贴进行研究开发，引进日本更先进的生产透皮技术，委托国内企业加工生产8000多万张，产量比2000年增长了近100倍。随后投资300万元建立广源天药创可贴生产线，并投资2000多万元组建医药电子商务公司，完善创可贴销售网络。2004年广源天药创可贴年销售额达到4000万元。2006年广源天药加大宣传攻势，着重宣传广源天药创可贴弥补了其他同类产品只能护理不能治疗的缺陷，彻底打破了BD独霸创可贴天下的局面，当年广源天药创可贴与BD创可贴的市场比率由2000年的1∶10涨到1∶2.6。随后广源天药集团成立了主要生产经营透皮产品的事业部，并于2011年收购国内一家制药厂，作为与透皮事业部相配套的生产企业。2012年广源天药创可贴销售额再创新高，达到4亿元。到目前为止，广源天药仍然是创可贴行业的翘楚。

资料二

广源天药没有止步于药品系列的开发。广源天药集团管理层考虑，一方面，广源天药集团进入国家基本药物目录的药品在价格上受到限制，招标采购模式也使得药品价格维持在一个较低的水平，毛利率较低；另一方面，一种药品从立项、临床报批到进入市场需要很长的周期和大量资金投入，进入市场的结果也存在着未知的风险。一旦产品销售不佳，会对广源天药集团产生较大影响。因此，广源天药集团希望开发非药品业务作为公司新的利润增长源泉，这样，一方面可以获得足够的资金支撑企业研发新的医药产品，另一方面也可以抵御医药市场的竞争压力，规避产业发展风险。此外，广源天药集团管理层还期望充分发挥企业在药品经营中各种有形资源和良好的品牌声誉优势，进一步扩大公司生存发展空间。

早在2002年，广源天药集团就开始进军日化产业。先从牙膏产品入手。一般传统牙膏的主要功能是解决牙齿防蛀和清洁问题，而80%左右的成年人或多或少都有口腔溃疡或者牙龈萎缩出血等问题。广源天药集团开始研发天药牙膏，利用天药的活性成分，开发出一种能够帮助消费者减轻牙龈出血等口腔问题的独特的药物牙膏。2004年广源天药牙膏开始投放市场，市场反映良好。2005年天药牙膏销售收入接近8000万元。在此基础上，广源天药集团又对产品进行不断改进和完善。2014年广源天药牙膏销售额突破19亿元，在国内所有牙膏品牌中的市场份额位列第三。

开发广源天药牙膏的成功激励着企业进入其他日化领域。2008年年初与日本高端品牌化妆品企业S公司签订化妆品转让技术，进行护肤类化妆品研究、开发、生产和销售。2010年广源天药集团投资500万元组建健康产品事业部，主要进行健康护理产品类的生产经营。从2009年到2014年，公司相继推出健康类个人护理产品沐浴素、洗发水、护发素、面膜、护手霜、卫生棉等新产品。

从2003年以来国内房地产行业突飞猛进，房地产的巨大利润吸引了广源天药集团。2006年广源天药集团投资成立100%控股的广源天药置业有限公司，主营房地产开发，注册资本1000万元。2011年又成立了物业服务公司，为集团的房地产公司提供配套物业服务。2012 年集团又投资 38 亿元修建集旅游、休闲、养生、娱乐为一体的度假村。2013 年 7 月广源天药集团出售了广源天药置业有限公司的所有股份。

资料三

广源天药集团多元化经营的各个领域的经营状况呈现出多种不同态势。

(1) 医药板块稳步增长。公司医药产品中已经有 6 种产品销量过亿元。其中最高的销售额超过 10 亿元。

(2) 日化板块仅有牙膏一枝独秀，其他产品业绩不佳。2004~2014 年广源天药牙膏的销售额从 3000 万元上升到 19 亿元，成为广源天药集团利润增长的主要产品之一。然而，其他日化产品都销售不佳，发展势头萎靡不振。几种主要产品的市场占有率大大低于外资品牌，也低于国内其他著名品牌。目前市场上已经很少能看到广源天药的沐浴素、洗发水、护发素、面膜、护手霜等产品的踪迹。

究其原因，广源天药日化产品的开发和发展，虽然都能依托集团公司强势的品牌效应，但是，只有牙膏产品，能够将广源天药集团的核心竞争力真正体现出来。其一，广源天药牙膏运用公司的关键资源——广源天药粉的神奇功效，使得广源天药牙膏具有独特的治疗功能；其二，广源天药牙膏首先采用的销售渠道是医院和药房、网络销售渠道，随后才进入超市等渠道，这样有利于在产品问世时显现出药企的背景，让消费者觉得质量有保障，并且巧妙避开了与行业龙头的直接竞争，还可降低前期的销售费用。而其他日化产品因为其功能和特点无法体现广源天药粉的独特优势，所以难以成功。

(3) 房地产板块经营不善。广源天药集团在 2006 年房地产行业发展热火朝天的大好形势下进入房地产行业，但是房地产业务与广源天药集团的主营业务不存在联系，在生产技术、市场、营销等方面无法产生协同效应。广源天药集团没有强大的资源和人才来支撑这个庞大的房地产业务体系，致使房地产业务在 5 年内 4 年都是严重亏损，侵蚀了集团的资源，占用了人力，还占据了企业大量资金。广源天药集团管理层没有审时度势和合理分析房地产业的未来走势，没有结合集团房地产业务连续数年亏损的实际和房地产整个行业的发展现状及时做出调整，却于 2012 年反其道而行耗资 38 亿元兴建度假村。直到 2013 年才出售广源天药置业有限公司退出不良业务。

近年来，广源天药集团由于多元化经营资源分散，不仅导致其在缺乏优势的产业中经营绩效不佳，而且对其主业带来了负面影响。2007~2014 年广源天药集团有 4 种药品进入国家药监局不合格药品名单，其中影响最大的是 2012 年国内某省药监局查出广源天药胶囊的水分不合格，相关产品被召回，广源天药集团被列入医药企业黑名单。该省药物采购联合办公室取消了广源天药胶囊的中标权利和网上采购资格，并且在 2013~2016 年严格禁止广源天药胶囊进入该省基本药物统一招标采购目录。从 2007 年至 2016 年 9 年间，广源天药至少 10 次因为部分药品质量不合格、广告夸大疗效等原因导致负面消息，这些负面消息无疑给广源天药集团的企业形象和口碑造成不良的影响。

要求：

(1) 依据市场营销组合的产品策略，简要分析广源天药集团医药板块产品组合策略的类型及产品开发的原因；

(2) 简要分析广源天药集团开发广源天药创可贴过程中所实施的发展战略的几种途径；

(3) 简要分析广源天药集团实施多元化战略的动因（多元化经营的优点）与风险；

(4) 运用辨别企业核心能力的 3 个关键性测试，简要分析广源天药集团在医药板块、牙膏、其他日化产品、房地产 4 个领域是否具备核心能力；

(5) 简要分析广源天药集团在医药板块、广源天药牙膏两个领域研发的类型、动力来源与研发定位；

(6) 简要分析广源天药集团在经营中面临的运营风险。(2017年)

历年经典试题回顾参考答案及解析

“扫码看解析”

使用“微信”或“会计云课堂”App扫码，即可线上对答案、看解析，错题随手收藏，及时巩固复习。

一、单项选择题

1. 【答案】A

解析：风险规避是指企业回避、停止或退出蕴含某一风险的商业活动或商业环境，避免成为风险的所有人。“后者曾多次在前者急需大量铁矿石时大幅提高产品价格……后来桐城钢铁公司买下山谷矿山公司51%的股权并获得定价权”属于风险规避，选项A正确。

2. 【答案】B

解析：“南方石油公司成立了自己的专属保险公司，为母公司提供保险，并由母公司筹集总计10亿元的保险费，建立损失储备金”属于专业自保。改善公司现金流属于专业自保的优点，选项B正确。

3. 【答案】A

解析：风险资本是除经营资本之外，公司补偿风险造成的财务损失而需要的资本。甲公司筹集的12亿元中，10亿元为最低运营资本，其余的2亿元为风险资本，选项A正确。

4. 【答案】A

解析：依据《企业内部控制基本规范》关于内部环境要素的要求：企业应当加强法制教育，增强董事、监事、经理及其他高级管理人员和员工的法制观念，严格依法决策、依法办事、依法监督，建立健全法律顾问制度和重大法律纠纷案件备案制度。因此，选项A正确。

5. 【答案】D

解析：通过风险评估系图可以识别某一风险是否会对企业产生重大影响，并将此结论与风险发生的可能性联系起来，为确定企业风险的优先次序提供框架。“对由人为操作和自然因素引起的各种风险对企业影响的大小和发生的可能性进行分析，为确定企业风险的优先次序提供分析框架”表明甲公司采取的是风险评估系图法，选项D正确。

6. 【答案】A

解析：“面对G国先进印刷机在中国的市场占有率迅速提高，中科公司将业务转型为给G国印刷机的用户提供零配件和维修保养服务”体现了中科公司退出了印刷机制造领域，以避免激烈的市场竞争，其采取的策略为风险规避，选项A正确。

7. 【答案】A

解析：“甲公司每年维持经营所需的最低资本为1000万元，但是有4%的可能性需要1500万元才能维持经营”，也就是说如果风险资本为500万元（1500－1000），那么这家公司的生存概率就是96%，选项A正确。

8. 【答案】B

解析：前推就是根据历史的经验和数据推断出未来事件发生的概率及其后果。甲公司战略部门每年都会对积累的丰富的销售数据进行收集整理，据此推算出未来年度企业的销售风险，属于前推法，选项B正确。

9. 【答案】C

解析："在H国，'Goats'除了有山羊的意思以外，还有其他的贬义，一些消费者因此产生不好的联想，影响了产品的销售"表明甲公司跨国营销可能面临社会文化风险，选项C正确。

10. 【答案】A

解析：德尔菲法又称专家意见法，是在一组专家中取得可靠共识的程序，其基本特征是专家单独、匿名表达各自的观点，同时随着过程的进展，他们有机会了解其他专家的观点。德尔菲法采用背对背的通信方式征询专家小组成员的意见，专家之间不得互相讨论，不发生横向联系，只能与调查人员发生关系。通过反复填写问卷，收集各方意见，达成专家之间的共识。"甲公司聘请了20位相关领域的专家，根据甲公司面临的内外部环境，针对六个方面的风险因素，反复征询每个专家的意见，直到每一个专家不再改变自己的意见、达成共识为止"属于德尔菲法，选项A正确。

二、多项选择题

1. 【答案】AB

解析："市场上发生多起甲公司的手机电池爆炸事件，给用户造成人身和财产损失的事故，公司也因此面临诉讼危机"属于法律风险；"甲公司详细调查后发现，乙公司提供的手机电池质量不合格，存在很大的安全隐患"属于运营风险中的质量、安全、环保、信息安全等管理中发生失误导致的风险。因此，选项A、B正确。

2. 【答案】ABD

解析：企业全面风险管理是一个由企业治理层、管理层和所有员工参与、旨在把风险控制在风险容量以内，增进企业价值的过程，选项C错误，选项A、B、D正确。

3. 【答案】CD

解析：选项A属于信息与沟通要素的要求，选项B属于控制活动要素的要求，选项C、D正确。

三、简答题

1. 【答案】

（1）①合规风险侧重于行政责任和道德责任的承担。"达达出行"在2018年所面临的合规风险为"达达顺风车连续两次发生了女乘客被车主杀害事件，引发社会舆论轩然大波。有关政府部门在第一时间约谈'达达出行'，责令全面整改""国内一家主流报刊发文评论，'生命安全是人类最基本的需求，网络平台不能把资本思维凌驾于公共利益之上'"。

②法律风险侧重于民事责任的承担。"达达出行"在2018年所面临的法律风险为"'达达出行'承诺给予被害者巨额赔偿"。

（2）"达达出行"实施收缩战略的原因是被动原因，企业或企业某项业务失去竞争优势。由于企业内部经营机制不顺、决策失误、管理不善等原因，企业经营陷入困境，不得不采用防御措施。"这一思路给达达顺风车业务带来灾难性的后果。2018年5月和8月，达达顺风车连续两次发生了女乘客被车主杀害事件，引发社会舆论轩然大波……'达达出行'发布公告，自8月27日起下线全国顺风车业务，进行内部整改"。

"达达出行"实施收缩战略的方式：

①紧缩与集中战略中的机制变革。

a. 重新制定新的政策和管理控制系统。“完善安全管理控制体系”。

b. 改善激励机制与约束机制。“改善激励机制与约束机制，打造友善出行环境”。

②转向战略。

a. 重新定位或调整现有的产品和服务。“调整产品定位和属性。坚决摒弃社交思路，回归顺风车‘顺路’属性”。

b. 调整营销策略。“达达顺风车为用户每次行程免费提供最高120万元/人保额的驾乘人员意外险”。

2.【答案】

(1) 政治风险是指完全或部分由政府官员行使权力和政府组织的行为而产生的不确定性。水泉公司在2005年遭遇的政治风险表现为“T国政府于4个月后出台的政策规定，T国企业在中国内地投资不能超过资本净值的40%，宏丰公司累计在中国的投资，已接近40%的上限。双方签约4个月以后，合作夭折”。水泉公司在2008年遭遇的政治风险表现为“因收购不符合中国反垄断法的相关规定，水泉与乐大的合作被有关部门紧急叫停。这项没有完成的收购案，成为水泉公司命运的转折点”。

(2) 合规风险侧重于行政责任和道德责任的承担。水泉公司2017～2019年所面对的合规风险为“由于涉嫌违反上市规则中关于关联交易申报、股东批准及信息披露的条款，水泉公司自2018年4月3日起正式停牌”“公司创始人、控股股东刘杰还因为未按期向合作方履行给付义务，收到了限制消费令，被司法机关列入失信被执行人名单”。

法律风险侧重于民事责任的承担。水泉公司2017～2019年所面对的法律风险为“公司创始人、控股股东刘杰还因为未按期向合作方履行给付义务”。

(3) ①信息披露制度。“水泉公司向其B市子公司提供42.82亿短期贷款，以便该子公司应付临时营运资金需要及还债。但是，这件事没得到董事会批准，也没有签订协议，更没有对外披露”，信息披露制度没有发挥作用。

②法律法规。“由于涉嫌违反上市规则中关于关联交易申报、股东批准及信息披露的条款，水泉公司自2018年4月3日起正式停牌”，法律法规发挥了作用。

③政府监管。“因收购不符合中国反垄断法的相关规定，水泉与乐大的合作被有关部门紧急叫停”“水泉公司自2018年4月3日起正式停牌”“公司创始人、控股股东刘杰还因为未按期向合作方履行给付义务，收到了限制消费令，被司法机关列入失信被执行人名单”，政府监管发挥了作用。

3.【答案】

(1) ①产品或服务的价格及供需变化带来的风险。“受2008年美国次贷危机和2011年欧债危机影响，欧美国家和地区纷纷大幅削减甚至取消光伏补贴，光伏产品国际市场需求急剧萎缩。随后欧盟对中国光伏产品发起‘反倾销、反补贴’调查，光伏企业出口遭受重创。而全行业的非理性发展已经导致产能严重过剩，市场供大于求”。

②主要客户、主要供应商的信用风险。“欧盟经济低迷，海外客户还款能力下降”。

③税收政策和利率、汇率、股票价格指数的变化带来的风险。“欧元汇率下跌。存货跌价损失、汇兑损失、坏账准备的计提使严重依赖海外市场的益强公司出现大额亏损”。

④潜在进入者、竞争者、与替代品的竞争带来的风险。“而全行业的非理性发展已经导致产能严重过剩，市场供大于求，企业间开始以价格战展开恶性竞争，利润急速下降，甚至亏损”。

(2) 发展战略过于激进，脱离企业实际

能力或偏离主业，可能导致企业过度扩张，甚至经营失败。“在资本市场获得大额融资的同时，益强公司开始了激进的扩张之路。从横向看，为了扩大市场份额，益强公司在欧美多个国家投资或设立子公司；从纵向看，益强公司布局光伏全产业链，实施纵向一体化发展战略，由产业中游的组件生产，延伸至上游的硅料和下游的电站领域。益强公司还大举投资房地产、炼油、水处理和LED显示屏等项目”。

(3) ①筹资决策不当，引发资本结构不合理或无效融资，可能导致企业筹资成本过高或债务危机。“为了支持其扩张战略，益强公司多方融资。公司上市仅几个月便启动第二轮融资计划——发行债券，凭借建设海外电站的愿景，通过了管理部门的审批，发行10亿元的‘益强债’，票面利率为8.98%，在当年新发债券中利率最高。自2011年2月起，李自及其女儿李丽陆续以所持股份作抵押，通过信托融资约9.7亿元，同时益强公司大举向银行借债。李自还发起利率高达15%的民间集资。这样，益强公司在上市后三年内，通过各种手段融资近70亿元”。

②投资决策失误，引发盲目扩张或丧失发展机遇，可能导致资金链断裂或资金使用效益低下。“在这种情况下，益强公司仍执着于多方融资扩大产能，致使产品滞销库存积压。同时，在海外大量投资电站致使公司的应收账款急速增加。欧盟经济低迷，海外客户还款能力下降，欧元汇率下跌。存货跌价损失、汇兑损失、坏账准备的计提使严重依赖海外市场的益强公司出现大额亏损。公司把融资筹措的大量短期资金投放于回款周期很长的电站项目，投资回报期和债务偿付期的错配使公司的短期还款压力巨大，偿债能力逐年恶化”。

③资金调度不合理、营运不畅，可能导致企业陷入财务困境或资金冗余。“公司把融资筹措的大量短期资金投放于回款周期很长的电站项目，投资回报期和债务偿付期的错配使公司的短期还款压力巨大，偿债能力逐年恶化。2010年公司的流动比率为3.165，到了2013年只有0.546。公司资金只投不收的模式使现金流很快枯竭”。

4.【答案】

(1) P公司近年来在C国所面临的市场风险主要体现在以下几个方面：

①产品或服务的价格及供需变化带来的风险。“中产阶级崛起，追求品质、个性化成为时代潮流。面对市场需求的变化，C国日化用品市场的竞争日趋激烈，威胁P公司的霸主地位”。

②潜在进入者、竞争者、与替代品的竞争带来的风险。“日化用品行业其他几家国际知名品牌企业都开足马力开发C国市场。例如，2011年H国A公司首次将其旗下的高端品牌主打产品草药护肤雪花霜引入C国，火速完成在C国一线城市各高端商场的铺货，大大分流与该产品定位相同的P公司旗下S品牌产品的市场份额。以往受到P公司挤压排斥的C国日化用品本土品牌，纷纷开发具有本土特色的产品，狙击P公司。众多品牌一拥而上，在消费者选择多样化的新形势下，P公司的产品不再那么不可替代。C国本土品牌的优势还在需求量增长更快的三至六线城市渠道布局中体现出来。本土品牌与个体或连锁的日化商店已有多年合作的积累，这种人情构建的渠道排他性很强”。

(2) P公司近年来在C国所面临的运营风险主要体现在以下几个方面：

①企业产品结构、新产品研发方面可能引发的风险。“面对消费者需求的巨大变化和市场日趋激烈的竞争，P公司的反应却很迟钝”“在C国市场开发高品质、个性化的新产品严重滞后”“P公司是世界上第一家生产合成的洗衣粉的企业，然而第一个将洗衣液带入C国市场的却是名不见经传的C国本土品牌L

洗衣液……P 公司在洗衣液这个本该属于自己的 C 国市场迟到了 4 年”。

②企业新市场开发、市场营销策略（包括产品或服务定价与销售渠道，市场营销环境状况等）方面可能引发的风险。“C 国本土品牌的优势还在需求量增长更快的三至六线城市渠道布局中体现出来”“在广告营销方面，P 公司也未能将其在国外市场的成功经验移植到 C 国市场。尽管长期以来，P 公司的广告在 C 国各大主流卫视的屏幕上保持着较高的出镜率，但 P 公司近年来除了常规的电视广告投放外，很少出现让人印象深刻的广告设计”“C 国消费渠道迎来巨变，线上消费渠道占据主流地位。而 P 公司在 C 国大量的线下布局，不仅不再是优势，反而成了累赘，利益干扰成了 P 公司线上布局的阻力”。

③企业组织效能、管理现状、企业文化，高、中层管理人员和重要业务流程中专业人员的知识结构、专业经验等方面可能引发的风险。“P 公司管理层认为 C 国的中产阶级是一群‘节俭的中产阶级’，因而在 C 国市场开发高品质、个性化的新产品严重滞后”“P 公司总部认为，从 U 国消费者的消费习惯看，从使用洗衣粉过渡到使用洗衣液用了近 30 年时间，C 国这一过程至少也需要 20 年……P 公司在洗衣液这个本该属于自己的 C 国市场迟到了 4 年”。

④因企业内、外部人员的道德风险或业务控制系统失灵导致的风险。“P 公司在 C 国大量的线下布局，不仅不再是优势，反而成了累赘，利益干扰成了 P 公司线上布局的阻力”。

⑤企业现有业务流程和信息系统操作运行情况的监管、运行评价及持续改进能力方面引发的风险。“在 P 公司链条过长、结构过于精密、近于僵化的决策系统指挥下，P 公司在洗衣液这个本该属于自己的 C 国市场迟到了 4 年”。

5.【答案】

（1）四水集团存在的公司治理问题的类型是经理人对于股东的“内部人控制”问题。主要表现：

①信息披露不完整、不及时。“未按规定披露重大关联交易……根据证监会的规定，这些交易属于应当在年报中披露的重大关联交易。但是，四水集团均未在这两年的年度报告中披露上述重大关联交易”。

②工资、奖金等收入增长过快，侵占利润。“通过派发高额工资等方式变相占用上市公司非经营性资金。四水集团近年来效益很不佳，连续多年没有分红，公司股价也一直处于低迷状态。然而，2011~2013 年，包括董事长在内的公司高管人数分别为 17 名、19 名和 16 名，合计从公司领走 1317 万元、1436 万元和 1447 万元薪酬，均超过同期四水集团归属于母公司股东的净利润水平”。

③侵占资产，转移资产。“违规在关联公司间进行频繁的资金拆借，非法占用上市公司资金”“连续多年向公司董事、监事和高级管理人员提供购房借款”。

（2）依据《企业内部控制应用指引第 6 号——资金活动》，四水集团资金活动需关注的主要风险：

①资金活动管控不严，可能导致资金被挪用、侵占、抽逃或遭受欺诈。“违规在关联公司间进行频繁的资金拆借，非法占用上市公司资金”“连续多年向公司董事、监事和高级管理人员提供购房借款”“利用上市公司信用为关联公司进行大量违规担保……一旦这些巨额贷款到期无法偿还，四水集团就必须承担起还款的责任”。

②资金调度不合理、营运不畅，可能导致企业陷入财务困境或资金冗余。“在关联公司间进行频繁的资金拆借……2012 年 4 月至 2014 年 8 月，向关联公司 H 贸易公司、F 公司拆借和垫付资金 6 笔，共 27250 万元”“公司 2011~2014 年的经营

状况不佳，扣除非经常性损益后的净利润出现连续大额亏损的状况”“公司连续多年资产负债率高达70%以上，且流动资产和流动负债相差无几，财务风险很大”。

【名师点题】 本题在解答时一定要认真审题，题干的资料主要叙述的是高管层的相关资料，根本就没有明确提及公司终极股东（控股股东、实际控制人）的相关资料，因此，涉及的是经理人对于股东的“内部人控制”问题，而不是依据其表现形式盲目判断为终极股东对于中小股东的“隧道挖掘”问题。

四、综合题

1. **【答案】**

(1) ①无人机新兴产业内部结构的共同特征：

a. 技术的不确定性。“在2006年1月成功做出了第一台样品，并在航拍爱好者中广受好评”“航拍爱好者购买了天志直升机后，相机还要另外购买，使用比较麻烦，而且产品价格过高，天志公司的新技术很难迅速推广”“天志公司的无人机产品和技术使得更多的人获得了认识世界的全新视角……开辟了一个又一个新的发展空间”。

b. 战略的不确定性。“天志公司的无人机产品和技术使得更多的人获得了认识世界的全新视角，让人们从地面的二维平面上升到三维空间去观察思考，其产品和技术也因此点燃了更多领域的创新。影视航拍、农业、能源、电力、测绘、安防等产业与无人机产业深度融合，天志公司的无人机技术成为这些产业创新所依赖的‘基础设施’”。

c. 成本的迅速变化。“天志公司的技术很快就获得了业界认可，一个单品在当时卖到了20万元的售价……而且产品价格过高，天志公司的新技术很难迅速推广”“随着生产技术的不断成熟，产品价格日趋下降”。

d. 萌芽企业和另立门户。“王浩开始了自主创业，他同两位一起做实验课题的伙伴，共同创立了天志公司”。

e. 首次购买者。新兴产业中许多顾客都是第一次购买。在这种情况下，市场营销的中心活动是选择顾客对象并诱导初始购买行为。“终于在2012年，天志精灵PH1横空出世，高度的集成一体化很快就获得了第一批消费者的认可”。

②天志公司在无人机新兴产业中的战略选择：

a. 塑造产业结构。在新兴产业中占压倒地位的战略问题是考虑企业是否有能力促进产业结构趋于稳定而且成型。这种战略选择使企业能够在产品策略、营销方法以及价格策略等领域建立一套有利于自身发展的竞争原则，从而有利于企业建立长远的产业地位。“天志公司开始了相机飞机一体化的研发设计，终于在2012年，天志精灵PH1横空出世”“天志公司的无人机技术成为这些产业创新所依赖的‘基础设施’”“产品价格日趋下降”“牢牢锁定无人机市场的霸主地位”。

b. 正确对待产业发展的外在性。在一个新兴产业中，一个重要的战略问题是在对产业倡导和追求自身狭窄利益的努力之间做出平衡。产业的整体形象、信誉、与其他产业的关系、产业吸引力、顾客对产业的认知程度、产业与政府及金融界的关系等都与企业的生产经营状况息息相关。产业内企业的发展，离不开与其他同类企业的协调以及整个产业的发展。“天志公司的无人机技术成为这些产业创新所依赖的‘基础设施’。在这一过程中，天志公司与各产业中的专业人员密切合作，优势互补，开辟了一个又一个新的发展空间”“全球有约10万名无人机技术开发者通过天志公司的平台完成各种各样的开发项目，有些项目远远超出了人们想象，伴随而至的是对天志公司技术深化及制造管理提出新的任务和要求”。

c. 注意产业机会与障碍的转变，在产业发展变化中占据主动地位。“中国的直升机自主悬停技术在天志公司取得突破性的进展”“天志公司的无人机产品和技术使得更多的人获得了认识世界的全新视角，让人们从地面的二维平面上升到三维空间去观察思考，其产品和技术也因此点燃了更多领域的创新。影视航拍、农业、能源、电力、测绘、安防等产业与无人机产业深度融合，天志公司的无人机技术成为这些产业创新所依赖的‘基础设施’。在这一过程中，天志公司与各产业中的专业人员密切合作，优势互补，开辟了一个又一个新的发展空间”。

d. 选择适当的进入时机与领域。选择适当的进入时机在新兴产业中尤为重要。早期进入涉及高风险，但可以在关键市场取得“局内人的位置”，获得市场支配地位。“2008 年，第一个较为成熟的直升机飞行系统 XP3.1 在天志公司问世，中国的直升机自主悬停技术在天志公司取得突破性的进展”“牢牢锁定无人机市场的霸主地位”。

(2) ①它对顾客是否有价值？“高度的集成一体化很快就获得了第一批消费者的认可，引爆了整个无人机领域的使用需求”“天志公司的无人机产品和技术使得更多的人获得了认识世界的全新视角，让人们从地面的二维平面上升到三维空间去观察思考，其产品和技术也因此点燃了更多领域的创新”。

②它与企业竞争对手相比是否有优势？“天志公司从此走上无人机领域的巅峰”“牢牢锁定无人机市场的霸主地位”。

③它是否很难被模仿或复制？“由于天志公司技术和管理的不断深化和创新，竞争对手不易模仿，更难以超越”。

天志公司在无人机产业同时满足三个关键测试，具备核心能力。

(3) ①研发类型属于产品研究——新产品开发。“中国的直升机自主悬停技术在天志公司取得突破性的进展”。

②研发的动力来源既属于“技术推动”，即创新来自发明的应用。“中国的直升机自主悬停技术在天志公司取得突破性的进展”。又属于“需求拉动”，即市场的新需求拉动创新以满足需求。“天志公司的无人机产品和技术使得更多的人获得了认识世界的全新视角，让人们从地面的二维平面上升到三维空间去观察思考，其产品和技术也因此点燃了更多领域的创新。影视航拍、农业、能源、电力、测绘、安防等产业与无人机产业深度融合，天志公司的无人机技术成为这些产业创新所依赖的‘基础设施’”。

③研发定位属于成为向市场推出新技术产品的企业。“中国的直升机自主悬停技术在天志公司取得突破性的进展”“天志公司从此走上无人机领域的巅峰”“牢牢锁定无人机市场的霸主地位”。

④从安索夫矩阵角度，分析天志公司研发的战略作用。研发支持四个战略象限：

安索夫矩阵包括的发展战略的基本类型：

a. 市场渗透——现有产品和现有市场；

b. 市场开发——现有产品和新市场；

c. 产品开发——新产品和现有市场；

d. 多元化——新产品和新市场。

依据研发的战略作用，研发支持安索夫四个战略象限。

可以通过产品求精来实现市场渗透战略和市场开发战略。“天志公司从此走上无人机领域的巅峰”“在全球范围内，已有越来越多的用户使用天志公司的产品和解决方案”。

产品开发战略和多元化战略需要更显著的产品创新。“天志公司的无人机产品和技术使得更多的人获得了认识世界的全新视角，让人们从地面的二维平面上升到三维空间去观察思考，其产品和技术也因此点燃了更多领域的创新。影视航拍、农业、能源、电力、测绘、安防等产业与无人机产业深度融合，天志公司的无人机技术成为这些产业创新所依赖的‘基础设施’。在这一过程中，天志公司与各产业中的专业人员密切合作，优势互补，开辟了一个又一个新的发展空间”。

（4）①重新界定产业的买方群体。“天志公司的无人机技术成为这些产业创新所依赖的‘基础设施’”。

②放眼互补性产品或服务。“影视航拍、农业、能源、电力、测绘、安防等产业与无人机产业深度融合”“在2017年推出了能够执行电力巡逻任务的经纬M200系列无人机平台”“研发制造出用来进行农业植保作业的无人机”“使用便携式无人机进行民航客机的检修”。

③重设客户的功能性或情感性诉求。“航拍爱好者购买了天志直升机后，相机还要另外购买，使用比较麻烦，而且产品价格过高，天志公司的新技术很难迅速推广。天志公司开始了相机飞机一体化的研发设计，终于在2012年，天志精灵PH1横空出世，高度的集成一体化很快就获得了第一批消费者的认可，引爆了整个无人机领域的使用需求”。

④跨越时间参与塑造外部潮流。“天志公司的无人机产品和技术使得更多的人获得了认识世界的全新视角，让人们从地面的二维平面上升到三维空间去观察思考，其产品和技术也因此点燃了更多领域的创新”。

（5）天志公司存在的运营风险：

①企业组织效能、管理现状、企业文化，高、中层管理人员和重要业务流程中专业人员的知识结构、专业经验等方面可能引发的风险。“公司治理结构相对混乱”“‘重结果，轻人才’的管理模式”。

②质量、安全、环保、信息安全等管理中发生失误导致的风险。“2017年一名安全研究员在天志公司的网络安全方面发现了一个非常严重的漏洞。这个漏洞会导致天志公司的所有旧密钥毫无用处，从而可能造成天志公司服务器上的用户信息、飞行日志等私密信息能够被下载”。

③因企业内、外部人员的道德风险或业务控制系统失灵导致的风险。“在公司运作的各个领域（采购、财务、研发设计、工厂制造、行政管理以及销售）均出现了舞弊行为，可见这次串通勾结行为范围极广，危害程度极大”。

④企业现有业务流程和信息系统操作运行情况的监管、运行评价及持续改进能力方面引发的风险。“缺乏内部信息的披露。作为一家非上市的民营企业，天志公司没有对外披露重大事项的要求和压力，导致公司内部治理缺乏良性运行和监督机制，在信息不对称的情况下，舞弊、泄密等问题极易产生”。

（6）①治理结构形同虚设，缺乏科学决策、良性运行机制和执行力，可能导致企业经营失败，难以实现发展战略。“天志公司领导层面对业务的迅速扩张，将注意力集中在极力扩大经营规模、追求足够的市场份额和企业利润，而忽略组织内部治理，致使腐败、泄密等问题频繁产生”。

②内部机构设计不科学，权责分配不合理，可能导致机构重叠、职能交叉或缺失、推诿扯皮，运行效率低下。“产品在开发时由两个团队分头去做，谁的产品好就用谁的，产品未被选用的团队会被公司淘汰。这一管理模式带来诸多问题，如研发过程中两个团队恶性竞争、人才流失严重、被选用的团队为防以后被淘汰而滋生腐败动机等”。

（7）天志公司需关注的人力资源的主要风险：

①人力资源缺乏或过剩、结构不合理、开发机制不健全，可能导致企业发展战略难以实现。“赛马机制一直是团队竞争发展的管理模式……‘重结果，轻人才’的文化氛围大大地降低了员工的归属感，难以形成凝聚力、向心力”。

②人力资源激励约束制度不合理、关键岗位人员管理不完善，可能导致人才流失、

经营效率低下或关键技术、商业秘密和国家机密泄露。“产品在开发时由两个团队分头去做，谁的产品好就用谁的，产品未被选用的团队会被公司淘汰。这一管理模式带来诸多问题，如研发过程中两个团队恶性竞争、人才流失严重、被选用的团队为防以后被淘汰而滋生腐败动机等”。

③人力资源退出机制不当，可能导致法律诉讼或企业声誉受损。“产品未被选用的团队会被公司淘汰。这一管理模式带来诸多问题，如研发过程中两个团队恶性竞争、人才流失严重、被选用的团队为防以后被淘汰而滋生腐败动机等……离职员工对天志公司负面评价很多”。

(8) 天志公司需关注的采购业务的主要风险：

①供应商选择不当，采购方式不合理，招投标或定价机制不科学，授权审批不规范，可能导致采购物资质次价高，出现舞弊或遭受欺诈。“让供应商报底价，然后伙同供应商往上加价，加价部分双方按比例分成”“利用手中权力，以技术规格要求为由指定供应商或故意以技术不达标把正常供应商踢出局，让可以给回扣的供应商进短名单，长期拿回扣”“以降价为借口，淘汰正常供应商，让可以给回扣的供应商进短名单并做成独家垄断，然后涨价，双方分成”“利用内部信息和手中权力与供应商串通收买验货人员，对品质不合格的物料不进行验证，导致质次价高的物料长期独家供应”“内外勾结，搞皮包公司，利用手中权力以皮包公司接单，转手把单分给工厂，中间差价分成”。

②采购验收不规范，付款审核不严，可能导致采购物资、资金损失或信用受损。“在2018年由于公司供应链贪腐造成平均采购价格超过合理水平20%以上，保守估计造成超过10亿元人民币损失。在公司运作的各个领域（采购、财务、研发设计、工厂制造、行政管理以及销售）均出现了舞弊行为，可见这次串通勾结行为范围极广，危害程度极大”。

2. 【答案】

(1) ①具有强大的研发能力和产品设计能力。“力益公司创立之初就推崇‘小而美’的策略，致力于开发优质的MP3产品……其产品成为国产MP3高品质的代表，也因此拥有了大量忠实用户，并创造了国内MP3历史上多个‘第一’”“力益公司开始在智能手机领域投入全部的精力，致力开发高端智能手机”“力益公司的智能手机新品种在不断创新中脱颖而出”。

②具有很强的市场营销能力。“力益公司强化营销体系建设，在实施多重营销策划方案的同时，不断扩展专卖店和维修中心。2013年力益公司国内专卖店数量超过1000家，维修中心数量突破100家”。

③有能够确保激励员工创造性的激励体制、管理体制和良好的创造性文化。“力益公司内部采取员工股票和期权激励制度，吸引和鼓励更多人才致力于公司的技术和产品创新”。

④具有从总体上提高某项经营业务的质量、树立产品形象、保持先进技术和建立完善分销渠道的能力。“力益公司创立之初就推崇‘小而美’的策略，致力于开发优质的MP3产品。张煌对于上市产品的审核标准十分苛刻，多款开发的产品因‘不够完美’被否定”“力益公司延续着做MP3产品时的策略，崇尚‘小而美’，不追求扩大市场份额，专注制造精品”。

(2) ①力益公司对高端MP3和高端智能手机的研发类型属于“产品研究——新产品开发”。“进军国内需求旺盛的MP3播放器市场，推出力益公司的开山之作MX系列”“力益公司开始在智能手机领域投入全部的精力，致力开发高端智能手机”。

②力益公司对高端MP3和高端智能手机研发的动力来源类型属于“需求拉动”。

“进军国内需求旺盛的MP3播放器市场”“进入2007年，国内MP3市场盛极而衰。此时，力益公司破釜沉舟地放弃了国内MP3市场领头羊的地位，转向互联网智能手机的研发”。

③力益公司对高端MP3和高端智能手机的研发定位属于“成为成功产品的创新模仿者”。“进军国内需求旺盛的MP3播放器市场，推出力益公司的开山之作MX系列”“力益公司开始在智能手机领域投入全部的精力，致力开发高端智能手机”。

(3) ①与电信运营商密切程度高、营销力度高的群组，包括“华夏”；

②与电信运营商密切程度高、营销力度低的群组，包括“中旺”“盟进”“联展”；

③与电信运营商密切程度低、营销力度高的群组，包括“OO”“VV”“XM”；

④与电信运营商密切程度低、营销力度低的群组，包括“力益”。

(4) ①狭小的目标市场导致的风险。“力益公司逐渐失去市场份额，成为一个小众品牌”“在规模经济显著且已进入成熟期的产业中，产品差异逐渐变小，投资者和供应链都开始拒绝‘小而美’。小众厂商如果无法拿出很好的企划方案，很难说服投资方。而新一轮的手机技术竞争，大量投入，才能够做高端产品，消费者也情愿为高端产品买单”。

②购买者群体之间需求差异变小。“在规模经济显著且已进入成熟期的产业中，产品差异逐渐变小”。

(5) ①产品策略。2009~2014年，“崇尚‘小而美’，不追求扩大市场份额，专注制造精品”“公司一年只开发上市两部精品手机”；2015年以后，“实施机海战术，全面扩大产品线。2015年全年，力益公司发布了6款手机，覆盖了高中低三种不同档次和价格的产品线”。

②促销策略。2009~2014年，“广告投入……停滞不前”；2015年以后，“运用新的投资，扩张线下门店，广告、公关宣传等营销手段在线上线下全面展开”。

③分销策略。2009~2014年，“渠道建设也停滞不前”；2015年以后，“运用新的投资，扩张线下门店，广告、公关宣传等营销手段在线上线下全面展开”。

④价格策略。2009~2014年，“专注制造精品”；2015年以后，“力益公司发布了6款手机，覆盖了高中低三种不同档次和价格的产品线”。

(6) ①企业产品结构、新产品研发方面可能引发的风险。“公司实施‘小而美’策略……公司一年只开发上市两部精品手机……成为一个小众品牌”。

②企业新市场开发，市场营销策略方面可能引发的风险。“公司实施‘小而美’策略……广告投入与渠道建设也停滞不前。力益公司逐渐失去市场份额”。

③企业组织效能、管理现状、企业文化，高、中层管理人员和重要业务流程中专业人员的知识结构、专业经验等方面可能引发的风险。“自2016年起，力益公司再次遭受重创。主要原因是由于专业经验不足与评价体系不完善，力益手机大量使用了‘LFK’的手机芯片”。

④质量、安全、环保、信息安全等管理中发生失误导致的风险。“‘LFK’芯片用料廉价，CPU核心技术落后，与竞争对手‘GT’芯片相比差距明显……由于‘内芯’这一致命缺陷，市场并不买账……形势异常严峻”。

⑤企业现有业务流程和信息系统操作运行情况的监管、运行评价及持续改进能力方面引发的风险。“自2016年起，力益公司再次遭受重创。主要原因是由于……评价体系不完善，力益手机大量使用了‘LFK’的手机芯片”。

3. **【答案】**

(1) 市场情况：

①产品具有较高的价格弹性，市场中存在

大量的价格敏感用户。“国内空调从少数人的奢侈品转为大众消费品的时机已经来临，市场需要大量老百姓买得起、用得起的‘民牌’空调”“升达公司得罪了同行，却赢得无数的消费者”。

②购买者不太关注品牌。“市场需要大量老百姓买得起、用得起的‘民牌’空调”。

③价格竞争是市场竞争的主要手段，消费者的转换成本较低。“升达公司在公布空调成本的同时，将其空调产品全线降价，平均降幅达 20%。升达公司得罪了同行，却赢得无数的消费者”。

资源和能力：

①在规模经济显著的产业中装备相应的生产设施来实现规模经济。“在升达公司家乡 N 市，做空调配件的企业很多，整个空调产业链已经成型，升达公司通过整合这些企业，产品零部件自制率达到 90%，与同类企业一般不超过 50% 的自制率相比，在……规模经济等方面都具备整机制造成本优势”。

②降低各种要素成本。“在升达公司家乡 N 市，做空调配件的企业很多，整个空调产业链已经成型，升达公司通过整合这些企业，产品零部件自制率达到 90%，与同类企业一般不超过 50% 的自制率相比，在零部件成本……方面都具备整机制造成本优势”“在采购环节，升达公司同时采用自制和外购两条路线……这些设备和原料共有的特点是品质在全球范围内相对较好，价格最低”“以年轻人为主体的人员结构和灵活的民营企业机制是升达公司成本优势的又一源泉。升达公司是新办的企业，没有下岗职工和离退休人员的负担……对于提高企业效率和降低运营成本发挥了重要作用”。

③提高生产率。“在升达公司家乡 N 市，做空调配件的企业很多，整个空调产业链已经成型，升达公司通过整合这些企业，产品零部件自制率达到 90%，与同类企业一般不超过 50% 的自制率相比，在……生产率……方面都具备整机制造成本优势”“公司在 2001 年引进全球最先进的信息化管理工具 ERP，配合内部各个部门严格的承包制的实施，对提高企业效率和降低运营成本起到了极大的作用”“以年轻人为主体的人员结构和灵活的民营企业机制是升达公司成本优势的又一源泉。升达公司是新办的企业，没有下岗职工和离退休人员的负担……对于提高企业效率和降低运营成本发挥了重要作用”。

④提高生产能力利用程度。“在升达公司家乡 N 市，做空调配件的企业很多，整个空调产业链已经成型，升达公司通过整合这些企业，产品零部件自制率达到 90%，与同类企业一般不超过 50% 的自制率相比，在……设备利用率……方面都具备整机制造成本优势”。

⑤选择适宜的交易组织形式。在不同情况下，是采取内部化生产，还是靠市场获取，成本会有很大的不同。“在采购环节，升达公司同时采用自制和外购两条路线，当自制的质量和价格有优势时，采用自制；当自制明显不如外购有竞争力时，就毫不犹豫地采用外购，甚至关掉自制部门……这些设备和原料共有的特点是品质在全球范围内相对较好，价格最低”。

（2）①1999 年之后，升达公司所意识到的市场风险是产品或服务的价格及供需变化带来的风险。“1999 年之后，升达公司意识到，国内空调从少数人的奢侈品转为大众消费品的时机已经来临，市场需要大量老百姓买得起、用得起的‘民牌’空调”。

②2012 年之后，升达公司所意识到的市场风险是产品或服务的价格及供需变化带来的风险。“近年来随着国内消费升级与产品更新换代，大众的空调消费需求开始从‘功能型’向‘品质型’转变。升达公司日益认识到启动新的战略转型的必要性与紧迫性”。

③2017年之后，升达公司所意识到的市场风险是能源、原材料、配件等物资供应的充足性、稳定性和价格的变化带来的风险（本案例主要体现为销售渠道稳定性变化带来的风险）。“2017年下半年以来，升达公司意识到，虽然电商存量市场很大，但增长速度开始下降，线上流量红利在下滑”。

（3）升达空调在与国内强大竞争对手竞争时所体现出的蓝海战略特征：

①规避竞争，拓展非竞争性市场空间。“为了避开与国内空调行业优势品牌的正面较量，升达公司将目标客户聚焦在新一代网络消费群体”。

②创造并攫取新需求。“升达公司……充分依托电商平台，用18~35岁年轻消费者熟悉的代言人和沟通方式，建立起年轻化、时尚化的品牌形象，打造了‘倾国倾城’‘淑女窈窕’等情感化的明星产品，吸引了一批有时尚要求、重情感又注重性价比的年轻人群”。

③打破价值与成本互替定律，同时追求差异化和低成本，把企业行为整合为一个体系。“吸引了一批有时尚要求、重情感又注重性价比的年轻人群”。

升达空调在竞争激烈的空调市场中开辟新的生存与发展空间的途径：

①重新界定产业的买方群体。“升达公司将目标客户聚焦在新一代网络消费群体，充分依托电商平台，用18~35岁年轻消费者熟悉的代言人和沟通方式，建立起年轻化、时尚化的品牌形象”。

②重设客户的功能性或情感性诉求。“打造了‘倾国倾城’‘淑女窈窕’等情感化的明星产品，吸引了一批有时尚要求、重情感又注重性价比的年轻人群”。

③跨越时间参与塑造外部潮流。“早在2012年，升达公司就敏锐察觉到互联网发展的大趋势，积极与电商平台合作，在整体布局上确定了互联网、智能化发展战略”。

（4）基本活动：

①内部后勤。“在升达公司家乡N市，做空调配件的企业很多，整个空调产业链已经成型”“公司在2001年引进全球最先进的信息化管理工具ERP，配合内部各个部门严格的承包制的实施，对提高企业效率和降低运营成本起到了极大的作用”。

②生产经营。“升达公司通过整合这些企业，产品零部件自制率达到90%，与同类企业一般不超过50%的自制率相比，在零部件成本、生产率、设备利用率、规模经济等方面都具备整机制造成本优势”“升达公司开始进行企业产品升级，累计投入超过30亿元用于技术创新、效率提升。先后推出二级供应链管理、引进全球领先检测设备、吸纳超过50%的硕博人才组成创新研究团队，从根本上把控产品品质。2017年，升达公司智能工厂落成投产，以更加标准化、高周转率的技术实力，实现产品品质的又一次提升；在J国建立研发中心，实现智能化产品占比超80%；筹建多个智能制造基地累计投资超过150亿元，为实现空调产业全智能一体化做好准备”。

③外部后勤。“公司在2001年引进全球最先进的信息化管理工具ERP，配合内部各个部门严格的承包制的实施，对提高企业效率和降低运营成本起到了极大的作用”“这些终端零售商通过手机APP直接下单，升达公司接单后通过各区域的仓储中心调配，由第三方物流送货到店”。

④市场销售。“升达公司……充分依托电商平台，用18~35岁年轻消费者熟悉的代言人和沟通方式，建立起年轻化、时尚化的品牌形象，打造了‘倾国倾城’‘淑女窈窕’等情感化的明星产品，吸引了一批有时尚要求、重情感又注重性价比的年轻人群”“与国内著名电商普天组建联合团队，打通商家与平台的供应链”“抓住国内电商平台纷纷下沉开店的机遇，向

基层市场渗透，逐步熟悉终端零售商渠道”“升达公司与以线下销售为主的长宁家电零售公司合作，共创智慧零售新模式”“升达公司召开新闻发布会，宣布启动‘双轮战略’规划，从以前‘通过厂家直供的方式真正让利于经销商，打造至真至诚的利益共同体’，进一步延伸到‘以升达公司主导产业为基础搭建 O2O（Online TO Offline，线上到线下）平台，为更多中小企业服务，全面赋能线下经销商’”。

⑤服务。“升达公司已建成社会化的售后服务网点 7500 个，覆盖国内 98%的县市。终端零售商或用户通过云平台寻找所在地的升达公司售后服务人员，由他们抢单帮助安装、维修”。

支持活动：

①采购管理。“在采购环节，升达公司同时采用自制和外购两条路线，当自制的质量和价格有优势时，采用自制；当自制明显不如外购有竞争力时，就毫不犹豫地采用外购，甚至关掉自制部门。升达公司借鉴国外企业‘全球论质比价采购’的模式，其加工蒸发器和冷凝器的自动生成设备购自 J 国；保证镀层 10 年不脱皮泛锈的瓦格纳喷涂设备是引进 D 国的；制造空调塑壳的 ABS 粉料来自 H 国；机身上的所有接插件购自 M 国。这些设备和原料共有的特点是品质在全球范围内相对较好，价格最低”。

②技术开发。“升达公司开始进行企业产品升级，累计投入超过 30 亿元用于技术创新、效率提升。先后推出二级供应链管理、引进全球领先检测设备、吸纳超过 50%的硕博人才组成创新研究团队，从根本上把控产品品质。2017 年，升达公司智能工厂落成投产，以更加标准化、高周转率的技术实力，实现产品品质的又一次提升；在 J 国建立研发中心，实现智能化产品占比超 80%；筹建多个智能制造基地累计投资超过 150 亿元，为实现空调产业全智能一体化做好准备”。

③人力资源管理。“以年轻人为主体的人员结构和灵活的民营企业机制是升达公司成本优势的又一源泉。升达公司是新办的企业，没有下岗职工和离退休人员的负担；升达公司发挥其灵活的民营企业机制，实施全方位的承包责任制，激发了各级人员的积极性、主动性和创造性，对于提高企业效率和降低运营成本发挥了重要作用”“吸纳超过 50%的硕博人才组成创新研究团队，从根本上把控产品品质”“终端零售商或用户通过云平台寻找所在地的升达公司售后服务人员，由他们抢单帮助安装、维修”。

④企业基础设施。“升达公司意识到，国内空调从少数人的奢侈品转为大众消费品的时机已经来临”“早在 2012 年，升达公司就敏锐察觉到互联网发展的大趋势，积极与电商平台合作，在整体布局上确定了互联网、智能化发展战略”“2017 年下半年以来，升达公司意识到，虽然电商存量市场很大，但增长速度开始下降，线上流量红利在下滑。面对市场环境新的变化，升达公司采用了两个新的战略举措”。

（5）①促进技术创新。“打通商家与平台的供应链，全面提升电商渠道供应链效率……升达空调原来的电商渠道供应链 SOP（标准操作程序）分为 18 个节点，操作共需 33 个小时，新的系统上线以后优化为 6 个节点，操作只需 1 个多小时，大大提升了供应链效率”。

②避免经营风险。“2017 年下半年以来，升达公司意识到，虽然电商存量市场很大，但增长速度开始下降，线上流量红利在下滑。面对市场环境新的变化，升达公司采用了两个新的战略举措”。

③避免或减少竞争。“打通商家与平台的供应链”“通过厂家直供的方式真正让利于经销商，打造至真至诚的利益共同体”。

④实现资源互补。“打通商家与平台的供

应链，全面提升电商渠道供应链效率”“升达公司作为长宁家电品牌主力军，通过长宁零售公司快速开启渠道下沉绿色通道，从线上渠道转移至线下渠道，在运营上借助长宁零售公司在市场上的口碑和服务，形成很强的品牌竞争力”。

⑤开拓新的市场。“将进一步实现线上线下融合、深耕零售发展的模式”。

（6）①产品策略。“1994年，电表行业的巨头升达公司进军空调行业。由于当时国内空调还属于少数人的奢侈品，升达公司与业内其他公司一样，产品定位于比较高档的空调”“1999年之后，升达公司意识到，国内空调从少数人的奢侈品转为大众消费品的时机已经来临，市场需要大量老百姓买得起、用得起的‘民牌’空调。处于弱势地位的升达公司找到了挑战竞争对手、壮大自身的法宝——以价格制胜”“近年来随着国内消费升级与产品更新换代，大众的空调消费需求开始从‘功能型’向‘品质型’转变。升达公司日益认识到启动新的战略转型的必要性与紧迫性”“升达公司将目标客户聚焦在新一代网络消费群体，充分依托电商平台，用18~35岁年轻消费者熟悉的代言人和沟通方式，建立起年轻化、时尚化的品牌形象，打造了‘倾国倾城’‘淑女窈窕’等情感化的明星产品，吸引了一批有时尚要求、重情感又注重性价比的年轻人群”。

②促销策略。“2002年4月，面对百余名记者，升达公司突然抛出《空调成本白皮书》……升达公司在公布空调成本的同时，将其空调产品全线降价，平均降幅达20%”。2012年之后，“升达公司……充分依托电商平台，用18~35岁年轻消费者熟悉的代言人和沟通方式，建立起年轻化、时尚化的品牌形象，打造了‘倾国倾城’‘淑女窈窕’等情感化的明星产品，吸引了一批有时尚要求、重情感又注重性价比的年轻人群”。

③分销策略。“早在2012年，升达公司就敏锐察觉到互联网发展的大趋势，积极与电商平台合作，在整体布局上确定了互联网、智能化发展战略”“2017年下半年以来……抓住国内电商平台纷纷下沉开店的机遇，向基层市场渗透，逐步熟悉终端零售商渠道”“2018年12月……‘双轮战略’的实施，将进一步实现线上线下融合、深耕零售发展的模式”。

④价格策略。“1999年之后……升达公司在公布空调成本的同时，将其空调产品全线降价，平均降幅达20%……升达公司的‘价格屠夫’策略”。2012年之后，“吸引了一批有时尚要求、重情感又注重性价比的年轻人群”。

4.【答案】

（1）①跨国经营活动引发的文化风险。“万欣U国公司来自新兴市场的低端形象很难得到U国企业和消费者的认同。万欣U国公司在注册时就被当地同行奚落‘你们还不如养马有前途’；公司向U国企业出售经检验没问题的油脂时却以质量不合格为由屡遭退货；公司向客户提供自己擅长的低价供货方案，客户根本不买账；公司尝试向U国K公司推销产品时，业务员连门都进不去，只能在传达室谈业务”。

②企业并购活动引发的文化风险。“公司初次收购U国当地企业并调整员工假期遭到工会强烈反对，工会声称‘即使倒闭也不会让中国企业兼并’”“万欣U国公司非常注重规避跨国并购可能带来的风险，例如在收购L公司时，为了绕开工会的制约，万欣U国公司联手当地企业一起收购；在收购T公司时，万欣U国公司不仅没有解雇富余员工，还扩建厂房并招收新员工”。

③组织内部因素引发的文化风险。“公司初次收购U国当地企业并调整员工假期遭到工会强烈反对，工会声称‘即使倒

闭也不会让中国企业兼并’”。

（2）①寻求市场。“2003 年万欣 U 国公司正式成为主机厂的一级供应商”“也让万欣 U 国公司生产的零部件得以在 U 国三分之一的汽车上使用”。

②寻求现成资产。“1999 年万欣 U 国公司收购 L 公司，这笔收购使它取代 L 公司成为世界上拥有最多万向节专利的公司。2000 年万欣 U 国公司收购 T 公司，从而成为 U 国最大的汽车轮毂加工装配基地和供应商。2001 年万欣 U 国公司又收购 U 国零售商 A 公司，获得了 A 公司的汽车制动器技术与品牌、U 国连锁维修店和采购渠道”“2003 年万欣 U 国公司正式成为主机厂的一级供应商，同年收购 K 公司，该公司是翼型万向节传动轴的发明者和全球最大的一级供应商”“万欣公司通过收购 AB 公司获得了世界顶尖的电池技术，与全球主流客户建立了业务联系，在新能源电池领域也更具号召力”“万欣 U 国公司对 FS 电动汽车公司的收购，标志着万欣公司全面进入新能源汽车整车制造产业”。

（3）并购动机：

①避开进入壁垒，迅速进入，争取市场机会，规避各种风险。“为了克服公司进入新能源汽车领域的诸多障碍，2012 年年底，万欣 U 国公司协助集团总部参与竞购深陷破产危机的 U 国 AB 公司”。

②获得协同效应。“万欣 U 国公司收购一级供应商，通过财务支持帮助它们渡过难关，为 3500 位 U 国人保住了工作，也让万欣 U 国公司生产的零部件得以在 U 国三分之一的汽车上使用”“AB 公司终于扭转了亏损，开始步入正轨。之后，万欣公司继续向 AB 公司提供培养核心业务必要的财务支持，推动 AB 公司进入汽车电动化、电网储能及其他全球性市场，包括进入中国市场……万欣公司通过收购 AB 公司获得了世界顶尖的电池技术，与全球主流客户建立了业务联系，在新能源电池领域也更具号召力”“万欣 U 国公司对 FS 电动汽车公司的收购，标志着万欣公司全面进入新能源汽车整车制造产业……万欣 U 国公司履行承诺，将 FS 公司的工厂从欧洲 F 国搬回 U 国，复产后创造了 300 多个工作岗位”。

③克服企业负外部性，减少竞争，增强对市场的控制力。“万欣 U 国公司收购一级供应商，通过财务支持帮助它们渡过难关，为 3500 位 U 国人保住了工作，也让万欣 U 国公司生产的零部件得以在 U 国三分之一的汽车上使用”“万欣公司通过收购 AB 公司获得了世界顶尖的电池技术，与全球主流客户建立了业务联系，在新能源电池领域也更具号召力”。

所规避的主要风险：

①并购后不能很好地进行企业整合。“万欣 U 国公司非常注重规避跨国并购可能带来的风险，例如在收购 L 公司时，为了绕开工会的制约，万欣 U 国公司联手当地企业一起收购；在收购 T 公司时，万欣 U 国公司不仅没有解雇富余员工，还扩建厂房并招收新员工，帮助 T 公司渡过难关”“DR 公司是一家汽车电子感应器公司，在金融危机中不得不出售。出售前公司所有者联系了万欣 U 国公司收购过的公司，了解到这些公司被收购后得到万欣 U 国公司及其总部很好的资源整合，因此拒绝另外 4 家竞标收购者而决定出售给万欣 U 国公司”“一系列的并购及其之后的资源整合，不仅拯救了被并购公司，也让他们认识到万欣公司的强大实力与中国国内完备的产业配套能力”。

②跨国并购面临政治风险。“竞购期间 U 国诸多政府官员与行业专家强烈反对将 AB 公司卖给万欣公司，他们认为 AB 公司是 U 国重点企业且部分业务和军方有直接关联，被万欣公司收购会威胁 U 国国家安全。为了减少万欣公司在 U 国受到的政治压力，万欣公司向国内备案以获得国家的背书，增加谈判筹码；万欣公司

始终承诺整体收购，并维持其2000多名员工的工作岗位，这与其他8个竞标者只对AB公司的部分业务感兴趣不同；更关键的是，万欣公司只收购AB公司的民用业务，绝对避开涉及军方的业务。万欣公司的收购方案展现了愿意承担社会责任的企业形象，得到了AB公司首席执行官的高度认可，妥善化解了来自外界的压力”“在收购FS公司期间，万欣U国公司同样遭到非议，被指责‘偷窃U国技术’。然而FS公司所在州州长和议员对万欣U国公司表示支持：‘万欣U国公司在U国20多年，形象一直比较靠谱’。并购后，万欣U国公司履行承诺，将FS公司的工厂从欧洲F国搬回U国，复产后创造了300多个工作岗位”。

（4）①不要拘泥于成本上竞争，而应该比照行业中的领先公司来衡量自己的实力。“公司向客户提供自己擅长的低价供货方案，客户根本不买账”“万欣U国公司将‘瞄着U国主流社会’的本地化改造作为首要任务”。

②找到一个定位明确又易于防守的市场。“这一系列本地化举措使万欣U国公司弱化了中国企业的形象，满足了U国市场对一家普通汽车零部件企业的基本期望”“2003年万欣U国公司正式成为主机厂的一级供应商”。

③在一个全球化的产业中找到一个合适的突破口。“金融危机中万欣U国公司找到了进一步发展的突破口。万欣U国公司意识到金融危机前公司要尽可能适应和服从外部环境的要求，危机后公司则应当发挥自身优势，朝更有利的方向施加影响”。

④学习从发达国家获取资源，以克服自身技能不足和资本的匮乏。“1999年万欣U国公司收购L公司，这笔收购使它取代L公司成为世界上拥有最多万向节专利的公司。2000年万欣U国公司收购T公司，从而成为U国最大的汽车轮毂加工装配基地和供应商。2001年万欣U国公司又收购U国零售商A公司，获得了A公司的汽车制动器技术与品牌、U国连锁维修店和采购渠道”“2003年万欣U国公司正式成为主机厂的一级供应商，同年收购K公司，该公司是翼型万向节传动轴的发明者和全球最大的一级供应商；2005年万欣U国公司收购U国F汽车公司的一级供应商S公司和轴承企业G公司”“万欣公司通过收购AB公司获得了世界顶尖的电池技术，与全球主流客户建立了业务联系，在新能源电池领域也更具号召力”“万欣U国公司对FS电动汽车公司的收购，标志着万欣公司全面进入新能源汽车整车制造产业”“2015年11月，FS公司宣布与D国BM公司结成重要合作伙伴关系，万欣U国公司认为这一合作不仅将技术和资本绑在一起，而且将名誉与品牌绑在一起”。

（5）①确认那些支持企业竞争优势的关键性活动。“万欣U国公司收购M工厂后对其生产经营方式进行全面改造。在并购H公司后停掉了该公司的一些生产线，将设备运到万欣公司中国公司进行生产，H公司主要负责组装、技术开发、测试、售后服务和物流，以发挥各自优势”（在U国公司和中国国内公司各自强化自身优势活动）。

②明确价值链内各种活动之间的联系。“了解到这些公司被收购后得到万欣U国公司及其总部很好的资源整合”“万欣U国公司收购M工厂后对其生产经营方式进行全面改造”“万欣U国公司通过对T-D公司和中国总部进行优势和资源的对接，把等速驱动轴打造为继万向节之后又一个世界老大产品”。

③明确价值系统内各项价值活动之间的联系。“一系列的并购及其之后的资源整合，不仅拯救了被并购公司，也让他们认识到万欣公司的强大实力与中国国内完备的产业配套能力”（中国国内完

备的产业配套能力包括整个价值系统的配套能力）。

（6）①专有技术选择、获取与应用的困难。“由于起步晚、缺少高端技术研发人员和营销人员，万欣公司的电动车零部件核心技术远远落后于国内外的领先企业”。②原材料、零部件、资金与其他供给的不足。“也缺少整合供应链的资源和能力”。③缺少承担风险的胆略与能力。“为了克服公司进入新能源汽车领域的诸多障碍，2012 年年底，万欣 U 国公司协助集团总部参与竞购深陷破产危机的 U 国 AB 公司”（说明万欣公司克服了这一障碍）。

（7）①环境保护投入不足，资源耗费大，造成环境污染或资源枯竭，可能导致企业巨额赔偿、缺乏发展后劲，甚至停业。“在全球环境保护的压力下，万欣公司也开始向新能源汽车领域挺进”。

②促进就业和员工权益保护不够，可能导致员工积极性受挫，影响企业发展和社会稳定。“万欣公司始终承诺整体收购，并维持其 2000 多名员工的工作岗位”“并购后，万欣 U 国公司履行承诺，将 FS 公司的工厂从欧洲 F 国搬回 U 国，复产后创造了 300 多个工作岗位”。

5.【答案】

（1）公司宗旨旨在阐述公司长期的战略意向，其具体内容主要说明公司目前和未来所从事的经营业务范围。科通公司初创时期的业务定位是做手机业务，“要做一款设计好、品质高、价格便宜的智能手机”；而历经 8 年的发展，到 2018 年科通公司上市之前，科通公司的业务定位是“涵盖众多消费电子产品、软硬件和内容全覆盖的互联网企业”。

（2）依据“战略钟”理论，科通智能手机与科通生态链产品所采用的竞争战略类型是混合战略，即在为顾客提供更高的认可价值的同时，获得成本优势。亦即差异化与成本领先兼顾的战略。“坚持做顶级配置，真材实料，高性能，高体验，强调超用户预期的最强性价比”“这款号称顶级配置的手机定价只有 1999 元，几乎是同配置手机价格的一半”“感动人心、价格厚道”“由于科通品牌给人们高性价比的印象已经根深蒂固，不少人认为科通生态链企业的产品无法盈利。但实际上，科通生态链企业已经有多家实现盈利”。

（3）“科通的成功模式成为各行各业观摩学习的范本”，依据核心能力评价理论，向科通公司学习的企业基准分析的基准类型是过程或活动基准，即以具有类似核心经营的企业为基准进行比较，但是二者之间的产品和服务不存在直接竞争关系。这类基准分析的目的在于找出企业做得最突出的方面。“大量企业开始对标科通，声称要用科通模式颠覆自己所在行业。‘做 XX 行业的科通’，成为众多企业的口号”说明不处于同一行业，当然也不存在直接竞争关系。

（4）科通公司在 2015 年所面临的市场风险主要表现在两个方面：

①能源、原材料、配件等物资供应的充足性、稳定性和价格的变化带来的风险。“销量越来越大就意味着要与数百个零部件供应商建立良好高效的合作协同关系，不能有丝毫闪失。而科通的供货不足、发货缓慢被指为‘饥饿营销’，开始颇受质疑”“芯片供应商 G 公司的一脚急刹车成为导火线”。

②潜在进入者、竞争者、与替代品的竞争带来的风险。“竞争对手越来越多、越来越强大。H 公司推出的互联网手机品牌 R 手机成为科通手机强劲的对手，O 公司和 V 公司也借助强大的线下渠道开始崛起”“以线下渠道为主的 O 公司和 V 公司成为手机行业的新星，其手机出货量不仅增幅超过 100%，而且双双超过科通公司进入全球前五、国内前三”。

（5）科通公司 2016 年所采用的收缩战略（撤退战略）的主要方式：

①紧缩与集中战略中的机制变革，主要做法是调整管理层领导班子。“刘毅亲自负责科通手机供应链管理。前供应链负责人转任首席科学家，负责手机前沿技术研究。这意味着科通公司从组织架构上加大对供应链的管理力度”。

②转向战略中的调整营销策略，在价格、广告、渠道等环节推出新的举措。“开启‘新零售’战略。所谓新零售就是指通过线上线下互动融合的运营方式，将电商的经验和优势发挥到实体零售中。让消费者既能享用线下看得见摸得着的良好体验，又能获取电商一样的低价格”“早年一直坚持口碑营销从未请过代言人的科通公司在2016年开始改变策略，先后邀请几位明星作为代言人，赢得不少新老客户”。

（6）科通生态链所采用的发展战略的类型属于相关多元化战略（同心多元化战略）。“科通生态链的投资主要围绕以下5大方向：①手机周边，如手机的耳机、移动电源、蓝牙音箱；②智能可穿戴设备，如科通手环、智能手表；③传统白电的智能化，如净水器、净化器；④极客酷玩类产品，如平衡车、3D打印机；⑤生活方式类，如科通插线板”“围绕手机业务构建起手机配件、智能硬件、生活消费产品三层产品矩阵”。

科通公司采用这一战略的优点：

①有利于企业利用原有产业的产品知识、制造能力、营销渠道、营销技能等优势来获取融合优势，即两种业务或两个市场同时经营的盈利能力大于各自经营时的盈利能力之和。“科通生态链团队……从ID、外观、结构、硬件、软件、云服务、供应链、采购、品牌等诸多方面给予创业公司全方位的支持”“麦家的多个产品已经做到全球数量第一。科通生态链公司也出现多个独角兽（指那些估值达到10亿美元以上的初创企业）”“科通公司也从一家手机公司过渡到一个涵盖众多消费电子产品、软硬件和内容全覆盖的互联网企业”。

②利用未被充分利用的资源。“科通公司抽出20名工程师，让他们从产品的角度看待拟投资的创业公司，通过与创业公司团队的沟通，了解这家公司的未来走向”。

③运用盈余资金。“运用科通公司已经积累的大量资金”。

④运用企业在某个产业或某个市场中的形象和声誉来进入另一个产业或市场，而在另一个产业或市场中要取得成功，企业形象和声誉是至关重要的。“科通生态链团队……品牌等诸多方面给予创业公司全方位的支持”。

科通生态链所采用的发展战略的途径是战略联盟。“科通生态链团队不仅做投资，而且是一个孵化器……但是，科通公司并没有控股任何一家科通生态链公司，所有的公司都是独立的”“通过这种独特的战略联盟模式，科通公司投资和带动了更多志同道合的创业者，围绕手机业务构建起手机配件、智能硬件、生活消费产品三层产品矩阵”。

科通公司采用这种方式的动因：

①促进技术创新。“生态链企业各自发挥技术创新优势”“在……许多新兴产品领域，麦家的多个产品已经做到全球数量第一。科通生态链公司也出现多个独角兽”。

②避免经营风险。“同时降低科通公司整体内部协调成本，规避经营风险”。

③实现资源互补。“从ID、外观、结构、硬件、软件、云服务、供应链、采购、品牌等诸多方面给予创业公司全方位的支持”“科通公司利用其规模经济带来的全球资源优势帮助这些生态链企业提高效率。科通公司运用其全球供应链优势能够让生态链上的小公司瞬间拥有几百亿供应链提供的能力”。

④开拓新的市场。“科通已经投资了90多家生态链企业，涉足上百个行业”。

⑤降低协调成本。“同时降低科通公司整

体内部协调成本”。

(7) 第一，研发能力。“科通公司首先运用互联网工具，让用户参与到手机硬件的设计、研发之中，通过用户的反馈意见，了解市场的最新需求。而此前其他公司的研发模式都是封闭的，动辄一两年，开发者以为做到了最好，但其实未必是用户喜欢的，而且一两年时间过去，市场很可能已经变化。其次，坚持做顶级配置，真材实料，高性能，高体验，强调超用户预期的最强性价比”“从ID、外观、结构、硬件、软件、云服务、供应链、采购、品牌等诸多方面给予创业公司全方位的支持”“在移动电源、空气净化器、可穿戴设备、平衡车等许多新兴产品领域，麦家的多个产品已经做到全球数量第一”。

第二，生产管理能力。“利用互联网技术提高企业的运行效率，使优质的产品以高性价比的形式出现”“科通公司利用其规模经济带来的全球资源优势帮助这些生态链企业提高效率。科通公司运用其全球供应链优势能够让生态链上的小公司瞬间拥有几百亿供应链提供的能力”。

第三，营销能力。

①产品竞争能力。“这款号称顶级配置的手机定价只有1999元，几乎是同配置手机价格的一半。科通手机2012年实现销售量719万部。2014年二季度，科通手机占据国内智能手机市场的第一名，科通公司在全球也成为第三大手机厂商”“麦家的多个产品已经做到全球数量第一。科通生态链公司也出现多个独角兽”。

②销售活动能力。“以品牌和口碑积累粉丝，靠口口相传，节省大量广告费用”“开创了官网直销预订购买的发售方式，不必通过中间商，产品可以直接送到消费者手上，省去了实体店铺的各种费用和中间的渠道费用”“开启‘新零售’战略。所谓新零售就是指通过线上线下互动融合的运营方式，将电商的经验和优势发挥到实体零售中”“早年一直坚持口碑营销从未请过代言人的科通公司在2016年开始改变策略，先后邀请几位明星作为代言人，赢得不少新老客户”。

③市场决策能力。“公司成立之初，公司CEO刘毅与股东们就有一个想法：要做一款设计好、品质高、价格便宜的智能手机。2010年的手机市场，还是国际品牌的天下，功能机仍是主体，智能手机的价格至少在3000~4000元。虽然也有一些国产品牌手机，但大多数是低质低价的山寨机”“2014年，刘毅开始意识到‘智能硬件’和‘万物互联（Internet of Things，IoT）’可能是比智能手机更大的发展机遇。于是，科通公司开启了科通生态链计划”。

第四，财务能力。“科通公司开启了科通生态链计划，运用科通公司已经积累的大量资金”“不少人认为科通生态链企业的产品无法盈利。但实际上，科通生态链企业已经有多家实现盈利。这是因为科通公司利用其规模经济带来的全球资源优势帮助这些生态链企业提高效率”“2018年4月，科通公司成功上市”。

第五，组织管理能力。“2016年，科通公司内部开始进行架构和模式多维调整”“刘毅亲自负责科通手机供应链管理。前供应链负责人转任首席科学家，负责手机前沿技术研究。这意味着科通公司从组织架构上加大对供应链的管理力度”“科通公司抽出20名工程师，让他们从产品的角度看待拟投资的创业公司，通过与创业公司团队的沟通，了解这家公司的未来走向”“科通公司并没有控股任何一家科通生态链公司，所有的公司都是独立的。这样有利于在统一的价值观和目标下，生态链企业各自发挥技术创新优势，同时降低科通公司整体内部协调成本，规避经营风险”。

6. 【答案】

(1) 发展战略的主要类型包括：一体化战略、密集型战略和多元化战略。

第一，密集型战略。

①市场渗透——现有产品和现有市场。“坚守阵地”，这种战略强调发展单一产品，试图通过更强的营销手段来获得更大的市场占有率。

对于光祖集团而言，实施这一战略主要条件：

a. 当整个市场正在增长时，那些想要增加市场份额的企业能够以较快的速度达到目标。“随着国内汽车产业的迅猛增长，光祖玻璃逐渐被全球知名品牌汽车企业认同，光祖公司产品需求日益增大”。

b. 当市场渗透战略对应的风险较低高级得参与度较高，且在需要的投资较少的时候，市场渗透战略也会比较适用。“作为一个新兴市场国家实力相对弱小的企业，急于扩大市场份额会让发达国家实力强大的企业产生危机感，因而会遭遇发达国家企业致命的挤压。因此，光祖公司要在世界汽车产业市场寻求一席之地，必须学会当好汽车集团的‘配角’。光祖公司不做大而全的公司，而是专注于汽车玻璃的高科技产品”。

c. 企业拥有强大的市场地位，并且能够利用经验和能力来获得强有力的独特竞争优势，那么实施市场渗透战略是比较容易的。“由于光祖公司始终专注做汽车玻璃，打造了核心竞争力，逐步赢得更多汽车厂商的信赖”。

②市场开发——现有产品和新市场。市场开发战略是指将现有产品或服务打入新市场的战略。

对于光祖集团而言，实施这一战略的主要条件：

企业的主业属于正在迅速全球化的产业。“作为全球化程度很高的产业——汽车制造的零部件供应商，光祖公司开启了进军国际市场的航程”。

③产品开发——新产品和现有市场。这种战略是在原有市场上，通过技术改进与开发研制新产品。

对于光祖集团而言，实施这一战略的主要条件：

a. 企业产品具有较高的市场信誉度和顾客满意度。“成为U国知名汽车品牌的全球优秀供应商”。

b. 企业所在产业属于适宜创新的高速发展的高新技术产业。“国外跨国公司在汽车玻璃制造的新材料及应用技术上不断推陈出新。如此状况下要想直接购买技术或是仿造产品绝非现实”。

c. 企业所在产业正处于高速增长阶段。“C国玻璃产业快速发展的过程中”。

d. 企业具有较强的研究与开发能力。“光祖公司在全球已拥有四大设计中心。以此为依托构建全球制造基地”“近几年，光祖公司联合高校和科研单位，成立‘产学研用一体化’四方创新联合体，建立长效合作机制，共同策划和实施光祖公司智能制造新模式”。

第二，一体化战略。

①纵向一体化战略。纵向一体化战略是指企业沿着产品或业务链向前或向后，延伸和扩展企业现有业务的战略。

对于光祖集团而言，实施这一战略的主要条件：

a. 企业所在产业的增长潜力较大。“C国玻璃产业快速发展的过程中”。

b. 企业具备前向一体化与后向一体化所需的资金、人力资源等。“光祖公司结合信息技术和自动化的生产工厂，已经走在全球同行业前列……在生产流程中形成了完整的可追溯体系”“在提升制造柔性化、智能化和高效率的同时，光祖公司还在力求让自己遍布全球各地的工厂更加紧密地连网，与客户和供应商无缝的信息化对接也在积极推进”。

②横向一体化战略。横向一体化战略是指企业向产业价值链相同阶段方向扩张的战

略。“公司在国内十几个地区建立了现代化的生产基地。之后，作为全球化程度很高的产业——汽车制造的零部件供应商，光祖公司开启了进军国际市场的航程”。对于光祖集团而言，实施这一战略的主要条件：

a. 企业所在产业竞争较为激烈。“全球汽车玻璃市场激烈的竞争”。

b. 企业所在产业的规模经济较为显著。“支撑光祖公司获得在全球的资源优势和规模经济优势”。

c. 企业所在产业的增长潜力较大。“C 国玻璃产业快速发展的过程中”。

d. 企业具备横向一体化所需的资源能力。“2008 年的金融危机给汽车玻璃行业格局带来了巨大的变化，国际同行因为原有的大批量生产模式和个性化、小批量的消费需求相悖，导致成本高涨。而且，汽车玻璃业务只是汽车制造集团多元化业务的一块，因而被边缘化。由于光祖公司始终专注做汽车玻璃，打造了核心竞争力，逐步赢得更多汽车厂商的信赖”。

(2) 国际市场进入模式包括出口、对外股权投资（对外证券投资和对外直接投资）和非股权安排。

第一，出口。“1991 年 9 月，光祖公司开始向北美 J 国 T 公司出口汽车玻璃，将其业务拓展至北美的汽车配件市场。1994 年年底，光祖公司在北美 U 国成立了 L 玻璃工业公司，主营光祖公司汽车玻璃在北美的销售业务”。

第二，对外股权投资（对外直接投资）。“2011 年 6 月，应发达国家 D 国 Z 汽车公司等合作伙伴之邀，光祖公司挺进 R 国，在该国投资 2 亿美元设厂，设计产能为年供应 300 万套汽车安全玻璃……2014 年，光祖公司又启动 U 国项目，总投资 6 亿美元，这是 C 国汽车零部件企业在 U 国最大的投资项目。该项目建成后将形成 450 万套汽车玻璃+400 万片汽车配件的生产能力，成为全球最大的汽车玻璃单体厂房……2016 年，光祖公司在继续完成 U 国项目二期建设、建立研发中心的同时，又在 D 国建立玻璃包边工厂。届时，光祖公司在全球已拥有四大设计中心”。

第三，非股权安排（战略联盟）。“与发起倾销诉讼的世界玻璃巨头 U 国 P 公司化敌为友，后来双方还建立了契约式战略联盟关系，互补对方在欧美和亚洲市场的不足”“应发达国家 D 国 Z 汽车公司等合作伙伴之邀，光祖公司挺进 R 国”。

(3) 第一，政治风险。本案例中，光祖公司在国际化经营中所面临的政治风险主要表现为 U 国设置的反倾销贸易壁垒，“2001 年……U 国商务部展开对 C 国维修用汽车前挡风玻璃的反倾销调查。同年 3 月，光祖公司作为 20 多家被调查企业中唯一的上市公司，收到 U 国国际贸易委员会的反倾销调查问卷……2004 年 10 月，光祖公司取得历时三年多的反倾销案胜诉，成为 C 国汽车玻璃企业中唯一出口 U 国无须缴纳反倾销税的企业”。

第二，市场风险。潜在进入者、竞争者、与替代品的竞争带来的风险。“2001 年，世界玻璃巨头 U 国 P 公司对 C 国维修用汽车前挡风玻璃发起倾销诉讼”“光祖公司认识到，作为一个新兴市场国家实力相对弱小的企业，急于扩大市场份额会让发达国家实力强大的企业产生危机感，因而会遭遇发达国家企业致命的挤压”。

(4) 光祖公司研发的类型包括两种：

①产品研究——新产品开发。“光祖镀膜前挡玻璃技术打破了国际巨头的垄断。机械加工设备实现自主研发生产，且基本达到国际先进装备水平”。

②流程研究。“光祖公司敏锐地把握机遇，乘势而上，从‘制造’迈向‘智造’。通过自动化和信息化不断融合，搭建数字化的链接通道，打通市场调研、研发、生产、管控、供给、销售等各个环节，实现定制化产品以销定产、自动化制造、智能化运营”。

光祖公司研发的定位：

①成为成功产品的创新模仿者。“光祖镀膜前挡玻璃技术打破了国际巨头的垄断。机械加工设备实现自主研发生产，且基本达到国际先进装备水平。这些设备填补了一系列国内空白”。

②成为向市场推出新技术产品的企业。“光祖公司结合信息技术和自动化的生产工厂，已经走在全球同行业前列”。

7.【答案】

（1）广源天药集团医药板块产品组合策略的类型属于扩大产品组合。它包括拓展产品组合的宽度、长度和加强产品组合的深度。前者是增加产品大类和在原有产品大类内增加新的产品项目；后者是增加每种产品项目的花色、品种、规格。“广源天药集团最初生产销售的粉剂产品，产品结构较为单一……广源天药集团顺应时代发展对药品剂型、便捷性、准确性等多方面的需求，从1975年开始，在广源天药秘方原有剂型的基础上研制出系列新剂型、新品种，历经30多年时间，逐步开发构建了广源天药完整、庞大的产品群。如主打止血消炎的广源天药膏、广源天药酊，用于外伤止痛的广源天药气雾剂，具有止血功效的创可贴等。同时，广源天药深入挖掘创新以天然植物为原料的民族药物，成功研发出具有地方特色的新产品，如脑脉通口服液、宫血宁胶囊等”。

产品开发的原因：

①企业具有较高的市场份额和较强的品牌实力，并在市场中具有独特的竞争优势。“将自身独特的技术优势与多变的市场需求相结合，不断开发出新的高品质药品，赢得了消费者的信赖”。

②市场中有潜在增长力。“不断开发出新的高品质药品，赢得了消费者的信赖”“彻底打破了BD独霸创可贴天下的局面，当年广源天药创可贴与BD创可贴的市场比率由2000年的1∶10涨到1∶2.6……2012年广源天药创可贴销售额再创新高，达到4亿元”。

③客户需求的不断变化需要新产品。持续的产品更新是防止产品被淘汰的唯一途径。“随着人们生活水平逐渐提高，医药企业竞争日趋激烈，消费者对医药产品功能的要求也日益多样化。广源天药集团顺应时代发展对药品剂型、便捷性、准确性等多方面的需求……研制出系列新剂型、新品种”。

④需要进行技术开发或采用技术开发。“创可贴市场占领者国际品牌BD创可贴仅仅是一种卫生消毒材料，没有对伤口的止血和愈合的功效。而广源天药产品的药性具有很强的止血和愈合功效。如果将广源天药产品的药性与创可贴的功效结合起来，可与其他创可贴形成功能性差异。但是当时广源天药不具备生产透皮方面的技术”。

⑤企业需要对市场的竞争创新做出反应。“随着人们生活水平逐渐提高，医药企业竞争日趋激烈，消费者对医药产品功能的要求也日益多样化”。

（2）①外部发展（并购）。“2011年收购国内一家制药厂，作为与透皮事业部相配套的生产企业”。

②内部发展（新建）。“2001年3月广源天药投资成立专业透皮研究部门，主要对创可贴进行研究开发……随后投资300万元建立广源天药创可贴生产线，并投资2000多万元组建医药电子商务公司，完善创可贴销售网络……随后广源天药集团成立了主要生产经营透皮产品的事业部”。

③战略联盟。“但是当时广源天药不具备生产透皮方面的技术，为了快速推出此类产品，广源天药选择暂时不进行自主研发，与国外创可贴企业合作，广源天药提供创可贴的敷料部分，国外企业负责成品生产”“引进日本更先进的生产透皮技术，委托国内企业加工生产8000多万张”。

（3）广源天药集团实施多元化战略的动因：

①分散风险。“广源天药集团进入国家基

本药物目录的药品在价格上受到限制，招标采购模式也使得药品价格维持在一个较低的水平，毛利率较低；另一方面，一种药品从立项、临床报批到进入市场需要很长的周期和大量资金投入，进入市场的结果也存在着未知的风险。一旦产品销售不佳，会对广源天药集团产生较大影响……另一方面也可以抵御医药市场的竞争压力，规避产业发展风险”。

②当企业在原产业无法增长时找到新的增长点。“广源天药集团希望开发非药品业务作为公司新的利润增长源泉”。

③利用未被充分利用的资源。“广源天药集团管理层还期望充分发挥企业在药品经营中各种有形资源……进一步扩大公司生存发展空间”。

④获得资金或其他财务利益。“获得足够的资金支撑企业研发新的医药产品”。

⑤运用企业在某个产业或某个市场中的形象和声誉来进入另一个产业或市场，而在另一个产业或市场中要取得成功，企业形象和声誉是至关重要的。“广源天药集团管理层还期望充分发挥企业在药品经营中……良好的品牌声誉优势，进一步扩大公司生存发展空间”。

广源天药集团实施多元化战略的风险：

①来自原有经营产业的风险。“由于多元化经营资源分散，不仅导致其在缺乏优势的产业中经营绩效不佳，而且对其主业带来了负面影响”。

②市场整体风险。“由于多元化经营资源分散……对其主业带来了负面影响”。

③产业进入风险。“而其他日化产品因为其功能和特点无法体现广源天药粉的独特优势，所以难以成功”“房地产业务与广源天药集团的主营业务不存在联系，在生产技术、市场、营销等方面无法产生协同效应。广源天药集团没有强大的资源和人才来支撑这个庞大的房地产业务体系，致使房地产业务在5年内4年都是严重亏损，侵蚀了集团的资源，占用了人力，还占据了企业大量资金”。

④产业退出风险。“广源天药集团管理层没有审时度势和合理分析房地产业的未来走势，没有结合集团房地产业务连续数年亏损的实际和房地产整个行业的发展现状及时做出调整，却于2012年反其道而行耗资38亿元兴建度假村。直到2013年才出售广源天药置业有限公司退出不良业务”。

⑤内部经营整合风险。“房地产业务与广源天药集团的主营业务不存在联系，在生产技术、市场、营销等方面无法产生协同效应。广源天药集团没有强大的资源和人才来支撑这个庞大的房地产业务体系，致使房地产业务在5年内4年都是严重亏损，侵蚀了集团的资源，占用了人力，还占据了企业大量资金”。

(4) ①医药板块：

它对顾客是否有价值？“核心产品广源天药在治疗出血、消炎等方面有非常好的疗效，在国内外享有很高声誉”“不断开发出新的高品质药品，赢得了消费者的信赖”。

它与企业竞争对手相比是否有优势？“拥有独一无二的国家级保密配方和百年老字号品牌的医药企业”“到目前为止，广源天药仍然是创可贴行业的翘楚”。

它是否很难被模仿或复制？“拥有独一无二的国家级保密配方”“将自身独特的技术优势与多变的市场需求相结合，不断开发出新的高品质药品”“广源天药创可贴弥补了其他同类产品只能护理不能治疗的缺陷”。

综上，广源天药集团医药板块同时满足3个关键性测试，具备核心能力。

②广源天药牙膏：

它对顾客是否有价值？“80%左右的成年人或多或少都有口腔溃疡或者牙龈萎缩出血等问题”“利用天药的活性成分，开发出一种能够帮助消费者减轻牙龈出血等口腔问题的独特的药物牙膏”“广源天药集团又对产品进行不断改进和完善”。

它与企业竞争对手相比是否有优势？“一般传统牙膏的主要功能是解决牙齿防蛀和清洁问题”“开发出一种能够帮助消费者减轻牙龈出血等口腔问题的独特的药物牙膏”。

它是否很难被模仿或复制？“广源天药牙膏运用公司的关键资源——广源天药粉的神奇功效，使得广源天药牙膏具有独特的治疗功能”“广源天药牙膏首先采用的销售渠道是医院和药房、网络销售渠道，随后才进入超市等渠道，这样有利于在产品问世时显现出药企的背景，让消费者觉得质量有保障，并且巧妙避开了与行业龙头的直接竞争，还可降低前期的销售费用”。

综上，广源天药集团牙膏产品同时满足3个关键性测试，具备核心能力。

③日化板块其他产品：

它对顾客是否有价值？“其他日化产品都销售不佳，发展势头萎靡不振。几种主要产品的市场占有率大大低于外资品牌，也低于国内其他著名品牌。目前市场上已经很少能看到广源天药的沐浴素、洗发水、护发素、面膜、护手霜等产品的踪迹”。

它与企业竞争对手相比是否有优势？“而其他日化产品因为其功能和特点无法体现广源天药粉的独特优势，所以难以成功”。

它是否很难被模仿或复制？“而其他日化产品因为其功能和特点无法体现广源天药粉的独特优势，所以难以成功”。

综上，广源天药集团日化板块其他产品不能满足3个关键性测试，不具备核心能力。

④房地产业务：

它对顾客是否有价值？“广源天药集团管理层没有审时度势和合理分析房地产业的未来走势（因此，其房地产业务很难适应顾客需求）”。

它与企业竞争对手相比是否有优势？“房地产业务在5年内4年都是严重亏损”。

它是否很难被模仿或复制？“房地产业务与广源天药集团的主营业务不存在联系（因此，广源天药的房地产业务不存在难以被模仿或复制的因素）”。

综上，广源天药集团房地产业务不能满足3个关键性测试，不具备核心能力。

（5）①医药板块：

研发的类型：产品研究——新产品开发。“将自身独特的技术优势与多变的市场需求相结合，不断开发出新的高品质药品”。

动力来源：需求拉动。“广源天药集团顺应时代发展对药品剂型、便捷性、准确性等多方面的需求，从1975年开始，在广源天药秘方原有剂型的基础上研制出系列新剂型、新品种”。

研发定位：成为向市场推出新技术产品的企业。“将自身独特的技术优势与多变的市场需求相结合，不断开发出新的高品质药品”。

②广源天药牙膏：

研发的类型：产品研究——新产品开发。“广源天药集团开始研发天药牙膏，利用天药的活性成分，开发出一种能够帮助消费者减轻牙龈出血等口腔问题的独特的药物牙膏”。

动力来源：需求拉动。“80%左右的成年人或多或少都有口腔溃疡或者牙龈萎缩出血等问题”。

研发定位：成为向市场推出新技术产品的企业。“广源天药集团开始研发天药牙膏，利用天药的活性成分，开发出一种能够帮助消费者减轻牙龈出血等口腔问题的独特的药物牙膏”。

（6）①企业产品结构、新产品研发方面可能引发的风险。“而其他日化产品因为其功能和特点无法体现广源天药粉的独特优势，所以难以成功”“房地产业务与广源天药集团的主营业务不存在联系，在生产技术、市场、营销等方面无法产生协同效应……房地产业务在5年内4年都是严重亏损”“由于多元化经营资源分散，不仅导致其在缺乏优势的产业中经营绩效不佳，而且对其主业带来了负面影响”。

②企业新市场开发、市场营销策略方面可能引发的风险。“广源天药牙膏首先采用的销售渠道是医院和药房、网络销售渠道，随后才进入超市等渠道……而其他日化产品因为其功能和特点无法体现广源天药粉的独特优势”“房地产业务与广源天药集团的主营业务不存在联系，在生产技术、市场、营销等方面无法产生协同效应”。

③企业组织效能、管理现状、企业文化，高、中层管理人员和重要业务流程中专业人员的知识结构、专业经验等方面可能引发的风险。“广源天药集团没有强大的资源和人才来支撑这个庞大的房地产业务体系，致使房地产业务在5年内4年都是严重亏损”。

④质量、安全、环保、信息安全等管理中发生失误导致的风险。“2007~2014年广源天药集团有4种药品进入国家药监局不合格药品名单，其中影响最大的是2012年国内某省药监局查出广源天药胶囊的水分不合格，相关产品被召回，广源天药集团被列入医药企业黑名单。该省药物采购联合办公室取消了广源天药胶囊的中标权利和网上采购资格，并且在2013~2016年严格禁止广源天药胶囊进入该省基本药物统一招标采购目录”。

⑤因企业内、外部人员的道德风险或业务控制系统失灵导致的风险。“9年间，广源天药至少10次因为部分药品质量不合格、广告夸大疗效等原因导致负面消息”。

⑥企业现有业务流程和信息系统操作运行情况的监管、运行评价及持续改进能力方面引发的风险。“广源天药集团管理层没有审时度势和合理分析房地产业的未来走势，没有结合集团房地产业务连续数年亏损的实际和房地产整个行业的发展现状及时做出调整，却于2012年反其道而行耗资38亿元兴建度假村。直到2013年才出售广源天药置业有限公司退出不良业务”。

扫一扫 “码”上做题、看解析

本书同步强化练习题均配备二维码，使用“会计云课堂”App扫码，即可线上做题、看解析。

【“会计云课堂”App下载二维码见封底页】

同步强化练习题

一、单项选择题

1. 2020年7月，甲公司按照每亩5000元左右的价格和数十家大葱种植户订立了书面合同，并付清了所有收购款。然而当甲公司在2020年年底调度了货车、雇请挖葱人来收葱时，其中六户种植户基于连日来大葱价格飞涨，纷纷坐地起价，提出要加价至每亩1~2万元。在上述案例中，甲公司面临的风险是（　　）。（★★）*

A. 市场风险　　B. 运营风险

C. 合规风险　　D. 战略风险

* 本书中的题目通过标注不同星级体现不同难度。当本章三星级题目错误率超过70%、二星级题目错误率超过50%或一星级题目错误率超过25%，建议您有针对性地巩固“本章重难点精讲”中的相关知识点。

2. 某公司是一家航天企业，在每次航天发射前都要对火箭发射系统进行两次独立的检查。公司对火箭发射系统进行检查分析时，将火箭发射系统的状态分成可以发射、推迟发射以及归零检查，然后用随机转移概率矩阵来描述这几个状态之间的转移，最后用计算机算出每种状态发生的概率。这家航天企业采用的风险管理技术与方法为(　　)。(★★)
A. 事件树分析法
B. 马尔科夫分析法
C. 失效模式影响和危害度分析法
D. 情景分析法

3. 某公司财务部使用净现值法评价一个投资项目。根据公司发展战略有很多影响投资的变量，其中多个变量是不确定的。一些变量的值可能会取决于其他变量的值，因此该方法列出各个不确定变量及其结果以便衡量替代行为的范围与可能的结果。根据描述，该公司选择的风险管理技术与方法是(　　)。(★★)
A. 情景分析法
B. 事件树分析法
C. 决策树法
D. 流程图分析法

4. 全球酒店 20 强的华住酒店集团公司于 2018 年发生严重的信息泄露事件，泄露范围包括旗下全部酒店品牌客户的身份证号、手机号、邮箱、账号、登录密码、入住登记身份信息、酒店开房记录等。此次泄露是华住公司程序员将数据库连接方式于 20 天前上传至 GitHub 网站导致。华住公司此次事件体现出的风险是(　　)。(★★)
A. 技术风险
B. 市场风险
C. 运营风险
D. 财务风险

5. 甲公司在加强风险管理过程中采取的下列做法中符合我国《企业内部控制基本规范》关于控制活动要素要求的是(　　)。(★)
A. 企业实施全面预算管理制度
B. 企业制定内部控制缺陷认定标准
C. 企业根据设立的控制目标，及时进行风险评估
D. 董事会下设立审计委员会

6. 甲公司董事会对待风险的态度属于风险厌恶。为有效管理公司的信用风险，甲公司管理层决定将其全部的应收款项出售给乙公司，由乙公司向有关债务人收取款项，甲公司不再承担有关债务人未能如期付款的风险。甲公司应对此项信用风险的策略属于(　　)。(★★★)
A. 风险控制
B. 风险转移
C. 风险承担
D. 风险转换

7. 城觅是一家前两年兴起的小众城市服务网站，在获取融资之后，创始人开始规划对标大众点评等巨头疯狂发展，最后导致资金链断裂。根据《企业内部控制应用指引第 2 号——发展战略》，城觅在制定和实施发展战略方面存在的主要风险是(　　)。(★★)
A. 发展战略实施不到位
B. 发展战略过于激进，脱离企业实际能力或偏离主业
C. 发展战略因主观原因频繁变动
D. 缺乏明确的发展战略

8. 甲公司每年最低运营资本是 2000 万元，但是有 8%的可能性需要 2600 万元才能维持运营。如果甲公司风险资本为 620 万元，该公司生存的概率是(　　)。(★)
A. 92%　　B. 8%
C. 大于 92%　　D. 小于 8%

9. 2021 年 2 月 22 日大豆的现货价格为 2840 元/吨，同日大连商品交易所 3 月 1 日到

期的大豆期货合约的价格为 2920 元/吨，3 月 15 日，7 月份到期的大豆期货合约的价格为 2865 元/吨，那么该大豆的基差为(　　)元/吨。(★)

A. 55　　B. 80

C. -80　　D. -55

10. 2020 年 4 月 6 日，大豆现货价格为 2020 元/吨，某加工商对该价格比较满意，希望能以此价格在一个月后买进 200 吨大豆。为了避免将来现货价格可能上涨，从而提高原材料成本，决定在大连商品交易所进行套期保值。4 月 6 日买进 20 手 9 月份到期大豆期货合约，10 吨/手，成交价格为 2025 元/吨。5 月 6 日该加工商在现货市场按照 2050 元/吨的价格买进 200 吨大豆的同时，卖出 20 手 9 月份到期大豆期货合约平仓，成交价格为 2052 元/吨。在不考虑佣金和手续费等费用的情况下，该加工商 5 月 6 日对冲平仓时套期保值的净损益为(　　)元。(★)

A. -600　　B. -400

C. 600　　D. 300

11. 某工厂预期半年后须买入燃料油 1000 吨，目前现货市场价格为 3750 元/吨，现在该工厂买入 20 手 6 个月后到期的燃料油期货合约，50 吨/手，成交价为 3788 元/吨。半年后，该工厂以 3960 元/吨购入 1000 吨燃料油，并以 3980 元/吨的价格将期货合约平仓，则该工厂燃料油净进货成本为(　　)元/吨。(★)

A. 3768　　B. 3867

C. 3688　　D. 3678

12. 甲公司计划向市场推出一款新产品，公司历史上从未销售过类似产品。为降低产品上市失败的可能性，公司搜集了一些其他公司类似产品上市后的销售数据进行分析。根据上述信息可以判断，甲公司采用的这一方法是(　　)。(★)

A. 旁推法　　B. 后推法

C. 前推法　　D. 正推法

13. 2020 年 12 月牧原股份曾公告，甲公司作为自育自繁自养一体化生猪养殖企业，需要自行进行原料采购、饲料加工。玉米、小麦、大豆、豆粕、豆油等作为饲料生产的主要原料，在饲料原料中占比较高。为规避饲料原料价格大幅波动给公司经营带来的不利影响，公司拟以自有资金不超过 7 亿元进行玉米、豆粕等商品期货的套期保值业务，有效管理价格大幅波动的风险。从风险管理策略的角度看，甲公司采取的策略是(　　)。(★★)

A. 风险规避　　B. 风险转换

C. 风险对冲　　D. 风险承担

14. 甲房地产开发公司拟投资建设一个日化项目。经过可行性论证，该项目预计净现值为 500 万元，内部收益率为 12%。甲公司进一步分析初始投资、寿命期、终结点残值变现价值的变动对该项目预计净现值和内部收益率的影响及影响程度。甲公司采取的风险管理技术与方法是(　　)。(★★)

A. 事件树分析法

B. 敏感性分析法

C. 决策树法

D. 情景分析法

15. 新华出版社为了对某一专著销售量进行预测，选择若干书店经理、书评家、读者、编审和销售代表组成专家小组，将该专著和一些相应的背景材料通过电子信箱发给各位专家，要求大家给出该专著可能的销量范围及影响因素。经过反复征询每个专家的意见，直到每一个专家不再改变自己的意见、达成共识为止。新华出版社采取的这种风险管理技术与方法是(　　)。(★★)

A. 德尔菲法
B. 情景分析法
C. 敏感性分析法
D. 头脑风暴法

16. 2020年12月16日，蓝月亮正式登陆港交所，成为中国“本土日化第一股”。如果想成为“中国版宝洁”，蓝月亮面临的最大问题是过度依赖单一品类和品牌。蓝月亮面临的风险是(　　)。(★★)
A. 市场风险
B. 运营风险
C. 财务风险
D. 战略风险

二、多项选择题

1. 2018年，随着市场波动的加剧，国内甲醇价格趋势的预判难度加大，主营甲醇的大华贸易公司，开始结合期货等衍生品工具进行灵活操作。同时，公司持续例行开展供应商审核与供应风险评估，提前识别风险并及时采取防范措施，以降低供应风险，确保供应连续性。从风险管理策略的角度看，体现的策略有(　　)。(★★)
A. 风险规避
B. 风险对冲
C. 风险控制
D. 风险承担

2. 下列关于不相容职务的说法中，正确的有(　　)。(★★)
A. 授权进行某项经济业务和执行该项业务的职务要分离
B. 保管某些财产物资和对其进行记录的职务要分离
C. 保管某些财产物资和使用这些财产物资的职务要分离
D. 执行某些经济业务和审核这些经济业务的职务要分离

3. 分析市场风险，企业应广泛收集国内外企业忽视市场风险、缺乏应对措施导致企业蒙受损失的案例，并至少收集与本企业相关的以下重要信息，其中包括(　　)。(★★)
A. 新市场开发情况，市场营销策略包括产品或服务定价与销售渠道、市场营销环境状况
B. 能源、原材料、配件等物资供应的充足性、稳定性和价格变化
C. 税收政策和利率、汇率、股票价格指数的变化
D. 潜在竞争者、竞争者及其主要产品、替代品情况

4. 甲公司是在上海证券交易所上市的钢铁生产企业。甲公司60%以上的铁矿石从巴西淡水河谷公司进口，以美元结算。甲公司的长期资本来源中，长期银行借款占80%。下列各项中，属于甲公司在日常经营中面临的市场风险有(　　)。(★)
A. 利率风险
B. 汇率风险
C. 商品价格风险
D. 股票价格风险

5. 长生生物科技股份有限公司（下称长生生物）2019年1月15日发布公告称，2019年1月14日，长生生物收到深圳证券交易所《关于对长生生物科技股份有限公司股票实施重大违法强制退市的决定》，为此，该公司股票连续收出六个跌停板，市值接近“腰斩”。根据公告，2018年10月16日，长生生物主要子公司长春长生生物科技有限责任公司因违法违规生产疫苗，被药品监督管理部门给予吊销药品生产许可证、处罚没收91亿元等行政处罚，主要涉案人员公司董事长高某芳和4名公司高管被公安机关依法审查。该公司所涉及的主要风险有(　　)。(★★★)
A. 市场风险
B. 法律风险与合规风险
C. 运营风险
D. 技术风险

6. 下列可能导致社会文化风险的行为有（ ）。（★★）
A. 甲国政府对外币供应实行定量配给
B. 甲国A企业进行全球化布局，开展跨国经营活动
C. 甲国B企业的组织内部因素发生变化
D. 甲国C企业并购乙国D企业

7. 乙公司近年来实施全面风险管理，运用衍生产品等风险理财工具防范风险。下列对乙公司风险理财的表述中，正确的有（ ）。（★）
A. 乙公司运用风险理财工具不需要判断风险定价
B. 乙公司运用风险理财工具注重风险因素对现金流的影响
C. 乙公司运用风险理财工具的主要目的是降低风险
D. 乙公司运用风险理财工具既可以针对不可控风险也可以针对可控风险

8. 甲公司是一家钢铁制造企业，需要在6个月后采购一批焦炭。目前焦炭的市场价格是3000元/吨。甲公司管理层预计6个月后焦炭的市场价格将超过3400元/吨，但因目前甲公司的仓储能力有限，现在购入焦炭将不能正常存储。甲公司计划通过衍生工具交易抵销焦炭市场价格上涨的风险。下列方案中，甲公司可采取的方式有（ ）。（★★）
A. 卖出6个月后到期的执行价格为3400元/吨的看涨期权
B. 卖出6个月后到期的执行价格为3400元/吨的看跌期权
C. 买入6个月后到期的执行价格为3400元/吨的看涨期权
D. 买入6个月后到期的执行价格为3400元/吨的看跌期权

三、简答题

1. 甲公司属于建筑防水材料行业，是一家集研发、生产、销售、技术咨询和施工服务为一体的专业化建筑防水系统供应商。我国建筑防水行业是一个充分竞争性行业，由于行业分散、市场规模大，尽管经过了多年的竞争淘汰，行业集中度仍然很低。

甲公司在成立之初就重视研发的投入，虽然有一部分投入并没有转化为现实的技术或产品，但经过十余年的发展，该公司积累的技术和研发成果已经形成较为明显的竞争优势，形成强大的内生性发展动力，竞争对手在短期内无法超越，并且企业会更进一步加大研发力度。2020年公司品牌知名度和美誉度进一步提高，市场版图得到了大力扩张。

公司“渗透全国”的市场开发战略成效显著，市场领域已从局部市场走向全国市场，市场辐射能力大幅度提高。但随着公司大规模扩张计划的实施，公司现有的人员已无法满足迅速增长的人才需求，而新增员工可能短期内难以融合现有的企业文化，进而影响公司战略和经营目标的实现。

新产品和应用技术研发能力的提高，使公司产品线不断拓宽，系统集成优势更加明显，应用领域和市场空间不断得到拓展。作为行业内技术领先、产品结构完善的龙头企业，公司将享有更高的市场份额。

基础设施建设项目专业承包商与重点房地产开发商是公司的主要客户。这些建筑和工程项目客户往往要求供应商提供一定额度的垫资，且货款结算周期相对较长。由于公司业务增长较快，同时在当前的招标模式下，客户将支付方式作为选择供应商的重要条款，导致公司应收账款余额增长过快，如果回款不及时将影响到公司的资金使用效率和资产的安全，进而影响公司的经营业绩。

公司主要原材料供应商比较稳定，近年来随着原材料采购量及产品种类的逐步增加，公司也相应增加了供应商数量，不存在单一供应商（客户）占公司采购（销售）比例超过30%或严重依赖少数供应商及客户的情况。但供应商数量的增多也带

来了管理上的难题，有一部分供应商在履行合同方面存在拖期、以次充好等问题，给公司验收工作带来了压力。

公司主要原材料均属于石油化工产品，受国际原油市场的影响较大。因此，如果原材料市场价格出现较大幅度波动，将对该公司的盈利水平产生一定影响。

要求：简要分析甲公司面临的风险类型。（★★）

2. 百度外卖诞生于2014年5月，定位于中高端白领市场。当时与美团外卖、饿了么形成外卖市场三足鼎立之势。由于百度外卖一开始就是定位中高端白领市场的外卖，与饿了么、美团等专注校园市场的外卖打出品牌差异，迅速抢占市场份额。艾瑞、易观等第三方机构的数据显示，白领市场份额占整个外卖市场的六成，远高于校园的三成。DCCI互联网数据中心发布的《2015年中国白领人群网络外卖服务研究报告》显示，2015年百度外卖在白领市场的占有率排名第一。

百度外卖在2016年年底至2017年年初经历过一轮调整，百度外卖曾在内部推行了为时两个月的激进战略以便通过盈利的提升取得更多投资人的信赖。为了能够顺利得到融资，“不顾流水，只为盈利”的战略虽然在短期内拉高了百度外卖的盈利能力，但百度外卖不得不付出市场份额下滑的代价。百度外卖在激进式发展中，也未能很好地把控商户的产品质量。在2016年8月北京市食品药品监管局的检查中，百度外卖16家餐厅被指隐身于城中村，出售过期的菜，用剪刀拌饭，北京市食品药品稽查总队和海淀区食品药品监管局先后两次对百度外卖的开办单位北京百度网讯科技有限公司未对入网食品经营者审查许可证的行为进行了查处。人事变动上，从2016年年底开始，百度外卖就开始在全国范围内裁撤渠道城市经理，渠道部被裁员工比例达到40%，北京市场部门裁员比例达到30%。2017年5月4日晚，原本掌管百度外卖渠道代理的副总裁陈锦晖宣布离职，随后百度外卖产品总监跳槽到美团点评。

2017年8月，饿了么正式对外宣布合并百度外卖。2018年4月，饿了么平台又被阿里巴巴全资收购。10月，阿里巴巴集团宣布正式成立阿里本地生活服务公司，由饿了么和口碑合并组成，百度外卖更名为饿了么星选，百度外卖自此退出历史舞台。外卖战争已从曾经三方割据的时代，走向美团和阿里系的全面对垒。美团外卖是基于美团点评在本地生活的长期开发上发展起来的，其用人工智能、大数据等手段缩短了配送时间，更好地服务用户，并投入基础设施建设服务商家，形成了巨大的网络效应，扩大积累更多的用户和商家，极具竞争力。阿里系的加入固然给饿了么带来了新用户，但美团同样拥有腾讯系的微信、QQ等多个入口，使用户对饿了么的需求程度并没有想象中的大，进而使得饿了么在产品和服务的定价上也受到了限制。此外，饿了么星选打造的是高端外卖，星选商家的食材原料和商户环境将要经过8层审核，精挑细选的过程对原材料供应的充足性、稳定性带来了极大的挑战。

百度外卖化身为饿了么星选的那一刻，饿了么与美团在外卖领域的较量，就从大众市场走向了更加具体的细分领域，饿了么星选或许也将带动行业进入外卖严选的时代。

要求：

（1）简要分析百度外卖发展过程中遇到的战略风险和运营风险；

（2）简要分析饿了么星选面世后可能面临的市场风险。（★★）

3. 近年来，随着我国国民经济快速增长，人民生活水平逐步提高，国家加大医疗保障和医药创新投入，医药产业将继续保持良好发展态势。随着人均可支配收入不断的增多，生活水平的提高会使居民更加注重医疗健康，从而在居民可支配收入中，医疗保健消费的占比将会不断增加。

国家不断出台鼓励医药行业创新的政策，医药行业总体技术实力得到了提高。但是还存在着一些问题：首先，研发投入不足；其次，我国医药装备水平也亟待提高；最后，科技成果迅速产业化的机制尚未完全形成。医药行业的资产专用性比较高，进入该行业之后所面对的转换成本也比较大。目前医药行业竞争十分激烈，全国各区域基本都分布着实力较强的医药企业，如果贸然进入，必然会遭到现有医药企业的排挤。但互联网和电子商务的发展在一定程度上降低了进入医药行业的难度。

N药业股份有限公司（以下简称N公司）1999年7月在上海证券交易所上市，主要经营范围为医药制造及药品批发。N公司生产所需的原材料和胶囊需要由其上游供应。但最近几年由于中药原材料造假以及毒胶囊事件频频曝光，增加了药品生产企业在相关采购环节收集信息的成本，无形中增加了这些企业的费用支出。一旦有类似的事件发生，对N公司的许多方面，包括企业形象所造成的负面影响是很大的。

N公司在销售渠道上严重地依赖大股东和关联方，使公司处在被动的位置上。另外，主要采用线下销售来进行产品的推广。随着互联网的不断发展，N公司严重地依赖于传统的销售模式，不仅造成公司销售成本的增加，同时也削弱了公司在销售渠道的竞争力。

N公司主攻心脑血管方向的药物生产，但是目前N公司在心脑血管方向的药物主要是诺迪康和新活素。虽然N公司在2016年新购进依姆多品牌，但是药物品种还是相对较少。

N公司新收购的药品品牌在管理和运营方面如果缺乏相应的专业人员，会严重地削弱药品已经占领的市场份额，并且会对公司整体的盈利能力带来消极的作用。

要求：

（1）从PEST角度简要分析N公司面临的机会与威胁；

（2）从五种竞争力角度简要分析N公司面临的机会与威胁；

（3）简要分析N公司面临的风险类型。（★★）

四、综合题

1. 资料一

莱克电气是一家以高速整流子电机为核心技术，以吸尘器、空气净化器、净水机等绿色小家电产品和园林工具产品为主营业务，以自主品牌（LEXY莱克、bewinch碧云泉、Jimmy莱克吉米）和ODM为经营模式的家电企业。莱克践行以创新驱动成长的发展路径，为顾客持续创造价值。家用电器产品的平均生命周期较短，因此，研发设计必须快速根据不同地区消费偏好的变化，适应不同国家的市场变化。公司研发部门根据国内外市场和客户分布情况进行分类和分区后进行各地区市场调研，不断致力于加强技术同顾客需求的结合，满足不同地区顾客的不同消费偏好，为顾客创造价值，从而形成差异化竞争优势，获得新产品市场定价的权利。

另外，公司采取关键零部件自制的生产战略，有效整合供应链，增强自我配套能力，目前已形成了核心部件研发与自制、产品开发与设计、模具设计与制造、精密压铸与精密加工和整机组装等完整的业务体系。公司一贯坚持自主研发和生产核心部件的原则，牢牢掌握无刷数码电机和家用电器生产中的核心技术和关键环节。莱克从招聘环节开始就侧重有创新技能的员工，建立的全球研发中心拥有600多名工程师和设计师，这些科技人员都是经过培训的高素质人才。设立了博士后工作站和国家级CNAS实验室，每年对申请技术专利的员工予以嘉奖。莱克自主研发的高速整流子电机及离心风机技术一直以来走在世界技术发展的最前沿，最近成功研发了具有国际领先水平的8万~10万转直流无刷超级数码电机，属国内首创。公司通过在无刷数码电机和家电领域十余年的耕耘和业务开拓，研发和设计能力、产品质量保证、制造服务能力、快速反应能力和专业售后服务等均位居行业领先水平，成为全球知名企业和区域性领袖企业的全球核心供应商。此类优质客户要求其供应商需首先取得国际通行的质量管理体系认证，然后需通过其更为严格的合格供应商认证，才可进入其全球供应商序列。

资料二

2017年莱克电气外销业务收入占主营业务收入比重较高，公司出口产品主要以美元计价、结算，美元汇率波动对公司经营业绩影响主要表现在以下两方面：一方面影响产品出口的价格竞争力，人民币升值将一定程度削弱公司产品在国际市场的价格优势；另一方面公司持有外币资产，人民币升值增加公司汇兑损失。若人民币兑美元汇率持续上升，可能对公司盈利能力产生一定不利影响。此外，海外非关税贸易壁垒及反倾销政策的推出，也将会对公司的外销业务规模和盈利造成一定影响。

莱克电气产品的主要原材料为塑料粒子、铜材、硅钢片和电子元器件类产品等，未来原材料价格如持续上行，对公司采购价格产生一定影响，进而影响到公司生产成本和利润。虽然公司不断通过技术创新和生产流程优化降低生产成本、扩大产能实现规模经济、推出新产品提高产品附加值以及适时适度提高产品定价，并且与主要原材料供应商保持良好的业务合作关系，但公司仍存在原材料价格大幅波动给生产经营带来不利影响的风险。小家电行业是充分竞争的行业，外资企业和本土企业数量较多，新兴互联网企业不断进入，可能导致市场竞争加剧的风险。尽管公司具有较强的竞争优势，但仍面临行业竞争加剧、消费结构不断升级、全球产业格局深度调整和再分工等市场风险的冲击。

近年来随着智能元素的加入，智能家电产品不断涌现，消费者的可选择性增加，原先的家电产品受到了冲击。扫地机器人的出现给莱克的主要产品——吸尘器带来威胁。数据显示，截至2017年年底，扫地机器人的年销售额已经近56.7亿元。随着中国城镇化的进行，家庭可支配收入的上升，扫地机器人市场将进一步被打开。

资料三

在披露2018年半年报之际，莱克电气推出了半年度的高比例分红预案。依据利润分配方案，莱克电气董事会决议通过2018年半年度利润分配预案为“拟以公司总股本4.01亿股为基数，向全体股东每10股派发现金红利20元（含税），合计派发现金红利8.02亿元（含税）”。莱克电气自上市以来累计分红4次，此次半年报披露的每10股派现20元的分红比例，是莱克电气分红史上最大手笔的分红方案。莱克电气此次高比例分红方案在刷爆A股资本市场的同时，也引来多方猜测和质疑。其一，莱克电气在上半年增收减利的情况下，其当期的分红金额却超出净利润5.98亿元，因此被疑“吃老本”。其二，从公司的股权结构来看，身兼上市公司董事长及总经理职务的公司实际控制人倪祖根及其家人，合计控制的公司股份达到3.392亿股，占比达到84.59%。这也意味着，总共8.02亿元的分红，将有超过6.784亿元落入实际控制人的腰包。对此，业内质疑称，莱克电气如此分红，难逃向实际控制人进行利益输送的嫌疑。

与高分红公告几乎同时披露的，还有公司10亿元可转换公司债券申请获得核准发行的公告。不过，莱克电气左手高分红、右手巨额融资的行为，也被投资者及评论人士质疑为“并不合理”。莱克电气如此高比例的分红方案并不合理，它应兼顾企业发展的需要，将资金用于技术研发、工厂建设以及多元化经营等方面，而不是一味地实施高分红。并且，其高比例分红对公司实际控制人有利，但对莱克电气其他董事并不公平。

要求：

(1) 根据资料一，运用辨别企业核心能力的三个关键性测试分析莱克电气是否具有核心能力；

(2) 运用波特的五种竞争力模型对莱克电气进行分析；

(3) 简要分析莱克电气面临的市场风险；

(4) 简要分析莱克电气面临的财务风险；

(5) 简要分析莱克电气存在的公司治理问题；

(6) 战略实施中的研发战略要求管理层制定鼓励创新型构思的政策，简要分析莱克电气研发过程中是如何体现这些政策的。(★★★)

2. **资料一**

2018 年 10 月 23 日晚，美的集团（SZ：000333）、小天鹅（SZ：000418）同步披露预案：美的集团拟发行 A 股股份换股吸收合并小天鹅，资产交易价格为 143.83 亿元。完成后，小天鹅将终止上市并注销法人资格。

小天鹅原本是地方性国资上市企业，2001~2002 年间，因为陷入“拼命生产—库存增加—降价处理”的死循环，加上原材料价格上涨的因素，导致 2002 年亏损 8 亿多元，所以临时转手给了无锡国联。无锡国联通过前期剥离非关键性业务后，实现了公司从亏损 3 亿多元到扭亏为盈，盈利 1 个亿后，终于找到了可以托付未来的美的。2008 年，当时对于渠道格外渴求的美的，豪掷 16.8 亿元收购盈利未久的小天鹅，至此开始打通洗衣机下游渠道生意。这次美的并没有完全收购小天鹅。自从被美的控股之后，小天鹅大部分销售和采购渠道都是通过控股公司美的集团实现，但是这也出现一个问题，那就是一旦美的集团的渠道出现问题，小天鹅的销售渠道必然受到波及。对于上游，鉴于原本小天鹅历史上的原材料上涨导致亏损 8 亿多元的悲惨历史，2008 年 4 月之后，小天鹅便开始开展大宗原材料期货业务，包括铜、铝、塑料等，进行套期保值，规避价格波动风险。由于小天鹅的国企背景，其期货等衍生品的操作经验较为匮乏，从而影响了一定的效率。随着时间的流逝，洗衣机技术在国内外已经很成熟，销售收入并不存在较大变化。通过 2015~2017 年的销售收入结构显示，小天鹅的主营业务收入 90%以上都来自于洗衣机，属于单一主营业务的上市公司。

这笔收购也在当时被誉为民营产权和国有产权及地方政府三方治理的模范案例：一家亏损严重的地方国企通过自身渠道优势，保证了对收购地方国企的民企未来销售渠道的畅通无阻；民企代表的美的则开始了自身对国有企业的改造和改组；而地方国资委通过妥善处理使人员分流、债务等司法问题顺利解决。

资料二

美的是一家多元化业务的家电企业，而并非格力单一主营业务的企业模式，因此美的会在各个赛道出击，这其中最好的方法就是并购。美的和格力作为国内家电业的两大巨头，在国内家电市场都非常有号召力，在现代人常用家电领域其实基本上已经是一个日趋成熟的市场，而非新兴的市场，技术开发和迭代更大作用是锦上添花而非平步青云。美的是以空调起家的企业，多元化的发展能更好地帮助企业控制风险。2008 年，与东芝合资，切入冰箱压缩机领域；2011 年，美的收购开利在拉美的空调业务；2016 年 6 月 30 日，美的以约 5 亿美元对价收购东芝白色家电业务板块 80.1%的股权，获得东芝品牌授权及 5 千项白电专利；2017 年 1 月，美的以 292 亿人民币对价收购库卡集团94.55%的股权，进入机器人及自动化设备领域，主要产品为负重机器人，2016年占我国工业机器人市场份额的14%。此番美的再度对小天鹅进行资产合并，可以预见的是，交易完成后，将最大程度放大2016年6月美的并购东芝后5亿美元的产业价值——这项并购主要涉及洗衣机方面的专利。很有可能，美的会将这部分生产链转移给小天鹅，并通过内销渠道实现并购重组，完成美的集团价值的再次腾飞，并且减少小天鹅品牌与美的自有品牌的正面冲突。小天鹅并入美的集团，将与美的集团旗下其他品牌洗衣机业务形成合力，小天鹅借此走向高端市场、协同东芝扩展海外市场，而美的洗衣机主打中低端市场，共同补足美的集团的洗衣机业务。

资料三

“十三五”时期是我国全面建成小康社会的决胜阶段，是新旧动能接续转换的关键时期，大数据的发展深刻改变人们的生活、工作和思维方式。大数据、云计算、移动物联网等为代表的新一轮科技革命席卷全球，与信息技术、经济社会以前所未有的广度和深度交汇融合，大数据技术以开源为主，迄今为止，尚未形成绝对技术垄断。因此，国家大力发展大数据产业，催生出一大批大数据的企业。但是在大数据时代，企业在海量数据的管理方面也会导致成本的增加。

美的通过大数据完善了产品细节，降低了投诉率，并且通过精准地用户画像来对各产品进行精准的营销。在企业组织结构方面，美的在大数据时代的背景下开启了2012年转型大调整以来的第二次组织结构上的变革，并于2017年年底开始在全国30多个主要市场区域逐一设立商务中心。这次调整后，管理将更加扁平化、去行政化，有助于管理效率的提升，更加契合企业的发展战略。此次美的集团成立30多个商务中心，与当年的二级集团的中国区营销总部区别很大，以前的中国营销总部只管二级集团的所有业务以及全国市场，无法与其他二级集团形成协同配合作战，现在的商务中心则主抓各地区所有品类的协同作战，这种职能要比中国营销总部更精准、更能激发战斗力。

要求：

（1）简要分析小天鹅被完全并购前所面临的运营风险；

（2）简要分析美的集团采取多元化战略的优势；

（3）简要分析美的集团在洗衣机领域所采取的外部发展途径的动机；

（4）简要分析美的集团在洗衣机领域所采取的品牌和商标策略；

（5）运用PEST分析法，简要分析在大数据时代美的集团面临的机会与威胁。（★★★）

3. **资料一**

华晨宝马汽车有限公司是宝马集团和华晨中国汽车控股有限公司共同投资成立的合资企业，主要从事BMW品牌汽车的制造、销售和售后服务。

2018年，在华晨宝马成立15周年之际，华晨宝马也披露了下一步的发展计划。根据华晨集团与宝马集团签署的协议，华晨宝马合资协议将延长至2040年；宝马新增投资30亿欧元，用于现有及新增生产设施建设项目，与此同时宝马集团在华晨宝马中的占股也突破了50%这条红线；未来3~5年内，华晨宝马年产能将增加至65万辆，新增5000个工作岗位。华晨宝马不断加大对中国市场的投资，也在不断深化企业和产品本土化的进程，创造了数万个直接工作岗位和间接工作岗位。在坚持本土化15年后，华晨宝马将自己的战略调整为“为中国创新”，提高在中国的科技投资。华晨宝马在这15年间与供应商建立真正亲密、互信、互助、共赢的伙伴关系。华晨宝马不仅把海外优秀的供应商引进中国，为中国制造产业的优化和进步做出贡献，还把中国本土优秀的供应商带出国外，走向世界舞台，从而促进了中国汽车行业的国际化，提高了中国汽车行业的整体水平。

在生产流程方面，宝马集团将其在德国最先进的生产线引入中国，并且伴随着大数据、物联网的发展，积极和大数据、物联网行业接轨，将华晨宝马的生产效率提高。其生产系统所采用的计算机3D模拟技术不仅使生产线调试更加高效，而且有助于实现更精密的生产作业；基于“物联网”架构，生产效率得到提高，而先进的设备并辅以自动进行的大数据监测和分析，让生产线的品质管理更为高效，使“零缺陷”生产更接近现实；通过大数据的帮助，企业建立了生产计划模型，从而合理分配产能，减少产能的浪费。

资料二

1994年中国政府颁布的《汽车工业产业政策》规定，汽车整车、专用汽车、农用运输车和摩托车中外合资生产企业的中方股份比例不得低于50%。这一股比限制条款在2004年版、2009年版《汽车产业政策》中得以延续。实际上，随着中国对外开放水平的不断提高，汽车行业股比放开早已被提上日程。2018年的政府工作报告提出要全面放开一般制造业，加大新能源汽车等领域开放，在2018年4月召开的博鳌亚洲论坛上，中国向全世界明确表态：中国开放的大门只会越开越大。随后，国家发展与改革委员会、商务部联合发布《外商投资准入特别管理措施（负面清单）（2018年版）》。根据该措施，汽车行业取消专用车、新能源汽车外资股比限制；2020年取消商用车外资股比限制，2022年取消乘用车外资股比限制，同时取消合资企业不超过两家的限制。

在2018年7月，宝马集团已经公布了一系列加大在华投资的举措。据悉，到2020年，BMW品牌核心产品系列的首款纯电动汽车BMW iX3将在沈阳投产。值得一提的是，这款产品将不仅在中国销售，还将出口到全球市场。中国的经济稳中向好，宝马集团长期看好中国未来经济的发展；中国制造业投资增速的不断加快，促进中国一般制造业迅速稳定的发展；中国的上下游产业布局较为合理，能为车厂的生产提供技术支持。这些都促使着宝马集团希望获得华晨宝马集团的控股权。过去宝马在华晨宝马中股权比例未过半，消费者对华晨宝马合资公司生产的轿车质量存疑，影响着合资车的销量，宝马集团获得控股权很好地解决了这个问题。

资料三

华晨宝马将于2018年11月9日起召回一批汽车，主要是由于其空调配件的镀锡工艺存在瑕疵，这将大大影响华晨宝马的企业形象。这次召回的国产轿车包括从2005年5月31日至2011年7月24日期间生产的国产318i、320i及325i汽车，共计89309辆。这批召回车辆都是2012年以前的旧车了，最远的甚至已经超过了13年，其中多数都已经报废了。但宝马依然进行召回，无论报没报废，华晨宝马都尽到了自身的义务。

除了在产品质量方面，华晨宝马还在其他方面遇到了挑战。目前中国市场对高端车的需求量连年高比例增长，奔驰、宝马、奥迪占据了高端车市场的70%以上的份额，其中，一汽奥迪独占高端车市场销量的三成，华晨宝马紧随其后，在奔驰、宝马、奥迪三大品牌中处在第二的位置，在市场上没有绝对的领先优势。与此同时，各品牌的高端汽车大量进入市场，尤其是沃尔沃、雷克萨斯等在国外获得成功的车企大量进入，导致高端车的供应量以及可选择面大大增加。

要求：

（1）利用 PEST 分析法分析宝马集团增股华晨宝马面临的宏观环境；

（2）简要分析宝马集团进入中国市场采取的发展战略途径；

（3）根据波士顿矩阵分析华晨宝马的高端车业务所属的类型，并说明该类业务下一步的发展方向；

（4）简要分析华晨宝马所面临的市场风险。（★★★）

同步强化练习题参考答案及解析

“扫码看解析”

使用“微信”或“会计云课堂”App 扫码，即可线上对答案、看解析，错题随手收藏，及时巩固复习。

一、单项选择题

1. **【答案】A**

解析：甲公司面临的是主要供应商的信用风险，信用风险属于市场风险，选项 A 正确。

2. **【答案】B**

解析：马尔科夫分析法通常用于对那些存在多种状态（包括各种降级使用状态）的可维修复杂系统进行分析。该方法主要围绕“状态”这个概念展开，而**随机转移概率矩阵**可用来描述状态间的转移，以计算各种输出结果，选项 B 正确。

3. **【答案】C**

解析：决策树法的基本原理是用决策点代表决策问题，用方案分枝代表可供选择的方案，用概率分枝代表每个方案可能出现的各种结果，经过对各种方案在各种结果条件下期望损益值的计算比较，为决策者提供决策依据。决策树法适用于对不确定性投资方案期望收益的定量分析，选项 C 正确。

4. **【答案】C**

解析：“此次泄露是华住公司程序员将数据库连接方式于 20 天前上传至 GitHub 网站导致”属于运营风险中的企业在信息安全管理中发生失误导致的风险，选项 C 正确。

5. **【答案】A**

解析：选项 A 属于控制活动要素的要求；选项 B 属于内部监督要素的要求；选项 C 属于风险评估要素的要求；选项 D 属于内部环境要素的要求。因此，选项 A 正确。

6. **【答案】B**

解析：甲公司将应收款项出售给乙公司，因此，甲公司应对此项信用风险的策略属于风险转移，选项 B 正确。

7. **【答案】B**

解析：城觅是一家前两年兴起的小众城市服务网站，其资金能力并不能对标大众点评等巨头，而它却盲目选择对标，表明其发展战略过于激进，脱离企业实际能力，选项 B 正确。

8. **【答案】C**

解析：最低运营资本是 2000 万元，有 8% 的可能性需要 2600 万元维持运营，说明甲公司需要的风险资本为 2600 - 2000 = 600（万元），这时，甲公司的生存概率是 92%（1-8%）。那么当风险资本是 620 万元，大于 600 万元时，甲公司的生存概率则大于 92%，选项 C 正确。

9. 【答案】C

解析：基差是产品最近的现货价格跟对应产品最近月份期货合约的价格差。公式：基差＝现货价格－期货价格＝2840－2920＝－80（元/吨），7月份到期的大豆期货合约价格（2865元/吨）由于不是同日的，不具有可比性，为干扰条件。

10. 【答案】A

解析：套期保值的净损益＝200×（2020－2050）＋20×10×（2052－2025）＝－600（元）。

11. 【答案】A

解析：每吨期货合约平仓盈利＝3980－3788＝192（元/吨），期货合约盈利抵减现货购买价格，净进货成本＝3960－192＝3768（元/吨）。

12. 【答案】A

解析：旁推法就是利用类似项目的数据进行外推，利用某一项目的历史记录对新的类似建设项目可能遇到的风险进行评估和分析。"公司搜集了一些其他公司类似产品上市后的销售数据进行分析"属于旁推法，选项A正确。

13. 【答案】C

解析：期货的套期保值业务属于风险对冲，选项C正确。

14. 【答案】B

解析：敏感性分析法是针对潜在的风险，研究项目的各种不确定因素变化至一定幅度时，计算其主要经济指标的变化率及敏感程度的一种方法。"甲公司进一步分析初始投资、寿命期、终结点残值变现价值的变动对该项目预计净现值和内部收益率的影响及影响程度"属于敏感性分析法，选项B正确。

15. 【答案】A

解析：德尔菲法本质上是一种反馈匿名函询法，其大致流程是在对所要预测的问题征得专家的意见之后，进行整理、归纳、统计，再匿名反馈给各专家，再次征求意见，再集中，再反馈，直至得到一致的意见。因此，选项A正确。

16. 【答案】B

解析："过度依赖单一品类和品牌"属于运营风险中的企业产品结构，新产品研发方面可能引起的风险，选项B正确。

二、多项选择题

1. 【答案】BC

解析："结合期货等衍生品工具进行灵活操作"采取的是风险对冲，选项B正确。"公司持续例行开展供应商审核与供应风险评估，提前识别风险并及时采取防范措施，以降低供应风险，确保供应连续性"采取的是风险控制，选项C正确。

2. 【答案】ABCD

解析：不相容职务分离控制要求企业全面系统地分析、梳理业务流程中所涉及的不相容职务，实施相应的分离措施，形成各司其职、各负其责、相互制约的工作机制。选项A、B、C、D均属于不相容职务。

3. 【答案】BCD

解析：分析市场风险需要收集的信息：①产品或服务的价格及供需变化；②能源、原材料、配件等物资供应的充足性、稳定性和价格变化；③主要客户、主要供应商的信用情况；④税收政策和利率、汇率、股票价格指数的变化；⑤潜在竞争者、竞争者及其主要产品、替代品情况。选项A属于分析运营风险需要收集的信息，选项B、C、D正确。

4. 【答案】ABCD

解析："甲公司是在上海证券交易所上市的钢铁生产企业"体现了市场风险中的股票价格风险；"60%以上的铁矿石从巴

西淡水河谷公司进口，以美元结算”体现了市场风险中的汇率风险和商品价格风险；“长期资本来源中，长期银行借款占80%”体现了市场风险中的利率风险。因此，选项A、B、C、D均正确。

5. 【答案】ABC

解析：“该公司股票连续收出六个跌停板，市值接近‘腰斩’”属于市场风险中的股票价格风险，选项A正确。“收到深圳证券交易所《关于对长生生物科技股份有限公司股票实施重大违法强制退市的决定》”“因违法违规生产疫苗，被药品监督管理部门给予吊销药品生产许可证、处罚没收91亿元等行政处罚”属于法律风险与合规风险，选项B正确。“主要涉案人员公司董事长高某芳和4名公司高管被公安机关依法审查”属于运营风险中的因企业内、外部人员的道德风险或业务控制系统失灵导致的风险，选项C正确。

6. 【答案】BCD

解析：文化风险存在并作用于企业经营的更深领域，主要有以下三个方面：①跨国经营活动引发的文化风险；②企业并购活动引发的文化风险；③组织内部因素引发的文化风险。选项A属于导致政治风险的行为，选项B、C、D正确。

7. 【答案】BD

解析：风险理财需要判断风险的定价，因此量化的标准较高，即不仅需要风险事件的可能性和损失的分布，更需要量化风险本身的价值，选项A错误。风险理财注重风险因素对现金流的影响，选项B正确。运用风险理财工具的主要目的是为了创造价值，而不是降低风险，选项C错误。风险理财既可以针对不可控风险也可以针对可控风险，选项D正确。

8. 【答案】BC

解析：甲公司需要在6个月后采购一批焦炭，由于预计焦炭价格将要上涨，为了锁定原材料成本应采用套期保值的措施，即应买入看涨期权或卖出看跌期权。因此，选项B、C正确。

三、简答题

1. 【答案】

甲公司面临的风险主要包括以下几种：

（1）市场风险。

①能源、原材料、配件等物资供应的充足性、稳定性和价格的变化带来的风险。“公司主要原材料均属于石油化工产品，受国际原油市场的影响较大。因此，如果原材料市场价格出现较大幅度波动，将对该公司的盈利水平产生一定影响”。

②主要客户、主要供应商的信用风险。“基础设施建设项目专业承包商与重点房地产开发商是公司的主要客户。这些建筑和工程项目客户往往要求供应商提供一定额度的垫资，且货款结算周期相对较长。由于公司业务增长较快，同时在当前的招标模式下，客户将支付方式作为选择供应商的重要条款，导致公司应收账款余额增长过快，如果回款不及时将影响到公司的资金使用效率和资产的安全，进而影响公司的经营业绩”“有一部分供应商在履行合同方面存在拖期、以次充好等问题”。

（2）技术风险。“甲公司在成立之初就重视研发的投入，虽然有一部分投入并没有转化为现实的技术或产品”。

（3）运营风险。“但随着公司大规模扩张计划的实施，公司现有的人员已无法满足迅速增长的人才需求……进而影响公司战略和经营目标的实现”。

（4）社会文化风险。“新增员工可能短期内难以融合现有的企业文化”。

（5）财务风险。“基础设施建设项目专业承包商与重点房地产开发商是公司的主要客户。这些建筑和工程项目客户往往要求供应商提供一定额度的垫资，且货款结算周期相对较长。由于公司业务增长较快，同时在当前的招标模式下，客户将支付方式作为选择供应商的重要条款，导致公司应收账款余额增长过快，如果回款不及时将影响到公司的资金使用效率和资产的安全，进而影响公司的经营业绩”。

（6）战略风险。“随着公司大规模扩张计划的实施，公司现有的人员已无法满足迅速增长的人才需求，而新增员工可能短期内难以融合现有的企业文化，进而影响公司战略和经营目标的实现”。

2. 【答案】

（1）①百度外卖在发展过程中遇到的战略风险主要体现在发展战略过于激进，脱离企业实际能力或偏离主业，可能导致企业过度扩张，甚至经营失败。“百度外卖在 2016 年年底至 2017 年年初经历过一轮调整，百度外卖曾在内部推行了为时两个月的激进战略以便通过盈利的提升取得更多投资人的信赖。为了能够顺利得到融资，‘不顾流水，只为盈利’的战略虽然在短期内拉高了百度外卖的盈利能力，但百度外卖不得不付出市场份额下滑的代价”。

②百度外卖在发展过程中遇到的运营风险主要体现在质量、安全、环保、信息安全等管理中发生失误导致的风险。“百度外卖在激进式发展中，也未能很好地把控商户的产品质量。在 2016 年 8 月北京市食品药品监管局的检查中，百度外卖 16 家餐厅被指隐身于城中村，出售过期的菜，用剪刀拌饭，北京市食品药品稽查总队和海淀区食品药品监管局先后两次对百度外卖的开办单位北京百度网讯科技有限公司未对入网食品经营者审查许可证的行为进行了查处”。

（2）饿了么星选面世后可能面临的市场风险：

①产品或服务的价格及供需变化带来的风险。“阿里系的加入固然给饿了么带来了新用户，但美团同样拥有腾讯系的微信、QQ 等多个入口，使用户对饿了么的需求程度并没有想象中的大，进而使得饿了么在产品和服务的定价上也受到了限制”。

②能源、原材料、配件等物资供应的充足性、稳定性和价格的变化带来的风险。“饿了么星选打造的是高端外卖，星选商家的食材原料和商户环境将要经过 8 层审核，精挑细选的过程对原材料供应的充足性、稳定性带来了极大的挑战”。

③潜在进入者、竞争者、与替代品的竞争带来的风险。“美团外卖是基于美团点评在本地生活的长期开发上发展起来的，其用人工智能、大数据等手段缩短了配送时间，更好地服务用户，并投入基础设施建设服务商家，形成了巨大的网络效应，扩大积累更多的用户和商家，极具竞争力”“饿了么与美团在外卖领域的较量，就从大众市场走向了更加具体的细分领域，饿了么星选或许也将带动行业进入外卖严选的时代”“美团同样拥有腾讯系的微信、QQ 等多个入口，使用户对饿了么的需求程度并没有想象中的大，进而使得饿了么在产品和服务的定价上也受到了限制”。

3. 【答案】

（1）从 PEST 角度分析 N 公司面临的机会：

①政治和法律因素。“国家不断出台鼓励医药行业创新的政策”。

②经济因素。“随着我国国民经济快速增长，人民生活水平逐步提高，国家加大医疗保障和医药创新投入”“随着人均可支配收入不断的增多，生活水平的提高会使居民更加注重医疗健康，从而在居民可支配收入中，医疗保健消费的占比将会不断增加”。

③社会和文化因素。“居民更加注重医疗健康”。

④技术因素。“国家加大医疗保障和医药创新投入”“国家不断出台鼓励医药行业

创新的政策，医药行业总体技术实力得到了提高”。

从PEST角度分析N公司面临的**威胁**：

技术因素。“首先，研发投入不足；其次，我国医药装备水平也亟待提高；最后，科技成果迅速产业化的机制尚未完全形成”。

（2）从五种竞争力角度分析N公司面临的**机会**：

潜在进入者的进入威胁。“医药行业的资产专用性比较高，进入该行业之后所面对的转换成本也比较大”“全国各区域基本都分布着实力较强的医药企业，如果贸然进入，必然会遭到现有医药企业的排挤”。

从五种竞争力角度分析N公司面临的**威胁**：

①潜在进入者的进入威胁。“但互联网和电子商务的发展在一定程度上降低了进入医药行业的难度”。

②产业内现有企业的竞争。“目前医药行业竞争十分激烈”。

（3）N公司面临的风险类型：

①法律风险与合规风险。“N公司生产所需的原材料和胶囊需要由其上游供应。但最近几年由于中药原材料造假以及毒胶囊事件频频曝光，增加了药品生产企业在相关采购环节收集信息的成本，无形中增加了这些企业的费用支出。一旦有类似的事件发生，对N公司的许多方面，包括企业形象所造成的负面影响是很大的”。

②市场风险。“N公司生产所需的原材料和胶囊需要由其上游供应。但最近几年由于中药原材料造假以及毒胶囊事件频频曝光，增加了药品生产企业在相关采购环节收集信息的成本，无形中增加了这些企业的费用支出”。

③运营风险。“由于中药原材料造假以及毒胶囊事件频频曝光，增加了药品生产企业在相关采购环节收集信息的成本，无形中增加了这些企业的费用支出。一旦有类似的事件发生，对N公司的许多方面，包括企业形象所造成的负面影响是很大的”“N公司在销售渠道上严重地依赖大股东和关联方，使公司处在被动的位置上。另外，主要采用线下销售来进行产品的推广。随着互联网的不断发展，N公司严重地依赖于传统的销售模式，不仅造成公司销售成本的增加，同时也削弱了公司在销售渠道的竞争力”“N公司主攻心脑血管方向的药物生产，但是目前N公司在心脑血管方向的药物主要是诺迪康和新活素。虽然N公司在2016年新购进依姆多品牌，但是药物品种还是相对较少”“N公司新收购的药品品牌在管理和运营方面如果缺乏相应的专业人员，会严重地削弱药品已经占领的市场份额”。

④财务风险。“会对公司整体的盈利能力带来消极的作用”。

四、综合题

1.【答案】

（1）辨别企业能力是否属于核心能力的三个关键性测试：

①它对顾客是否有价值？

②它与企业竞争对手相比是否有优势？

③它是否很难被模仿或复制？

“莱克践行以创新驱动成长的发展路径，为顾客持续创造价值”“公司研发部门根据国内外市场和客户分布情况进行分类和分区后进行各地区市场调研，不断致力于加强技术同顾客需求的结合，满足不同地区顾客的不同消费偏好，为顾客创造价值，从而形成差异化竞争优势，获得新产品市场定价的权利”符合①。

“莱克自主研发的高速整流子电机及离心风机技术一直以来走在世界技术发展的最前沿，最近成功研发了具有国际领先水平的8万~10万转直流无刷超级数码电机，属国内首创。公司通过在无刷数码电机和家电领域十余年的耕耘和业务开拓，研发和设计能力、产品质量保证、制造服务能力、快速反应能力和专业售后服务等均位居行业领先水平，成为全球知名企业和区域性领袖企业的全球核心供应商。此类优质客户要求其供应商需首先取得国际通行的质量管理体系认证，然后需通过其更为严格的合格供应商认证，才可进入其全球供应商序列”符合②。

“公司采取关键零部件自制的生产战略，有效整合供应链，增强自我配套能力，目前已形成了核心部件研发与自制、产品开发与设计、模具设计与制造、精密压铸与精密加工和整机组装等完整的业务体系。公司一贯坚持自主研发和生产核心部件的原则，牢牢掌握无刷数码电机和家用电器生产中的核心技术和关键环节”“莱克自主研发的高速整流子电机及离心风机技术一直以来走在世界技术发展的最前沿，最近成功研发了具有国际领先水平的8万~10万转直流无刷超级数码电机，属国内首创”符合③。

综上，莱克电气具有核心能力。

（2）五种竞争力模型分析：

①潜在进入者的进入威胁。“小家电行业是充分竞争的行业，外资企业和本土企业数量较多，新兴互联网企业不断进入”。

②替代品的替代威胁。“扫地机器人的出现给莱克的主要产品——吸尘器带来威胁。数据显示，截至2017年年底，扫地机器人的年销售额已经近56.7亿元。随着中国城镇化的进行，家庭可支配收入的上升，扫地机器人市场将进一步被打开”。

③供应者讨价还价的能力。“莱克电气产品的主要原材料为塑料粒子、铜材、硅钢片和电子元器件类产品等，未来原材料价格如持续上行，对公司采购价格产生一定影响”。

④购买者讨价还价的能力。“近年来随着智能元素的加入，智能家电产品不断涌现，消费者的可选择性增加”。

⑤产业内现有企业的竞争。“小家电行业是充分竞争的行业，外资企业和本土企业数量较多”。

（3）莱克电气面临的市场风险：

①能源、原材料、配件等物资供应的充足性、稳定性和价格的变化带来的风险。“莱克电气产品的主要原材料为塑料粒子、铜材、硅钢片和电子元器件类产品等，未来原材料价格如持续上行，对公司采购价格产生一定影响，进而影响到公司生产成本和利润”。

②产品或服务的价格及供需变化带来的风险。“近年来随着智能元素的加入，智能家电产品不断涌现，消费者的可选择性增加，原先的家电产品受到了冲击”。

③税收政策和利率、汇率、股票价格指数的变化带来的风险。“2017年莱克电气外销业务收入占主营业务收入比重较高，公司出口产品主要以美元计价、结算”“另一方面公司持有外币资产，人民币升值增加公司汇兑损失。若人民币兑美元汇率持续上升，可能对公司盈利能力产生一定不利影响”。

④潜在进入者、竞争者、与替代品的竞争带来的风险。“小家电行业是充分竞争的行业，外资企业和本土企业数量较多，新兴互联网企业不断进入，可能导致市场竞争加剧的风险。尽管公司具有较强的竞争优势，但仍面临行业竞争加剧、消费结构不断升级、全球产业格局深度调整和再分工等市场风险的冲击”“扫地机器人的出现给莱克的主要产品——吸尘器带来威胁”。

（4）莱克电气面临的财务风险：

①筹资决策不当，引发资本结构不合理或无效融资，可能导致企业筹资成本过高或债务危机。“与高分红公告几乎同时披露的，还有公司10亿元可转换公司债券申请获得核准发行的公告。不过，莱克电气左手高分红、右手巨额融资的行为，也被投资者及评论人士质疑为‘并不合理’”。

②资金活动管控不严，可能导致资金被挪用、侵占、抽逃或遭受欺诈。“莱克电气在上半年增收减利的情况下，其当期的分红金额却超出净利润5.98亿元”“总共8.02亿元的分红，将有超过6.784亿元落入实际控制人的腰包。对此，业内质疑称，莱克电气如此分红，难逃向实际控制人进行利益输送的嫌疑”。

(5) 莱克电气存在终极股东对于中小股东的“隧道挖掘”问题。“隧道挖掘”问题的主要表现形式有两种：滥用公司资源和占用公司资源。

占用公司资源。“从公司的股权结构来看，身兼上市公司董事长及总经理职务的公司实际控制人倪祖根及其家人，合计控制的公司股份达到3.392亿股，占比达到84.59%。这也意味着，总共8.02亿元的分红，将有超过6.784亿元落入实际控制人的腰包。对此，业内质疑称，莱克电气如此分红，难逃向实际控制人进行利益输送的嫌疑”。

(6) ①必须使员工有机会在一个能够产生创新构思的环境中工作，这需要适当的管理风格和组织结构。“目前已形成了核心部件研发与自制、产品开发与设计、模具设计与制造、精密压铸与精密加工和整机组装等完整的业务体系。公司一贯坚持自主研发和生产核心部件的原则，牢牢掌握无刷数码电机和家用电器生产中的核心技术和关键环节”。

②在适当情况下，企业的招聘政策应集中于招聘具有创新技能的员工。应对员工进行培训并使其知识、技能与时俱进。“莱克从招聘环节开始就侧重有创新技能的员工，建立的全球研发中心拥有600多名工程师和设计师，这些科技人员都是经过培训的高素质人才”。

③战略计划应有助于创新目标的达成；对成功实现目标的员工应给予奖励。“设立了博士后工作站和国家级CNAS实验室，每年对申请技术专利的员工予以嘉奖”。

2. 【答案】

(1) 小天鹅被完全并购前所面临的运营风险：

①企业产品结构、新产品研发方面可能引发的风险。“洗衣机技术在国内外已经很成熟，销售收入并不存在较大变化。通过2015~2017年的销售收入结构显示，小天鹅的主营业务收入90%以上都来自于洗衣机，属于单一主营业务的上市公司”。

②企业新市场开发、市场营销策略（包括产品或服务定价与销售渠道，市场营销环境状况等）方面可能引发的风险。“小天鹅大部分销售和采购渠道都是通过控股公司美的集团实现……一旦美的集团的渠道出现问题，小天鹅的销售渠道必然受到波及”。

③期货等衍生产品业务中发生失误带来的风险。“对于上游，鉴于原本小天鹅历史上的原材料上涨导致亏损8亿多元的悲惨历史，2008年4月之后，小天鹅便开始开展大宗原材料期货业务，包括铜、铝、塑料等，进行套期保值，规避价格波动风险。由于小天鹅的国企背景，其期货等衍生品的操作经验较为匮乏，从而影响了一定的效率”。

(2) 美的集团采取多元化战略的优势：

①分散风险。“美的是以空调起家的企业，多元化的发展能更好地帮助企业控制风险”。

②当企业在原产业无法增长时找到新的增长点。“在现代人常用家电领域其实基本上已经是一个日趋成熟的市场，而非新兴的市场，技术开发和迭代更大作用是锦上添花而非平步青云”。

③利用未被充分利用的资源。“将最大程度放大2016年6月美的并购东芝后5亿美元的产业价值——这项并购主要涉及洗衣机方面的专利。很有可能，美的会将这部分生产链转移给小天鹅，并通过内销渠道实现并购重组，完成美的集团价值的再次腾飞”。

④运用企业在某个产业或某个市场中的形象和声誉来进入另一个产业或市场，而在另一个产业或市场中要取得成功，企业形象和声誉是至关重要的。“美的和格力作为国内家电业的两大巨头，在国内家电市场都非常有号召力”。

（3）美的集团在洗衣机领域采取外部发展（并购）的动机：

①获得协同效应。协同效应产生于互补资源。“此番美的再度对小天鹅进行资产合并，可以预见的是，交易完成后，将最大程度放大 2016 年 6 月美的并购东芝后 5 亿美元的产业价值——这项并购主要涉及洗衣机方面的专利。很有可能，美的会将这部分生产链转移给小天鹅，并通过内销渠道实现并购重组，完成美的集团价值的再次腾飞”“小天鹅并入美的集团，将与美的集团旗下其他品牌洗衣机业务形成合力，小天鹅借此走向高端市场、协同东芝扩展海外市场，而美的洗衣机主打中低端市场，共同补足美的集团的洗衣机业务”。

②克服企业负外部性，减少竞争，增强对市场的控制力。“很有可能，美的会将这部分生产链转移给小天鹅，并通过内销渠道实现并购重组，完成美的集团价值的再次腾飞，并且减少小天鹅品牌与美的自有品牌的正面冲突。小天鹅并入美的集团，将与美的集团旗下其他品牌洗衣机业务形成合力，小天鹅借此走向高端市场、协同东芝扩展海外市场，而美的洗衣机主打中低端市场，共同补足美的集团的洗衣机业务”。

（4）美的集团在洗衣机领域所采取的品牌和商标策略为每个产品都有不同的品牌名称。“小天鹅并入美的集团，将与美的集团旗下其他品牌洗衣机业务形成合力，小天鹅借此走向高端市场、协同东芝扩展海外市场，而美的洗衣机主打中低端市场，共同补足美的集团的洗衣机业务”。

（5）机会：

①政治和法律因素。“国家大力发展大数据产业，催生出一大批大数据的企业”。

②经济因素。“‘十三五’时期是我国全面建成小康社会的决胜阶段，是新旧动能接续转换的关键时期”。

③社会和文化因素。“大数据的发展深刻改变人们的生活、工作和思维方式”。

④技术因素。“大数据、云计算、移动物联网等为代表的新一轮科技革命席卷全球，与信息技术、经济社会以前所未有的广度和深度交汇融合，大数据技术以开源为主，迄今为止，尚未形成绝对技术垄断”。

威胁：

技术因素。“在大数据时代，企业在海量数据的管理方面也会导致成本的增加”。

3.【答案】

（1）①政治和法律因素。“2018 年的政府工作报告提出要全面放开一般制造业，加大新能源汽车等领域开放”“国家发展与改革委员会、商务部联合发布《外商投资准入特别管理措施（负面清单）（2018 年版）》……取消合资企业不超过两家的限制”。

②经济因素。“中国的经济稳中向好，宝马集团长期看好中国未来经济的发展；中国制造业投资增速的不断加快，促进中国一般制造业迅速稳定的发展”。

③社会和文化因素。“过去宝马在华晨宝马中股权比例未过半，消费者对华晨宝马合资公司生产的轿车质量存疑，影响着合资车的销量”。

④技术因素。“中国的上下游产业布局较为合理，能为车厂的生产提供技术支持”。

（2）宝马集团进入中国市场采取的发展战略的途径是战略联盟。“华晨宝马汽车有限公司是宝马集团和华晨中国汽车控股有限公司共同投资成立的合资企业，主要从事BMW品牌汽车的制造、销售和售后服务”。

(3) 依据波士顿矩阵分析法，华晨宝马的高端车业务属于高增长—低竞争地位的“问题”业务。对于发展潜力巨大、前景广阔的该业务应进行重点投资，以提高市场占有率。“目前中国市场对高端车的需求量连年高比例增长，奔驰、宝马、奥迪占据了高端车市场的70%以上的份额，其中，一汽奥迪独占高端车市场销量的三成，华晨宝马紧随其后”。

(4) 华晨宝马公司所面临的市场风险：

①产品或服务的价格及供需变化带来的风险。“各品牌的高端汽车大量进入市场，尤其是沃尔沃、雷克萨斯等在国外获得成功的车企大量进入，导致高端车的供应量以及可选择面大大增加”。

②潜在进入者、竞争者、与替代品的竞争带来的风险。“目前中国市场对高端车的需求量连年高比例增长，奔驰、宝马、奥迪占据了高端车市场的70%以上的份额，其中，一汽奥迪独占高端车市场销量的三成，华晨宝马紧随其后”“各品牌的高端汽车大量进入市场，尤其是沃尔沃、雷克萨斯等在国外获得成功的车企大量进入，导致高端车的供应量以及可选择面大大增加”。

第三部分

跨章节主观题演练

跨章节主观题演练

主观题扫描

一、 主观题的特点

从近 3 年的考试来看，主观题的总题量是 5 题，分值为 55 分。其中，简答题为 4 题，分值为 30 分；综合题为 1 题，分值为 25 分。主观题呈现覆盖面广、考点相对分散、打破章节界限、阅读量较大和试题相对灵活的特点。这些对考生的教材整体把握能力、实务处理能力和逻辑思维能力都提出了较高的要求，考生必须在规定的时间内清晰地进行分析、判断、归纳、总结和表达。

主观题涉及的相关考点，基本上是各章节的重点内容，第一章至第六章均有可能涉及，因此掌握好各章节的重点内容是解答主观题的基础和前提。第二章、第三章和第六章是综合题的主要出题点，通常会和相关章节的重点内容结合起来考查。

在我们痛苦的学习过程中经常会遇到瓶颈，会出现迷茫、挫败、自责等负面情绪，这都是非常正常的。尤其是当面对变化莫测的主观题时，那种看了忘、忘了躁、躁了怒、怒了怕的心路历程我们都曾经历过。然而正是这个看似痛苦的过程，却是到达彼岸的唯一途径。

二、 主观题的出题方向和出题要点

《公司战略与风险管理》的主观题源于教材，同时又充分体现了其专业性、灵活性、实践性、丰富性和拓展性。主观题内容广，只有通过反复阅读教材才能达到准确解题的程度。通过多做习题，检验知识点的掌握程度，巩固已学知识点，总结出题的思路和解题技巧，提高应试能力。另外，对于一道试题，我们要深度挖掘知识点，做到“知其然，知其所以然”。

纵观整本教材内容，各章节最有可能在主观题中涉及的考点：

第一章　战略与战略管理：战略创新的类型；成功的战略创新赖以实现的关键情境；创新管理的主要过程。

第二章　战略分析：宏观环境分析（PEST 分析）、产品生命周期分析、波特的产业五种竞争力分析、产业内的战略群组分析、国家竞争优势（钻石模型）分析、企业资源与能力和核心能力分析、价值链分析、波士顿矩阵和 SWOT 分析。

第三章　战略选择：总体战略的主要类型、发展战略的主要途径；基本竞争战略的类型、优势、实施条件和可能面临的风险；红海战略和蓝海战略的关键性差异、蓝海战略制定的原则及重建市场边界的基本法则；市场营销和研发两大职能战略的主要内容；企业国际化经营动因、国际市场进入模式、国际化经营的战略类型和新兴市场中本土企业的战略选择。

第四章　战略实施：横向分工结构的基本类型（职能制组织结构、事业部制组织结构和矩阵制组织结构）、战略失效的原因、数字化技术对公司战略的影响和数字化战略转型的主要方面。

第五章　公司治理：三大公司治理问题、公司治理基础设施。

第六章　风险与风险管理：企业面对的风险种类（包括从企业内部控制角度进行分析）和我国《企业内部控制基本规范》关于

内部控制要素的要求。

三、 主观题的解题思路

主观题案例分析的背景资料都较长，一般应该先从它的问题入手，带着问题看前面的叙述，这样针对性强又节约时间。另外，要加强文字的组织能力，每个小题要答得在理（不跑题）、写得规范（紧扣专业知识点）、书写流畅（时间有限）。

考试答题时要做到：

（1）准确定位，梳理思路。在认真阅读题干资料的基础上，迅速准确判断试题涉及的章节内容，并回忆和梳理答题要点。

（2）回答要点，发散思维。回答问题要紧扣要点、文字简洁、逻辑清晰，在此基础上结合题干提供的具体资料适当地做一些发挥。

（3）借鉴题干资料，寻求答案。答题时遇到难题了，千万莫急。除了回忆、联想外，还有一个很重要的方法——“以子之矛攻子之盾”法。综合题的问题较多，每一问的答案往往就在题干中隐藏着、埋伏着，要学会从题干资料中快速准确地把相关内容复制粘贴过来。

（4）尽可能答全，不能漏答。对于综合题的题中题（小题），如果在作答时对答案不确定，且时间允许的情况下，就可以根据估计的分值，按倍数给出答案。比如某一小问，分值可能为4分，一般情况下，标准答案应为4条。那么你就答8条，8对4，为倍数，此时很有可能会出现这样的情况：它所需要的4条，你的8条全覆盖或全沾边。全覆盖当然得满分，全沾边也能得到本题分值的70%以上。

（5）杜绝犯低级错误。对题目的错误理解以及对题干资料信息的忽视都是低级错误，在考试时一定要避免发生这类事情，不放过应得的每一分。

主观题演练

专题一

本专题涉及的主要章节、考点及相关内容阐释。

章节	考点	阐释
第1章	战略创新的类型	①产品创新 ②流程创新 ③定位创新 ④范式创新

续表

章节	考点	阐释
第 2 章	宏观环境分析（PEST）	①政治和法律因素 ②经济因素 ③社会和文化因素 ④技术因素
	波特五力模型	①潜在进入者的进入威胁 ②替代品的替代威胁 ③供应商讨价还价的能力 ④购买商讨价还价的能力 ⑤产业内现有企业的竞争
	产品生命周期	①导入期 ②成长期 ③成熟期 ④衰退期
	产业内的战略群组	依据战略群组的特征划分战略群组
	企业资源的主要类型	①有形资源 ②无形资源 ③人力资源
第 4 章	数字化技术对组织结构的影响	①组织结构向平台化转型 ②构建传统与数字的融合结构 ③以新型组织结构为主要形式
第 5 章	三大公司治理问题	①经理人对于股东的“内部人控制”问题 ②终极股东对于中小股东的“隧道挖掘”问题 ③企业与其他利益相关者之间的关系问题

【例题 1 · 综合题】

资料一

中国海尔创立于 1984 年，经过 30 年发展，已从一家资不抵债、濒临倒闭的集体小厂发展成为全球白电的第一品牌。海尔在全球有 5 大研发中心、21 个工业园、66 个贸易公司、143330 个销售网点，用户遍布全球 100 多个国家和地区，成为具有影响力的跨国集团。

2015 年，李克强总理在政府报告中提出“互联网+”的行动计划，促进了制造企业与互联网、云计算、物联网等理念的结合，鼓励传统企业提高生产质量和整体效率，通过创新刺激企业的增长。此外，各地方政府对家电行业的智能改造政策的支持力度很大，一般给予 15% ~ 20% 的补贴。

我国的经济发展进入新常态阶段，经济增长从高速转为中高速，从规模速度型增长转为质量效率型增长，企业发展依靠创新驱动已成为大势所趋。对于家电制造企业，尤其是海尔这种经营国际化业务的企业集团，近期原材料价格的增长和汇率的波动也是不容忽视的问题。

物质的极大丰富和人民生活水平的提高使顾客的需求向高度化、多样化发展，人们普遍寻求个性化的服务，强调自我满足感。同时，电商时代的来临改变了大众的消费方式，同时也改变了对价格的敏感程度。综合以上，海尔必须跟随潮流才能把握发展机遇。

当今，全球范围内移动互联网、大数据

和智能制造为基础的新技术正在改变企业的生产方式和创新模式。全球化网络平台的构建技术日臻完善，逐步应用到制造型企业。企业有能力以低成本对技术资源进行整合，利用互联网实现转型与升级。

资料二

当前的家电行业，产品逐渐标准化，价格也开始下降。即便是海尔这样的龙头企业，也面临着生产稳定、局部生产能力过剩的情况。尽管海尔的市场巨大，但国内的城市市场已基本达到饱和，把握和创造乡镇级市场的利润空间非常重要。

家电生产行业规模经济显著，尽管家电市场的需求潜力客观上会吸引一部分企业进入这个领域，但资金和技术限制也使得许多新进入者难以发展。

家电产品在网络支持的条件下更加智能化、人性化，威胁主要来自于行业巨头的创新研发能力。且未来家电朝着装饰化的方向发展，海尔应当在合适的时机引入合适的替代产品，从而抢占先机。在白电产业链中，原材料供应商的集中程度很低。

从下游销售渠道的格局来看，传统的线下渠道日渐惨淡而线上的市场增长飞速。根据工信部发布的《2016中国家电网购报告》，2016年传统四大家电网购零售额达1161亿元，同比增幅34.9%，在这样的情形下，消费者可选择的购买渠道增多。

由于家电行业内有一些势均力敌的对手，产业发展进入相对的缓慢期。但总体而言，海尔凭借其长期积累的实力在竞争中有较强的优势。

海尔在全球建立了制造基地、研发中心、海外贸易公司和现代物流中心，实现了产品的零库存。集团营业利润较为稳定的增长也为企业的发展提供了充足的资金支持。

经过长期的积累，海尔形成的企业商誉、品牌、专利、特有技术和技艺、企业文化具有明显的竞争优势。海尔目前拥有海尔、卡萨帝、统帅、AQUA、斐雪派克五大品牌，能满足不同层次消费者的需求。截至2015年，海尔拥有专利16316件，在海外30多个国家和地区拥有有效发明专利528件，海外发明专利是行业其他公司的20多倍。“永远以用户为是，以自己为非”的价值观、创业创新的两创精神是海尔企业文化的重要部分。

让每个员工在不同的自主经营体系中为用户创造价值的同时实现自身的价值，从而实现企业价值和股东价值。这里的员工并非只是内部员工，还包括利用海尔平台进行创业，但与集团没有劳动合同关系的外部员工。

资料三

全美最有名的政治博客网站《赫芬顿邮报》2017年6月1日报道“海尔COSMOPlat为全球智能制造提供世界一流的创意”，《赫芬顿邮报》对不久前中国企业海尔成为亚太地区唯一也是全球工业制造业第一个荣获“高德纳2017高科技制造创新者奖”的消息做出了高度评价，称“海尔COSMOPlat是一项世界级创意”。

如果说互联工厂是智能制造的车间，那么用户参与交互的工业互联网平台COSMOPlat就是一个将互联工厂模式产品化、社会化的平台。该平台有三个特点，即用户全流程参与大规模定制体验；全要素互联互通；开放、共创、共赢的诚信生态。COSMOPlat将互联工厂生态系统中交互、定制、研发、采购、制造、物流、服务7个全流程节点，输出为7个可以社会化复制的系统应用，形成包括协同创新、众创众包、柔性制造、供应链协同、设备远程诊断维护、物流服务资源的分布式调度等全流程的应用解决方案。COSMOPlat的一个目标是帮助企业实现全流程的业务模式革新，精准抓取用户需求、精准生产，实现高精度、高效率的大规模定制升级转型。

COSMOPlat不止是对接了海尔的互联网工厂，还是一个开放性平台，聚合了外部企业需求和第三方开发者、解决方案商，以使其能够快速聚合全球一流资源构建知识智慧服务、共享集约服务、大数据服务等领域的产品，为企业转型提供全流程闭环的服务。

COSMOPlat 的另外一个目标是实现企业、资源、创客之间的互联互通，使每一个需求都可以通过平台来快速配置资源，实现产销合一。以山东胶州空调互联工厂为例，每天有 1 亿条全球用户的“网器”体验数据会接入到 COSMOPlat 中来，随后 COSMOPlat 对大数据进行实时监控，精准对焦每一个用户的需求与痛点。比如，在大数据中，COSMOPlat 发现用户对空调静音功能的需求占到 12%，对此，胶州空调互联工厂以“流数据”技术和 50 万组/天的噪音大数据，在制造环节对空调噪音进行实时智能检测，最终达到了让全球用户满意的噪音质量零缺陷标准。

要求：

（1）根据资料一，运用 PEST 分析中的 4 个关键因素，简要分析海尔所面临的宏观环境；

（2）根据资料二，简要对海尔所在行业进行五种竞争力分析；

（3）根据资料二，简要分析海尔所在行业所处的产品生命周期阶段；

（4）根据资料二，依据企业资源的主要类型，简要分析海尔所拥有的资源；

（5）根据资料三，简要分析数字化技术对海尔组织结构的影响。

【例题 2 · 综合题】

资料一

万科企业股份有限公司（以下简称万科）成立于 1984 年，于 1991 年在深交所上市。经过三十多年的发展，已成为国内领先的城乡建设与生活服务商，2016 年公司首次跻身《财富》“世界五百强”，2017 年再度上榜。2014 年万科第四个十年发展规划，已经把“三好住宅供应商”的定位延展为“城市配套服务商”，公司核心业务包括住宅开发和物业服务。2018 年，公司将自身定位进一步迭代升级为“城乡建设与生活服务商”，所搭建的生态体系已初具规模，在巩固住宅开发和物业服务固有优势的基础上，业务已延伸至商业开发和运营、物流仓储服务、产业城镇、冰雪度假、养老、教育等领域，为更好地服务人民美好生活需要、实现可持续发展奠定了良好基础。

万科在 2014 年推出了事业合伙人制度。事业合伙人制度是职业经理人制度的升级版。万科作为最早引进职业经理人制度的企业之一，在业内具有一定的影响力和知名度。万科的事业合伙人制度包括三个层面的制度安排：第一个层面是上面的核心骨干持股计划，即将管理层跟股东的利益绑在一起，从利益基础上变得一致；第二个层面是中间的“项目跟投制度”，项目操作团队必须跟投自己的项目，员工可以自愿跟投自己的项目，也可以跟投所有的项目；第三个层面是执行层的“事件”合伙人制度，即临时组织事件合伙人参与到工作任务里面去，事情解决就解散，回到各自部门。通过上述三个层面，高管和相关经营者通过项目跟投制度与公司“共创”事业，再用集体奖金买公司股票，既解决部分资金来源，又“共享”了公司股票升值带来的收益，最后通过合伙人制度让员工实际参与到公司经营，以主人翁思想“共担”公司发展的大任，打造适合企业长期发展的“合伙人”文化。

资料二

十九大提出了新阶段的新任务，加快建立多主体供给、多渠道保障的住房制度，让全体人民住有居所。“房子是用来住的，不是用来炒的”，这一定位充分说明中央对炒房的坚决打压态度。近年来政府不断加大对楼市的调控力度，未来楼市调控政策升级将会成为常态。中国经济进入新常态，最直观的变化是经济增速换挡，但本质特征是经济结构调整和发展方式转变，带来的是我国经济发展向更高阶段迈进的战略机遇。

我国是人口大国，对住房的高需求不言而喻。放开的二胎政策确保了人口总量的有力增长，决定了房地产行业未来的增长潜力。此外，由于传统观念的影响，大多数人仍然坚持结婚必须有住房的理念，房子成为一对夫妻结婚的标配。在高房价的压力下，一部分年轻人开始考虑不买住房，不把房子作为必需品，把需求转向租赁市场。

城镇化促使城市的产业结构进行必要调整，推动一系列产业和人口的聚集，产业和人口聚集必须建立在产业地产建设的基础上，由此催生了产业地产的发展机遇。

随着人们观念的转变，绿色环保、智能节能等理念成为近些年的热点，这些新理念必然推动技术革新，能够保证质量、节约能源、保护环境、提升品质的新技术会成为下一步发展的热点。此外，房地产行业中还出现了大量的施工新技术，互联网技术和房地产行业的联系也越来越紧密，人们对房地产商品的需求日益呈现出个性化和现代化等特点，促使房地产企业要跟上技术变革的步伐，向产业化、标准化、规模化、技术化方向发展。

资料三

一方面，中国加入WTO后，外国资本和企业来华投资的贸易壁垒有很大程度的下降，使得大量的外国资本进入和外资企业的进驻，我国房地产企业也受到很大的威胁；另一方面，房地产行业的高利润不断吸引着其他行业的企业，很多原本主营业务不是房地产开发的企业也在试图通过转型进入房地产行业。房子作为生活必需品，它的需求是刚性的，几乎没有替代品。但是对于新的商品房而言，租赁房、廉租房、经济适用房、二手房等都可以作为它的替代品。近期国家实施租购并举的房地产政策，开始大力发展租赁房市场。同时新一代年轻人对于住房的观念有了很大的改变，对商品房的需求会部分转移到租赁房市场，租赁房市场将会有很大的发展空间，一些房企已经着手开始对长租房市场进行布局。此外，经济适用房以政府为依托，建设用地由政府划拨，有税收优惠政策，性价比高，能够满足低收入群体的刚性需求。

房地产行业的原材料主要是土地和建筑材料。在我国土地归国家所有，土地的供应由国家垄断，房地产企业在土地使用权的价格上没有主动权。近年来国家出台土地政策进行宏观调控，导致建设用地供应量减少，房地产企业获取土地的成本大大增加。同时，房地产企业所需的建筑原材料的价格也在上涨，尤其是钢筋和混凝土涨幅很大。刚刚出台的《京津冀及周边地区2017~2018年冬季大气污染综合治理攻坚行动方案》要求，2017年10月至2018年3月钢铁、有色、水泥行业全面停产，环保限产措施收严，将对钢铁、建材等相关行业的供给端形成收缩，致使原材料价格提升。

在我国民众对商品房的需求主要是刚性需求，大部分消费者购买住房是为了居住，投机性相对较弱。随着大众对商品房的要求越来越个性化，促使人们对配套服务设施、交通便利性、地理位置等有较高的要求。

房地产行业暴利时代结束，整体增速放缓，行业集中度不断提升，龙头企业开始通过并购等多种方式扩大自己的市场占有率，大公司不断吞食小公司的市场份额，行业内逐渐向垄断发展。

资料四

根据中国指数研究院权威发布的《2016年中国房地产企业销售额百亿企业排行榜》中的数据可以看出，2016年销售收入前十位的房企中，恒大、万科、碧桂园三家房企的销售额大于3000亿元；绿地、保利、中海外三家房企的销售额介于2000亿元与3000亿元之间；融创、华夏幸福、绿城和华润四家房企的销售额介于900亿元与2000亿元之间。2016年销售面积前十位的房企中，恒大、碧桂园、万科三家房企的销售面积大于2500万平方米；绿地、保利、中海外三家房企的销售面积介于1300万平方米与2500万平方米之间；华夏幸福、华润、融创和绿城四家房企的销售面积介于600万平方米与1300万平方米之间。

要求：

（1）依据资料一，简要分析万科公司战略创新的类型；

（2）简述公司治理问题的类型，并说明

万科公司实施的事业合伙人制度有利于解决哪些治理问题；

（3）依据资料二，从 PEST 角度简要分析万科公司面临的机会与威胁；

（4）依据资料三，从五种竞争力角度简要分析万科公司面临的机会与威胁；

（5）依据资料四，根据“销售收入”和“销售面积”两个战略特征，各分为“高”“中”“低”三个档次，对资料中提及的房企进行战略群组划分。

专题二

本专题涉及的主要章节、考点及相关内容阐释。

章节	考点	阐释
第 1 章	战略创新的类型	①产品创新 ②流程创新 ③定位创新 ④范式创新
第 2 章	宏观环境分析（PEST）	①政治和法律因素 ②经济因素 ③社会和文化因素 ④技术因素
	波特五力模型	①潜在进入者的进入威胁 ②替代品的替代威胁 ③供应商讨价还价的能力 ④购买商讨价还价的能力 ⑤产业内现有企业的竞争
	竞争对手分析	①竞争对手的未来目标 ②竞争对手的假设 ③竞争对手的现行战略 ④竞争对手的潜在能力
	波士顿矩阵	①市场增长率和相对市场占有率“双高”的产品群（明星业务） ②市场增长率和相对市场占有率“双低”的产品群（瘦狗业务） ③市场增长率高、相对市场占有率低的产品群（问题业务） ④市场增长率低、相对市场占有率高的产品群（现金牛业务）
	波特价值链的两类活动	①基本活动：内部后勤、生产经营、外部后勤、市场销售和服务 ②支持活动：采购管理、技术开发、人力资源管理和企业基础设施
	SWOT 分析	①优势(S)：能给企业带来重要竞争优势的积极因素或独特能力 ②劣势(W)：限制企业发展且有待改正的消极方面 ③机会(O)：随着企业外部环境的改变而产生的有利于企业发展的时机 ④威胁(T)：随着企业外部环境的改变而产生的不利于企业发展的时机

续表

章节	考点	阐释
第3章	发展战略	（1）一体化战略 ①纵向一体化战略 a. 前向一体化战略 b. 后向一体化战略 ②横向一体化战略 （2）密集型战略 ①市场渗透战略 ②市场开发战略 ③产品开发战略 ④多元化战略 （3）多元化战略 ①相关多元化战略 ②非相关多元化战略
	多元化战略的优点	①分散风险 ②能更容易地从资本市场中获得融资 ③当企业在原产业无法增长时找到新的增长点 ④利用未被充分利用的资源 ⑤运用盈余资金 ⑥获得资金或其他财务利益 ⑦运用企业在某个产业或某个市场中的形象和声誉来进入另一个产业或市场，而在另一个产业或市场中要取得成功，企业形象和声誉是至关重要的
	多元化战略的风险	①来自原有经营产业的风险 ②市场整体风险 ③产业进入风险 ④产业退出风险 ⑤内部经营整合风险
	实施发展战略的途径	①外部发展（并购） ②内部发展（新建） ③战略联盟
	并购的类型	①按并购双方所处的产业分类：横向并购、纵向并购（前向并购和后向并购）、多元化并购 ②按被并购方的态度分类：友善并购和敌意并购 ③按并购方的身份分类：产业资本并购和金融资本并购 ④按收购资金来源分类：杠杆收购和非杠杆收购
	并购的主要动机	①避开进入壁垒，迅速进入，争取市场机会，规避各种风险 ②获得协同效应 ③克服企业负外部性，减少竞争，增强对市场的控制力

续表

章节	考点	阐释
第 3 章	内部发展的缺点	①与购买市场中现有的企业相比，在市场上增加了竞争者，这可能会激化某一市场内的竞争 ②企业不能接触到其他企业的知识及系统，这可能更具风险 ③从一开始就缺乏规模经济或经验曲线效应 ④内部发展是一个很缓慢的过程。在这个过程中，可能会错失市场机会 ⑤进入新市场可能要面对非常高的障碍
	基本竞争战略	①成本领先战略 ②差异化战略 ③集中化战略
	差异化战略的实施条件（市场情况）	①可以有很多途径创造企业与竞争对手产品之间的差异，并且这种差异被顾客认为是有价值的 ②顾客对产品的需求和使用要求是多种多样的，即顾客需求是有差异的 ③技术变革很快，市场上的竞争主要集中在不断地推出新的产品特色上
	造成产业零散的原因	①进入障碍低或存在退出障碍 ②市场需求多样导致高度产品差异化 ③不存在规模经济或难以达到经济规模
	零散产业的战略选择	①克服零散——获得成本优势 ②增加附加价值——提高产品差异化程度 ③专门化——目标集聚
	蓝海战略的定义	蓝海战略是指不局限于现有产业边界，而是极力打破这样的边界条件，通过提供创新产品和服务，开辟并占领新的市场空间的战略
	蓝海战略和红海战略的关键性差异	①红海战略：在已经存在的市场内竞争；蓝海战略：拓展非竞争性市场空间 ②红海战略：打败竞争对手；蓝海战略：规避竞争 ③红海战略：争夺现有需求；蓝海战略：创造和攫取新需求 ④红海战略：在价值与成本之间权衡取舍；蓝海战略：打破价值与成本之间的权衡取舍 ⑤红海战略：根据差异化或低成本的战略选择，协调公司活动的全套系统；蓝海战略：为了同时追求差异化和低成本，协调公司活动的全套系统
	设计市场营销组合	①产品策略 ②促销策略 ③分销策略 ④价格策略

续表

章节	考点	阐释
第3章	消费者市场细分	①地理细分 ②人口细分 ③心理细分 ④行为细分
	研发的类型和定位	①研发的类型 a. 产品研究 b. 流程研究 ②研发战略的定位： a. 成为向市场推出新技术产品的企业 b. 成为成功产品的创新模仿者 c. 成为成功产品的低成本生产者
	发展中国家企业国际化经营动因	①寻求市场 ②寻求资源 ③寻求现成资产 ④寻求效率
	国际化经营的战略类型	①国际战略 ②多国本土化战略 ③全球化战略 ④跨国战略
第5章	三大公司治理问题	①经理人对于股东的“内部人控制”问题 ②终极股东对于中小股东的“隧道挖掘”问题 ③企业与其他利益相关者之间的关系问题
	外部治理机制	①产品市场 ②资本市场 ③经理人市场
第6章	企业面对的风险种类	①政治风险 ②法律风险与合规风险 ③社会文化风险 ④技术风险 ⑤市场风险 ⑥战略风险 ⑦运营风险 ⑧财务风险

【例题 3 · 简答题】

随着人口老龄化、居民健康意识的增强以及新医改政策的实施，我国医药市场需求将持续增长。虽然我国化学制药企业数量多，但存在着规模普遍较小的问题。大量企业以低端化学原料药制造为主，药品品种雷同且药性上相差无几，创新能力不够，国际市场竞争力较弱。

由于药品关系到人民生命健康和安全，国家建立了严格的法律体系来规范医药行业，加强监督药品的研制、进出口及上市后的销售和使用。化学药品制造企业则成为国家行政监管的重点对象，质量标准、监管要求逐步提高。另外，药品价格也同样受到国家监管，国家会经常出台药品价格政策和管理规定，使药品定价受到约束。大部分的抗生素类药品都属于国家价格管理的范围，价格较为透明，预计在未来相当长一段时间内，降价的趋势仍将持续，行业的整体利润率可能会继续下降。

康华制药（集团）有限公司（以下简称康华制药或公司）是一家较早成立于我国东北地区的大型化学制药企业集团。康华制药按照上市要求予以规范整改后，随即改制为股份有限公司。在创立大会上，董事长张亮介绍了公司 10 年前所制定的中长期发展纲要：

第一阶段，将营销管理作为各项工作的重中之重，加强对公司营销管理部门的投入和建设，积极探索和大胆创新营销方法和理念，进一步巩固和提升抗生素原料药及制剂的现有市场优势。

第二阶段，积极探索和推进与国际大型医药销售公司的合作，开拓国际医药商业渠道，进一步向海外推广公司的品牌产品抗生素原料药及制剂，利用国际合作的桥梁和纽带作用，在扩大公司品牌产品出口的同时，提高公司在国际抗生素市场的知名度。

第三阶段，通过并购重组行业内优质医药企业，以抗生素为主的化学药作平台，打造生物药、中药大健康产业等其他产业板块，完善公司产业链，实现公司逐渐向综合性医药公司转型。

为确保海外并购战略的顺利实施，康华制药聘请了一家熟悉医药行业的全球性国际咨询公司 B 公司负责目标公司的甄别、筛选、估值以及收购洽谈等事宜。B 公司最终将目标公司锁定为在美国纳斯达克上市的 A 公司。根据 B 公司出具的尽职调查报告显示：

（1）A 公司为一家在美国注册从事心血管疾病原料药研发、生产和销售的小型法人机构，产品类别较为单一。报告期内客户集中度较高，A 公司排名前五的大客户赊销收入占其全部营业收入的比例超过 85%，结算货币主要为美元和欧元。

（2）A 公司专有的原料药提纯技术、质量保证和质量控制操作规程都是公司保持行业内竞争力的关键，而公司技术研发和创新不可避免地依赖核心技术人员和关键管理人员，但这类人员往往流动性比较大。

（3）A 公司产品生产涉及乙醇等有机化学危险品的使用，在生产过程中会产生废水、废气等污染物。为了达到安全和环保标准，公司亟需制定一系列的质量控制与安全生产制度。

（4）A 公司产品的主要市场为美国和欧盟。由于经济仍未完全摆脱金融危机的影响，处于缓慢复苏阶段，公司原料药销售价格持续下降，目前尚未完全摆脱下降趋势。

（5）根据美国法律，本次并购交易尚需获得美国相关机构反垄断审查通过。

（6）2020 年年初，美国药品监管机构发现与使用 A 公司产品有关的不良反应案件，随后引发了一些使用者的诉讼，其中大部分已达成和解，另有数起案件尚未与使用者达成和解，因而尚未结案。

要求：

（1）利用波特五力模型对康华制药所处化学药品制造业的五种竞争力进行分析；

（2）简要分析康华制药中长期发展的三个阶段所属发展战略的主要实施途径，判断各个发展阶段分别属于密集型战略中的何种细分战略类型，并简要说明理由；

（3）简要分析康华制药收购美国 A 公司后可能面对的主要风险种类。

【例题 4 · 简答题】

E 公司总部位于北京，其经营范围涉及多个领域，主要有保健品、白酒、室内设计装修和儿童森林公园四个业务单元。随着社会进步和经济发展，人们对自身的健康日益关注。20 世纪 90 年代以来，全球居民的健康消费逐年攀升，对营养保健品的需求十分旺盛。在按国际标准划分的 15 类国际化产业中，医药保健是世界贸易增长最快的 5 个产业之一。保健品产业每年的市场增长率保持在 13% 以上，但是该公司涉足保健品市场的时间很短，市场占有率很低，而且保健品产业是一个高度竞争的产业。白酒产业在我国目前基本处于成熟阶段，市场增长缓慢，受啤酒、红酒等的冲击，某些年份甚至出现了负增长。E 公司的白酒业务具有悠久的历史，市场占有率多年来在全国稳定保持在第一名，而且拥有相当一部分稳定的顾客群。据国家建设部门的规划，2020 年我国城镇居民人均住宅建筑面积将达 32 平方米，这就意味着今后每年全国城镇要新建住宅 7 亿多平方米，而 90% 以上的住宅都要进行室内设计装修。随着城市的基础建设、旧街区改造、更多商业店铺、商务会展、甚至旅游开发项目等不断发展和扩张，这就为国内室内设计装修提供了难得机遇和广阔空间，该产业也成为增长率较快的产业之一。据统计，该产业去年的增长率已经超过 15%，今年仍有望突破。该公司的室内设计装修业务开展较早，在业内具有较好的口碑，在我国室内设计装修市场具有相当高的市场占有率。

近年来，“回归自然，返璞归真”正逐步成为当今世界的旅游热点，是旅游业发展的大趋势，而森林公园旅游正是顺应这一趋势发展起来的。人们回归自然、走进森林的意识愈加强烈，森林旅游呈旺盛发展势态。森林旅游业在我国刚刚兴起，近几年每年以 40% 的高增长率发展。在北京市专门以儿童作为目标群体的儿童森林公园现在还没有。越来越多的家庭开始重视孩子儿童时期课堂学习之外的知识和体验。尤其是现在城里的孩子从小在城市里生活，森林对其具有神秘而强大的吸引力，而儿童乐园更是孩子的娱乐天堂。二者相结合的儿童森林公园市场需求十分广阔。E 公司的儿童森林公园正在建设当中，不久就将开门迎客。

针对市场上保健品的状况，E 公司创新地推出了纳豆胶囊和冠益酸牛奶两大保健系列产品。E 公司的儿童森林公园主要目标市场为北京城里的儿童。

要求：

（1）依据波士顿矩阵分别指出 E 公司的保健品、白酒、室内设计装修和儿童森林公园所属的产品类型；

（2）简要分析 E 公司对保健品业务单元和儿童森林公园业务单元各自采用的基本竞争战略类型；

（3）依据消费者市场细分，简要分析 E 公司儿童森林公园业务市场细分的变量。

【例题 5 · 简答题】

资料一

东富汽车股份有限公司（以下简称东富汽车或公司）是由东富汽车工业（集团）总公司（以下简称东富集团）独家发起设立的一家以整车制造为主的 A 股上市公司。作为全国汽车制造产业的龙头企业，经过长年发展，东富汽车国内整车产销的规模优势持续扩大，国内市场占有率始终保持领先，在业内的知名度高、声誉较好。东富汽车拥有国内较大的整车产品销售与服务网络，以及动力总成、汽车电子、底盘等与整车开发密切相关的关键零部件体系和汽车金融业务对整车业务的支持。东富汽车的技术创新能力对公司产品开发和产销量大幅攀升起到了重要的支撑作用，拥有诸多专利权和科研成果，包括率先研制新能源汽车而获得的技术成果等。公司已初步构建了自主品牌全球研发体系框架，从事科技活动的人员超过20%，其中研究与试验开发人员占从事科技活动人员的比例接近60%，本土的研发实力不断壮大。然而业务迅速拓展所需人才资源的不足以及资金短缺等问题在一定程度上制约了公司的发展。

对于汽车产业的发展，国家政策总体上采取鼓励支持的态度。随着我国宏观经济总体回升向好、居民购买力的提高以及我国城镇化的加快推进促使三四线城市经济快速发展，为汽车产业提供了有利的市场机遇，使得我国汽车市场持续保持较快增长。但是受国内汽车市场高速增长的影响，很多国内汽车企业都在进一步扩充产能，可能导致产能过剩而引发价格战；跨国汽车公司也纷纷将中国市场视为其全球市场的核心地区，不断加大投入力度，新品投放数量增加迅速，这些都将加速产业竞争的白热化。与此同时，随着国内各大城市交通拥堵状况日趋严重、部分城市停车费的上涨、石油价格的高企以及环保意识的加强，汽车使用环境将进一步紧张，使用成本或将逐渐提高，加之劳动力成本不断上升，制约汽车产业发展的因素不断显现。为此，国家鼓励汽车产业自主创新和并购重组，并要求积极调整产业结构，加快推广节能与新能源汽车。由于新能源汽车已在海外市场发展多年且收效显著，其未来实现规模化发展已成为业内普遍共识。为了带动中国新能源汽车产业的发展，国家出台有关汽车排放和燃油消耗的法规逐步趋于严苛。

资料二

2017年年底，东富汽车董事会下设的战略委员会制定了未来5年的战略规划，具体如下：

（1）自主品牌营销战略。开拓三四线城市等国内细分市场的渠道布局；稳步实施自主品牌产品“走出去”战略，积极开拓以东南亚为主的海外市场，全力拓展自主品牌整车销量规模，进一步提升自主品牌形象。

（2）差异化产品战略。紧密跟踪市场形势，针对消费者需求个性化、年轻化的趋势，利用技术创新和研发优势，加快市场响应速度，缩短新车型的推出速度，进一步充实产品系列，满足不同消费层次的需求。

（3）国际化并购战略。通过并购方式收购海外同行企业，旨在引入国际优质资源和领先技术，推动公司实现跨越式发展。

（4）产业链协同战略。零部件、服务贸易、汽车金融板块要围绕整体战略，形成以整车制造为中心，涵盖上游的汽车研发、零部件和下游的汽车商贸服务、汽车金融、汽车物流等完整的产业链，不断加大资源整合力度，推动产业链协同发展，彰显高附加值的协同效应。

（5）新能源汽车战略。通过积极整合和获取新能源汽车关键技术和核心资源，以混合动力汽车作为现阶段产业化目标，努力探索商业应用模式，扎实做好基础设施以及市场营销渠道等配套建设。

要求：

（1）根据资料一，运用SWOT分析方法对东富汽车进行评估；

（2）根据资料二，指出东富汽车战略委员会制定的5个发展战略分别属于企业发展战略中的何种细分战略类型，并简要说明理由（如战略类型能细分，请进一步细分）。

【例题6·简答题】

摄影，过去被称之为拍照或者照相的行业，现在已经被越来越多的社会阶层所接受，它的入门门槛低，不需要高精尖的技术和巨额投资，它的发展靠的是摄影师和化妆师的个人审美，但审美又很难复制或被冠以统一标准，因此市场上许多小型公司可以与大型公司在相同的成本上进行竞争。近年来，随着手机摄影越来越普及，同时，消费者对摄影产品的要求和期待也越来越高，大众对美的追求促使照相馆行业步入爆发期并进入洗牌阶段。除了常见的证件照类型产品，消费者更希望在照相馆拍一张自己无法通过手机实现而又形似杂志照一般的写真式照片，这要求照相业的公司提供高度差异的产品以谋求生存空间，但无形之中限制了照相业企业规模的扩大。

海马体照相馆总公司成立于2011年，说它是新型照相馆领域的领头羊亦不为过。它率先把轻写真带入了照相馆，这让去照相馆拍写真成为一件不繁杂、不需多想便能轻松实现的事；它最早提出线上预约系统，让人们不需要面对临时被告知不能拍的尴尬，远程在线预约合理安排自己的时间，大大提升了消费体验感；2015年，它成为第一家开进购物中心的照相馆，如今消费者在购物中心拍照已经习以为常，但能在当时所有照相馆都主攻街边店铺时，觉察到消费场景变化趋势，将门店开进购物中心是一件很有胆量的事。

海马体虽然是一家从事摄影的公司，但却具备极强的互联网思维，从产品定位到技术的运用以及对用户场景的精准定位，都证明海马体照相馆一直以来秉承的前瞻思维，也正因为其“互联网+”的思维，让海马体照相馆借助于互联网技术实现了规模经济效应。海马体照相馆的产品有较为明细的分类，包括证件照、结婚照、全家福、女王照等，还有一些结合特定节日、特定场景的照片，比如与金融大鳄工商银行联合推出信用卡定制个性化肖像卡面等。海马体照相馆也通过一部分特定的客户稳固市场份额，比如与钉钉、脉脉职场社交APP合作帮助职场人士打造独特的形象照等。

在海马体照相馆，一直有“三个坚持”原则，即坚持直营的模式、坚持原创、坚持试错。

坚持直营：发展至今的海马体照相馆，其门店覆盖全国将近60个城市的核心商圈，而且更难得的是海马体照相馆所有门店均为直营门店，因为直营统一管理，能够对出品质量和服务做到严格把关。例如，在2016年，他们开创了云端修图的概念，指的是门店在拍摄后上传至云端，由总部修片师统一进行第一轮修图，通过云端的统一标准能够保证每家门店都能产出高质量的照片。

坚持原创：不管是对于摄影行业还是对品牌来说，做到差异化是非常重要的。每个品牌都应该有自己的特色，每个产品也都应该有自己的风格。海马体照相馆强调风格的原创，在原创中形成不可取代的风格，使得海马体照相馆的品牌做到差异化，竞争力也尤为突出。

坚持试错：为了保持创新的动力，海马体照相馆鼓励试错。其高管层对公司远景的详细规划，更加明确了一家公司包容试错文化的重要性。

要求：

（1）简要分析作为零散产业，造成照相业零散的经济因素方面的原因；

（2）依据零散产业的战略选择，简要分析海马体照相馆实现竞争战略的途径。

【例题7·综合题】

资料一

深圳市金立通信设备有限公司是一家专业手机研发、加工生产、内外销同步进行的民营高科技企业。“金品质、立天下”，这句气势磅礴又极具野心的广告词，曾是金立手机辉煌时期的最好见证。这家国产手机老将，一度直逼三星、诺基亚，将“步步高”挑于马下，销量仅次于华为和小米，排名第三，当仁不让地成为手机行业巨头之一。凭借在三四线城市的渠道深耕，金立手机也享受到时代所赐予的红利。金立在过去10年里，通过区域总代模式，覆盖了全国近5万家销售网点，600多家售后服务中心，销售渠道网络覆盖到县乡一级。金立手机一直在续航方面做着深度研究，由于其一直主推商务领域，内置安全加密芯片也是一大特色，每颗芯片都和CPU进行唯一绑定，暴力拆解或更换芯片都无法破解手机里的加密数据，一时间为国产手机做了很好的表率。在产品定价上，经历了运营商定制、电商渠道价格战等市场浪潮后，金立选择了高端路线，其系列化产品中高端机型的价格远远高于附加功能的成本。

资料二

近年来，用户需求并未明显减弱，中低端手机市场依然潜力巨大。

2018年11月28日上午，金立手机在其深圳总部召开了面向部分大额供应商的债权人沟通会议。会议上公布了一份截至2018年8月31日的金立财务数据。数据显示，金立的总负债约为202亿元，而总资产却大幅下调至约26亿元（账面价值约26亿元，估值76亿元）。这意味着金立目前的净负债变成了约176亿元。

金立总资产的大幅减值让一些债权人感到不解。从超过200亿元到仅仅26亿元，金立的资产在前后两份数据中出现了明显缩水。对于进行债转股的债权人来说，这也意味着他们能够获得的资产价值大大减低。因此，他们虽然同意破产重组这一方向，但却不同意目前的方案。他们呼吁金立方面提供更多详细资产信息的同时，也提出了金立是否进行了资产转移的疑问。

据《第一财经日报》报道，原属金立通信旗下的“深圳市金立创新投资有限公司”，在2018年1月进行了工商信息变更。这次变更之后，公司更名为“深圳市新基地创新投资有限公司”，原本担任公司董事长的金立董事长兼总经理刘立荣也和金立一起退出了公司。除去这家公司之外，还有一家名为“深圳市奥软网络科技有限公司”的企业也出现了类似的情况，在2017年12月，原公司大股东刘立荣退出了股东名单。

无论是2018年1月还是2017年12月，都发生在金立资金危机爆发之后不久。而在上述两次变更后，两家公司都没有被列入本次金立破产重组方案的主要对象中。因此，不少供应商怀疑，在这个过程中，金立管理层在正式申请破产，甚至于财产冻结之前，就已经将部分原有的金立名下资产转让出去，从而套取资金，最终尽可能保全自身的利益。

资料三

从“去金立化”到“小清新”，再到2015年重回“商务”，拼命追逐市场潮流的金立，早已疲惫不堪，更在前后夹击中乱了阵脚。2017年11月底，金立一口气同时发布了8款产品，让金立的品牌定位成了一锅大杂烩，越发让人看不懂。外界质疑金立在走“机海战术”，遭到了刘立荣的强烈否认，称是为了赶上全面屏的浪潮，才做了这个史无前例的举动。虽然全面屏是2017年智能手机的主流，但屏幕这种并非手机核心技术的革新，并不能带来预期中的质变，金立的全年出货量反而下滑超过10%。在高层管理者的领导下，金立直到今天，依然没有明晰的品牌定位，产品始终徘徊不定。高端手机效仿华为，主打商务、安全；中端手机效仿OPPO和VIVO，主打时尚。两个都想学，两手都想抓，结果都没学到家，反而失去了从前的优势，变得不伦不类，一地鸡毛。

曾以电视广告打下一片天的金立，在看到OPPO和VIVO明星营销的成功后，开始了一系列“财大气粗”的营销霸屏，这也为金立日后的资金链断裂埋下了隐患。近几年，金立冠名赞助了《最强大脑》《笑傲江湖》《2017湖南卫视跨年演唱会》等12档综艺节目，平均每年赞助6部。在代言人方面，金立更是“大手笔”，最直观的体现是品牌代言人更替频繁，既有濮存昕、郎咸平、柯洁、冯小刚等一众名人，也有阮经天、薛之谦、余文乐、刘涛等当红流量IP，高频次出现在公众视野。然而，一个尴尬的事实是，消费者记住了代言人，却没有记住金立。2017年金立手机仅售出1494万部手机，这与年初刘立荣定下的保底销量3000万台，相差甚远。2016~2017年，金立营销费用投入60多亿元，对金立资金链造成很大影响，导致货款周转困难。过度营销成为导致资金危机的主因之一。在没有销量支撑的时候，这种跟风式的大体量广告投入，注定是资源浪费。金立的营销策略，非但没有为金立带来转机，反而使金立陷入债务缠身的境地。

相较于其他手机品牌，不断扩展自身业务范围来说，金立更热衷于布局金融、地产领域，而金融、地产的竞争早已是一片红海，金立的贸然入局要面对诸多行业巨头的多重夹击。2014年8月，金立以7.1亿元竞拍下“前海深港服务合作区”编号为7102-0248用地的使用权。一年后的11月，金立大厦动工，这座占地5776.77平方米，高23层的大厦，整体投入12.36亿元。同年，刘立荣购入微众银行3%的股权。在近两年经济整体呈下行的趋势下，金融、地产行业生存更加艰难，金立在资源分散的情况下处境就更为窘迫。2017年，刘立荣又以12.18亿元购入南粤银行的9.30%股份，还宣布在重庆投入50亿元建设生产基地，这一系列的动作却不被各利益相关方看好。如此庞大的重资产模式，使金立资金链崩得极紧，财务压力越来越大，却又难以抽身，一时间陷入两难的境地，致使公司不得不面对破产重组的困境。

要求：

（1）运用SWOT分析法对金立手机进行分析；

（2）依据设计市场营销组合，简要分析金立手机的市场营销组合情况；

（3）简要分析金立手机多元化战略的类型以及实施多元化战略面临的风险；

（4）依据《中央企业全面风险管理指引》，简要分析金立手机面临的运营风险；

（5）从内部控制角度，简要分析金立手机面临的战略风险和资金活动风险；

（6）简要分析金立手机存在的公司治理问题。

【例题8·综合题】

资料一

双汇集团位于河南漯河，前身为当地地方国企漯河肉联厂。经过多年的发展，双汇集团成为了中国规模最大的肉类加工企业，并拥有上市公司“双汇发展”。然而早在上世纪90年代初，中国肉食行业的老大是春都，春都拥有最大的火腿肠生产基地和70%的市场占有率。1998年之后，国内火腿肠市场竞争达到了白热化，巨额资金集中进入，接踵而至的是整个市场供过于求，价格一落千丈。这期间爆发了一场空前绝后的价格战，100克火腿肠中的猪肉成分由85%调整到70%，之后比例逐步下调。最后100克的火腿肠中只有15%的猪肉成分，市场中火腿肠的质量逐渐下降，产品走向低端化。而消费者对含肉量低的火腿肠已经十分厌倦，千篇一律的火腿肠已经无法激起大众的消费欲望。市场对高端肉制品的需求也很大，但是由于价格战的影响，市场中缺乏高质量的产品。此时，双汇集团为了在残酷的价格战中脱身，将自身产品进一步细化，推出双汇早餐肠、双汇爆炒肠、双汇泡面搭档以区分于竞争对手，并推出了当时的“双汇王中王”产品，以添加大瘦肉块作为产品卖点，以热播的“狮子王”为吉祥物，随后还请来消费者喜爱的喜剧明星做广告。这一招使得其知名度迅速蹿升，在价格恶战中异军突起，“双汇王中王”一跃成为当时中国高档火腿肠的代名词，双汇集团一举将春都击溃，登上了火腿肠老大的宝座。

雨润集团主要从事生猪屠宰和肉食品加工业务。多年前，其创始人白手起家，通过收购50多家破产或濒临破产的国有屠宰场和食品厂发家，并在2005年成功推动雨润集团在中国香港上市，使其一跃成为食品工业领域的龙头老大。1993年，肉制品加工企业如雨后春笋般冒出，多达2万家。其中双汇、春都、金锣三大巨头垄断了高温肉类制品80%以上的市场份额。1994年，雨润集团以敏锐的战略眼光明智地选择了低温肉制品这一最具增长潜力的崭新品类为突破口。此时的双汇、春都、金锣对低温肉制品市场尚无暇顾及，雨润集团无疑是进入了一个惬意的“蓝海市场”，从而也悄无声息地在以高温为主导、铜墙铁壁般的肉制品市场撕开了一个缺口。到 1996 年，雨润年产值已经超过亿元，迈入国内低温肉制品行业的领军行列。

资料二

2011 年的“瘦肉精”事件使双汇品牌遭受到前所未有的信誉危机，“瘦肉精”事件发生的主要原因在于双汇的原料大部分为散户养殖的生猪，双汇此前采取的抽检制度使得生猪的食品安全性无法得到 100% 的保障。为了改善公司的经营状况，双汇集团采取了一系列措施。在 2013 年，双汇耗资 71 亿美元成功并购全球最大猪肉企业——美国史密斯菲尔德公司。史密斯菲尔德公司总部位于美国弗吉尼亚州，是全球最大的猪肉生产、加工及供应商，在纽约股票交易所上市。史密斯菲尔德公司经过多年的经营和积累，拥有完整的产业链条，包括生猪饲养和屠宰、猪肉分割和高低温猪肉制品的加工。其业务偏重于产业链的前端——生猪繁育和养殖，每年生猪出栏总数达 1600 万头，每日生猪屠宰量约 11 万头。此外，史密斯菲尔德公司拥有先进的食品安全技术：一流的产品源追溯技术、食品加工过程的全环保技术以及先进的全产业链的管理能力，使其猪肉制品具有很高的安全性。史密斯菲尔德公司目前的产品主要在美国国内销售，同时在国际市场也有部分市场份额，主要销往墨西哥和东亚地区，因而史密斯菲尔德公司的品牌在国际市场上具有较高的知名度。

通过并购史密斯菲尔德公司，双汇集团一方面可以用低成本把高品质的猪肉引进中国，获取较高利润；另一方面利用史密斯菲尔德公司的先进食品安全技术，弥补现有产业链中生猪养殖环节的劣势，保证产品安全性的同时力求成为产业内的低成本生产者。此外，利用史密斯菲尔德公司在国际市场上的影响力和市场份额，双汇集团还可以减少国际市场上的竞争压力。

在产品研发上，双汇集团坚持完善自主研发和创新体系，围绕消费升级，大力调整产品结构，不断开发新产品，实现屠宰业向鲜销转、向食材转、向调理转、向预制化转、向定制化转；肉制品业向低温转、向美式转、向西式转、向中高档转、向餐桌转，实现产销上规模，确保企业的核心竞争优势。围绕“稳高温、上低温、休闲产品更休闲、中式产品工业化、肉蛋奶菜粮相结合”的战略，双汇在 2017 年重点从以下几个方面进行了研发：

（1）围绕高温产品，通过优化工艺流程，采取增加肉含量、营养物质等措施，融合中式产品，提升产品品质；

（2）围绕低温产品，改进完善美式产品和西式产品，丰富口味、品种及规格形式；

（3）围绕烤肠、圆火腿、方腿、脆皮肠，推进区域风味产品的升级改造，培育地方特色产品；

（4）围绕休闲产品，推进规格小型化、风味多样化、产品系列化；

（5）围绕中式产品、餐饮食材，开发猪头肉、猪蹄汤、猪排、牛排等。

资料三

与双汇集团坚守主业、通过国际区域行情的错位来分散风险不同，雨润集团选择跨界扩张。雨润集团利用其积累的产品及品牌优势，向生物制药、农产品物流、包装印刷、农用机械制造等领域延伸。

此外，雨润集团在 2010 年发布“三三三”战略，提出在全国 30 个省会城市建设雨润农副产品全球采购中心，在 300 个地级市建设雨润农副产品物流配套中心，在 3000 个县建设雨润农副产品种养生产基地。然而随着近几年市场行情的下滑，相关政策优势逐渐消失，雨润集团已经投下本钱的项目沦为鸡肋。如今，雨润食品的多个基地已被荒废，很多厂房建设完毕却并没有投入使用。

与此同时，雨润集团也在从食品行业向其他行业转型，其中一个重要的领域就是借助“三三三”战略将已经拿到的土地，向地产、旅游、物流、文化等行业进军。2011 年还是雨润集团的高速发展阶段，雨润集团不仅从事食品，还涉足地产、物流、旅游、金融和建筑等领域，形成了食品、地产、物流、旅游、金融和建筑为一体的多元化企业。房地产行业与食品行业不同，它需要大量的资金投入，并且两个行业不同的业务流程和市场模式始终难以融合。雨润集团原计划通过强大的现金流，以往来款的形式将大量资金调配给关联公司使用，以支持集团内地产的发展。然而从2012年开始，雨润食品的业绩开始下滑，现金流紧张。2015年年初，雨润集团资金不足的隐患开始显现。2015年2月，主营各类建筑项目的施工和管理的雨润建设发出通知进行裁员；4月，雨润地产和雨润建设合并；5月，雨润集团以4.4亿元的价格卖掉了位于杭州城东的星雨华府项目；8月，由于对采购付款流程监管的不足，材料供应商的商业承兑汇票被银行拒绝付款，雨润也没有及时对这一问题进行反思总结，未能及时提出方案弥补，甚至闹出了“以火腿肠抵债”的闹剧。

雨润集团激进的多元化战略，已经影响到了主业的发展，副业拖累主业，造成主业经营能力不断下降，投资激进和管理问题也使得雨润食品积重难返。近年来其肉制品板块问题频发，其中“瘦肉精事件”对雨润集团造成的影响可谓是“重创”。多元化战略的拖累，导致雨润的资金链紧张，而资金不足又阻碍了其在食品主业上的发展。尽管雨润集团的产业遍及多个领域，但遗憾的是两大主营业务盈利能力均出现下滑。2017年度业绩报告显示，其2017年收益约为120.57亿港元，同比下降27.8%；净利润亏损19.15亿港元，较上年23.42亿港元的亏损，额度有所收窄，但亏损仍然严重。

一边是激进的多元化，一边是大量举债。2014年5月，安徽国元信托为雨润肉类产业集团融资5亿元；2014年9月，交银国信为雨润商业投资基金融资1.4亿元；2014年10月，建信信托为雨润集团流动资金贷款融资2.5亿元；2015年1月，长安信托为雨润集团日常运营资金融资2.2亿元。2015年8月，华润信托的两笔贷款到期，由于雨润农产品无法偿还信托贷款，华润信托无奈之下只能申请冻结雨润旗下最有价值、最具流动性的资产——中央商场。显然，雨润旗下两大上市公司都已不堪重负，依靠债务发展也不是长久之计。

要求：

（1）在火腿肠市场竞争达到白热化后双汇集团采取差异化战略，从市场情况角度简要分析双汇集团采取该种竞争战略的实施条件；

（2）简要分析双汇集团并购史密斯菲尔德公司的主要动机；

（3）简要分析双汇集团研发的类型和定位；

（4）简要分析雨润集团实施多元化战略可能面临的风险；

（5）依据《中央企业全面风险管理指引》，简要分析雨润集团面临的内部风险类型。

【例题9·综合题】

资料一

海尔是世界上首屈一指的家电品牌。2016年其全球市场份额达10.3%，全球营业额达到1312亿元。2017年6月，海尔以2918.96亿元的品牌价值居“世界品牌大会”中国榜单第三位。目前海尔正在进行全球化、网络化、平台化三大战略的转型和升级。

白色家电产业参与者众多且实力相当，竞争较为激烈。全球主要大型家电企业包括惠而浦、通用家电、伊莱克斯、海尔、LG、三星、美的、松下等，各大品牌凭借其自身对产品和销售区域的不同定位，从而在不同的细分市场中占有一定的竞争优势和领先地位。在当前的市场形势下，像海尔这样的主要市场参与者较难通过提高效率、降低成本等内生式增长抢占其他竞争对手的市场份额、实现规模扩张，特别是国外市场的扩张往往面临着文化差异、贸易壁垒等多重障碍，于是并购逐渐成为获取市场份额的不二选择。

美国通用电气公司（简称GE）是世界上最大的提供技术及服务业务的跨国公司，

也是在多元化发展战略中较为出色的跨国公司。GE公司由于战略布局因素决定将家电业务整体出售，GE长期以来具有良好的市场形象以及品牌价值，且此次出售的家电业务整体上处在盈利状态中，也成为不少实施扩张型战略的企业志在必得的“肥肉”。

对于志在成为世界家电行业领军者的海尔来说，GE家电业务的出售对海尔无疑是非常好的机会。并购GE的家电业务带来的渠道以及技术水平的益处有助于推动海尔的全球化战略布局，同时可以帮助海尔迅速占领北美市场。

目前美国市场竞争格局已经形成，各大家电品牌市场占有率比较稳定，海尔早前通过投资建立家电生产基地已经进入美国市场，这种“自我扩张”方式需要投入大量资源，并要在国外市场推广一个全新的中国品牌，成本高，投资回收期长。但是几经耕耘之后，收效较慢，品牌认知度始终处于较低水平。通过并购GE家电业务可以迅速扩大海尔在美国市场的销售以及知名度。同时，由于GE长期以来的良好品牌形象，国际上享有良好的品牌信誉，通过对GE家电的品牌占有可以在国内进行品牌差异化经营，进而扩大国内市场。

在这样的背景下，海尔收购GE家电业务就成为双方共同的意愿。2016年1月，海尔正式对外公布对GE家电业务的并购案，海尔将斥资54亿美元收购GE家电业务相关资产，其中40%为自有资金，60%为融资贷款。

GE和海尔在收购时签署了一份合作谅解备忘录。在这份备忘录里，双方一致同意，在工业互联网、医疗、先进制造领域方面共同提升竞争力。一方面，GE协助海尔改善制造基地的生产效率；另一方面，海尔也将采用GE的Predix平台。这个平台是GE开发出来用于整合众多工业设备的共通平台，这个平台也是GE实现新工业帝国梦想的最重要的举措。

2016年6月，海尔对GE家电业务的并购宣告完成。

资料二

目前国际政治局势稳定，国内法律政策稳定，同时在工业4.0时代背景下，我国大力提倡由中国制造转向中国创造，为我国的本土制造行业提供了诸多优惠政策，且“一带一路”倡议的火热进行，为中国企业走出去提供了良好的契机。对内来说，近年家电下乡政策逐步退市，对家电行业的促进作用大幅下降，家电企业需要寻求新的利润增长点。

世界经济基本上已经从金融危机的后续影响中走出来，行业需求提振。全球家电市场一直保持着稳健、合理的增长。一方面，欧美等发达国家家用电器更新换代需求旺盛，行业发展前景乐观；另一方面，印度、中国、巴西、俄罗斯等新兴市场处于家电的普及期，市场潜力巨大。根据欧睿国际咨询公司数据，家电领域北美、亚太市场规模最大，未来几年的家电市场增速预期乐观。同时随着经济全球化、贸易自由化进程的推进，贸易壁垒大幅降低，这为我国民族企业打入全球市场提供了良好的贸易条件，但同时也应该注意到，西方发达国家通过非关税壁垒对“中国制造”打入国外市场的阻碍作用。

从国际层面讲，随着全球大力倡导节能环保的生活方式，这也成为未来家电发展的重要趋势之一。目前世界上许多国家和地区都已经制定了有关家电环保的法律、法规，出台相关规定和制度，不符合环保要求的产品将无法进入当地市场。另外，美国的家电市场长期被惠而浦、通用、博世等品牌占据，海尔的知名度和影响力都较低，不利于海尔进行美国市场的布局。从国内层面上讲，海尔作为民族品牌，具有良好的商誉和影响力，市场认可度较高，且我国人口基数非常大，国内市场潜力巨大，同时，伴随着我国经济的稳步增长，国内的消费需求增长稳定，消费者对于产品质量、服务质量的要求也越来越高。

首先，随着科技水平的整体进步，新的

生产技术、新的产品不断进入市场，消费者对于产品价值的判断也趋向于多元化和高标准；其次，随着电脑、智能手机的迅速普及，市场对于家电的智能化要求也有了相应地提高，未来家电的智能化将是重要的发展趋势；最后，互联网技术的大力发展使得企业经营的信息成本以及渠道成本得到降低。

资料三

由于此次收购是采取现金收购的方式（40%自有资金加60%债务资金），使得海尔整体的资产负债率增大，偿债能力下降。如若在短期内遇到重大意外变故，导致资产负债情况恶化，海尔将无力负担。另外，此次并购产生的融资资金数额较大，且贷款以美元计价，由于后续利息加之汇率因素的存在，给公司经营带来了较大的利息负担和汇率风险。

GE家电业绩表现已经并入海尔，由于此次收购涉及的业务规模巨大，将对海尔的整体经营业绩产生重要影响，国内外的投资者也会对此次收购效果有着不同的预期，从而作用在公司的股价表现上，进一步影响市场信心。

在经济全球化背景之下，国际经济的传导作用得到加强。由于并购完成后，海尔的海外经营业务范围得到进一步扩大，某一海外市场的整体环境波动变化将直接影响公司整体的经营状况。除此之外，公司经营还将受到国际宏观经济环境周期、国际金融环境等因素波动的影响，海尔面临的外部风险将得到一定提升，这对海尔协调海外业务的经营能力以及资源整合能力有着较高的要求。

海尔主要经营业务仍布局在国内，且海尔作为A股上市企业，其股价以及公司资产均以人民币计价标注，而GE家电业务会计报表以美元计价标注，并涉及包括美元在内的多种货币计价资产，在资产整合过程中势必会受美元等外币兑人民币比率变化带来的汇率风险导致的资产减值损失预期的影响。且在未来相当长的一段时间内，GE家电业务的营收仍将以美元作为计价基础，此种汇率风险无法根本消除。

GE家电的业务主要分布在美国，而海尔的主要布局在中国，二者由于不同的市场环境以及企业文化，在经营管理上有着较大的差别，并且美国与中国在会计准则、法律法规、商业习惯、经营理念等方面有着较大的差别。作为制造业企业，核心技术是生存关键，而核心技术在于核心人才，在拥有新的东家之后，是否会造成GE家电原有的人才团队的流动，海尔接管GE家电资产和公司员工后，是否能够适应美国的企业文化，或者是否能够克服文化差别带来的管理障碍，原有的并购经验是否仍能够在GE复制，这将是海尔面临的重要挑战和风险。

要求：

（1）根据资料一，依据发展中国家企业国际化经营动因，简要分析海尔为了进一步国际化而收购GE家电业务的主要动机；

（2）根据资料一，简要分析海尔没有进一步采用内部发展途径的原因；

（3）根据资料一，简要分析海尔收购GE家电业务所属的类型；

（4）根据资料二，运用PEST分析简要分析海尔所面临的宏观环境；

（5）根据资料三，依据《中央企业全面风险管理指引》，简要分析海尔收购GE家电业务后可能面对的主要风险类型。

【例题10·综合题】

资料一

滴滴出行创立于2012年6月，经过多年的发展，已经超过优步成为全球最大的一站式移动出行平台，涵盖出租车、专车、快车、顺风车、代驾及大巴等多项业务，打通出行O2O闭环。

滴滴出行作为出行行业的领军型企业，自2012年12月单日订单量超过1000单之后，订单量突飞猛进到2017年的日订单量达到2000万单，日访问量仅次于淘宝网，仅仅用了五年的时间成为互联网界的独角兽级别的企业。滴滴出行自2012年开始，获得了包括金沙江创投、腾讯、中信产业基金、淡马锡、中投公司、中国平安、软银、苹果在内的多家风投机构共计八轮，总计超过200亿美金的融资。在D轮融资后的两个多月，滴滴与中国另一家出行公司快的进行了合并，从而成功成为出行领域的巨无霸企业。紧接着，国际出行巨头优步进入中国，经过激烈的市场竞争，滴滴成功合并了优步中国，奠定了滴滴在中国出行市场的霸主地位。

目前在出行市场，滴滴一家独大的局面已经形成。但目前来看，司机端和用户端的抱怨也持续存在。最近一段时间，不论是首汽约车、易到，甚至是共享单车企业摩拜单车都对滴滴出行的业务虎视眈眈。滴滴出行总裁柳青表示，滴滴目前正在联手汽车制造商共同开发专门用于分享的汽车，并且将近期在国外市场提供出行服务，让滴滴出行成为在全球范围内都提供服务的企业。

资料二

在2008年，美国的Groupon公司创立了团购这一概念，并且运营了全球第一个团购网站。在2010年，这一模式开始被引入中国，美团、大众点评、糯米等网站如雨后春笋般出现。2010年3月4日，中国第一家团购网站“美团网”上线。美团网一上线就获得了大众的强烈关注。2015年10月，占据市场份额前两位的团购网站——美团和大众点评宣布合并，以此来抗衡百度糯米狂砸200亿开拓市场的举措。合并之后的美团点评着重进行产业多元化升级，美团点评通过到店餐饮、外卖等高频业务，逐渐形成一套围绕生活服务的电商业务，并规避一些产业风险。业务中的一部分是高频业务，是用户和流量的增长驱动力，比如外卖、到店餐饮、出行，在消费者口中积累了良好的口碑；另一部分是低频业务，将流量和用户转化、变现，比如旅行、生活服务等，借助着高频业务的形象和声誉，也获得了部分消费者的认可。美团的创始人王兴表示：“美团做到第一不是我们的目标，我们的使命是‘We help people eat better，live better’，中文意思是让大家吃得更好，活得更好。在这个使命之下，我们认为凡是最终要发生的，我们就会选取合适的角度进入”。

资料三

为了实现企业多元化的发展，美团和滴滴出行于近期分别推出了美团打车和滴滴外卖两项业务，开始向对方的优势产业发起冲击。

2017年年初，美团宣布开拓美团打车市场，并布局北京、上海、成都等七座城市。2018年3月21日，美团打车正式登陆上海，落地杭州也进入倒计时。截至目前，其余五个城市的牌照情况和开通时间还没得到确认。伴随着2018年美团融资40亿美元，美团点评CEO王兴通过内部信宣布了公司最新的组织升级，并表示美团点评将聚焦到店、到家、旅行、出行四大LBS场景，其中出行事业部由副总裁王慧文负责，正式将出行业务上升至公司的支柱业务层面。

2017年4月在南京试运行之后，截至2017年12月28日，美团打车事业部已经拥有一支超过200人的团队，日订单量也已经突破10万单。有消息称，对于包括北京等城市即将上线的打车业务，美团准备了10亿美元，而且上不封顶。为了吸引司机加盟，美团打车推出了优惠政策：在上海，上线初期对加盟的司机全部免抽成，司机在每日6~24点期间，在线满10小时、接够10单，可拿到600元的保底收入，超过600元后还将获得200元额外奖励。对于消费者补贴，美团也毫不吝啬，乘客前三单每单减14元。王兴最初对美团点评的定位是本地生活平台，专注用户的吃喝玩乐，因此在团购之后美团还陆续进入外卖、电影票务（猫眼）和旅游领域，而正式杀入移动出行则是出于战略上的考量，同样是基于地理位置服务，通过出行连接美团点评的其他业务板块无疑是可行的，但是在整合打车业务方面，还存在着许多问题。

美团要想成为出行行业的翘楚也并不容

易，毕竟这一切都是建立在补贴上的。在进入打车行业之前，美团CEO王兴也对滴滴打车做了详尽地分析，从而能使美团更好地上线打车业务。目前美团的核心业务之一——外卖配送尚未实现盈利，而外卖领域的竞争对手饿了么也被阿里收购。与此同时，美团又开拓了打车业务，此后将独自承受来自阿里和滴滴的同时进攻，明显感受到压力。美团内部认为，美团打车能被成功地整合到美团的生态体系中，并且能更好地将美团的其他业务串联起来，这比滴滴更有优势。

在滴滴多元化的版图中，滴滴外卖是一个新的产品。在美团点评正式成立出行事业部不久，滴滴内部随即对美团的一系列动作做出反击，试水外卖业务。2017年12月31日，滴滴融资40亿美元，融资后的第一个大动作就是进入外卖领域，滴滴外卖于2018年4月1日在江苏省无锡市正式上线。进入外卖行业之前，滴滴也对美团外卖做了评估，将其作为假想敌人。在加入外卖业务之后，滴滴出行业务的最后一块拼图也即将完成。国外类似于滴滴出行的公司，譬如优步和Grab都尝试过送餐服务，也确实提高了送餐的效率，这相比美团这样的专门外卖的公司也减少了送餐员的成本。未来，这两大互联网公司必将在彼此的核心业务板块展开一场厮杀。

要求：

（1）依据蓝海战略的定义，简要分析滴滴出行的竞争战略所体现的蓝海战略的特征；

（2）简要分析美团实行多元化战略的动因（多元化战略的优点）与风险；

（3）简要分析美团实施发展战略所采用的主要途径；

（4）运用竞争对手分析的四个方面，简要分析滴滴和美团相互进入彼此业务板块的影响；

（5）简要分析滴滴和美团所设置的行为性障碍。

【例题11·综合题】

资料一

聚美优品的前身是团美网，是中国第一家专业化妆品团购网站。在2010年9月，团美网正式全面启用聚美优品新品牌。2014年5月16日，聚美优品在纽交所上市，陈欧作为纽交所222年来最年轻的CEO敲响钟声，聚美优品的股价开盘便上涨23.86%。近年来垂直电商市场飞速发展变化，在聚美优品上市的时候，市场上专业做美妆和海外购的企业很少或者实力都很小，当时的聚美优品可以说是一家独大。然而，近年来行业内竞争者越来越多，京东海外购、天猫国际、网易考拉、小红书、贝贝网、洋码头等大量竞争者都在瓜分化妆品电销市场，聚美优品的利润也随之大幅缩水。如今以天猫和京东为首的综合电商在美妆领域的地位，早已不是当初以聚美优品为代表的垂直电商能够分庭抗礼的。产品市场竞争十分激烈，聚美优品试图通过多元化布局突围。

2015年，赶在跨境电商的风口，聚美优品推出了极速免税店，将业务扩展到境外化妆品和母婴品类。2015年6月底，聚美优品的跨境保税进口业务量居全国第一，占跨境电商试点单量总和的51.2%。财政部会同海关总署、国家税务总局于2016年3月24日发布我国跨境电子商务零售（企业对消费者，即B2C）进口税收新政策，自2016年4月8日起，跨境电子商务零售进口商品将不再按邮递物品征收行邮税，而是按货物征收关税和进口环节增值税和消费税。跨境电商将无法再享受利用行邮税降低税收成本的方式，转而按照进口环节增值税、消费税且取消免征税额暂按法定应纳税额的70%征收。因此，“408新政”的实施使海淘税收提高，境外化妆品与母婴品类的利润降低，使得以保税模式为主的聚美优品成本大涨。

与此同时，聚美优品也试图涉足其他产业。最近三年内聚美优品已经做了5次业务调整，其中3次均是跨界进入电商以外的领域，然而这些投资项目时至今日仍然不温不火。2014 年，陈欧便召集团队研发智能手机，主打给其他手机充电。千万资金砸入无效后，又转向无人机。2016 年，聚美优品又推出自主品牌“Reemake 睿质”，借着智能家电的风，研发空气净化器。然而智能家电市场的竞争早已是一片红海，传统家电品牌吉浦森、飞利浦、远大、美的等占了整个市场份额的 58%左右。此外，早在两三年之前，因雾霾持续影响，又恰逢双创，市场中涌现了一大批“互联网+”的空气净化器品牌。聚美的空气净化器一上来就要面对互联网品牌和传统家电品牌净化器的多重夹击，在市场份额、产品质量和后续服务方面聚美优品都没有优势。

之后聚美优品宣布了影视计划，要将触角延伸至产业链上游，作为出品方投资电视剧《温暖的弦》，该电视剧总预算成本 2.4 亿，聚美优品占其中的 40%，共计投资 9600 万。但是电视剧的拍摄一波三折，目前并未给聚美优品带来收益。2017 年随着共享经济的热度不断攀升，聚美优品又涉足共享充电宝领域，斥资 6000 万美元投资共享充电宝——街电，这部分资金相当于聚美优品市值的 12%。然而外界对共享充电宝的前景却并不看好。

不论是智能手机的研发、影视业、空气净化器，还是共享充电宝，都与聚美优品的老本行美妆电商渐行渐远，每个风头正劲的领域它都想有所行动。聚美优品把大量资金用于主营业务以外的投资，削弱了对美妆电商的投入，新拓展的业务收效甚微，老本行又面临着利润大幅缩水。如此频繁地更换跑道也给陈欧带来不少质疑。

资料二

2016 年 2 月，聚美优品抛出私有化方案，包括陈欧、戴雨森、红杉资本在内的买方财团将以每股 7 美元的价格对聚美优品进行私有化。这也意味着，在 VIE 和 AB 股的架构下，拥有 90%投票权的陈欧等买方财团仅用 3 亿美元左右的成本，就可以将中小股东手中的股份收回。然而，聚美优品私有化进程不顺，这个计划当时就遭遇到中小投资人的集体反对，甚至要集合起来组织维权，陈欧也被讽刺为陈七块。聚美优品管理团队内部意见也不一致，随后包括联合创始人刘辉、联席 CFO 高孟、郑云生、戴雨森等高管也纷纷离职。

2017 年 8 月，聚美优品股东恒润投资发表了一封致聚美优品董事长陈欧、红杉资本中国基金管理和执行合伙人沈南鹏的公开信，公开指责聚美优品不兑现诺言。信件内容指出，陈欧提出将聚美优品以每股 7 美元的价格私有化的提议低估了聚美优品的价值。陈欧在位期间，一系列错误使得聚美优品股票下跌 45.2%，市值损失 3.97 亿美元。而这次灾难得到了红杉资本的支持和聚美优品董事会的纵容。信件还指责，聚美优品将 2014 年在美 IPO 筹集的 2.8 亿美元中的款项用于投资非核心业务，包括 1430 万美元用于电视剧制作，4480 万美元用于投资街电等。这些投资目标都值得怀疑。此外，聚美优品 2016 年年底公布的账面现金为 3.31 亿美元，但从没有向股东支付一分钱的股利。同时，聚美优品暂停与股东有意义的交流已长达 22 个月，也没有任何论坛可供投资者使用，已向聚美优品管理层质疑可疑的投资，也无法获得关于公司经营的相关信息，自 2016 年 2 月以来股东就没有从陈欧那里听到过关于每股 7 美元收购要约的任何消息。

恒润投资在信中向聚美优品提出以下要求：聚美优品董事会应当解散负责审核收购要约的特别委员会，聚美优品股价至少在 8 美元以上；要求董事会披露公司问题，包括向股东公布公司治理委员会审阅过的董事会最新一期年度评估；要求薪酬委员会对 CEO 进行年度评估；要求披露委员会和红杉资本对陈欧回购提议的立场。

聚美优品官方和陈欧在微博上分别做出回应后，2017 年 9 月 1 日，聚美优品股东发出了第二篇公开信，先是感谢了“陈欧通过微博来尝试解决我们的疑惑”。然后指出，在社交网络上所发布的内容并不等同于一场规划好的股东电话会议。股东继续强调，聚美优品最近一次的业绩发布是2017年4月发布的2016年年报，2017年到目前为止尚未发布财务业绩。由于缺少对公司业绩情况的了解，聚美优品的股东正在盲飞。

资料三

质量是企业经营的核心竞争力之一。一直以来，聚美优品假货风波不断，导致聚美优品的品牌形象受损。早在2013年，聚美优品便陷入“假货”风波。此前聚美优品一直宣称与众多大牌合作，然而娇兰、兰蔻、DHC等国际化妆品品牌纷纷表示与其没有任何关系。更为致命的是，2014年7月，媒体曝出一家名为祎鹏恒业的供应商通过伪造品牌授权书和报关单等相关文件，通过各大电商平台销售假冒名牌服装、手表，聚美优品名列其中。虽然涉及数家平台，但聚美优品无疑是遭受打击最为沉重的。事发当天，聚美优品股价盘前下跌7.28%，散户紧急退出。此后，不断有对聚美优品商品质量的质疑。2018年2月，中消协发布了2017年“双十一”网络购物调查体验情况通报会，称多家电商被发现涉嫌销售假货，聚美优品就是其中之一。聚美优品销售假货的问题一直未彻底解决，严重损害了消费者的利益。

要求：

（1）根据资料一，简要分析面对竞争激烈的市场环境，聚美优品采取的发展战略类型（如能细分，请进一步细分）；

（2）根据资料一，简要分析聚美优品采取的发展战略所面临的风险；

（3）根据资料一、二，简要分析聚美优品的外部治理机制；

（4）根据资料二、三，简要分析聚美优品在公司治理中存在的问题；

（5）简要分析聚美优品面临的内部风险。

【例题12·综合题】

资料一

优衣库由日本迅销公司建立于1963年，当年是一家销售西服的小服装店，现已成为国际知名服装品牌。优衣库现任董事长兼总经理柳井正在日本首次引进了大卖场式的服装销售方式，通过独特的商品策划、开发和销售体系来实现店铺运作的低成本化，由此引发了优衣库的热卖潮。

作为一个诞生于日本大萧条时期、应对消费降级而生的品牌，优衣库在消费降级中，凭借平价、单品爆款、基础款，成功成为了日本TOP的平价服装品牌。但是，再下一阶，优衣库所面对的是纵向与横向的挑战：纵向是如何从日本品牌成为全球品牌；横向是如何抓住越来越时尚、越来越挑剔的年轻人的钱包。于是，优衣库的价值观——品牌口号在2013年进行了改革，从“造服于人”到“服适人生”，开始尝试用大众品、平价品、基础款创造更大的商业可能。优衣库通过对“场景”“科技”以及“个性”的把控来提高自身的品牌影响力。所谓“场景”就是创造了人们生活场景融合与跨界的可能性；所谓“科技”就是服装与科技相融合；所谓“个性”就是探索基础款与潮流之间的联系。

通过改革，优衣库的成绩也非常耀眼，据2018年10月11日发布的2018年财报来看，集团在2018年业绩创下了历史新高，以中国为首的大中华市场已经成为优衣库海外市场（除日本市场以外的所有市场）的主要推动力。优衣库在海外市场，销售额同比增长26.6%至8963亿日元；营业利润同比增长62.6%至1188亿日元。优衣库中国线上商店销售表现强劲，取得双位数增长，其销售占大中华地区总收益比例的15%。

资料二

目前全球经济回暖乏力，使得性价比高的产品需求上涨。优衣库通过非常高的性价比迅速吸引顾客。优衣库拥有极强的生产能力，并与淘宝网结成了战略联盟，拥有很强的线上销售能力。与此同时优衣库还在中国坚持以每年80~100家店的速度开实体店。但是原材料的上涨也对优衣库的低价策略产生了一定的影响。优衣库将研发和市场营销部门放在了日本，将产品生产厂家选在了中国和东南亚，从而显著地降低了成本。优衣库的销售模式都是建立在日本模式下的，在海外市场的销售模式并不能直接照搬日本模式，但是优衣库还没有针对各个市场建立起不同的销售模式，这也是目前优衣库存在的最大问题。

为了解决这一问题，优衣库的大中华区也在加紧改革的步伐。优衣库有专人观察顾客对服装不同场景或者生活的需求，能够怎么样更多元，从而设计出满足顾客需求的新产品，这样就既能降低客户的成本，又能提高公司所获得的客户价值。由于顾客对大众品、平价品、基础款拥有更大的需求，公司对消费者需求的把控又会进一步提高出货量，从而使优衣库产品的价格在不影响其质量的情况下进一步降低，这样使公司与 Zara 等平价时尚品牌有了很大的区分度。

不像一些快销时尚品牌的产品具有非常强的时效性，优衣库的基础款产品拥有非常长的流行时间并且销量大，因此其进货费用均摊到每件商品上是非常低的。与此同时优衣库在江苏有着健全的产品供应链，能大量提供产品。在经营销售方面，目前优衣库拥有非常强大的自营销售网络，优衣库还利用数字化经营来满足顾客的需求，而不仅仅是吸引流量。此外，为了提高服务质量，优衣库把线上顾客的配送和售后服务下放到线下的门店，更好地去满足顾客需求，例如，其推出的门店自提服务。

资料三

2018 年“双十一”天猫商城销售额达到惊人的 2135 亿元，创造了新的记录。优衣库在本次“双十一”活动中仅用了 35 秒便实现了销售额破亿，打破了去年“双十一”一分钟销售额破亿的记录。在最终的男女装品牌销售额排行榜中，优衣库在男女装两个榜单中都拔得头筹，成为双料冠军。

在“双十一”前，优衣库做到了自有渠道、自有会员，给全网会员提前抢购联名产品、优惠券、大礼包等的优惠，而不是渠道商优惠，通过对不同消费者的区分，使得利润最大化。优衣库全部采取直营的方式来进行经营，从而使自身的渠道更加完善。对于基础款而言，顾客不需要通过咨询客服就能买到适合自身的服饰。优衣库通过推出大量的具有较高科技的基础款服饰，从而带动了整个店铺在 2018 年“双十一”活动中的销售额再度突破十亿元。在“双十一”活动中，绝大多数的款式都打了五折，这对顾客来说是一个非常大的优惠。

要求：

（1）根据资料一，简要分析优衣库面对大众消费需求变化所进行的战略创新的类型；

（2）根据资料二，从价值链的基本活动角度，简要分析优衣库的优势；

（3）根据资料二，简要分析优衣库所采取的国际化经营的战略类型；

（4）根据资料二，依据红海战略和蓝海战略的关键性差异，简要分析优衣库所体现的蓝海战略的特征；

（5）根据资料三，简要分析优衣库在 2018 年“双十一”活动中的市场营销组合类型。

主观题演练参考答案及解析

“扫码看解析”

使用“微信”或“会计云课堂”App 扫码，即可线上对答案、看解析，错题随手收藏，及时巩固复习。

专题一

【例题 1 · 综合题】

【答案】

（1）①政治和法律因素。“在政府报告中提出‘互联网+’的行动计划，促进了制造企业与互联网、云计算、物联网等理念的结合，鼓励传统企业提高生产质量和整体效率，通过创新刺激企业的增长。

②经济因素。“各地方政府对家电行业的智能改造政策的支持力度很大，一般给予15%~20%的补贴”“我国的经济发展进入新常态阶段，经济增长从高速转为中高速，从规模速度型增长转为质量效率型增长”“原材料价格的增长和汇率的波动”。

③社会和文化因素。“物质的极大丰富和人民生活水平的提高使顾客的需求向高度化、多样化发展，人们普遍寻求个性化的服务，强调自我满足感”“电商时代的来临改变了大众的消费方式，同时也改变了对价格的敏感程度”。

④技术因素。“全球范围内移动互联网、大数据和智能制造为基础的新技术正在改变企业的生产方式和创新模式。全球化网络平台的构建技术日臻完善，逐步应用到制造型企业”。

（2）①潜在进入者的进入威胁。“家电生产行业规模经济显著”“资金和技术限制也使得许多新进入者难以发展”表明潜在进入者的进入威胁小。

②替代品的替代威胁。“家电产品在网络支持的条件下更加智能化、人性化，威胁主要来自于行业巨头的创新研发能力。且未来家电朝着装饰化的方向发展”表明替代品的替代威胁大。

③供应者讨价还价的能力。“原材料供应商的集中程度很低”表明供应者讨价还价的能力较弱。

④购买者讨价还价的能力。“当前的家电行业，产品逐渐标准化，价格也开始下降”“消费者可选择的购买渠道增多”表明购买者讨价还价的能力较强。

⑤产业内现有企业的竞争。“产品逐渐标准化”“局部生产能力过剩”“家电行业内有一些势均力敌的对手，产业发展进入相对的缓慢期”表明产业内竞争较为激烈。

（3）根据产品生命周期不同阶段的特征分析，海尔所在的家电行业处于产品生命周期的成熟期。“产品逐渐标准化，价格也开始下降”“生产稳定、局部生产能力过剩”“国内的城市市场已基本达到饱和”。

（4）海尔所拥有的资源：

①有形资源。“在全球建立了制造基地、研发中心、海外贸易公司和现代物流中心”“充足的资金支持”。

②无形资源。“海尔形成的企业商誉、品牌、专利、特有技术和技艺、企业文化”“拥有海尔、卡萨帝、统帅、AQUA、斐雪派克五大品牌”“拥有专利 16316 件，在海外 30 多个国家和地区拥有有效发明专利 528 件，海外发明专利是行业其他公司的 20 多倍。‘永远以用户为是，以自己为非’的价值观、创业创新的两创精神是海尔企业文化的重要部分”。

③人力资源。“让每个员工在不同的自

主经营体系中为用户创造价值的同时实现自身的价值，从而实现企业价值和股东价值”。

（5）数字化技术对海尔组织结构的影响：

①组织结构向平台化转型。“如果说互联工厂是智能制造的车间，那么用户参与交互的工业互联网平台 COSMOPlat 就是一个将互联工厂模式产品化、社会化的平台”。

②以新形组织结构为主要形式。“COSMOPlat 不止是对接了海尔的互联网工厂，还是一个开放性平台，聚合了外部企业需求和第三方开发者、解决方案商，以使其能够快速聚合全球一流资源构建知识智慧服务、共享集约服务、大数据服务等领域的产品，为企业转型提供全流程闭环的服务。COSMOPlat 的另外一个目标是实现企业、资源、创客之间的互联互通，使每一个需求都可以通过平台来快速配置资源，实现产销合一”“COSMOPlat 就是一个将互联工厂模式产品化、社会化的平台。该平台有三个特点，即用户全流程参与大规模定制体验；全要素互联互通；开放、共创、共赢的诚信生态。COSMOPlat 将互联工厂生态系统中交互、定制、研发、采购、制造、物流、服务 7 个全流程节点，输出为 7 个可以社会化复制的系统应用，形成包括协同创新、众创众包、柔性制造、供应链协同、设备远程诊断维护、物流服务资源的分布式调度等全流程的应用解决方案。COSMOPlat 的一个目标是帮助企业实现全流程的业务模式革新，精准抓取用户需求、精准生产，实现高精度、高效率的大规模定制升级转型”。

【例题 2 · 综合题】

【答案】

（1）①产品创新。“2014 年万科第四个十年发展规划，已经把‘三好住宅供应商’的定位延展为‘城市配套服务商’，公司核心业务包括住宅开发和物业服务。2018 年，公司将自身定位进一步迭代升级为‘城乡建设与生活服务商’，所搭建的生态体系已初具规模，在巩固住宅开发和物业服务固有优势的基础上，业务已延伸至商业开发和运营、物流仓储服务、产业城镇、冰雪度假、养老、教育等领域，为更好地服务人民美好生活需要、实现可持续发展奠定了良好基础”。

②定位创新。“2014 年万科第四个十年发展规划，已经把‘三好住宅供应商’的定位延展为‘城市配套服务商’，公司核心业务包括住宅开发和物业服务。2018 年，公司将自身定位进一步迭代升级为‘城乡建设与生活服务商’”。

（2）三大公司治理问题：①经理人对于股东的“内部人控制”问题；②终极股东对于中小股东的“隧道挖掘”问题；③企业与其他利益相关者之间的关系问题。

万科公司实施的事业合伙人制度有利于解决第一类和第三类公司治理问题。“第一个层面是上面的核心骨干持股计划，即将管理层跟股东的利益绑在一起，从利益基础上变得一致；第二个层面是中间的‘项目跟投制度’，项目操作团队必须跟投自己的项目，员工可以自愿跟投自己的项目，也可以跟投所有的项目；第三个层面是执行层的‘事件’合伙人制度，即临时组织事件合伙人参与到工作任务里面去，事情解决就解散，回到各自部门”。

（3）从PEST 角度分析万科公司面临的机会：

①政治和法律因素。“十九大提出了新阶段的新任务，加快建立多主体供给、多渠道保障的住房制度，让全体人民住有居所”“放开的二胎政策确保了人口总量的有力增长，决定了房地产行业未来的增长潜力”。

②经济因素。“中国经济进入新常态，最直观的变化是经济增速换挡，但本质特征是经济结构调整和发展方式转变，带来的是我国经济发展向更高阶段迈进的战略机遇”“城镇化促使城市的产业结构进行必要调整，推动一系列产业和人口的聚集，产业和人口聚集必须建立在产业地产建设的基础上，由

此催生了产业地产的发展机遇”。

③社会和文化因素。“我国是人口大国，对住房的高需求不言而喻”“由于传统观念的影响，大多数人仍然坚持结婚必须有住房的理念”。

④技术因素。“房地产行业中还出现了大量的施工新技术，互联网技术和房地产行业的联系也越来越紧密”。

从PEST角度分析万科公司面临的威胁：

①政治和法律因素。“‘房子是用来住的，不是用来炒的’，这一定位充分说明中央对炒房的坚决打压态度。近年来政府不断加大对楼市的调控力度，未来楼市调控政策升级将会成为常态”。

②社会和文化因素。“在高房价的压力下，一部分年轻人开始考虑不买住房，不把房子作为必需品，把需求转向租赁市场”“随着人们观念的转变，绿色环保、智能节能等理念成为近些年的热点”“人们对房地产商品的需求日益呈现出个性化和现代化等特点”。

（4）从五种竞争力角度分析万科面临的机会：

①购买者讨价还价的能力。“在我国民众对商品房的需求主要是刚性需求，大部分消费者购买住房是为了居住，投机性相对较弱”。

②替代品的替代威胁。“房子作为生活必需品，它的需求是刚性的，几乎没有替代品”。

③产业内现有企业的竞争。“行业集中度不断提升，龙头企业开始通过并购等多种方式扩大自己的市场占有率，大公司不断吞食小公司的市场份额，行业内逐渐向垄断发展”。

从五种竞争力角度分析万科面临的威胁：

①潜在进入者的进入威胁。“一方面，中国加入WTO后，外国资本和企业来华投资的贸易壁垒有很大程度的下降，使得大量的外国资本进入和外资企业的进驻，我国房地产企业也受到很大的威胁；另一方面，房地产行业的高利润不断吸引着其他行业的企业，很多原本主营业务不是房地产开发的企业也在试图通过转型进入房地产行业”。

②购买者讨价还价的能力。“随着大众对商品房的要求越来越个性化，促使人们对配套服务设施、交通便利性、地理位置等有较高的要求”。

③供应商讨价还价的能力。“房地产行业的原材料主要是土地和建筑材料。在我国土地归国家所有，土地的供应由国家垄断，房地产企业在土地使用权的价格上没有主动权。近年来国家出台土地政策进行宏观调控，导致建设用地供应量减少，房地产企业获取土地的成本大大增加”“房地产企业所需的建筑原材料的价格也在上涨，尤其是钢筋和混凝土涨幅很大”“环保限产措施收严，将对钢铁、建材等相关行业的供给端形成收缩，致使原材料价格提升”。

④替代品的替代威胁。“但是对于新的商品房而言，租赁房、廉租房、经济适用房、二手房等都可以作为它的替代品。近期国家实施租购并举的房地产政策，开始大力发展租赁房市场。同时新一代年轻人对于住房的观念有了很大的改变，对商品房的需求会部分转移到租赁房市场，租赁房市场将会有很大的发展空间”“经济适用房以政府为依托，建设用地由政府划拨，有税收优惠政策，性价比高，能够满足低收入群体的刚性需求”。

⑤产业内现有企业的竞争。“房地产行业暴利时代结束，整体增速放缓”。

（5）运用“销售收入”和“销售面积”两个战略特征，各分为“高”“中”“低”三个档次，对资料中提及的房企进行战略群组划分，可划分为3个战略群组：

①销售收入高、销售面积高的战略群组：恒大、万科、碧桂园。

②销售收入中、销售面积中的战略群组：绿地、保利、中海外。

③销售收入低、销售面积低的战略群组：融创、华夏幸福、绿城、华润。

专题二

【例题3·简答题】

【答案】

（1）①潜在进入者的进入威胁小。“化学药品制造企业则成为国家行政监管的重点对象，质量标准、监管要求逐步提高。另外，药品价格也同样受到国家监管，国家会经常出台药品价格政策和管理规定，使药品定价受到约束”。

②购买者讨价还价的能力强。“虽然我国化学制药企业数量多，但存在着规模普遍较小的问题。大量企业以低端化学原料药制造为主，药品品种雷同且药性上相差无几”“大部分的抗生素类药品都属于国家价格管理的范围，价格较为透明，预计在未来相当长一段时间内，降价的趋势仍将持续，行业的整体利润率可能会继续下降”。

③产业内现有企业的竞争激烈。“虽然我国化学制药企业数量多，但存在着规模普遍较小的问题。大量企业以低端化学原料药制造为主，药品品种雷同且药性上相差无几”。

（2）各阶段的主要实施途径：

第一阶段：内部发展（新建）。“加强对公司营销管理部门的投入和建设”。

第二阶段：战略联盟。“积极探索和推进与国际大型医药销售公司的合作……利用国际合作的桥梁和纽带作用”。

第三阶段：外部发展（并购）。“通过并购重组行业内优质医药企业”。

各阶段的密集型战略类型：

第一阶段：市场渗透战略——现有产品和现有市场。

理由：“加强对公司营销管理部门的投入和建设，积极探索和大胆创新营销方法和理念，进一步巩固和提升抗生素原料药及制剂的现有市场优势”。

第二阶段：市场开发战略——现有产品和新市场。

理由：“开拓国际医药商业渠道，进一步向海外推广公司的品牌产品抗生素原料药及制剂……在扩大公司品牌产品出口的同时，提高公司在国际抗生素市场的知名度”。

第三阶段：多元化战略——新产品和新市场。

理由：“通过并购重组行业内优质医药企业，以抗生素为主的化学药作平台，打造生物药、中药大健康产业等其他产业板块，完善公司产业链，实现公司逐渐向综合性医药公司转型”。

（3）①政治风险。“根据美国法律，本次并购交易尚需获得美国相关机构反垄断审查通过”。

②法律风险与合规风险。“A公司产品生产涉及乙醇等有机化学危险品的使用，在生产过程中会产生废水、废气等污染物”“2020年年初，美国药品监管机构发现与使用A公司产品有关的不良反应个案，随后引发了一些使用者的诉讼，其中大部分已达成和解，另有数起个别案件尚未与使用者达成和解，因而尚未结案”。

③市场风险。

a. 主要客户的信用风险。“报告期内客户集中度较高，A公司排名前五的大客户赊销收入占其全部营业收入的比例超过85%”。

b. 汇率风险。“结算货币主要为美元和欧元”。

c. 产品或服务的价格及供需变化带来的风险。“公司原料药销售价格持续下降，目前尚未完全摆脱下降趋势”。

④运营风险。

a. 企业产品结构、新产品研发方面可能引发的风险。“A公司为一家在美国注册从事心血管疾病原料药研发、生产和销售的小型法人机构，产品类别较为单一”。

b. 企业组织效能、管理现状、企业文化，高、中层管理人员和重要业务流程中专业人员的知识结构、专业经验等方面可能引发的风险。“A公司专有的原料药提纯技术、质量保证和质量控制操作规程都是公司保持行业内竞争力的关键，而公司技术研发和创新不可避免地依赖核心技术人员和关键管理人员，但这类人员往往流动性比较大”。

c. 质量、安全、环保、信息安全等管理中发生失误导致的风险。“A公司产品生产涉及乙醇等有机化学危险品的使用，在生产过程中会产生废水、废气等污染物”。

【例题4·简答题】

【答案】

（1）保健品属于问题产品。“保健品产业每年的市场增长率保持在13%以上”“该公司涉足保健品市场的时间很短，市场占有率很低”。

白酒属于现金牛产品。“白酒产业在我国目前基本处于成熟阶段，市场增长缓慢，受啤酒、红酒等的冲击，某些年份甚至出现了负增长”“市场占有率多年来在全国稳定保持在第一名”。

室内设计装修属于明星产品。“该产业去年的增长率已经超过15%，今年仍有望突破”“在我国室内设计装修市场具有相当高的市场占有率”。

儿童森林公园属于问题产品。“森林旅游业在我国刚刚兴起，近几年每年以40%的高增长率发展”“儿童森林公园市场需求十分广阔”“E公司的儿童森林公园正在建设当中，不久就将开门迎客”。

（2）E公司对保健品业务单元采用的是差异化战略。“创新地推出了纳豆胶囊和冠益酸牛奶两大保健系列产品”。

E公司对儿童森林公园业务单元采用的是集中差异化战略。“在北京市专门以儿童作为目标群体的儿童森林公园现在还没有”“E公司的儿童森林公园主要目标市场为北京城里的儿童”。

（3）消费者市场的主要细分变量可以归纳为人口细分、地理细分、心理细分和行为细分。“E公司的儿童森林公园……儿童”体现了人口细分；“E公司的儿童森林公园……北京城里的儿童”体现了地理细分；“尤其是现在城里的孩子从小在城市里生活，森林对其具有神秘而强大的吸引力……二者相结合的儿童森林公园市场需求十分广阔”体现了心理细分。

【例题5·简答题】

【答案】

（1）对东富汽车进行SWOT分析：

①优势（S）：“东富汽车国内整车产销的规模优势持续扩大，国内市场占有率始终保持领先，在业内的知名度高、声誉较好。东富汽车拥有国内较大的整车产品销售与服务网络，以及动力总成、汽车电子、底盘等与整车开发密切相关的关键零部件体系和汽车金融业务对整车业务的支持。东富汽车的技术创新能力对公司产品开发和产销量大幅攀升起到了重要的支撑作用，拥有诸多专利权和科研成果，包括率先研制新能源汽车而获得的技术成果等。公司已初步构建了自主品牌全球研发体系框架，从事科技活动的人员超过20%，其中研究与试验开发人员占从事科技活动人员的比例接近60%，本土的研发实力不断壮大”。

②劣势（W）：“然而业务迅速拓展所需人才资源的不足以及资金短缺等问题在一定程度上制约了公司的发展”。

③机会（O）：“国家政策总体上采取鼓励支持的态度。随着我国宏观经济总体回升向好、居民购买力的提高以及我国城镇化的加快推进促使三四线城市经济快速发展，为汽车产业提供了有利的市场机遇，使得我国汽车市场持续保持较快增长”“国家鼓励汽车产业自主创新和并购重组，并要求积极调整产业结构，加快推广节能与新能源汽车。由于新能源汽车已在海外市场发展多年且收效显著，其未来实现规模化发展已成为业内普遍共识”。

④威胁（T）：“受国内汽车市场高速增长的影响，很多国内汽车企业都在进一步扩充产能，可能导致产能过剩而引发价格战；

跨国汽车公司也纷纷将中国市场视为其全球市场的核心地区，不断加大投入力度，新品投放数量增加迅速，这些都将加速产业竞争的白热化。与此同时，随着国内各大城市交通拥堵状况日趋严重、部分城市停车费的上涨、石油价格的高企以及环保意识的加强，汽车使用环境将进一步紧张，使用成本或将逐渐提高，加之劳动力成本不断上升，制约汽车产业发展的因素不断显现”“为了带动中国新能源汽车产业的发展，国家出台有关汽车排放和燃油消耗的法规逐步趋于严苛”。

（2）东富汽车细分战略的判断及理由：

①“自主品牌营销战略”属于发展战略中的密集型战略——**市场开发战略**（现有产品和新市场）。

理由：“开拓三四线城市等国内细分市场的渠道布局；稳步实施自主品牌产品‘走出去’战略，积极开拓以东南亚为主的海外市场”。

②“差异化产品战略”属于发展战略中的密集型战略——**产品开发战略**（新产品和现有市场）。

理由：“针对消费者需求个性化、年轻化的趋势，利用技术创新和研发优势，加快市场响应速度，缩短新车型的推出速度，进一步充实产品系列”。

③“国际化并购战略”属于发展战略中的一体化战略——**横向一体化战略**。

理由：“收购海外同行企业，旨在引入国际优质资源和领先技术”。

④“产业链协同战略”属于发展战略中的一体化战略——**纵向一体化战略，可进一步分为前向一体化战略和后向一体化战略**。

理由：后向一体化战略，“涵盖上游的汽车研发、零部件”；前向一体化战略，“下游的汽车商贸服务、汽车金融、汽车物流等”。

⑤“新能源汽车战略”属于发展战略中的密集型战略——**多元化战略**（新产品和新市场）。（注：或者多元化战略中的相关多元化战略）

理由：“通过积极整合和获取新能源汽车关键技术和核心资源，以混合动力汽车作为现阶段产业化目标”。

【例题6·简答题】

【答案】

（1）从经济因素角度看，造成照相业零散的原因：

①进入障碍低或存在退出障碍。“它的入门门槛低，不需要高精尖的技术和巨额投资，它的发展靠的是摄影师和化妆师的个人审美”。

②市场需求多样导致高度产品差异化。“审美又很难复制或被冠以统一标准”“消费者对摄影产品的要求和期待也越来越高，大众对美的追求促使照相馆行业步入爆发期并进入洗牌阶段。除了常见的证件照类型产品，消费者更希望在照相馆拍一张自己无法通过手机实现而又形似杂志照一般的写真式照片，这要求照相业的公司提供高度差异的产品以谋求生存空间”。

③不存在规模经济或难以达到经济规模。“审美又很难复制或被冠以统一标准，因此市场上许多小型公司可以与大型公司在相同的成本上进行竞争”“这要求照相业的公司提供高度差异的产品以谋求生存空间，但无形之中限制了照相业企业规模的扩大”。

（2）海马体照相馆实现竞争战略的途径：

①克服零散——获得成本优势。具体的实现途径：

a. 连锁经营或特许经营。“海马体照相馆所有门店均为直营门店，因为直营统一管理，能够对出品质量和服务做到严格把关”。

b. 技术创新以创造规模经济。“海马体虽然是一家从事摄影的公司，但却具备极强的互联网思维，从产品定位到技术的运用以及对用户场景的精准定位，都证明海马体照相馆一直以来秉承的前瞻思维，也正因为其‘互联网+’的思维，让海马体照相馆借助于互联网技术实现了规模经济效应”。

c. 尽早发现产业趋势。“率先把轻写真带入了照相馆，这让去照相馆拍写真成为一件不繁杂、不需多想便能轻松实现的事；它最早提出线上预约系统，让人们不需要面对临时被告知不能拍的尴尬，远程在线预约合理安排自己的时间，大大提升了消费体验感；2015年，它成为第一家开进购物中心的照相馆，如今消费者在购物中心拍照已经习以为常，但能在当时所有照相馆都主攻街边店铺时，觉察到消费场景变化趋势，将门店开进购物中心是一件很有胆量的事”。

②增加附加价值——提高产品差异化程度。“海马体照相馆强调风格的原创，在原创中形成不可取代的风格，使得海马体照相馆的品牌做到差异化，竞争力也尤为突出”。

③专门化——目标集聚。具体的实现途径：

a. 产品类型或产品细分的专门化。“海马体照相馆的产品有较为明细的分类，包括证件照、结婚照、全家福、女王照等，还有一些结合特定节日、特定场景的照片，比如与金融大鳄工商银行联合推出信用卡定制个性化肖像卡面等”。

b. 顾客类型专门化。“通过一部分特定的客户稳固市场份额，比如与钉钉、脉脉职场社交APP合作帮助职场人士打造独特的形象照等”。

【例题7·综合题】

【答案】

（1）运用SWOT分析法对金立手机进行分析：

①优势（S）。“覆盖了全国近5万家销售网点，600多家售后服务中心，销售渠道网络覆盖到县乡一级。金立手机一直在续航方面做着深度研究，由于其一直主推商务领域，内置安全加密芯片也是一大特色，每颗芯片都和CPU进行唯一绑定，暴力拆解或更换芯片都无法破解手机里的加密数据，一时间为国产手机做了很好的表率”。

②劣势（W）。“金立直到今天，依然没有明晰的品牌定位，产品始终徘徊不定”“如此庞大的重资产模式，使金立资金链崩得极紧”。

③机会（O）。“用户需求并未明显减弱，中低端手机市场依然潜力巨大”。

④威胁（T）。“相较于其他手机品牌，不断扩展自身业务范围来说，金立更热衷于布局金融、地产领域，而金融、地产的竞争早已是一片红海，金立的贸然入局要面对诸多行业巨头的多重夹击”“在近两年经济整体呈下行的趋势下，金融、地产行业生存更加艰难”。

（2）①产品策略。“金立手机一直在续航方面做着深度研究，由于其一直主推商务领域，内置安全加密芯片也是一大特色，每颗芯片都和CPU进行唯一绑定，暴力拆解或更换芯片都无法破解手机里的加密数据，一时间为国产手机做了很好的表率”“2017年11月底，金立一口气同时发布了8款产品”。

②促销策略。“曾以电视广告打下一片天的金立……近几年，金立冠名赞助了《最强大脑》《笑傲江湖》《2017湖南卫视跨年演唱会》等12档综艺节目，平均每年赞助6部。在代言人方面，金立更是‘大手笔’，最直观的体现是品牌代言人更替频繁，既有濮存昕、郎咸平、柯洁、冯小刚等一众名人，也有阮经天、薛之谦、余文乐、刘涛等当红流量IP，高频次出现在公众视野”。

③分销策略。“金立在过去10年里，通过区域总代模式，覆盖了全国近5万家销售网点，600多家售后服务中心，销售渠道网络覆盖到县乡一级”。

④价格策略。“在产品定价上，经历了运营商定制、电商渠道价格战等市场浪潮后，金立选择了高端路线，其系列化产品中高端机型的价格远远高于附加功能的成本”。

（3）金立公司采取的是非相关多元化战略。“金立更热衷于布局金融、地产领域”。

实施多元化战略面临的主要风险：

①来自原有经营产业的风险。“如此庞大的重资产模式，使金立资金链崩得极紧，

财务压力越来越大”。

②市场整体风险。“在近两年经济整体呈下行的趋势下，金融、地产行业生存更加艰难，金立在资源分散的情况下处境就更为窘迫”。

③产业进入风险。“而金融、地产的竞争早已是一片红海，金立的贸然入局要面对诸多行业巨头的多重夹击”。

④产业退出风险。“2017 年，刘立荣又以 12.18 亿元购入南粤银行的 9.30% 股份，还宣布在重庆投入 50 亿元建设生产基地，这一系列的动作却不被各利益相关方看好。如此庞大的重资产模式，使金立资金链崩得极紧，财务压力越来越大，却又难以抽身，一时间陷入两难的境地，致使公司不得不面对破产重组的困境”。

（4）金立手机面临的运营风险：

①企业产品结构、新产品研发方面可能引发的风险。“金立直到今天，依然没有明晰的品牌定位，产品始终徘徊不定。高端手机效仿华为，主打商务、安全；中端手机效仿 OPPO 和 VIVO，主打时尚。两个都想学，两手都想抓，结果都没学到家，反而失去了从前的优势，变得不伦不类”。

②企业新市场开发、市场营销策略（包括产品或服务定价与销售渠道，市场营销环境状况等）方面可能引发的风险。“过度营销成为导致资金危机的主因之一。在没有销量支撑的时候，这种跟风式的大体量广告投入，注定是资源浪费。金立的营销策略，非但没有为金立带来转机，反而使金立陷入债务缠身的境地”。

③企业组织效能、管理现状、企业文化，高、中层管理人员和重要业务流程中专业人员的知识结构、专业经验等方面可能引发的风险。“在高层管理者的领导下，金立直到今天，依然没有明晰的品牌定位，产品始终徘徊不定。高端手机效仿华为，主打商务、安全；中端手机效仿 OPPO 和 VIVO，主打时尚。两个都想学，两手都想抓，结果都没学到家，反而失去了从前的优势，变得不伦不类”。

（5）金立手机面临的战略风险：

①缺乏明确的发展战略或发展战略实施不到位，可能导致企业盲目发展，难以形成竞争优势，丧失发展机遇和动力。“2017 年 11 月底，金立一口气同时发布了 8 款产品，让金立的品牌定位成了一锅大杂烩”“金立直到今天，依然没有明晰的品牌定位，产品始终徘徊不定”。

②发展战略过于激进，脱离企业实际能力或偏离主业，可能导致企业过度扩张，甚至经营失败。“相较于其他手机品牌，不断扩展自身业务范围来说，金立更热衷于布局金融、地产领域”“如此庞大的重资产模式，使金立资金链崩得极紧，财务压力越来越大，却又难以抽身，一时间陷入两难的境地，致使公司不得不面对破产重组的困境”。

③发展战略因主观原因频繁变动，可能导致资源浪费，甚至危及企业的生存和持续发展。“从‘去金立化’到‘小清新’，再到 2015 年重回‘商务’，拼命追逐市场潮流的金立，早已疲惫不堪，更在前后夹击中乱了阵脚”。

金立手机面临的资金活动风险：

①投资决策失误，引发盲目扩张或丧失发展机遇，可能导致资金链断裂或资金使用效益低下。“相较于其他手机品牌，不断扩展自身业务范围来说，金立更热衷于布局金融、地产领域……如此庞大的重资产模式，使金立资金链崩得极紧”。

②资金调度不合理、营运不畅，可能导致企业陷入财务困境或资金冗余。“2016～2017 年，金立营销费用投入 60 多亿元，对金立资金链造成很大影响，导致货款周转困难”。

（6）①金立手机存在经理人对于股东的“内部人控制”问题：

a. 金立手机的管理层盲目过度投资。“相较于其他手机品牌，不断扩展自身业务范围来说，金立更热衷于布局金融、地产领域”“如此庞大的重资产模式，使金立资金链崩得极紧，财务压力越来越大，却又难以抽身，一时间陷入两难的境地，致使公司不得不面对破产重组的困境”。

b. 金立手机的管理层存在经营行为短期化。“2016~2017年，金立营销费用投入60多亿元，对金立资金链造成很大影响，导致货款周转困难。过度营销成为导致资金危机的主因之一。在没有销量支撑的时候，这种跟风式的大体量广告投入，注定是资源浪费”。

c. 金立手机的管理层在申请破产前有侵占资产、转移资产的迹象。“金立管理层在正式申请破产，甚至于财产冻结之前，就已经将部分原有的金立名下资产转让出去，从而套取资金，最终尽可能保全自身的利益”。

②金立手机存在企业与其他利益相关者之间的关系问题。“金立总资产的大幅减值让一些债权人感到不解。从超过200亿元到仅仅26亿元，金立的资产在前后两份数据中出现了明显缩水。对于进行债转股的债权人来说，这也意味着他们能够获得的资产价值大大减低”“这一系列的动作却不被各利益相关方看好”。

【例题8·综合题】

【答案】

(1) 从市场情况角度分析，双汇集团采取差异化战略的实施条件：

①产品能够充分地实现差异化，且为顾客所认可。“将自身产品进一步细化，推出双汇早餐肠、双汇爆炒肠、双汇泡面搭档以区分于竞争对手……这一招使得其知名度迅速蹿升，在价格恶战中异军突起，‘双汇王中王’一跃成为当时中国高档火腿肠的代名词”。

②顾客的需求是多样化的。“消费者对含肉量低的火腿肠已经十分厌倦……对高端肉制品的需求也很大，但是由于价格战的影响，市场中缺乏高质量的产品”。

③企业所在产业技术变革较快，创新成为竞争的焦点。“推出双汇早餐肠、双汇爆炒肠、双汇泡面搭档以区分于竞争对手，并推出了当时的‘双汇王中王’产品，以添加大瘦肉块作为产品卖点，以热播的‘狮子王’为吉祥物，随后还请来消费者喜爱的喜剧明星做广告”。

(2) 双汇集团并购史密斯菲尔德公司的主要动机：

①避开进入壁垒，迅速进入，争取市场机会，规避各种风险。“史密斯菲尔德公司经过多年的经营和积累，拥有完整的产业链条……拥有先进的食品安全技术：一流的产品源追溯技术、食品加工过程的全环保技术以及先进的全产业链的管理能力，使其猪肉制品具有很高的安全性”“通过并购史密斯菲尔德公司，双汇集团一方面可以用低成本把高品质的猪肉引进中国，获取较高利润；另一方面利用史密斯菲尔德公司的先进食品安全技术，弥补现有产业链中生猪养殖环节的劣势，保证产品安全性的同时力求成为产业内的低成本生产者”。

②获得协同效应。“通过并购史密斯菲尔德公司，双汇集团一方面可以用低成本把高品质的猪肉引进中国，获取较高利润；另一方面利用史密斯菲尔德公司的先进食品安全技术，弥补现有产业链中生猪养殖环节的劣势，保证产品安全性的同时力求成为产业内的低成本生产者”。

③克服企业负外部性，减少竞争，增强对市场的控制力。“利用史密斯菲尔德公司的先进食品安全技术，弥补现有产业链中生猪养殖环节的劣势，保证产品安全性的同时力求成为产业内的低成本生产者。此外，利用史密斯菲尔德公司在国际市场上的影响力和市场份额，双汇集团还可以减少国际市场上的竞争压力”。

(3) ①双汇集团研发的类型包括产品研究和流程研究。

a. 产品研究——新产品开发。“围绕低温产品，改进完善美式产品和西式产品，丰富口味、品种及规格形式”“围绕烤肠、圆火腿、方腿、脆皮肠，推进区域风味产品的升级改造，培育地方特色产品”“围绕休闲产品，推进规格小型化、风味多样化、产品系列化”“围绕中式产品、餐饮食材，开发猪头肉、猪蹄汤、猪排、牛排等”。

b. 流程研究。“围绕高温产品，通过优化工艺流程，采取增加肉含量、营养物质等措施，融合中式产品，提升产品品质”。

②双汇集团的研发定位是成为向市场推出新技术产品的企业和成为成功产品的低成本生产者。

a. 成为向市场推出新技术产品的企业。“由于价格战的影响，市场中缺乏高质量的产品。此时，双汇集团为了在残酷的价格战中脱身，将自身产品进一步细化，推出双汇早餐肠、双汇爆炒肠、双汇泡面搭档以区分于竞争对手，并推出了当时的‘双汇王中王’产品”“在产品研发上，双汇集团坚持完善自主研发和创新体系，围绕消费升级，大力调整产品结构，不断开发新产品”。

b. 成为成功产品的低成本生产者。“利用史密斯菲尔德公司的先进食品安全技术，弥补现有产业链中生猪养殖环节的劣势，保证产品安全性的同时力求成为产业内的低成本生产者”。

（4）雨润集团实施多元化战略可能面临的风险：

①来自原有经营产业的风险。“雨润集团激进的多元化战略，已经影响到了主业的发展，副业拖累主业，造成主业经营能力不断下降”“多元化战略的拖累，导致雨润集团的资金链紧张，而资金不足又阻碍了其在食品主业上的发展。尽管雨润集团的产业遍及多个领域，但遗憾的是两大主营业务盈利能力均出现下滑”。

②产业进入风险。“房地产行业与食品行业不同，它需要大量的资金投入”。

③市场整体风险。“随着近几年市场行情的下滑，相关政策优势逐渐消失，雨润集团已经投下本钱的项目沦为鸡肋。如今，雨润食品的多个基地已被荒废，很多厂房建设完毕却并没有投入使用”。

④内部经营整合风险。“房地产行业与食品行业不同……并且两个行业不同的业务流程和市场模式始终难以融合。雨润集团原计划通过强大的现金流，以往来款的形式将大量资金调配给关联公司使用，以支持集团内地产的发展。然而从2012年开始，雨润食品的业绩开始下滑，现金流紧张”。

（5）雨润集团面临的内部风险主要有财务风险、战略风险和运营风险。

①财务风险。“雨润集团不仅从事食品，还涉足地产、物流、旅游、金融和建筑等领域，形成了食品、地产、物流、旅游、金融和建筑为一体的多元化企业。房地产行业与食品行业不同，它需要大量的资金投入，并且两个行业不同的业务流程和市场模式始终难以融合。雨润集团原计划通过强大的现金流，以往来款的形式将大量资金调配给关联公司使用，以支持集团内地产的发展。然而从2012年开始，雨润食品的业绩开始下滑，现金流紧张。2015年年初，雨润集团资金不足的隐患开始显现”“材料供应商的商业承兑汇票被银行拒绝付款……甚至闹出了‘以火腿肠抵债’的闹剧”“一边是激进的多元化，一边是大量举债”“2015年8月，华润信托的两笔贷款到期，由于雨润农产品无法偿还信托贷款，华润信托无奈之下只能申请冻结雨润旗下最有价值、最具流动性的资产——中央商场”。

②战略风险。“雨润集团激进的多元化战略，已经影响到了主业的发展，副业拖累主业，造成主业经营能力不断下降，投资激进和管理问题也使得雨润食品积重难返”“多元化战略的拖累，导致雨润的资金链紧张，而资金不足又阻碍了其在食品主业上的发展。尽管雨润集团的产业遍及多个领域，但遗憾的是两大主营业务盈利能力均出现下滑”。

③运营风险。

a. 企业产品结构、新产品研发方面可能引发的风险。“雨润集团在2010年发布‘三三三’战略，提出在全国30个省会城市建设雨润农副产品全球采购中心，在300个地级市建设雨润农副产品物流配套中心，在3000个县建设雨润农副产品种养生产基地。然而随着近几年市场行情的下滑，相关政策优势逐渐消失，雨润集团已经投下本钱的项目沦为鸡肋。如今，雨润食品的多个基地已被荒废，很多厂房建设完毕却并没有投入使用”“多元化战略的拖累，导致雨润的资金链紧张，而资金不足又阻碍了其在食品主业上的发展。尽管雨润集团的产业遍及多个领域，但遗憾的是两大主营业务盈利能力均出现下滑。2017年度业绩报告显示，其2017年收益约为120.57亿港元，同比下降27.8%；净利润亏损19.15亿港元，较上年23.42亿港元的亏损，额度有所收窄，但亏损仍然严重”。

b. 质量、安全、环保、信息安全等管理中发生失误导致的风险。“近年来其肉制品板块问题频发，其中‘瘦肉精事件’对雨润集团造成的影响可谓是‘重创’”。

c. 企业现有业务流程和信息系统操作运行情况的监管、运行评价及持续改进能力方面引发的风险。“由于对采购付款流程监管的不足，材料供应商的商业承兑汇票被银行拒绝付款，雨润也没有及时对这一问题进行反思总结，未能及时提出方案弥补，甚至闹出了‘以火腿肠抵债’的闹剧”。

【例题9·综合题】

【答案】

（1）海尔为了进一步国际化而收购GE家电业务的主要动机：

①寻求市场。“像海尔这样的主要市场参与者较难通过提高效率、降低成本等内生式增长抢占其他竞争对手的市场份额、实现规模扩张，特别是国外市场的扩张往往面临着文化差异、贸易壁垒等多重障碍，于是并购逐渐成为获取市场份额的不二选择”“可以帮助海尔迅速占领北美市场”“通过并购GE家电业务可以迅速扩大海尔在美国市场的销售以及知名度。同时，由于GE长期以来的良好品牌形象，国际上享有良好的品牌信誉，通过对GE家电的品牌占有可以在国内进行品牌差异化经营，进而扩大国内市场”。

②寻求效率。“海尔早前通过投资建立家电生产基地已经进入美国市场，这种‘自我扩张’方式需要投入大量资源，并要在国外市场推广一个全新的中国品牌，成本高，投资回收期长。但是几经耕耘之后，收效较慢，品牌认知度始终处于较低水平”“一方面，GE协助海尔改善制造基地的生产效率”。

③寻求现成资产。“GE长期以来具有良好的市场形象以及品牌价值”“并购GE的家电业务带来的渠道以及技术水平的益处有助于推动海尔的全球化战略布局”“GE长期以来的良好品牌形象，国际上享有良好的品牌信誉”。

（2）海尔进入发达国家市场没有进一步采用内部发展途径的原因：

①与购买市场中现有的企业相比，在市场上增加了竞争者，这可能会激化某一市场内的竞争。“全球主要大型家电企业包括惠而浦、通用家电、伊莱克斯、海尔、LG、三星、美的、松下等，各大品牌凭借其自身对产品和销售区域的不同定位，从而在不同的细分市场中占有一定的竞争优势和领先地位”。

②企业不能接触到其他企业的知识及系统，这可能更具风险。“对于志在成为世界家电行业领军者的海尔来说，GE家电业务的出售对海尔无疑是非常好的机会。并购GE的家电业务带来的渠道以及技术水平的益处有助于推动海尔的全球化战略布局，同时可以帮助海尔迅速占领北美市场”。

③从一开始就缺乏规模经济或经验曲线效应。“这种‘自我扩张’方式需要投入大量资源，并要在国外市场推广一个全新的中国品牌，成本高，投资回收期长”。

④当市场发展得非常快时，内部发展会显得过于缓慢。“但是几经耕耘之后，收效较慢，品牌认知度始终处于较低水平”。

⑤进入新市场可能要面对非常高的障碍。

"特别是国外市场的扩张往往面临着文化差异、贸易壁垒等多重障碍，于是并购逐渐成为获取市场份额的不二选择"。

（3）①从并购双方所处的产业分类，属于横向并购。"海尔是世界上首屈一指的家电品牌""美国通用电气公司（简称GE）是世界上最大的提供技术及服务业务的跨国公司，也是在多元化发展战略中较为出色的跨国公司。GE公司由于战略布局因素决定将家电业务整体出售"。

②从被并购方的态度分类，属于友善并购。"海尔收购GE家电业务就成为双方共同的意愿"。

③从并购方的身份分类，属于产业资本并购。"海尔是世界上首屈一指的家电品牌"。

④从收购资金来源分类，属于杠杆收购。"海尔将斥资54亿美元收购GE家电业务相关资产，其中40%为自有资金，60%为融资贷款"。

（4）运用PEST分析法，分析海尔所面临的宏观环境：

①政治和法律环境。"目前国际政治局势稳定，国内法律政策稳定，同时在工业4.0时代背景下，我国大力提倡由中国制造转向中国创造，为我国的本土制造行业提供了诸多优惠政策，且'一带一路'倡议的火热进行，为中国企业走出去提供了良好的契机。对内来说，近年家电下乡政策逐步退市，对家电行业的促进作用大幅下降""贸易自由化进程的推进，贸易壁垒大幅降低""西方发达国家通过非关税壁垒对'中国制造'打入国外市场的阻碍作用""目前世界上许多国家和地区都已经制定了有关家电环保的法律、法规，出台相关规定和制度，不符合环保要求的产品将无法进入当地市场"。

②经济环境。"世界经济基本上已经从金融危机的后续影响中走出来，行业需求提振。全球家电市场一直保持着稳健、合理的增长。一方面，欧美等发达国家家用电器更新换代需求旺盛，行业发展前景乐观；另一方面，印度、中国、巴西、俄罗斯等新兴市场处于家电的普及期，市场潜力巨大""未来几年的家电市场增速预期乐观。同时随着经济全球化、贸易自由化进程的推进，贸易壁垒大幅降低""伴随着我国经济的稳步增长，国内的消费需求增长稳定"。

③社会和文化环境。"从国际层面讲，随着全球大力倡导节能环保的生活方式，这也成为未来家电发展的重要趋势之一""我国人口基数非常大，国内市场潜力巨大，同时，伴随着我国经济的稳步增长，国内的消费需求增长稳定，消费者对于产品质量、服务质量的要求也越来越高""消费者对于产品价值的判断也趋向于多元化和高标准"。

④技术环境。"随着科技水平的整体进步，新的生产技术、新的产品不断进入市场""随着电脑、智能手机的迅速普及，市场对于家电的智能化要求也有了相应地提高，未来家电的智能化将是重要的发展趋势；最后，互联网技术的大力发展使得企业经营的信息成本以及渠道成本得到降低"。

（5）海尔收购GE家电业务后面对的主要风险类型：

①法律风险与合规风险。"并且美国与中国在会计准则、法律法规……等方面有着较大的差别"。

②社会文化风险。"二者由于不同的市场环境以及企业文化，在经营管理上有着较大的差别，并且美国与中国在……商业习惯、经营理念等方面有着较大的差别""海尔接管GE家电资产和公司员工后，是否能够适应美国的企业文化，或者是否能够克服文化差别带来的管理障碍"。

③市场风险。"较大的利息负担和汇率风险""从而作用在公司的股价表现上，进一步影响市场信心""公司经营还将受到国际宏观经济环境周期、国际金融环境等因素波动的影响""在资产整合过程中势必会受美元等外币兑人民币比率变化带来的汇率风险导致的资产减值损失预期的影响。且在未来相当长的一段时间内，GE家电业务的营收

仍将以美元作为计价基础，此种汇率风险无法根本消除”。

④运营风险。“由于并购完成后，海尔的海外经营业务范围得到进一步扩大，某一海外市场的整体环境波动变化将直接影响公司整体的经营状况”“对海尔协调海外业务的经营能力以及资源整合能力有着较高的要求”“GE家电的业务主要分布在美国，而海尔的主要布局在中国，二者由于不同的市场环境以及企业文化，在经营管理上有着较大的差别”“作为制造业企业，核心技术是生存关键，而核心技术在于核心人才，在拥有新的东家之后，是否会造成GE家电原有的人才团队的流动……这将是海尔面临的重要挑战和风险”。

⑤财务风险。“由于此次收购是采取现金收购的方式（40%自有资金加60%债务资金），使得海尔整体的资产负债率增大，偿债能力下降。如若在短期内遇到重大意外变故，导致资产负债情况恶化，海尔将无力负担。另外，此次并购产生的融资资金数额较大，且贷款以美元计价，由于后续利息加之汇率因素的存在，给公司经营带来了较大的利息负担和汇率风险”。

【例题10·综合题】

【答案】

（1）蓝海战略是指不局限于现有产业边界，而是极力**打破这样的边界**条件，通过提供创新产品和服务，**开辟并占领新的市场空间的战略**。

“滴滴目前正在联手汽车制造商共同开发专门用于分享的汽车，并且将近期在国外市场提供出行服务，让滴滴出行成为在全球范围内都提供服务的企业”，以上举措不但规避了已有市场内的激烈竞争，拓展了非竞争性市场空间，而且满足了分享汽车的新需求，从而带来新的商机。

（2）①采用**多元化战略的优点**：

a. 分散风险。“逐渐形成一套围绕生活服务的电商业务，并规避一些产业风险”。

b. 运用企业在某个产业或某个市场中的形象和声誉来进入另一个产业或市场，而在另一个产业或市场中要取得成功，企业形象和声誉是至关重要的。“业务中的一部分是高频业务，是用户和流量的增长驱动力，比如外卖、到店餐饮、出行，在消费者口中积累了良好的口碑；另一部分是低频业务，将流量和用户转化、变现，比如旅行、生活服务等，借助着高频业务的形象和声誉，也获得了部分消费者的认可”。

②采用**多元化战略的风险**：

a. 产业进入风险。“美团又开拓了打车业务，此后将独自承受来自阿里和滴滴的同时进攻，明显感受到压力”。

b. 内部经营整合风险。“在团购之后美团还陆续进入外卖、电影票务（猫眼）和旅游领域，而正式杀入移动出行则是出于战略上的考量，同样是基于地理位置服务，通过出行连接美团点评的其他业务板块无疑是可行的，但是在整合打车业务方面，还存在着许多问题”。

（3）美团实施发展战略主要采用的途径：

①内部发展（新建）。“美团点评正式成立出行事业部”。

②外部发展（并购）。“2015年10月，占据市场份额前两位的团购网站——美团和大众点评宣布合并”。

（4）竞争对手分析有四个方面内容，包括竞争对手的未来目标、假设、现行战略和潜在能力。

①未来目标。滴滴出行的未来目标是“让滴滴出行成为在全球范围内都提供服务的企业”；美团的未来目标是“美团做到第一不是我们的目标，我们的使命是‘We help people eat better，live better’”。

②假设。“在进入打车行业之前，美团CEO王兴也对滴滴打车做了详尽地分析，从而能使美团更好地上线打车业务”“美团内部认为，美团打车能被成功地整合到美团的生态体系中，并且能更好地将美团的其他业务串联起来，这比滴滴更有优势”“进入外卖行业之前，滴滴也对美团外卖做了评估，

将其作为假想敌人”。

③现行战略。“在美团点评正式成立出行事业部”“融资后的第一个大动作就是进入外卖领域，滴滴外卖于2018年4月1日在江苏省无锡市正式上线……在加入外卖业务之后，滴滴出行业务的最后一块拼图也即将完成”。

（5）滴滴和美团所设置的行为性障碍属于进入对方领域。“美团和滴滴出行于近期分别推出了美团打车和滴滴外卖两项业务，开始向对方的优势产业发起冲击”“2017年年初，美团宣布开拓美团打车市场，并布局北京、上海、成都等七座城市。2018年3月21日，美团打车正式登陆上海，落地杭州也进入倒计时”“在滴滴多元化的版图中，滴滴外卖是一个新的产品。在美团点评正式成立出行事业部不久，滴滴内部随即对美团的一系列动作做出反击，试水外卖业务。2017年12月31日，滴滴融资40亿美元，融资后的第一个大动作就是进入外卖领域，滴滴外卖于2018年4月1日在江苏省无锡市正式上线”。

【例题11·综合题】

【答案】

（1）聚美优品采取的发展战略类型是多元化战略。

①相关多元化战略。“2015年，赶在跨境电商的风口，聚美优品推出了极速免税店，将业务扩展到境外化妆品和母婴品类”。

②非相关多元化战略。“2014年，陈欧便召集团队研发智能手机……又转向无人机”“2016年，聚美优品又推出自主品牌‘Reemake睿质’，借着智能家电的风，研发空气净化器”“之后聚美优品宣布了影视计划，要将触角延伸至产业链上游，作为出品方投资电视剧《温暖的弦》”“2017年随着共享经济的热度不断攀升，聚美优品又涉足共享充电宝领域，斥资6000万美元投资共享充电宝——街电”。

（2）聚美优品采取多元化战略的主要风险：

①来自原有经营产业的风险。“聚美优品把大量资金用于主营业务以外的投资，削弱了对美妆电商的投入，新拓展的业务收效甚微，老本行又面临着利润大幅缩水”。

②市场整体风险。“‘408新政’的实施使海淘税收提高，境外化妆品与母婴品类的利润降低，使得以保税模式为主的聚美优品成本大涨”“陈欧便召集团队研发智能手机，主打给其他手机充电。千万资金砸入无效后，又转向无人机……借着智能家电的风，研发空气净化器。然而智能家电市场的竞争早已是一片红海”“聚美优品宣布了影视计划……共计投资9600万。但是电视剧的拍摄一波三折，目前并未给聚美优品带来收益……聚美优品又涉足共享充电宝领域……外界对共享充电宝的前景却并不看好”。

③产业进入风险。“智能家电市场的竞争早已是一片红海……聚美的空气净化器一上来就要面对互联网品牌和传统家电品牌净化器的多重夹击”。

④内部经营整合风险。“聚美优品把大量资金用于主营业务以外的投资，削弱了对美妆电商的投入”。

（3）聚美优品的外部治理机制：

①产品市场。“近年来行业内竞争者越来越多，京东海外购、天猫国际、网易考拉、小红书、贝贝网、洋码头等大量竞争者都在瓜分化妆品电销市场，聚美优品的利润也随之大幅缩水……产品市场竞争十分激烈”。

②资本市场。“陈欧在位期间，一系列错误使得聚美优品股票下跌45.2%，市值损失3.97亿美元”。

③经理人市场。“如此频繁地更换跑道也给陈欧带来不少质疑”“这个计划当时就遭遇到中小投资人的集体反对，甚至要集合起来组织维权，陈欧也被讽刺为陈七块”。

（4）聚美优品在公司治理中存在的主要问题：

①经理人对于股东的“内部人控制”问题：

a. 盲目过度投资。“聚美优品将2014年在美 IPO 筹集的 2.8 亿美元中的款项用于投资非核心业务，包括 1430 万美元用于电视剧制作，4480 万美元用于投资街电等”。

b. 信息披露不完整、不及时。“股东继续强调，聚美优品最近一次的业绩发布是 2017 年 4 月发布的 2016 年年报，2017 年到目前为止尚未发布财务业绩。由于缺少对公司业绩情况的了解，聚美优品的股东正在盲飞”。

②终极股东对于中小股东的“隧道挖掘”问题：

掠夺性融资，以低于市场价格回购中小股东的股票（向大股东低价定向增发股票和以低于市场价向中小股东回购股票，均属于侵害中小股东利益，向大股东进行利益输送）。“聚美优品抛出私有化方案，包括陈欧、戴雨森、红杉资本在内的买方财团将以每股 7 美元的价格对聚美优品进行私有化。这也意味着，在 VIE 和 AB 股的架构下，拥有 90% 投票权的陈欧等买方财团仅用 3 亿美元左右的成本，就可以将中小股东手中的股份收回”“将聚美优品以每股 7 美元的价格私有化的提议低估了聚美优品的价值”“聚美优品股价至少在 8 美元以上”。

③企业与其他利益相关者之间的关系问题：

只有当各利益相关者的利益得到合理的配置与满足时，才能建立更有利于企业长远可持续发展的外部环境。客户是聚美优品的利益相关者之一，而聚美优品涉嫌销售假货，侵犯了消费者的利益。“早在 2013 年，聚美优品便陷入‘假货’风波”“更为致命的是，2014 年 7 月，媒体曝出一家名为祎鹏恒业的供应商通过伪造品牌授权书和报关单等相关文件，通过各大电商平台销售假冒名牌服装、手表，聚美优品名列其中。虽然涉及数家平台，但聚美优品无疑是遭受打击最为沉重的”“中消协发布了 2017 年‘双十一’网络购物调查体验情况通报会，称多家电商被发现涉嫌销售假货，聚美优品就是其中之一”。

（5）聚美优品面临的内部风险：

①战略风险。“最近三年内聚美优品已经做了 5 次业务调整，其中 3 次均是跨界进入电商以外的领域”“不论是智能手机的研发、影视业、空气净化器，还是共享充电宝，都与聚美优品的老本行美妆电商渐行渐远，每个风头正劲的领域它都想有所行动。聚美优品把大量资金用于主营业务以外的投资”。

②运营风险。“聚美优品又推出自主品牌‘Reemake 睿质’，借着智能家电的风，研发空气净化器。然而智能家电市场的竞争早已是一片红海……聚美的空气净化器一上来就要面对互联网品牌和传统家电品牌净化器的多重夹击，在市场份额、产品质量和后续服务方面聚美优品都没有优势”“聚美优品又涉足共享充电宝领域，斥资 6000 万美元投资共享充电宝——街电，这部分资金相当于聚美优品市值的 12%，然而外界对共享充电宝的前景却并不看好”“陈欧在位期间，一系列错误使得聚美优品股票下跌 45.2%，市值损失 3.97 亿美元。而这次灾难得到了红杉资本的支持和聚美优品董事会的纵容”“聚美优品假货风波不断，导致聚美优品的品牌形象受损”。

③财务风险。“召集团队研发智能手机，主打给其他手机充电。千万资金砸入无效后，又转向无人机”“聚美的空气净化器一上来就要面对互联网品牌和传统家电品牌净化器的多重夹击，在市场份额、产品质量和后续服务方面聚美优品都没有优势”“宣布了影视计划，要将触角延伸至产业链上游，作为出品方投资电视剧《温暖的弦》，该电视剧总预算成本 2.4 亿，聚美优品占其中的 40%，共计投资 9600 万。但是电视剧的拍摄一波三折，目前并未给聚美优品带来收益”“涉足共享充电宝领域，斥资 6000 万美元投资共享充电宝——街电，这部分资金相当于聚美优品市值的 12%。然而外界对共享充电宝的前景却并不看好”。

【例题 12 · 综合题】

【答案】

（1）优衣库面对大众消费需求变化所进行的战略创新类型：

①产品创新。“优衣库通过对‘场景’‘科技’以及‘个性’的把控来提高自身的品牌影响力，所谓‘场景’就是创造了人们生活场景融合与跨界的可能性；所谓‘科技’就是服装与科技相融合；所谓‘个性’就是探索基础款与潮流之间的联系”。

②范式创新。“优衣库的价值观——品牌口号在2013年进行了改革，从‘造服于人’到‘服适人生’”。

（2）根据价值链分析中基本活动的相关内容，优衣库具备的优势条件：

①内部后勤：“不像一些快销时尚品牌的产品具有非常强的时效性，优衣库的基础款产品拥有非常长的流行时间并且销量大，因此其进货费用均摊到每件商品上是非常低的”。

②生产经营：“优衣库还利用数字化经营来满足顾客的需求，而不仅仅是吸引流量”。

③外部后勤：“优衣库把线上顾客的配送和售后服务下放到线下的门店，更好地去满足顾客需求，例如，其推出的门店自提服务”。

④市场销售：“使优衣库产品的价格在不影响其质量的情况下进一步降低”“优衣库……拥有很强的线上销售能力。与此同时优衣库还在中国坚持以每年80~100家店的速度开实体店”“目前优衣库拥有非常强大的自营销售网络”。

⑤服务：“优衣库把线上顾客的配送和售后服务下放到线下的门店，更好地去满足顾客需求，例如，其推出的门店自提服务”。

（3）优衣库采取的是全球化战略。“优衣库将研发和市场营销部门放在了日本，将产品生产厂家选在了中国和东南亚，从而显著地降低了成本”。

（4）优衣库体现的蓝海战略特征：

①创造并攫取新需求。“优衣库有专人观察顾客对服装不同场景或者生活的需求，能够怎么样更多元，从而设计出满足顾客需求的新产品”。

②打破价值与成本互替定律，同时追求差异化和低成本，把企业行为整合为一个体系。“这样就既能降低客户的成本，又能提高公司所获得的客户价值。由于顾客对大众品、平价品、基础款拥有更大的需求，公司对消费者需求的把控又会进一步提高出货量，从而使优衣库产品的价格在不影响其质量的情况下进一步降低，这样使公司与Zara等平价时尚品牌有了很大的区分度”。

（5）优衣库在2018年“双十一”活动中所采用的市场营销组合类型：

①产品策略。“对于基础款而言，顾客不需要通过咨询客服就能买到适合自身的服饰。优衣库通过推出大量的具有较高科技的基础款服饰，从而带动了整个店铺在2018年‘双十一’活动中的销售额再度突破十亿元”。

②促销策略。“在‘双十一’前，优衣库做到了自有渠道、自有会员，给全网会员提前抢购联名产品、优惠券、大礼包等的优惠，而不是渠道商优惠，通过对不同消费者的区分，使得利润最大化”“在‘双十一’活动中，绝大多数的款式都打了五折，这对顾客来说是一个非常大的优惠”。

③分销策略。“天猫商城销售额达到惊人的2135亿元，创造了新的记录”“优衣库做到了自有渠道”“优衣库全部采取直营的方式来进行经营，从而使自身的渠道更加完善”。

附　录

考点清单

第四章　战略实施

第五章　公司治理

第六章　风险与风险管理

❖唐山市润丰印务有限公司